武汉大学边界与海洋问题研究译丛

以法律拯救海洋

海洋环境保护的国际法律框架

Saving the Oceans Through Law

The International Legal Framework for the Protection of the Marine Environment

〔英〕詹姆斯·哈里森（James Harrison） 著

吴 蔚 王维康 译

社会科学文献出版社
SOCIAL SCIENCES ACADEMIC PRESS (CHINA)

总　序

　　"武汉大学边界与海洋问题研究丛书"（以下简称"丛书"）终于与读者见面了。作为筹划和推动丛书编辑出版工作的总负责人，本人深感欣慰，也想借此机会向读者介绍开展这项工作的缘由以及我们在边界与海洋问题研究上的一些想法和建议。

　　边界与海洋问题关系国家的领土和主权，属于国家的核心利益。早在1907年，曾任英国外务大臣与上议院领袖的寇松勋爵（Lord Curzon of Kedleston）就指出："边界就如同剃须刀的刀锋，对各国而言，它涉及战争与和平、生与死等当代问题。"时至今日，边界与海洋问题仍然具有高度的政治敏感性，边海疆域的稳定与发展也是备受各国关注的战略性问题。此外，随着时代的变迁，在21世纪，边海问题的重心也由传统的勘界、划界、边界维护等逐步转向边界地区的治理、管理、共同开发与可持续发展。就陆地边界而言，中国已经同12个邻国签订了边界条约或协定，基本解决了边界的勘界与划界问题。但中印、中不边界划界问题尚未解决，已划界的边界地区的治理、管理与发展等对中国仍是一个长期的、艰巨的工作和任务。就海洋问题而言，中国尚未与有关国家解决东海和南海专属经济区和大陆架的划界问题。而且随着中国向海洋大国、海洋强国迈进，海洋资源的开发、海洋的环境保护、海上安全等也成为中国制定与实施海洋战略过程中必须加强研究的问题。此外，还要加强外国边海问题研究，以借鉴外国的经验为我所用。总之，中国边海问题研究任重而道远，是一项长期的科研任务。

　　为了服务于中国的边界与海洋外交事务，武汉大学在相关部门的支持下，于2007年4月成立了中国边界与海洋研究院（简称"边海院"，原称"中国边界研究院"），集武汉大学法学、历史、经济、政治、公共管理等人文社会科学，测绘遥感、地理信息、制图、资源环境、水利水电等理工学科，组成了跨文理、多学科、综合性的边界与海洋问题研究平台。经过几年的探索，边海院将研究的重点定为"中外边界与海洋政策研究""东海南海研究""陆地边界争端与边疆治理研究""跨界水资源的管理与开发研究"等国家亟须全面和深入研究的课题。在上述各领域，边海院的老师和研究生们正在扎扎实实地开展研究工作，并取得了一些成果。

为了能够与国内外学界同行及时分享边海院的研究成果，我们决定出版"武汉大学边界与海洋问题研究丛书"，并期望借助这一平台陆续推出一批高质量的具有理论和现实意义的专著、译著、研究报告与论文集等。应该说，编辑出版本丛书绝非一时之举，我们旨在着眼长远，积少成多，力争通过长期悉心经营，把丛书打造成国内外关于边海问题研究的品牌，通过丛书出版培育研究边海问题的专门人才。我相信，丛书的陆续问世，必能提升中国边海问题研究的学术水平，也能更好地服务中国的边界与海洋外交事务。

丛书的特色，关键在于其关注的问题及研究的视角和方法。考虑到边海问题的跨学科性，相关著作也多将透过多学科的视野，运用交叉学科的研究方法，发挥跨学科研究的优势，形成自身的特色。

丛书的质量，关键在于学术创新。为了保证质量，我们坚持优中选精的原则，将学术创新放在第一位，对入选的著作要求作者精雕细琢，努力打磨学术精品。

丛书的顺利出版离不开社会科学文献出版社的大力支持，离不开相关部门的指导和支持，离不开学界同行的支持和帮助，也离不开广大读者的阅评和指点。在此一并致谢！

胡德坤

2011年5月于武汉大学珞珈山

推荐序

　　海洋对于人类的生存和发展具有重要意义，她孕育了生命、联通了世界、促进了发展。人类只有关爱和保护海洋，实现人海和谐，才能保障和推动自身的可持续发展。然而，随着人类对海洋认识加深和海洋活动的不断拓展，海洋面临着过度捕捞、海洋污染、生物多样性减少、栖息地消失、外来物种入侵及海洋酸化等新兴问题，全球海洋环境治理正面临更艰巨复杂的挑战。

　　在涉外法治建设背景下，以法之力量守护碧海蓝天势在必行。吴蔚老师翻译此书具有重要理论价值和现实意义。当今世界正处于百年未有之大变局，国际海洋秩序正经历变革与调整。我国面临统筹兼顾海洋生态环境保护和海洋可持续发展的历史性机遇期。应在把握历史机遇背景下，积极推动全球海洋环境治理朝向更加公平合理的方向发展。此书题为"以法律拯救海洋"，符合我国以法治力量促进人海和谐共生的保护理念。该书系统性探讨了现有国际法律框架与海洋环境保护成功实践应对不断出现的海洋环境新问题的可行性，并提出涉海相关公约、机构和机制之间的关系协调方面等海洋综合管理的新观点。该书在以下几点上值得海洋法学者关注与学习：

　　视角的创新性。该书内容从实质上分为两大部分，一部分以《联合国海洋法公约》中的环境保护相关条款为基础，探讨如何应对日益恶化的海洋环境。另一部分则在《联合国海洋法公约》之外，进一步探索国际海洋环境保护法的发展，通过条约、机构间的协调与发展，实现高质量的海洋环境治理，研究角度具有较强的创新性。

　　内容的前沿性。虽然此书书名落脚于"海洋环境保护的国际法律框架"，但其内容并未以教科书的形式罗列海洋环境保护涉及的相关国际法文书。更难能可贵的是，此书以海洋生物多样性养护、陆源海洋污染、海洋倾废、航运活动、渔业活动、海底活动以及气候变化等人类活动对海洋造成环境影响的前沿问题为导向，通过国际硬法之解释与适用、国际软法之调整与弥合，实现海洋环境现实问题与相关法律框架的良好互动，可促使读者更好地将国际海洋法理论运用到实践中去。

观点的前瞻性。该书通过国家、区域和国际组织的海洋环境保护实践将海洋环境保护的"勤勉义务"具象化和细节化，为国家履行环境保护义务提供指导性意见。在全球海洋治理的背景下，该书贯穿着海洋环境保护方面全球、区域机构间和国家等层面的合作与协调，其观点对我国秉持"海洋命运共同体"理念深度参与全球海洋治理，推进国际规则的制定和良性发展有一定借鉴意义。

吴蔚老师翻译此书对了解国际海洋环境法，促进中外国际法学交流互鉴具有重要意义。"长风破浪会有时，直挂云帆济沧海"，面对不断恶化的海洋环境和日益脆弱的海洋生态系统，我们须高度重视海洋环境保护和生态文明建设，修缮加固法制之堤坝、填补堤坝之罅隙，让国际海洋法掀起的潮流波浪在环境保护的浩瀚长河里川流不息。

是以为序。

武汉大学法学院院长、武汉大学环境法研究所所长　秦天宝

致　谢

　　我非常感谢在本书写作过程中帮助过我的一些人。首先，我感谢我的同事艾伦·鲍伊尔（Alan Boyle），感谢他在国际海洋法和国际环境法领域的见解和意见。我很幸运，在本书写作前和写作过程中都有机会与他多次讨论这些议题，我也受到了他对国际立法的研究的影响。我还受益于对我写作和观点提出慷慨和建设性的评论和建议的学者，特别是埃里克·莫勒纳尔（Erik Molenaar）、亚拉·萨博（Yara Saab）、亨利克·林博姆（Henrik Ringbom）、埃莉萨·莫格拉（Elisa Morgera）、纳波恩·波帕塔纳柴（Naporn Popattanachai）、丹·卡尔（Dan Carr）和罗斯玛丽·雷弗斯（Rosemary Rayfuse）。最后，我还要感谢克洛伊·温曼（Chloe Wenman）和西尔克·穆尔迪克（Silke Mooldijk），他们在本项目的不同阶段协助我研究。匿名审稿人的意见也极大帮助了我在出版前对本书的完善。当然，本人对最终文本承担全部责任，包括文中任何纰漏和错误。

缩略语表

ACCOBAMS 《关于养护黑海、地中海和毗连大西洋海域鲸目动物的协定》

AFS 防污底系统

APEIs 特殊环境利益区

APM 相关保护措施

ASCOBANS 《养护波罗的海、东北大西洋、爱尔兰海及北海小鲸类协定》

ASMA 南极特别管理区

ASPA 南极特别保护区

ATCM 南极条约协商会议

BAT 最佳可行技术

BEP 最佳环境实践

BLG 生物多样性联络小组

BSPA 波罗的海保护区

BWM 压载水管理

CBD 《生物多样性公约》

CCAMLR 南极海洋生物资源养护委员会

CCS 碳捕集与封存

CITES 《濒危野生动植物种国际贸易公约》

CMS 《保护野生动物迁徙物种公约》

COP 缔约方会议

DOALOS 海洋事务和海洋法司

EBSA 具有重要生态或生物学意义的海洋区域

EEDI 能源效率设计指数

EEZ 专属经济区

EIA 环境影响评估

EIF 生效

EMP 环境管理计划

ETS 排放权交易制度

EU 欧盟

FAO 联合国粮食及农业组织

FRA 渔业限制区

GEP 全球环境基金

GESAMP 海洋环境保护科学联合专家组

GFCM 地中海渔业总委员会

GPOA 全球行动纲领

ICES 国际海洋考察理事会

ICJ 国际法院

ICP 联合国海洋和海洋法问题不限成员名额非正式协商进程

ICRW 国际捕鲸管理公约

ICCAT 国际大西洋金枪鱼保护委

员会

ILC 国际法委员会

ILO 国际劳工组织

IMO 国际海事组织

IOTC 印度洋金枪鱼委员会

IPCC 联合国政府间气候变化专门委员会

IPOA 国际行动计划

IRZ 影响参照区

ISM 国际安全管理

ITLOS 国际海洋法法庭

IUU 非法、未报告和无管制的

IWC 国际捕鲸委员会

JWGSS 船舶报废事项联合工作组

LDC 《伦敦倾废公约》

LDP 《伦敦倾废议定书》

MAP 地中海行动计划

MEPC 海洋环境保护委员会

MOU 谅解备忘录

MPA 海洋保护区

MSAS 成员国审计计划

MSC 海事安全委员会

MSY 最大持续产量

NAFO 西北大西洋渔业组织

NASCO 北大西洋鲑鱼保护组织

NEAFC 东北大西洋渔业委员会

NGO 非政府组织

NPFC 北太平洋渔业委员会

OPRC 油污防备、反应和合作

OSPAR 《保护东北大西洋海洋环境公约》

POP 持久性有机污染物

PRZ 保全参照区

PSSA 特别敏感海域

RFMO 区域渔业管理组织

RO-RO 滚装/滚上滚下

SBSTTA 科学、技术和工艺咨询附属机构

SEAFO 东南大西洋渔业组织

SEEMP 船舶能效管理计划

SPAMI 具有重要意义的海洋特别保护区

SPRFMO 南太平洋区域渔业管理组织

STS 船对船/船到船

TAC 总可捕捞量

TBT 三丁基锡

UN 联合国

UNCLOS 《联合国海洋法公约》

UNEP 联合国环境规划署

UNESCO 联合国教科文组织

UNFCCC 《联合国气候变化框架公约》

UNFSA 《联合国鱼类种群协定》

UNGA 联合国大会

VCLT 《维也纳条约法公约》

VME 脆弱的海洋生态系统

WCED 世界环境与发展委员会

WCN 世界自然宪章

WCPFC 西部和中部太平洋渔业委员会

WTO 世界贸易组织

案例表*

* 案例表中页码为原著页码，在本书中为页边码。

目 录

1 引言

1.1　海洋环境的主要威胁

几个世纪以来，人类一直利用海洋作为其食物和自然资源的来源、运输媒介以及处理废物和其他有害物质的场所。然而，随着20世纪的发展，海洋的快速工业化意味着任何关于海洋是"取之不尽，用之不竭"的不灭信念因日益增长的危机感而烟消云散。[1]这一趋势持续至今，以致有警告迹象表明，因人类活动造成的污染和其他环境压力的影响使得海洋正处于承载临界点。[2]根据海洋环境保护科学联合专家组（Joint Group of Experts on the Scientific Aspects of Marine Environmental Protection，GESAMP）于21世纪初发布的一份报告，"全球海洋正处于恶化状态"，"几十年前发现的多数问题均未解决，甚至许多问题正在恶化"。[3]此外，人类活动的影响正向广阔的海洋蔓延。[4]最新一项研究表明："……没有一个区域（的海洋环境）没有受人类的影响，而且……大部分地区受多种驱动因素的强烈影响。"[5]

环境恶化的原因纷繁复杂。研究表明，当今海洋环境面临的最严重压力源于：[6]

1　参见C Ray, 'Ecology, Law and the "Marine Revolution"' (1970) 3 *BC* 7–17。

2　C Roberts, *Ocean of Life* (Penguin 2012) 4; JBC Jackson, 'Ecological Extinction and Evolution in the Brave New Ocean' (2008) 105 *PNAS* 11458–65.

3　GESAMP, *A Sea of Troubles*, GESAMP Report and Studies No 70 (2001) 1.

4　GESAMP, *Pollution in the Open Oceans: A Review of Assessments and Related Studies*, GESAMP Report and Studies No 79 (2009)；另参见 World Commission on Environment and Development (WCED), *Our Common Future* (CUP 1987) 264。

5　BS Halpern et al, 'A Global Map of Human Impact on Marine Ecosystems' (2008) 319 *Science* 948.

6　GESAMP (n 3) 1. 最近的世界海洋评估报告（World Ocean Assessment）证实了这一结论；参见 P Bernal et al, 'Chapter 54: Overall Assessment of Human Impact on the Oceans', in L Inniss et al, *Global Oceans Assessment* (UN 2016)。

（1）栖息地的破坏和改变；

（2）过度捕捞和渔业对海洋环境的影响；

（3）化学品和其他有毒物质的有害影响；

2

（4）主要由污水中的营养物质和农业、水产养殖的河流投入物所致的富营养化；

（5）水文变化和沉积物流动；

（6）气候变化和海洋酸化。

更糟的是，这些影响并非孤立存在。据某个著名的海洋科学家小组所述，我们行为的累积结果是海洋的健康和复原能力逐渐下降。[7]更令人担忧的是，部分研究表明，多种压力源的存在会导致影响的协同累积，这意味着总体影响大于各部分影响之和。[8]唯一的解决办法是通过规范责任活动来处理损害根源。

1.2 海洋环境保护是人类共同关切之事项

鉴于越来越多的科学证据表明海洋已受到严重损害，采取行动解决海洋环境退化问题势在必行。然而，海洋相互关联的本质意味着各国单独采取行动并不足以解决海洋环境保护的问题。1987年，世界环境与发展委员会（World Commission on Environment and Development，WCED）在其开创性报告中解释道，"海洋的绝对统一性要求有效的全球管理制度"。[9]这并非只涉及被视为向所有需要合作管理的国家开放的全球公共海域。[10]加之，洋流和众多海洋物种的迁徙性质加速了污染的越境转移，这意味着一个国家在其管辖范围内开展的众多活动可能对其他国家产生影响。例如，陆地活动造成的严重污染可能扩散至来源国的界线以外，并影响其他国家的海洋资源。就封闭或半

---

7 International Programme on the State of the Ocean, *Implementing the Global State of the Oceans Report* (2013) 3.

8 MM Foley et al, 'Improving Ocean Management through the Use of Ecological Principles and Integrated Ecosystem Assessments' (2013) 63 *BioScience* 619, 621.

9 WCED (n 4) 264.

10 关于公域管理的挑战参见 G Hardin, 'The Tragedy of the Commons' (1968) 162 *Science* 1243，另参见 T Dietz et al, 'The Struggle to Govern the Commons' (2003) 302 *Science* 1907；国家管辖范围内外的海洋区域之间的区别的讨论参见第2章。

封闭海域而言，比如波罗的海、黑海或红海，情况尤其如此。再如，在沿海国的大陆架上进行海底钻探或疏浚，对其他国家通常在其自身专属经济区或公海上捕捞的高度洄游鱼种的产卵地造成重大损害。上述两个例子说明了海洋的相互关联性以及所有国家在管理海洋活动中的利益（不论该等活动发生于何处）。就控制船舶对海洋环境的影响而言，采取集体行动的必要性更为明显，因为船舶本身是流动的，并且一次航行往往经过多个国家的管辖范围。

　　如上所述，保护海洋环境应被视为人类共同关切之事项，并与保护全球大气层和养护生物多样性等其他环境问题同等对待。[11]将海洋环境适用于人类共同关切之事项的主要目的是强调所有国家均对开展影响海洋环境活动的方式感兴趣。保护国家管辖范围内外的海洋区域可被表述为人类共同关切之事项，因为该概念并不影响各国对海洋资源或海洋区域所享有的权利，而是强调该等权利"不是无限的或绝对的，而现在必须在（他们的）全球责任范围内行使"。[12]换言之，"共同关切"的概念专注于共同的挑战，而非潜在的收益。[13]

　　尽管"共同关切"的概念并不要求在每一种情况下均采取具体的行动方针，[14]但应用此概念会产生若干法律后果。第一，这意味着各国不得寻求主权或专属国内管辖权的庇护作为避免其他国家审查的手段。[15]就海洋环境而言，该原则不仅适用于各国在海上的行动，而且也适用于影响海洋的陆地活动。[16]第二，它承认各国应寻求合作，以期商定共同规范和原则，指导他们

11　参见 1992 United Nations Framework Convention on Climate Change (UNFCCC) (EIF 21 March 1994), preamble；1992 Convention on Biological Diversity (CBD) (EIF 29 December 1993), preamble；一些作者已建议将这一概念适用于特定的污染源或海洋环境的特定方面，如珊瑚礁，参见 EJ Goodwin, *International Environmental Law and the Conservation of Coral Reefs* (Routledge 2011) 31–33；有关海洋塑料垃圾，参见 E Hey, *An Advanced Introduction to International Environmental Law* (Edward Elgar 2016) 64。

12　P Birnie, AE Boyle, and C Redgwell, *International Law and the Environment* (3rd edn：OUP 2009) 130.

13　参见 J Brunnee, 'Commons Areas, Common Heritage and Common Concern', in D Bodansky et al (eds), *The Oxford Handbook of International Environmental Law* (OUP 2009) 564–565。在有些方面，这一概念可被视为人类世（Anthropocene）国际法的体现，因为它强调个别国家的行为对整个地球的影响。参见 D Vidas et al, 'International Law for the Anthropocene? Shifting Perspectives in the Regulation of the Oceans, Environment and Genetic Resources' (2015) 9 *Anthropocene* 1–13。

14　Brunnee (n13) 566.

15　参见 D Shelton, 'Common Concern of Humanity' (2009) 39 *EP&L* 83, 86。

16　参见第3章。

4

采取行动，以应对"共同关切"的挑战。[17]合作具有双向性，因此各国可能需要就一项活动采取某些行动，但他们也可能期望得到其他国家的支持与援助，以帮助实现其共同利益。[18]第三，设立机构已被确定为人类共同关切之事项的一个关键组成部分，因为"它有助于构成集体或'共同体'，否则该等集体或'共同体'将仍难以捉摸，这对解决常见环境问题的法律行动至关重要"。[19]该类机构可以同时处理规范的发展和遵守问题。因此，以海洋环境保护为背景的制度化过程是本书研究的中心。

当然，也有人建议，人类共同关切之事项可被视为具有其他法律效力，尽管该等效力可能更具争议性，但仍需提及。例如，有人建议，人类共同关切之事项可以同普遍义务的出现相联系，其中，普遍义务是指各国对国际社会承担责任的义务。[20]该论点一直存在争议，批评者指出，国际法内容中缺乏正当程序，无法代表国际社会利益采取行动。[21]然而，在第2章中，有人认为，这一主张可在海洋环境保护的法律框架范围内得到支持，至少就《联合国海洋法公约》（以下简称《海洋法公约》）[22]规定的各方义务而言可得到支持，因为《海洋法公约》载有其自身的强制争端解决程序。此外，本书研究的许多其他个别条约制度均制定了自成一体的遵约机制，它们可被视为为集体执法行动提供了类似的机会。

也有人认为，人类共同关切之事项的认定意味着承认非国家行为体对国际法的制定感兴趣。例如，有人提出，此概念可以为个人和后代创造权利。[23]根据当前的国家实践，关于此概念的这种解释不太容易证明其合理性，[24]尽管人们已经认识到确实有越来越多的非国家行为体参与了国际法的制定，但这仅表明"对于全人类共同关切之事项，至少是朝着更具包容性的

17　参见 D French, 'Common Concern, Common Heritage and other Global(-ising) Concepts: Rhetorical Devices, Legal Principles or a Fundamental Challenge?', in MJ Bo-wman et al (eds.), *Research Handbook on Biodiversity and Law* (Edward Elgar 2015) 13。

18　参见 Goodwin (n11) 34。

19　Brunnee (n13) 568.

20　参见 Shelton (n15) 86。

21　参见 The Views of the ILC Special Rapporteur on the Protection of the Atmosphere in his Second Report, Document A/CN.4/681, 2 March 2015, para. 37。

22　参见 1982 United Nations Convention on the Law of the Sea (UNCLOS) (EIF 16 November 1994)。

23　Second Report of the ILC Special Rapporteur on the Protection of the Atmosphere (n21) para. 37.

24　Ibid.

方向初步发展"。[25] 事实上，正如本章后文所述，公众参与已成为国际环境法的基本原则，并且是众多国家关于海事制度立法的一个影响因素。然而，有人辩称，对公众参与的要求取决于具体条约制度中就规则的积极规定，而并不在于将保护海洋环境确定为人类共同关切之事项。

1.3　国际法与海洋环境保护

虽然在19世纪末[26] 和20世纪初[27] 有过应对特定海洋环境挑战的零星和孤立的尝试，但该议题于第二次世界大战结束后才开始获得更多关注。当时，相关当事方缔结了若干条约以解决人类活动对海洋环境造成的较明显的损害如海洋物种的开发[28] 和船舶油污。[29] 1972年，在斯德哥尔摩举行的人类环境会议首次在国际层面系统地讨论了海洋环境的法律保护问题，该会议被广泛认为是在全球层面制定国际环境法的开创性事件。[30] 斯德哥尔摩会议并不涉及为环境保护制定实施细则或标准，而是负责阐明"各级政府保护和养护'生物圈'的法律、制度和其他要求，其中包括……海洋环境"。[31] 该会议决议通过的行动建议确定了谈判的必要性，并通过若干法律文书以推动该等价值观念发展的必要性。[32] 此外，该会议通过的关于人类环境的《斯德哥尔摩宣言》（也称为《人类环境宣言》）所阐述的原则，以及在斯德哥尔摩受到各国认可

5

25　Brunnee (n 13) 570.非国家行为体详见 AE Boyle and C Chinkin, *The Making of International Law* (OUP 2007) 46–80。

26　参见 *Bering Fur Seals Arbitration* (1893) 263–276。此次开创性的仲裁后，相继缔结了几项保护海豹和海獭的条约，详见第7章。

27　国际联盟于1931年缔结了《捕鲸管制公约》，其还试图缔结一项关于船舶燃油污染的条约，但没有成功。

28　二战后，各国就鲸类、海豹和鱼类资源缔结了多种条约，详见第7章。

29　第一个关于石油污染的重要条约是1954年的《防止海洋石油污染国际公约》，详见第6章。

30　DM Johnston, 'The Environmental Law of the Sea: Historical Development', in DM Johnston (ed.), *The Environmental Law of the Sea* (IUCN 1981) 39; J Brunnee, 'The Stockholm Declaration and the Structure and Processes of International Environmental Law', in MH Nordquist et al (eds.), *The Stockholm Declaration and Law of the Marine Environment* (Martinus Nijhoff 2003) 67.

31　Johnston (n 30) 42；另参见 Brunnee (n 30) 80；A Kiss, 'The Destiny of the Principles of the Stockholm Declaration', in MH Nordquist et al (eds.), *The Stockholm Declaration and Law of the Marine Environment* (Martinus Nijhoff 2003) 53。

32　Stockholm Action Plan (1972), Recommendations 86–94.

的《海洋污染评价和控制基本原则》[33]均旨在协助各国制定法律框架，并且该类原则对本书中所考察的众多立法活动影响巨大。[34]

6　　本书旨在思考海洋环境相关法律制定过程产生的法律框架的性质。特别是有关对给海洋环境带来潜在威胁的活动的监管以及各国预防、减少和控制由这些活动引起的生态损害的义务所产生的条约和其他国际文书。[35]在开始讨论为保护海洋环境而通过的国际法律规则的性质之前，首先值得反思的是，为何各国一开始便选择通过法律来明确它们之间的关系。毕竟，各国可通过多种方式展开合作，其中许多方式可避免任何形式的约束性承诺。

通过国际法寻求合作的主要优势在于，它为国际关系提供了更有力的稳定性，因为它要求在权利或义务发生改变或废除之前完成某些手续。因此，各国缔结法律关系的决定意义重大，因为"相比于非法律协议，法律义务代表国家更高层级的承诺，而相应地违反名誉成本也更高，因此，［它们］更好地反映了国家实际上准备采取何等行动"。[36]此外，建立具有法律约束力的承诺可为其他国家要求遵守提供基础。因此，据解释，承担法律义务意味着［国家的］行为受基本原则、规程和国际法的约束，通常也受国内法的约束"。[37]这可能涉及要求一个国家在其他国家面前为其行为辩护，甚至要求在国际法院或法庭、其他独立裁决或咨询机构面前为其立场辩护。违反国际法将引发国际责任，这就要求一国停止非法行为，并酌情对受害国或行为体作出赔偿。[38]国际法的"遵守推力"[39]使其成为解决国际性问题的重要工具，并证明了本书对国际法律规则的关注具有合理性。与此同时，我们必须认识到，在某些领域缺乏任何法律义务并不一定表明各国不愿意通过其他方式采取行动。然而，政治合作和利他单边主义不在本研究所涉范围之内。

33　Stockholm Action Plan (1972), Recommendation 92(a)；这些原则载于《联合国人类环境会议的报告》，UN Document A/Conf.48/14/Rev.1 (1972) 73。

34　特别见第2章关于斯德哥尔摩会议对《联合国海洋法公约》谈判的影响的讨论。

35　它不会处理由于活动造成损害的赔偿问题。

36　D Bodansky and E Deringer, *The Evolution of Multilateral Regimes: Implications for Climate Change* (Pew Center on Global Climate Change 2010) 7.

37　KW Abbot et al, 'The Concept of Legalization' (2000) 54 *IO* 17–35, 17.

38　International Law Commission, *Articles on State Responsibility* (UN 2001) Articles 30–1.

39　L Henkin, *How Nations Behave* (Pall Mall Press 1968) 42. 另参见 I Brownlie, 'The Reality and Efficiency of International Law' (1981) *BYIL* 1–8。

1.4 国际法渊源与海洋环境保护

鉴于本书涉及的内容是国际法规定的海洋环境保护范围，必须从一开始就解释国际法律秩序的主要渊源。简言之，国际法可以理解为管制国家之间或国家与具有国际法人格的其他行为体之间关系的规范框架。[40]鉴于国家之间没有等级划分，国际法大体上是一种基于对有关规范的同意之上的分散制度。换言之，"对国家具有约束力的法律规则……源于其自身的自由意志"，[41]即使该等同意可通过多种形式表达。就目前而言，国际法主要渊源为习惯、条约和一般法律原则。[42]

1.4.1 习惯国际法

习惯国际法产生于广泛且一致的国家实践，并加之有一种共同信念，即行为过程具有强制性。[43]习惯法的一个重要特性在于它能够为所有国家制定规则。[44]然而，证明存在一项习惯国际法规则的门槛很高，同时，声称已形成一项新习惯的国家必须承担举证责任。[45]

在环境保护领域，特别是在防止跨界环境损害方面，习惯国际法制定了若干重要的规则。[46]此外，如第2章所述，《海洋法公约》的关键条款被普遍认可为习惯国际法的一部分，因此它们为今后该领域拟订法律条约和其他文书提供了基本框架。然而，习惯国际法往往通过在尚未达成更具体协议的情况下规定基本义务，在国际环境监管中发挥其补充性价值。[47]鉴于此，习惯

---

40 参见 V Lowe, *International Law* (OUP 2007) 5。

41 参见 *The Lotus Case* (1927) 18。

42 参见 1945 Statute of the International Court of Justice (EIF 24 October 1945), Article 38(1)。

43 第二项要求通常称为"法律确信"（*juris opinio*）。关于习惯国际法形成的更多资料详见国际法委员会《习惯国际法的确定》：起草委员会暂时通过的结论草案案文，Document A/CN.4/L.872 (2016)。

44 Birnie, Boyle, and Redgwell (n12) 22. 然而，并不是所有的习惯法都有普遍效力，地区性甚至双边习惯法也有可能出现。

45 如常设国际法院在其一个案中指出的，"不能假定对国家独立的限制"。参见 *The Lotus Case* (1927) 18。另参见 *Asylum Case* (1950) 276。

46 参见 *The Legality of the Threat or Use of Nuclear Weapons* (1996) para. 29；*Construction of a Road in Costa Rica along the San Juan River* (2015) para. 104。

47 参见 D Bodansky, 'Customary (and Not So Customary) International Environmental Law' (1995) *IJGLS* 105，118–119。

法将在本项研究中发挥相对次要的作用，本研究的侧重点在于关于海洋环境保护的实施细则和标准的积极发展。

1.4.2 条约

8   条约是海洋环境保护更为重要的法律渊源。条约是指载有对议定该条约的国家或其他行为体具有法律约束力义务的书面协议，这种议定过程被称为"成为缔约方"（或简称为"当事方"）。[48]条约可经由最少两个行为体协商一致通过，或者其目的是管理整个国际社会之间的关系。因此，它们灵活多变，可应用于各类情况。通常，条约具有清晰性的优势，因为它们"明确且结论性地说明了［缔约各方］在相互关系中所享有的权利"。[49]这就是为何条约是建立具有法律约束力关系的主要文书的原因之一。[50]

需要认识到很重要的一点是，条约往往是妥协的产物。尽管所有条约规则理论上均具法律约束力，且其违约原则上会导致某种形式的责任或义务，但条约规则和标准在实践中是处于一个规范性系谱之中的，这主要取决于其内容、语言和准确性。[51]海洋环境保护领域的部分条约可能非常详细，它们可为某一特定活动规定精确的技术标准。例如，管制船舶污染的条约就是这种情况，我们将在第6章加以解释。同样，条约条款的性质通常具有普遍性，各国对如何履行其条约义务可享有一定程度的酌处权。由此而论，条款的措辞至关重要。例如，"竭力"（endeavour）实施行为的义务、"尽可能适当地"（as far as possible and as appropriate）实施行为的义务和仅采取行动的义务大相径庭。规范的形式最终取决于起草者的政治选择，[52]它揭示了相关国家为实现其共同目标而展开合作的意愿程度。

条约往往并非孤立存在。许多现代条约均设有机构，它们被授权监督条约的制定和执行。这些机构往往享有决策权，这一趋势导致了所谓条约制度

---

48 关于更详细处理与条约缔结和生效有关的规则参见 M Fitzmaurice, 'The Practical Workings of Treaties', in MD Evans (ed.), *International Law* (4th edn：OUP 2014) 166–200。

49 RR Churchill and AV Lowe, *The Law of the Sea* (3rd edn：MUP 1999) 6.

50 AE Boyle and C Chinkin, *The Making of International Law* (OUP 2007) 233.

51 RR Baxter, 'International Law in "Her Infinite Variety"' (1980) 29 *ICLQ* 549–566；L Rajamani, 'The 2015 Paris Agreement: Interplay between Hard, Soft and Non-Obligations' (2016) 28 *JEL* 337, 338.

52 参见 KW Abbott and D Snidal, 'Hard and Soft Law in International Governance' (2000) 54 *IO* 421–456。

的出现，其中包括条约本身、相关机构组成部分和软法文书。[53]

　　条约制度是环境领域的一个重要现象，部分原因在于它们可以灵活地对变化的环境作出相对迅速的反应。[54]鉴于与海洋状况有关的科学证据存在显著缺口，[55]就海洋环境保护而言，规范的演变尤为重要，因此法律框架需要适应新的见解和新的知识。由此可知，条约机构的定期会议以及就与条约相关的关键问题的决议是实现该目标的重要手段。如此一来，条约机构成了与实际条约规则有关的大量决定、宣言、决议和其他国际文书的来源。然而，这些决定的法律效力因其内容和采纳的不同情况而异。[56]有时，条约机构通过的文件对缔约方具有直接约束力。[57]在其他情况下，条约机构只能通过不具约束力的决定或建议。尽管这些决定或建议不具有先验法律效力，但它们依旧可以以重要的方式影响国际法的发展。例如，条约缔约方的一项决定可构成对条约本身的权威性解释，从而具体说明如何在实践中执行该条约。[58]或者，这些决定可提供更一般的指导或确定最佳实践，即使这些实践不一定是执行条约的唯一途径，但若如约履行，将可以提供遵约证据。[59]无约束力决定也可作为新条约谈判的前身，或在具有法律约束力的规则生效之前，作为填补监管空白的手段。[60]与此同时，选择一项无约束力决定可能仅单纯表明各国不愿以通过具有法律约束力的义务来约束自己。此类文书不一定会被完全摒弃，因为它们仍可能产生政治期望；但它们不属于法律领域，并且它们缺乏具有法律约束力的义务所产生的后果。[61]因此，就此类文书的法律效

53　参见 W Lang, 'Diplomacy and International Environmental Law-Making: Some Observations' (1992) 3 *YIEL* 108, 117–122。

54　P Birnie, A Boyle, and C Redgwell, (n12) 35.

55　参见 Bernal et al (n6) 6。

56　参见 *Legality of the Threat or Use of Nuclear Weapons* (1996) para. 70。

57　其中一个例子是国际海底管理局在制定海底采矿的规则上所发挥的作用；参见第8章。

58　参见 1969 Vienna Convention on the Law of Treaties (VCLT) (EIF 27 January 1980) Article 31(3)(a)。另参见 AE Boyle, 'Soft Law in International Law-Making', in MD Evans (ed.), *International Law* (4th edn: OUP 2014) 123。

59　Ibid, 124.

60　参见 J Harrison, 'Actors and Institutions for the Protection of the Marine Environment', in R Rayfuse (ed.), *Research Handbook on International Marine Environmental Law* (Edward Elgar 2015) 67。

61　P Weil, 'Towards Relative Normativity in International Law?' (1983) 77 *AJIL* 413, 415. 另参见 P-M Dupuy, 'Soft law and the International Law of the Environment' (1991) 12 *MJIL* 420–435。

力下结论前，应进行仔细分析。[62]

　　制定条约的法律框架时，国际法院和法庭也可以发挥作用。国际法是一种分散的法律体制，这意味着任何法院或法庭都不具有强制管辖权来解决可能出现的所有法律纠纷，并且管辖权最终取决于有关国家的同意。然而，评论家们注意到，国际关系日趋司法化，规定由国际法院和法庭强制解决争端的条约增多就是明证。[63]尽管这种趋势可能不均衡，但在海洋法中随处可见，[64]因为海洋法中的若干条约规定：将一项争端单方面或协商一致地提交司法机关。[65]国际法院和法庭的主要任务之一是解释存在争议的义务。解释是一项受到限制的任务，它不同于立法，并受基本原则的约束。因此，条约解释主要根据条约的上下文及其目标与宗旨以明确条约的通常含义。[66]与此同时，条约的含义并非于缔结时便已确定，其解释可能受缔约方嗣后实践或其他有关国际法规则的影响。[67]为此，法院和法庭在确定某一特定时刻归属于某项条约的含义方面发挥了重要作用，而且它们可通过这种方式促进国际法的发展。然而，尽管法院和法庭的裁决就国际义务的范围和内容提供了公正且权威的指导，[68]在实践中产生了更大的影响力，但它们在形式上仅对争议当事方具有约束力。[69]如此一来，在它们的积极活动下，法院和法庭的裁决必须被视为条约制度的一个组成部分。

62　参见 J Brunnee, 'COPing with Consent: Law-making under Multilateral Environmental Agreements' (2002) 15 *LJIL* 1。

63　例如，KJ Alter, 'The Multiplication of International Courts and Tribunals after the End of the Cold War', in C Romano et al (eds), *Oxford Handbook of International Adjudication* (OUP 2014) 63–89。

64　参见 B Kingsbury, 'International Courts: Uneven Judicialization in Global Order', in J Crawford and M Koskenniemi (eds), *The Cambridge Companion to International Law* (CUP 2012) 203; C Romano, 'The Shadow Zones of International Adjudication', in C Romano et al (eds), *Oxford Handbook of International Adjudication* (OUP 2014) 90–110。

65　关于《海洋法公约》规定的强制争端解决的讨论，参见第 2 章。该趋势在这一领域具有更早的起源，另参见如 OILPOL Convention, Article 13, 其规定了将争端以单边的方式提交到国际法院的规则。

66　VCLT, Article 31(1).

67　Ibid, Article 31(3).

68　参见 Statute of the International Court of Justice, Article 59; Statute of the International Tribunal for the Law of the Sea, Article 33(2)。

69　一般地，参见 H Lauterpacht, *The Development of International Law by the International Court* (Stevens & Sons 1958) 9–15。

1.4.3　一般法律原则

一般法律原则在性质上不同于习惯法或条约规则，因为它们为各国在其国内和国际事务中应追求的目标提供抽象指导，而并没有任何详细规定必须采取何等步骤。[70]因此，严格意义上来说，国家不可能违反一般法律原则。然而，一般法律原则依旧很重要，因为它们能够通过"［确定］影响法院裁决案件的方式［以及］国际机构如何行使其自由裁量权的关键因素"，影响其他法律规则的解释、适用和发展。[71]鉴于此，我们仍然认为原则具有规范性效力，并且"它们不应与'无约束力'或新兴的法律相混淆"。[72]

有时，原则被明确地载入条约中，但一般法律原则的重要性在于，即使它们并未被明确地载入条约中，它们同样可以对条约制度施加影响。事实上，国际环境法的一般法律原则对于促进现有条约制度的演变发挥了关键作用。关于国际环境法领域一般法律原则宣言的重要示例包括上文提及的1972年通过的关于人类环境的《斯德哥尔摩宣言》和1992年通过的关于环境与发展的《里约宣言》。[73]后一项文书在172个国家政府和大约2400个非政府组织的代表举行的一次空前会议上以协商一致的方式获得通过，被认为是"最被普遍认可的关于影响环境的国家一般权利和义务的声明"。[74]《里约宣言》很重要，因为它强调必须将广泛的对环境因素的考虑纳入所有形式的决策中，并要求加强环境规制的预防措施，这标志着环境思维范式的转变。《里约宣言》可能不具有法律约束力，但国际社会一再赞同其中所载关于环境保护的基本原则，[75]毫无疑问，它对国际环境立法具有重大影响。[76]本部分将重

70　原理与规则的区别的讨论参见 R Dworkin, *Taking Rights Seriously* (HUP 1977) 25。另参见 AE Boyle, 'Reflections on Treaties and Soft Law' (1999) 48 *ICLQ* 901, 907, 注意到原则也可以用来指导国际司法机构或政治机构。

71　Boyle (n58) 130.

72　Ibid.

73　参见 1992 Rio Declaration on Environment and Development (Rio Declaration)。

74　Birnie, Boyle, and Redgwell (n12) 112. 应该认识到，《里约宣言》是"各种原则的综合体，包括了一些在其通过前就已存在的原则"; JE Vinuales, 'The Rio Declaration on Environment and Development: A Preliminary Study', in JE Vinuales (ed.), *The Rio Declaration on Environment and Development: A Commentary* (OUP 2015) 21。

75　参见 UNGA Resolution 66/288 (2012) Annex, para. 15。

76　参见 Vinuales (n74) 20–21。

点介绍若干与制定海洋环境保护的国际法律框架相关的关键原则，本书稍后将对此展开讨论。

《里约宣言》的首要概念是可持续发展。尽管该宣言未就可持续发展下定义，[77]但原则4充分体现了此概念的实质，该原则宣称，"为了达到可持续发展，环境保护应成为发展进程中的一个组成部分，不能同发展进程孤立开来"。这一所谓的"一体化原则"已被确定为现代国际环境法的一个主要特点，[78]桑斯（Sands）认为，这可能是《里约宣言》对国际事务做出的"最重要的长远贡献"，因为它"创造了将环境考虑及目标从国际关系的外围转移至其经济核心的可能性"。[79]

从某种程度而言，平衡环境保护和经济发展的具体方案是由国家制定的。根据共同但有区别责任原则，就处理共同环境问题而言，发达国家可能被要求比发展中国家承担更大的责任，部分原因在于发达国家对此类问题产生的作用不同，以及他们拥有更先进的技术和更强的财政能力用以应对。[80]换言之，"环境标准、管理目标和优先事项应反映其所适用的环境和发展范畴，［而且］部分国家所采用的标准可能不适当，因此，会对其他国家尤其是发展中国家造成不必要的经济和社会代价"。[81]共同但有区别的责任是《里约宣言》中通过的一揽子原则的核心，它"与可持续发展和代内公平的概念密切相关"。[82]《里约宣言》中关于原则的不同表述可以理解为支持《里约宣言》原则6中更广义的概念，即"鉴于发展中国家特别是最不发达国家和环境最脆弱的国家的特殊情况和需求，其应被给予特别优先权"。然而我们必须认识到，共同但有区别的责任并不免除发展中国家关于保护环境的义务。

77　然而，参见《布伦特兰报告》（The Brundtland Commission Report），报告提到"在不损害后代满足自身需求的能力的情况下，先满足当前需求的发展"；WCED（n4）43。

78　参见 CA Voigt, 'The Principle of Sustainable Development', in C Voigt (ed.), *Rule of Law for Nature: New Dimensions and Ideas in Environmental Law* (CUP 2013) 154; Birnie, Boyle, and Redgwell (n12) 116–117。

79　P Sands, 'International Law in the Field of Sustainable Development' (1994) 65 *BYbIL* 324. 可持续发展的法律地位存在争议，另参见 AV Lowe, 'Sustainable Development and Unsustainable Arguments', in AE Boyle and D Freestone (eds), *International Law and Sustainable Development* (OUP 1999) 19–37。

80　Rio Declaration, Principle 7.

81　Ibid, Principle 11.

82　E Hey, 'Common but Differentiated Responsibilities', in *Max Planck Encyclopedia of Public International Law* (OUP 2011) para. 5.

相反，该原则要求发展中国家根据其自身情况制定相应的义务。然而，该原则并未规定规范差异的程度，这可能取决于规范所应对问题的性质以及解决问题所需的资源类型。实际上，如下文各章所述，虽然此项原则已被明确载入若干处理海洋环境退化问题的条约中，但规范差异在这一法律领域并非普遍存在。

可持续发展不仅要求将环境因素纳入所有形式的决策，而且还要求考虑到所有潜在的环境损害形式。为此，各国广泛赞同对海洋管理采取所谓的生态系统方法。尽管《里约宣言》中并未明确提及生态系统方法，但它已成为其他国际文书[83]的一项关键原则，并且它被称为保护生物多样性的"里程碑式监管策略"，[84]这代表着环境政策的重大转变。[85]生态系统方法并没有统一的定义，但其核心是要求各国采取措施确保"生态系统结构、功能和关键过程的保护，以便维持生态系统产品和服务"。[86]生态系统方法可以从广义或狭义的角度加以解释和应用[87]，但通常，它需要从采用特定的领域性和区域性环境保护办法转向制定加强各国与国际机构之间合作的更全面的环境战略。[88]然而，各国应认识到"不存在运用单一的方式实施生态系统方法"，而且鉴于特定的区域、次区域、国家或地方的条件，灵活性尤为重要。[89]因此，采用生态系统方法的确切影响将视情况而定。此外，实践中，关于生态系统方法

13

83　例如，CBD COP Decision V/6 (2000) section B；Johannesburg Programme for Further Implementation (2002) para. 30(d)；UNGA Resolution 61/222 (2006) para. 119；UNGA Resolution 66/288 (2012) Annex，para. 158；Joint Ministerial Statement of the Helsinki and OSPAR Commissions on the Ecosystem Approach to the Management of Human Activities (2003).

84　E Morgera, 'Ecosystem and Precautionary Approaches', in J Razzaque and E Morgera (eds), *Encyclopedia of Environmental Law: Biodiversity and Nature Protection* (Edward Elgar 2017) forthcoming.

85　参见 V de Lucia, 'Competing Narratives and Complex Genealogies：The Ecosystem Approach in International Environmental Law' (2015) 27 *JEL* 91, 92。

86　《联合国海洋和海洋法问题不限成员名额非正式协商进程第七次会议工作报告》，Document A/61/156 (2006) para. 6(a)。另参见 CBD COP Decision V/6 (2000) section B, principle 5。

87　de Lucia (n85) 91–117, 在以人类为中心和以生态为中心对生态系统方法的理解之间作出了区分。

88　参见 A Trouwborst, 'The Precautionary Principle and the Ecosystem Approach in International Law：Differences, Similarities and Linkages' (2009) 18 *RECIEL* 26, 26；Y Tanaka, 'Zonal and Integrated Management Approaches to Ocean Government：Reflections on a Dual Approach in International Law of the Sea' (2004) 19 *IJMCL* 483–514。

89　*Report of the Work of the United Nations Open-ended Informal Consultative Process on Oceans and Law of the Sea at Its Seventh Meeting* (n86) para. 45. 另参见 CBD COP Decision V/6 (2000) section A, para. 5。

的阐释以及应用方式将是本书分析研究的关键。

当代国际环境法中另一个显而易见的环境思维的重要发展是需要对环境保护采取预防性方法。此概念于20世纪80年代在国际层面出现，1989年，联合国环境规划署（UNEP）理事会在第12次会议上明确敦促各国通过其所称的"预防性行动原则"，努力防治海洋污染。[90]最著名的预防性方法是《里约宣言》的原则15，其中规定：

> 为了保护环境，各国应根据它们的能力广泛采取预防性措施。凡有可能造成严重的或不可挽回的损害的地方，不能把缺乏充分的科学肯定性作为推迟采取防止环境退化的措施的理由、采取费用低廉的措施的理由。

14　　然而，关于预防性方法的要求众说纷纭，学者们针对预防性方法在国际法中的地位持有截然不同的观点。[91]这一概念的最大意义也许在于它支持保护环境的行动，即使在并没有明确证据表明将会发生环境损害的情况下亦如此。换言之，预防性措施标志着从保守的监管模式向积极主动且具有前瞻性的监管模式转变。[92]除该核心理念之外，存在多种不同的方式来理解预防性措施的要求。事实上，原则15中关于预防性措施的措辞并未明确规定各国为保护环境而必须采取的措施，[93]并且就海洋环境保护而言，预防性措施可以通过若干不同的形式实施。[94]某些情况下，某项活动如需继续进行，便需要收集相关影响的额外资料，并在后续阶段审查管理战略。该方法充分体现了适应性管理的概念，它要求监测某项活动的影响，并在确定的潜在不利影响情况下，对监管框架做出调整。[95]或者，如有合理理由证明某项活动可能

90　UNEP Governing Council Decision 15/27 (1989).

91　观点辩论的要点参见 M Schroeder, 'Precautionary Approach/Principle', in *Max Planck Encyclopaedia of Public International Law*, Online Edition (OUP 2009)；Birnie, Boyle, and Redgwell (n12) 159–164；M Pyhala et al, 'The Precautionary Principle', in M Fitzmaurice et al (eds), *Research Handbook on International Environmental Law* (Edward Elgar 2010) 203–225。

92　参见 Trouwborst (n88) 26。

93　Birnie, Boyle, and Redgwell (n12) 161.

94　参见 B Sage-Fuller, *The Precautionary Principle in Marine Environmental Law* (Routledge 2013)。

95　参见 Addis Ababa Guidelines on Sustainable Use (2004) Practical Principle 4；CBD COP Decision V/6 (2000) Section B, Principle 9。

造成重大且不可逆转的损害，则预防性方法可在能够证明不会发生此类损害之前要求禁止此项活动。因此，这种更强硬的预防性方法具有免除某项活动举证责任的效果。[96]采取何等预防性措施以适用于某项特定活动将取决于有关国家，且必须根据具体情况进行协商。事实上，原则15的拟订已明确承认预防措施必须具备"成本效益"，而各国仅可"根据自身能力"采取适当的预防性措施。[97]本书将探讨如何针对海洋环境退化的特定原因制定此原则。

最后，现代国际环境法需要一种更具参与性的监管方法。这一要求在《里约宣言》的原则10中得以体现。该原则规定"环境问题必须在所有相关公民在相关层次上的参与下，才能得以妥善处理"，同时，该原则进一步呼吁获取环境信息、获得补救措施。[98]显然，为推行此项政策，可以采取各种各样的政策与实践，而国际法似乎不具有指导性。[99]实际上，鉴于海洋环境保护是人类共同关切之事项，而且往往难以确定"相关"利益攸关方的范围，在国家管辖范围以外的领域更是如此，在海洋环境的背景下实施此原则极具挑战性。这是另一个必须根据具体情况解决的问题。

1.5　本书大纲

毋庸置疑，国际法在各国为应对关于海洋生态状况恶化的共同挑战而做出的努力中发挥了重要作用。各国就此问题制定了若干条约和其他国际文书，这些条约和文书共同构成了海洋环境保护的复杂法律框架。这些条约和文书的渐进式发展是本书的主要主题。本书探讨了国际环境法的关键原则如何在海洋监管的不同领域得以实现，使用了什么类型的规范和不同层次规范之间的相互关系，以及进一步发展和执行这些规范的体制框架。

本书第2章首先介绍了《海洋法公约》关于海洋环境保护的处理方式。《海洋法公约》无疑是关于海洋活动最重要的条约。这一国际法律体系的核

96　参见 C Foster, *Science and the Precautionary Principle* (CUP 2011) 240。

97　Rio Declaration, Principle 15.

98　另参见 2010 Bali Guidelines for the Development of National Legislation on Access to Information, Public Participation and Access to Justice in Environmental Matters。

99　参见 J Ebbesson, 'Public Participation', in JE Vinuales (ed.), *The Rio Declaration on Environment and Development: A Commentary* (OUP 2015) 293，表明"环境条约对原则10的支持在其细节和目标的程度以及程序问题的范围上也有所不同"。

心支柱既规定了海洋法的管辖框架，又规定了某些关于海洋环境污染和海洋生物资源可持续利用的基本原则和规则。第2章将分析这些规定的性质，以作为今后制订有关特定行业或海洋环境损害来源的更详细规程的总体框架。

第3章考察了现代法律中与海洋环境保护相关的另一个主要趋势，即明确承认必须采取措施保护海洋生物多样性。虽然《海洋法公约》仅间接提及保护海洋生态系统、物种和栖息地的重要性，但此问题已在现代海洋法中发挥了更大的作用。第3章旨在通过研究引入关于保护和可持续利用海洋生物多样性的总体和跨领域义务的全球及区域条约的结构和内容，以说明生物多样性作为现代规制的核心组织概念的出现。

16

接下来，本书将通过研究实施《海洋法公约》基本规则和原则的条约及其他国际文书，探讨领域监管的主要示例。第4~8章根据领域讨论海洋环境面临的主要威胁，包括陆地活动、倾倒废物、航运、渔业和海床活动。在每一个领域中均拟定了若干国际条约和相关文书，其中载有设法尽量减少或减轻人类行为对海洋造成的损害的规则和标准。前述章节将考察各国为处理关于海洋环境威胁而制定了哪些类型的规范，以及如何监督这些规则和标准的实施。此外，每一章还将讨论这些条约制度与《海洋法公约》管辖框架之间的关系。

第9章探讨了气候变化和海洋酸化对海洋环境的影响，以及国际法针对于海洋生态完整的新威胁的反应程度。此类问题因其广泛的原因和影响而不同于海洋活动的领域监管。因此，这一章既考虑到关于气候变化的全球法律制度如何将海洋管理纳入其体系，又考虑到处理特定海洋活动的领域性条约如何在其规范框架内处理气候变化和海洋酸化问题。

第10章回到关于海洋环境保护的总体视角，认识到世界海洋是一个统一且相互联系的地球系统，因此，需要采取协调和综合的监管方法。鉴于上文讨论的国际法的分散本质，这方面的挑战怎么强调也不为过。这一章将评估为保护海洋环境制订一个一致且全面的法律框架的困难，同时评估促进领域性条约之间协调的现有机制，并评估可以采取何等进一步措施来加强海洋环境的综合保护。

最后，第11章将概述关于海洋环境保护总体法律框架的现状，试图就哪些法律战略和办法已被成功采用继而为海洋提供实质性保护，以及国际社会为处理该重要问题而仍面临着哪些主要挑战做出总体性结论。

2 《联合国海洋法公约》及海洋环境的保护与保全

2.1 引言

    1982年12月10日通过的《海洋法公约》无疑是现代海洋法中最重要的
文书。[1]《海洋法公约》耗时十年进行谈判，也经历了同样长的时间才开始生
效。最终在1994年11月16日正式实行。如今，它对全世界167个国家具有
约束力。[2]《海洋法公约》作为一揽子条约，各国有义务遵守该法律制度覆盖
的所有方面，除非本公约其他条款明示许可，对本公约的任何实质性条款
不得作出保留。[3]作为条约文书，《海洋法公约》只对缔约国具有约束力。[4]然
而，《海洋法公约》具有更广泛的重要性。它的许多规定作为国际习惯法而
被广泛接受，至少在"备受关注的海洋传统用途"方面如此。[5]确实，有学
者提出，在《海洋法公约》缔结之前，一些规定就已经影响了国际习惯法
的发展。[6]《海洋法公约》如今被广泛接受，在现代海洋法中处于重要地位，
经常被描述为"海洋宪法"，[7]它通常被认为是"必须在其范围内进行所有

17

---

1   参见1982年《海洋法公约》（UNCLOS）（EIF 16 November 1994）。

2   见联合国网站，<http://www.un.org/depts/los/reference_files/chronological_lists_of_ratifications.
htm#The%20United%20Nations%20Convention%20on%20>。欧盟也是《海洋法公约》的缔约
方。

3   UNCLOS, Article 309.

4   参见1969年《维也纳条约法公约》(VCLT) (EIF 27 January 1980)，第34条。

5   参见 'United States Ocean Policy' (1983) 77 *AJIL* 619–623，其中，由于美国对《海洋法公约》深
海海底采矿条款的关切，其将不会成为该公约的签署国，但它将"接受并按照与海洋的传统用
途，例如航行和飞越，有关的利益平衡"行事。

6   参见A de Mestrel, 'The Prevention of Pollution of the Marine Environment Arising from Offshore
Mining and Drilling' (1979) 20 *HILJ* 469, 496。

7   T Koh, 'A Constitution for the Oceans'; <http://www.un.org/depts/los/convention_agreements/texts/
koh_english.pdf>.

18　　海洋活动的法律框架"。[8]

通过《海洋法公约》，国际社会着手"为海洋建立一种法律秩序，以便利国际交通和促进海洋和平用途，海洋资源的公平而有效的利用，海洋生物资源的养护以及研究、保护和保全海洋环境"。[9]从《海洋法公约》前言的叙述可以看出，保护海洋环境被明确列为《海洋法公约》的目标之一。事实上，《海洋法公约》在其生效时被描述为"目前存在或可能未来长期存在的最有力的综合性环境条约"。[10]由于《海洋法公约》在现代海洋法中处于核心地位，理解其由来以及其处理海洋环境保护问题的方式就变得尤为重要。本章将讨论《海洋法公约》的谈判、总体结构及其内容。并分析《海洋法公约》与保护海洋环境的其他条约和国际文书之间的相互关系。

2.2 《联合国海洋法公约》的谈判

1972年，当国际社会在斯德哥尔摩通过会议来共同商议加强世界环境保护的措施时，[11]联合国已经就国际海洋法改革展开了更广泛的讨论。当时，人们对1958年缔结的现有海洋法条约已经普遍感到不满。[12]这些法律文书获得的支持程度不尽相同，[13]特别是刚获得独立的许多国家，十分关注条约中所载的权利和义务的平衡。[14]1958年的条约在海洋环境保护方面有非常明显的缺陷。它们保护海洋环境的方法是"碎片化的"（fragmentary），[15]对此公

8　例如联合国大会2014年69/245号决议的序言部分。

9　参见《海洋法公约》序言。

10　J Stevenson and B Oxman, 'The Future of the United Nations Convention on the Law of the Sea' (1994) 88 *AJIL* 488, 496.

11　参见第1章。

12　第一届联合国海洋法会议通过了四个实质性条约：1958 Convention on the High Seas (EIF 30 September 1962); 1958 Convention on the Territorial Sea and Contiguous Zone (EIF 10 September 1964); 1958 Convention on the Continental Shelf (EIF 10 June 1964); 1958 Convention on Conservation of Living Resources on the High Seas (EIF 20 March 1966).

13　参见 RR Churchill and AV Lowe, *The Law of the Sea* (3rd edn: MUP 1997) Appendix 2, Table B.

14　参见 J Harrison, *Making the Law of the Sea* (CUP 2011) 35–37.

15　DM Johnston, 'The Environmental Law of the Sea: Historical Development', in DM Johnston (ed.), *The Environmental Law of the Sea* (IUCN, 1981) 49; 另参见 A Yankov, 'The Significance of the 1982 Convention on the Law of the Sea for the Protection of the Marine Environment and the Promotion of Marine Science and Technology—Third Committee Issues', in BH Oxman and AW Koers (eds), *The 1982 Convention on the Law of the Sea* (Law of the Sea Institute 1984) 76.

众批评其未能解决对海洋的大规模威胁。[16]在那个时候，环境保护在谈判中并没有引起国际层面的注意，这并不令人感到惊讶。但到了20世纪70年代，情况却发生了变化，因此，联合国大会决定就一项新的海洋法全面条约进行谈判，为重新审议保护海洋环境问题提供了一个机会。

"保护海洋环境（至少包括防止污染）"是1973年召开的第三次联合国海洋法会议要解决的一个关键问题。[17]事实上，在谈判开始前，参加斯德哥尔摩人类环境会议的国家就预备积极参与即将举行的海洋法谈判，"以期将所有重要的海洋污染源纳入海洋环境的范畴……进行适当的控制"。[18]出席斯德哥尔摩会议的代表一致认为：[19]

> 海洋容纳废弃物并将其转化为无害物的能力及其自然资源再生的能力不是无限的。必须进行适当的管理，而防止和控制海洋污染的相关措施必须被视为管理海洋及其自然资源的一个基本要素。

这一陈述承认了以前对有害活动的管制存在缺点，同时也预示了海洋环境保护方法的"范式转变"。这一观点表明，"不能对海洋实施无限制的污染行为；相反，从所有源头的勤勉控制（diligent control）是足以影响整个海洋环境的综合性法律义务问题……"。[20]

由于环境意识的提高，在第三次联合国海洋法会议中保护海洋环境的议题备受关注。虽然保护海洋环境的议题已明确被分配给会议的第三委员会负责，[21]而实际上，为起草新法律框架的实质内容而设立的所有三个主要谈判委员会都涉及这一议题。[22]因此，保护海洋环境的条款贯穿《海洋法公约》

16　有关环境问题的条款较少，参见1958年《公海公约》第24条（船舶排放油类污染）和25条（放射性物质污染）；1958年《大陆架公约》第5条7款（保护生物资源免受有害物质侵害）。此外，1958年《捕鱼和养护公海生物资源公约》也要求制订"养护方案"，尽管其第2条的主要关切是"供人类消费的食物供应"。

17　UNGA Resolution 2748(XXV)C (1970) para. 2.

18　Stockholm Action Plan (1972) Recommendation 86(e).

19　Ibid, Recommendation 92(a).

20　P Birnie, AE Boyle, and C Redgwell, *International Law and the Environment* (3rd edn, OUP 2009) 383. 另参见 de Mestrel (n6) 498.

21　Yankov (n 15) 72.

22　CA Fleischer, 'Significance of the Convention: Second Committee Issues', in BH Oxman and AW Koers (eds), *The 1982 Convention on the Law of the Sea* (Law of the Sea Institute 1984) 54–55.

20　终版的始终。但是，在改革后的海洋法中，这一主题的中心性反映在载有46项条款、致力于保护和保全海洋环境的《海洋法公约》的第十二部分中。

《海洋法公约》为各国的行动确立了重要标准，但我们也要认清《海洋法公约》所确立的法律框架的性质。《海洋法公约》的目的不在于制定有关保护海洋环境的详细规则和标准。事实上，《海洋法公约》几乎不可能实现解决所有海洋污染源的目标；任何规章制度都会很快过时。相反，《海洋法公约》被描述为一个"伞形"（总括性）公约，[23]意思是"就处理特定海洋污染源或适用于海洋空间特定区域的所有其他协定，被指定了一项基本的和协调角色的国际法律文书"。[24]它以多种方式执行此职能，接下来将对此进行探讨。

2.3 《联合国海洋法公约》法律框架的性质

2.3.1 《海洋法公约》作为海洋活动法律框架

首先，《海洋法公约》确立了法律框架，规定了哪些国家有权在所有海域采取和实施海洋活动的规则和标准。[25]这一法律框架包括通过和执行与保护海洋环境有关的立法的权力。

特定活动的性质和地点能够决定规定和执行海洋环境保护规则的主体。一般来说，《海洋法公约》对国家管辖范围内外的地区作了基本区分。本书将详细讨论司法框架的明确职能，并在下文对其关键特征作出解释。

沿海国是在《海洋法公约》中引入新的环境条款的最积极的倡导者。[26]《海洋法公约》赋予沿海国通过和执行环境规则和条例的重要权力，并通过

23　参见 M Nordquist et al (eds)，*United Nations Convention on the Law of the Sea 1982: A Commentary—Vol. IV* (Martinus Nijhoff 1991) 21，423。进一步可参见 E Franckx, 'Regional Marine Environment Protection Regimes in the Context of UNCLOS' (1998) 13 *IJMCL* 307，311；AE Boyle, 'Further Development of the Law of the Sea Convention: Mechanisms for Change' (2005) 54 *ICLQ* 563–584。

24　Yankov (n15) 73.

25　参见 P Allott, 'Power Sharing and the Law of the Sea' (1983) 77 *AJIL* 1。

26　参见 Stockholm Action Plan (1972) Recommendation 92(a)，注意到沿海国家对海洋环境的特别关切，沿海国在会上成立了一个特别利益小组，参见 M Nordquist et al (eds)，*United Nations Convention on the Law of the Sea 1982: A Commentary—Vol. I* (Martinus Nijhoff 1985) 70–72。然而，在沿海国之间，对于重视海洋环境保护的程度存在分歧，参见 Nordquist et al (n23) 12。

建立一个沿海国享有特殊权限的海洋区域制度来赋予沿海国这项权力。

第一，《海洋法公约》允许沿海国在其划定的海岸基线以外的12海里内设定领海。[27]沿海国对领海内的水域、海床和领空拥有主权，但权力受到一定限制。[28]因此，沿海国可以通过和执行有关这一海域范围内众多问题的法律，包括行为"保护海洋生物资源"和"保护沿海国的环境以及防止、减少和控制其污染"采取相应措施的权力。[29]沿海国的权力在管理无害通过其领海的船舶的相关事务上会受到一些限制，[30]需注意，任何造成"故意和严重污染"的船舶都不被认为是无害通过，因此会受到沿海国的完全管辖。[31]

第二，《海洋法公约》允许沿海国在距基线200海里的范围内建立专属经济区（EEZ）。[32]在这一海域内，沿海国在管理与其有关的经济行为方面拥有更为有限的权力。值得注意的是，这至少包括保护和管理在水体和海底发现的生物和非生物资源的相关权力。[33]对这些活动产生的环境影响的控制权也归沿海国所有。沿海国针对保护海洋环境也有更广泛的管辖权。[34]沿海国扩大其相关权限的做法，承认了在领海以外进行的活动可能对其环境造成重大影响，且沿海国有意采取相关措施来控制这种影响。然而，为确保这些权力不会超出其权限，妨碍对海洋的其他合法使用，沿海国在其专属经济区内行使这种权力往往会受到一套更为复杂的限制和保障措施的制约。[35]这意味着在海洋环境保护方面，沿海国必须平衡与其他国家之间的利益。

第三，沿海国对发生在200海里以外大陆架海床上的活动也有一定的管辖权，包括石油和天然气钻探、矿产开采和捕捞定着类生物。[36]沿海国可以对这类活动，包括其环境条例，实行排他控制。但是，在水体中进行的活动

27　UNCLOS, Article 3. 关于基线的划定参见 Ibid, Articles 5–14。另参见关于群岛国的规定，这些规定允许在群岛外岛周围划定基线，并在基线所包围的海域内行使主权，但须遵守某些保障措施；Ibid, Articles 46–54。

28　Ibid, Article 2.

29　Ibid, Article 21(1)(d) and (e).

30　详见第6章。

31　UNCLOS, Article 19(2)(h).

32　Ibid, Articles 55 and 57.

33　Ibid, Article 56(a).

34　Ibid, Articles 55 and 57.

35　参见 Ibid, Articles 58(1) and 68。

36　Ibid, Article 77.

受公海法律制度的制约，而不受该管辖权的影响，我们会在下文对此进行讨论。[37]

22　　在一个沿海国管辖范围以外的地区，任何国家都不具有保护和保全海洋环境的综合能力。这些区域可以被视为"全球公域"。[38]这些区域对所有国家开放，因此对该区域的治理和执法也成为特殊挑战。对水体中和海床上的活动的管理有不同的制度和不同的管理方法。

　　一方面，对在水面上或水中的活动的规制应受公海自由原则的约束，[39]该原则以船旗国专属管辖权原则为基础。[40]这并不是说各国可以随意污染海洋，或过度开发生物资源，而是每一个国家必须采取行动，对他们的海洋活动进行管制，并且不允许任何其他国家加以干涉。因此，只有所有国家能够就共同的规则和标准达成协议，才有可能采取协调行动来保护公海海洋环境。此外，除非各国就合作执行机制达成协议，原则上只有一艘船的船旗国能对其执行国际规则。这对制定有效的国际规则是一个重大挑战，特别是有关公海的航运和渔业规则，这将在第6章和第7章中进行讨论。

　　另一方面，对国家管辖范围以外的海底活动的管理应遵守人类共同继承财产（the common heritage of mankind）原则，即在这一领域进行的海底活动应由被授权代表国际社会的国际组织来管理。[41]《海洋法公约》设立了国际海底管理局（International Seabed Authority），它被授予实施关于所有海底活动，及其对海洋环境的影响的条例的权力。这一制度规定了适用于在国家管辖范围以外的海底开展活动的主体的最低标准。国际海底管理局有权对这些主体执行诸条例，不论这些主体是国家还是私人企业。这一制度将在第8章进行更详细的解释。

　　关于在国家管辖范围之外的固着底栖生物的法律地位，存在一些争议。公众对这些物种越来越感兴趣，希望能够获得它们的遗传基因进行研究。一些国家认为，这些生物是人类共同继承财产的一部分，因为它们位于深海

37　UNCLOS, Article 78.

38　参见第1章。

39　UNCLOS, Article 87.

40　UNCLOS, Article 92(1).

41　UNCLOS, Articles 136–137, 145.

海床之上。[42]另一些国家则认为，深海海床制度只是适用于非生物资源的开采。[43]在这场辩论中，双方都利用《海洋法公约》的各项规定来支持自己的观点，但事实上，这一问题并不是起草者最关心的问题。各国承诺缔结一项新的国际协定来解决这一含糊不清的问题，[44]尽管迄今为止的谈判表明，分歧依然严重。[45]无论最终结果如何，在国家管辖范围以外，任何在海底捕获定着生物的行为都必须以保护和保全海洋环境的一般原则为指导。[46]

23

2.3.2 《海洋法公约》是有关海洋环境保护的一般原则的渊源

除了赋予各国管理某些活动造成的环境影响的权力外，《海洋法公约》还确立了与保护海洋环境有关的一般原则，为各国在上述管辖框架内行使管辖权提供指导。

第十二部分的起始条款第192条规定"各国有保护和保全海洋环境的义务"。[47]据一位起草公约的参与者说，"这是首次将此类法律规则纳入具有普遍性的多边条约中"，[48]且它"应被认为是编纂和逐步发展海洋法的一个重要步骤"。[49]第192条以这种方式起草，并作为一项规则引起广泛争议。虽然有观点强调第192条的规范性地位，明确了缔约国相关义务，但是，很难判定一个法院或法庭是否能够在不逾越司法公正和偏离立法的前提下，为第192

42　参见 Report of the Ad Hoc Open-ended Informal Working Group to Study Issues Relating to the Conservation and Sustainable Use of Marine Biological Diversity Beyond Areas of National Jurisdiction and Co-Chairs' Summary of Discussions，Document A/67/945 (2012) Annex，para. 15。

43　Ibid.

44　UNGA Resolution 69/292 (2015).

45　进一步讨论参见 Chair's Overview of the Second Session of the Preparatory Committee (2016)，Annex 1, Appendix 1。

46　另参见 ibid, Appendix 5。在某种程度上，该争论较为学术，因为人们普遍认识到鉴于小样本数量和活动的一次性性质，遗传取样对环境的影响微乎其微。只有在不可能进行实验室培养而必须采集大量标本的情况下，影响才可能增加，详见 Intersessional Workshops Aimed at Improving Understanding of the Issues and Clarifying Key Questions as an Input to the Work of the Working Group。Document A/AC.276/6 (2013), para. 29。

47　UNCLOS，Article 192.

48　Yankov (n15) 75.

49　Ibid, 76.

条这极为含糊的条款赋予任何实质性内容。事实上，那些试图将第192条解释为具有规则创立性质的条款的法庭继而认为，"第192条中的一般义务在第十二部分的后续条款中有详细的说明"，建议不要孤立地解释和适用第192条。因此，第192条也许更适合作为一项原则声明，[50]它的主要职能是确定整个第十二部分的范围。从这一方面来看，第192条的若干要素对指导第十二部分其他条款的解释和适用具有重要意义。

首先，第192条明确规定，第十二部分适用于处理对整个海洋环境的威胁。《海洋法公约》虽然没有对海洋环境作出定义，但毫无疑问，海洋环境包括整个水体和海床，至少在各国测量其海上权益的基线之外。[51]此外，第192条可能在国家管辖范围内外海域广泛适用。关于保护海洋环境的义务是否延伸到水体上方的空域，规定则并不明确。对此，谈判过程中提出了几项提案，包括在对海洋环境的范围界定中包含水体上方的空域，但这些提案均未获通过。然而，即使人们承认《海洋法公约》"并没有直接解决大气污染问题本身"，[52]但它明确地涵盖了"从大气层或通过大气层"对海洋环境的污染，[53]认识到大气和海洋之间复杂的相互作用。[54]

其次，第192条涵盖了所有对海洋环境的危害。下文说明了第十二部分的许多规定都聚焦于防止污染。然而，这只是对海洋环境造成危害的一种影响。第192条的原则范围很广，能够涵盖其他潜在的影响，如对海洋环境及其组成部分的物理危害、破坏或改变，无论其是否属于污染的定义范围。[55]这一点得到了国际海洋法法庭（ITLOS）的证实，该法庭认为"生物资源和海洋生物是海洋环境的一部分"[56]和"有关生物资源的相关养护措施……是保护和保全海洋环境的一个组成部分"。[57]因此，第十二部分的实质性规定应尽可

---

50 诺德奎斯特（Nordquist）等学者将保护和保全描述为"一项长期政策"(n23, 12)。

51 河口也属于海洋环境的定义范围；参见 UNCLOS, Article 1(4)。

52 Nordquist et al (n23) 212–213.

53 UNCLOS, Articles 194(3)(a), 212, 222. 进一步的讨论，参见第8章。

54 参见 PS Liss and MT Johnson, *Ocean-Atmosphere Interactions of Gases and Particles* (Springer 2014)。

55 莫勒纳尔（Molenaar）是几位建议将物理干扰列入污染定义的作者之一，参见 EJ Molenaar, *Coastal State Jurisdiction over Vessel-Source Pollution* (Kluwer Law International 1998) 17。

56 *Advisory Opinion in response to the Request submitted by the Sub-regional Fisheries Commission* (2015) para. 216.

57 Ibid, para. 120.

能地作广泛的解释。

再次，第192条涉及保护和保全海洋环境。

最后，第192条所述的义务适用于所有国家。事实上，第192条中的义务可以说是普遍适用的，意思是它是各国对整个国际社会都负有的义务。[58]   25
对该原则的此种解读支持这样一种观点，即任何国家都可以援引违反关于保护海洋环境的规定，即使它们自身没有受到损害。[59]

《海洋法公约》第193条也可以视为确立了一般原则，这涉及对第十二部分的整体解释。它规定，"各国有依据其环境政策和按照其保护和保全海洋环境的义务开发其自然资源的主权权利"。这一原则着重强调海洋环境保护不是一个孤立的政策目标，而是必须在开发海洋资源的同时追求海洋环境的保护。换句话说，《海洋法公约》要求在进行海洋管理决策的时候同时考虑经济和环境因素。从这个角度看，在可持续发展成为以后国际文书中的首要政策目标的进程中，这一原则可看作一种前兆。在下文各节讨论的第十二部分的实质性规则中能够进一步反映这种平衡。

当然，《海洋法公约》并不是这一领域法律发展的唯一原则渊源。正如第1章所讨论的，还有其他一些国际文书阐述了重要的概念和原则，其中许多是自《海洋法公约》缔结以来出现的，包括共同但有区别的责任、预防性方法、生态系统方法和参与方法。这些概念和原则不仅适用于各国制定保护海洋环境的具体条约和文书；也可以用来指导《海洋法公约》本身的解释和适用。事实上，国际社会已明确要求以预防和预期的方式执行《海洋法公约》，并考虑到综合管理和可持续发展。[60]因此，《海洋法公约》   26
中关于保护海洋环境的实质性和程序性规则的解释，也要考虑这些原则的影响。

---

58   关于普遍义务参见 International Law Commission (ILC), Draft Articles on State Responsibility (UN 2001) Article 48；另参见 J Crawford (ed.), *The International Law Commission's Articles on State Responsibility: Introduction, Text and Commentaries* (CUP 2002) 278, 以"为了集体利益保护海洋环境的义务"是一项普遍适用的义务为例，不仅受到违背义务行为特别影响的沿海国可以援引，作为国际社会成员的任何国家也可以援引。

59   Crawford (n64) 278.

60   参见 Agenda 21 (1992) para. 17.1。

2.3.3 《海洋法公约》作为保护海洋环境的实质性规则的来源

《海洋法公约》的一些规定，将一般性的行为规则适用于规制各国行为，以保护和保全海洋环境，并促进上述一般原则的落实。其中一些规则涉及海洋环境的总体保护，而其他规则涉及具体的活动。

第十二部分的许多规定明确涉及防止、减少和控制海洋环境的污染。在这方面，第194条第1款载有的一般义务要求：

> 各国应适当情形下个别或联合地采取一切符合本公约的必要措施，防止、减少和控制任何来源的海洋环境污染，为此目的，按照其能力使用其所掌握的最切实可行方法，并应在这方面尽力协调它们的政策。

第194条第1款必须参考《海洋法公约》中定义的海洋环境污染来理解，该定义是根据海洋环境保护科学联合专家组[61]最初拟订的案文制定的，其中包括以下方面可能构成的所有威胁：

> 人类直接或间接把物质或能量引入海洋环境，其中包括河口湾，以致造成或可能造成损害生物资源和海洋生物、危害人类健康、妨碍包括捕鱼和海洋的其他正当用途在内的各种海洋活动、损坏海水使用质量和减损环境优美等有害影响。[62]

显然，这项规定的范围很广，适用于所有污染源。它涵盖了传统污染物，[63]如污水、重金属、持久性有机物、石油碳氢化合物和放射性核素，也

---

61 General Principles for Assessment and Control of Marine Pollution, *Report of the United Nations Conference on the Human Environment*, UN Document A/Conf.48/14/Rev.1 (1972) 73. 其他文书使用了一种相似的对污染的定义，例如1972 Convention for the Prevention of Marine Pollution by Dumping of Wastes and other Matter (EIF 30 August 1975), Article 1。

62 UNCLOS, Article 1(4).

63 GESAMP, *Protecting the Oceans from Land-based Activities*, GESAMP Reports and Studies No. 71 (2001) 9.

包括了最近研究发现的对海洋环境的威胁，如热污染[64]或噪声。[65]事实上，在起草这一文本的前言时，海洋环境保护科学联合专家组明确地希望确保"（污染）控制的发展和实施应该足够灵活，以便……应对未来可能被揭露的一些新的、迄今未被发现的污染物"。[66]因此，该定义具有很强的适应性，可以使《海洋法公约》适用于海洋面临的新威胁，如气候变化、海洋酸化[67]或外来入侵物种。[68]这种灵活性表明《海洋法公约》能够不断演变，以应对新的挑战，并始终保持在海洋环境保护法律框架的核心地位。

第194条第1款规定的义务涵盖了广泛的地理范围，适用于任何发生污染的地方。《海洋法公约》明确确认了经典的国际法规则，即各国应采取必要措施，防止对其他国家或国家管辖范围以外的地区造成重大损害，这一规则可用"使用自己财产时不得损害别人财产"（*sic utere tuo ut alienum non laedas*）来概括。[69]但是，第194条第1款中的义务似乎更广泛，它包括对海洋环境的任何污染，不论它是否具有跨界性质。这与保护海洋环境是人类共同关切之事项的观点相一致。[70]

第194条中的一般义务得到了更具体的规则的补充，要求各国利用国家规则和标准来处理具体的海洋污染源，包括来自陆地、[71]通过大气、[72]来自倾废、[73]来自船舶、[74]来自国家管辖范围内的海底活动，[75]以及来自"区域"内的

64　GESAMP，*Protecting the Oceans from Land-based Activities*，GESAMP Reports and Studies No. 71 (2001), 20. 另参见 第9章。

65　参见 HM Dotinga and AG Oude Elferink, 'Acoustic Pollution in the Oceans：The Search for Legal Standards' (2000) 31 *ODIL* 151, 158–159; K Scott, 'International Regulation of Undersea Noise' (2004) 53 *ICLQ* 287–324. 参见第6章和第8章。

66　General Principles for Assessment and Control of Marine Pollution (n68) Principle 14.

67　AE Boyle, 'Law of the Sea Perspectives on Climate Change' (2012) 27 *IJMCL* 831, 832. 另参见 Report on the Work of the United Nations Open-Ended Informal Consultative Process on Oceans and the Law of the Sea at Its Fourteenth Meeting (2013) para. 9. 另见第9章。

68　因此，莫勒纳尔认为，"物质"一词还包括将外来生物引入海洋环境，更详细地讨论船舶压载水中的外来入侵物种，详见第6章。

69　UNCLOS, Article 194(2).

70　参见第1章。

71　UNCLOS, Article 207；参见第4章。

72　Ibid, Article 213；参见第4章。

73　Ibid, Article 210；参见第5章。

74　Ibid, Article 211；参见第6章。

75　Ibid, Article 208；参见第8章。

海底采矿的污染。[76]这些重要条款规定了各国采用和执行国家立法以管制所有主要海洋污染源的一般义务。针对每一种污染的要求略有不同，我们将在下一章详细讨论。《海洋法公约》所载方法的性质似乎表明，其中的来源类别是相互排斥的。换言之，一项污染活动只能落在一项特定条款之中。在实践中，这导致出现一些棘手的界限问题，即如何对一项活动进行分类，需要国家相应地对其进行何种程度的监管。[77]

必须注意到的是，这些规定中没有一项能被理解为要求全面禁止对海洋环境的一切污染。相反，《海洋法公约》的相关条款倾向于"防止、减少和控制"污染，[78]这就给各国必须采取的确切的措施留下了一些灵活性。这种意义宽泛的用词最好理解为规定一种勤勉义务（due diligence obligation），意思是，如果国家已采取一切合理措施防止可预见的损害，就可能不必对损害承担责任。这反映了国际环境义务[79]的许多特点，它需要"采用适当的规则和措施，但在执行和行使适用于公共和私人经营者的行政控制方面也需保持一定程度的警惕"。[80]考虑到若干因素，勤勉义务的内容可能因具体情况而异。

风险的性质是决定各国采取何种必要行动的一个主要因素。正如国际法委员会（ILC）在其关于勤勉义务的讨论中所指出的，"要求在执行被认为可能有极高风险的活动时，要更加谨慎地制定政策，国家在执行这些政策时要投入更高程度的精力"。[81]然而，该标准也在一定程度上取决于某一特定活动的风险。预防性方法为这方面法律的发展提供了宝贵的贡献，尽管它没有规定必须采取什么行动，但它降低了各国采取必要行动的最低限度，从而使各国保留一定的自由裁量权。根据国际法委员会的说法，预防性方法"意思是各国需要不断审查其预防性义务，以跟上科学知识的进展"。[82]然而结论是，勤勉义务标准的内容本质上是发展的，它可能"随着时间的推移而变化，因

---

76 UNCLOS, Article 209；参见第8章。

77 详见第4章。

78 UNCLOS, Article 194(1).

79 参见 ILC, 'Draft Articles on the Prevention of Transboundary Harm from Hazardous Activities with Commentaries' (2001–II) *YbILC* 148, 154。

80 *Pulp Mills on the River Uruguay* (2010) para. 197.

81 ILC (n87) 154.

82 Ibid, 163.

为在某个时刻被认为足够勤勉的措施可能在新的科学或技术知识下变得不够勤勉"。[83]

　　另一个可能与确定勤勉义务内容有关的因素是国家的财政和技术能力。《斯德哥尔摩宣言》的起草者预见到有必要将社会经济因素纳入保护环境的制度中，同意"所有国家的环境政策应加强发展中国家目前或未来的发展潜力，而不应对其造成不利影响"的观点，[84]由此，我们认识到共同但有区别的责任原则在现代国际环境法中变得更加重要。[85]这一原则在《海洋法公约》中已经有所体现，《海洋法公约》将一个国家的手段和能力作为确定该国防止、减少和控制海洋污染责任时应该考虑的因素。为此，第194条规定，各国必须"按照其能力使用其所掌握的最切实可行方法……"，[86]因此，并不是所有国家都必然在防止海洋环境损害方面承担同样程度的责任。

　　然而，并非所有与保护海洋环境有关的义务都有不同程度的连带责任，勤勉义务的适用不仅与该国的经济和社会因素相关，还与海洋污染活动的性质有关。如下文所述，某些管制领域要求所有国家采取同等水平的保护措施，以避免有关各方规避污染标准。这一理由尤其适用于船舶污染和"区域"内海底采矿造成的污染。[87]

　　《海洋法公约》的相应条款概括了解决各国处理海洋污染能力差异的另一种方式。这些条款鼓励并促进"对发展中国家的科学、教育、技术和其他方面援助的方案，以保护和保全海洋环境，并防止、减少和控制海洋污染"，包括"训练其科学和技术人员"和"向其提供必要的装备和设施"等。[88]《海洋法公约》有关这一条款的规定极其抽象，而在实践中这一条款已成为保护环境特别是保护海洋环境的国际谈判的重要内容，这反映在本书涉及的许多条约和文书中。

　　虽然第十二部分的大多数条款明确涉及的是污染，但《海洋法公约》也

83　*Responsibilities and Obligations of States Sponsoring Persons and Entities with Respect to Activities in the Area* (2011) para. 117.

84　Stockholm Declaration on the Human Environment (1972) Principle 11.

85　参见第1章。

86　UNCLOS, Article 194(1). 特别地，法庭在查戈斯仲裁案中认为，第194条第(1)款"具有前瞻性，需英国尽最大努力"；查戈斯海洋保护区仲裁案 (2015) para. 539。

87　参见第6章和第8章。

88　UNCLOS, Article 202，这进一步推动了《斯德哥尔摩宣言》的原则12和原则20的贯彻落实。

涵盖了人类活动对海洋环境的其他潜在影响。自从生态系统方法作为国际环境法[89]的一项原则出台以来，这一问题日益凸显，并且自《海洋法公约》缔结以来，有若干条约都明确对这一问题作出回应。[90]虽然公约没有明确提到海洋生物多样性，但有人认为"公约的目标和宗旨很容易被解读为旨在保护海洋生物多样性的措施"。[91]《海洋法公约》第十二部分规定，需要采取全面的办法来保护海洋环境，这一点在近期各法院和法庭的裁决中得到了明确认可。因此，查戈斯群岛海洋保护区仲裁案表示，"第194条……不严格局限于控制污染的措施，要扩展到保护和保全生态系统的措施"，[92]它解释了第194条第1款下协调与防止、减少和控制污染有关的政策的义务，包括与海洋保护区有关的政策协调。这种宽泛理解也得到了第192条适用原则的支持。

第194条第5款是第十二部分中最为明确地呼吁各国保护更广泛的海洋环境特征的条款。它要求各国采取必要措施"保护和保全稀有或脆弱的生态系统，以及衰竭、受威胁或有灭绝危险的物种和其他形式的海洋生物的生存环境"。[93]《海洋法公约》中没有对生态系统的定义，但应使用《生物多样性公约》第2条中的定义，即"植物、动物和微生物群落和它们的无生命环境作为一个生态单位交互作用形成的一个动态复合体"。[94]这一定义的要点是，物种和生活环境是相互联系的，对生态系统中任何单一要素的威胁都可能对所有其他部分产生巨大影响。[95]因此，保护生态系统的义务必然包括保护其中每一个生物和非生物的组成部分。像防止、减少和控制污染的义务一样，保护生态系统的义务不是绝对的，它只适用于那些"稀有"或"脆弱"的生态系统。类似地，第194条第5款中保护物种生存环境的义务只适用于"衰竭、受威胁或有灭绝危险"物种的生存环境。这些最低标准本身是灵活的，

---

89 参见第1章。

90 参见第3章。

91 AE Boyle, 'Relationship between International Environmental Law and Other Branches of International Law', in D Bodansky et al (eds), *Oxford Handbook of International Environmental Law* (OUP 2007) 139.

92 *Chagos Marine Protected Area Arbitration* (2015) para. 538.

93 UNCLOS, Article 194(5).

94 参见 1992年《生物多样性公约》(CBD) (EIF 29 December 1993)。

95 这种影响可能是多样的和不可预测的，参见 RG Anthony et al, 'Bald Eagles and Sea Eagles in the Aleutian Archipelago: Indirect Effects of Trophic Cascades' (2008) 89 *Ecology* 2725–2735.

必须通过参照相关的海洋环境状况的科学资料来理解。因此，该义务范围可能会随时间而变化。我们可以通过参照其他国际条约来理解这些术语，并据此使各国对某一物种的衰竭、受威胁或有灭绝危险的状态的观点达成一致。其他文书可以发挥类似的作用，表明各国均认同某一特定生境是稀少或脆弱的，[96]或某一特定物种是枯竭、受威胁或有灭绝危险的。[97]因此，下一章将讨论有关保护海洋生物多样性的国际法的演变，由此可以佐证或者注解《海洋法公约》的相关内容。需要认识到，这些文书只是确定哪些生态系统、物种或生境可能需要保护的手段；必须采取什么措施是国家需要首要考虑的问题。[98]然而，各国要满足《海洋法公约》的要求，至少需要表现出审慎的态度。因此，第194条第5款可以作为一般规则来运作，能够使各国承担保护和保全海洋环境的具体义务。事实上，如果第194条第5款是根据第192条中保护和保全海洋环境的更广泛的原则来解释的话，就有可能得出如下结论：这项规定还应要求各国首先要采取相关措施，以防止生态系统多样性锐减。

2.3.4 《海洋法公约》作为保护海洋环境的程序性规则的渊源

《海洋法公约》中的一些其他规则，反映了各国在履行其保护和维持海洋环境的首要责任时必须采取的程序步骤。如仲裁庭在查戈斯群岛海洋保护区仲裁案所指，"这种程序性规则实际上可能比国际法中存在的实体标准具有同等甚至更大的重要性"。[99]在对一项活动的规制缺乏详细实质性规则或标准的情况下尤其如此。

程序义务甚至在海洋活动开始之前就存在了。首先，《海洋法公约》第206条规定了各国对海洋环境的可能影响作出评估的义务。[100]这项规定一般被

96　关于全球和区域性文书的讨论详见第3章。

97　例如，1979年《物种迁移公约》(EIF 1 November 1983)；参见第3章。

98　例如，确定具有重要生态或生物学意义的海洋区域的过程是一个科学过程，并不要求采取特定的管理措施；参见DC Dunn et al, 'The Convention on Biological Diversity's Ecologically or Biologically Significant Areas: Origins, Development and Current Status' (2014) 49 *MP* 137，143。

99　*Chagos Marine Protected Area Arbitration* (2015) para. 322.

100　UNCLOS, Article 206.

32　理解为进行环境影响评估（environmental impact assessment，EIA）的要求，尽管没有明确使用这种说法。环境影响评估是现代国际环境法的核心，[101]至少对跨界损害而言，这项义务已成为国际习惯法的一部分。[102]《海洋法公约》规定的义务似乎更广泛，这些义务反映了第192条规定的广泛范围，因为它适用于对海洋环境造成的重大影响，无论这些影响是否具有跨界因素。这些义务也适用于所有有计划的活动，不论这些活动是在国家管辖范围之内还是之外进行的。[103]

由于环境影响评估作为现代环境法的一项政策在20世纪60年代末才出现，[104]许多司法机关也是在很长时间之后才提出了对环境影响评估的一般要求，因此，第206条的意义不可低估。[105]然而，这项规定的普遍性给它的解释和适用造成了一些困难。

与上文讨论的实质性义务一样，这一程序性义务的解释范围应是广泛的，包括对海洋环境的所有潜在威胁。第206条规定的责任明确适用于"可能对海洋环境造成重大污染或重大且有害的变化"的"计划中的活动"，因此不仅要考虑污染，还要考虑物理影响和其他形式的环境恶化。这些义务适用于计划活动的所有阶段，包括建设、运行和退役。然而，这项义务的主要目的似乎是为了评估个别项目的环境影响，而它是否也要求对计划中的活动和方案进行战略环境评估则不太清楚。[106]

履行这项义务目前面临的关键挑战是，进行环境评估的门槛标准不明确。并不是所有的活动都必须进行全面评估，国家必须进行筛选，以决定是否需要进行环境影响评估。学者克雷克（Craik）建议使用两个阈值标准——"重大污染"或"重大且有害的变化"，这两者可能会混淆；但他认为，考虑到"这两个标准是分离的，'重大且有害的变化'这一较低的标准

101　《里约宣言》原则17以及其他国际条约，包括1992年《生物多样性公约》第14条a款、1991年《埃斯波越境环境影响评估公约》（EIF 10 September 1997)均反映了环境影响评估相关内容。另参见 N Craik, *The International Law of Environmental Impact Assessment* (CUP 2011) 167。

102　*Pulp Mills on the River Uruguay* (2010) para. 204；*Construction of a Road in Costa Rica along the San Juan River* (2015) para. 101.

103　参见 AG Oude Elferink, 'Environmental Impact Assessment in Areas beyond National Jurisdiction' (2012) 27 *IJMCL* 449，455。

104　参见1969年《美国国家环境政策法》，该法案被视为其他国家法律发展的模板。

105　例如，欧共体直至1985年才通过其环境影响评估的指令。

106　所谓战略环境评估已成为其他条约（如《生物多样性公约》）中的一种工具，详见第3章。

在何时都适用"。[107]然而，这两个门槛标准都是模糊的，需要根据具体情况加以解释，[108]并至少需将受影响地区的规模和生态特征以及活动的规模、持续时间和频率纳入特别考虑。这一规定似乎给予提出活动的国家广泛的自由裁量权，以确定是否有"站得住脚"的理由认定该活动符合启动门槛。[109]然而，有人认为，若在对第206条的解释中考虑了预防性方法，将导致触发环境影响评估义务的"低阈值"。[110]毫无疑问，第206条是设定了一个必须遵守的底线标准，因此，一国必须在考虑到所有适当情况的背景下，至少能够提出证据表明其已解决这个门槛标准问题。[111]

《海洋法公约》在环境影响评估的内容上也比较模糊，没有明确规定环境影响评估过程中必须解决的问题，对国际习惯法在这方面的贡献甚少。[112]确切地说，需求取决于计划活动的"性质和规模"。[113]由此可见，一般规则只能为环境影响评估提供宽泛的参数。关于其过程，其他国际文书可提供进一步的指导。《联合国环境规划署关于环境影响评估的目标和原则》也许非常重要，国际法院（ICJ）在纸浆厂案（*pulp mills case*）中所裁定的这些目标和原则没有正式的约束力，但各国在进行环境影响评估时应加以考虑。[114]这些目标和原则解释了环境影响评估中应包括的基本要素，因此这一文书提供了一个评价国家行为的基准。特别重要的是，上述目标和原则认识到需要处理对环境的"直接、间接、累积、短期和长期影响"，[115]因此，强调在作出决定之前必须收集全面的资料。这些目标和原则还指出，需要指出"差距、知识和不确定性"，[116]这一要求也得到预防性措施的支持，也在其他包含合适措施的同领域相关文书中得到了确认，如《海洋和沿海地区环境影响评估和战

107　Craik (n113) 133.

108　Ibid.

109　相关讨论，参见 L Kong, 'Environmental Impact Assessment under the United Nations Convention on the Law of the Sea' (2011) 10 *CJIL* 651, 659。

110　AE Boyle, 'The Environmental Jurisprudence of the ITLOS' (2007) 22 *IJMCL* 369, 377.

111　习惯国际法属于该情况，参见 Construction of a Road in Costa Rica along the San Juan River (2015) para. 154.

112　参见 *Pulp Mills on the River Uruguay (2010)* para. 205。其中国际法院指出，"一般国际法［不］具体规定环境影响评估的范围和内容"。

113　Ibid.

114　Ibid.

115　UNEP Goals and Principles on Environmental Impact Assessment (1987), Principle 4(d).

116　Ibid, Principle 4(f).

略性影响评估内的生物多样性的自愿准则》。[117]

34

第206条通过建议"在实际可行的范围内"进行评估，从而在实际评估过程中进一步引入了"不确定性"。该陈述确认，严格的环境影响评估取决于是否有相关资料，以便进行适当的评估。实际上，这是海洋环境影响评估的最大挑战之一，特别是在国家管辖范围以外的地区。[118]基线数据经常无法获得，这使得对环境效应的模拟非常困难。[119]因此，在某些情况下各国进行全面环境影响评估的能力可能会受到限制，这一规定应被理解为在这种情况下，环境影响评估的形式和内容都具有一些灵活性。然而，各国应尽最大努力确保利用现有的资料来评估活动的影响。

在进行环境影响评估时，《海洋法公约》要求通过主管国际组织公布或分发环境影响评估结果。这是一个很重要但常被忽视的程序步骤，它可以使其他国家和行为体有机会就评估的内容发表评论，并确定有关国家是否遵守了相关的所有国际规则或标准。事实上已经强调了这项义务是"绝对的"。

虽然《海洋法公约》没有明确规定各国在最后决策过程中必须考虑环境影响评估结果，但这一义务隐含在适用于保护和保全海洋环境的勤勉义务标准中。[120]事实上，如果没有这样的义务，整个环境影响评估过程都是徒劳的。

毫无疑问，第206条规定非常重要，因其适用范围广泛。但实际上，它只能提供一个基本的最低标准，[121]该条款已被涉及某些海洋污染源或环境退化的条约或其他国际文书中所载环境影响评估的特定规则和程序所补充。这些具体规则还确定了哪些机构和行为体可能需要被咨询或参与决策过程。强调了在国家管辖范围以外的领域应用环境评估的鸿沟。这些发生在遥远地区

117　Revised Voluntary Guidelines for the Consideration of Biodiversity in Environmental Impact Assessments and Strategic Environmental Assessments in Marine and Coastal Areas：Note by the Executive Secretary (Voluntary EIA Guidelines for Marine and Coastal Areas)，Document UNEP/CBD/COP/11/23 (2012) Annex.

118　Ibid，para. 5(c).

119　参见 J Holder, *Environmental Assessment* (OUP 2004) 40。

120　C.f. Holder (n131) 54.

121　D Freestone, 'Principles Applicable to Modern Oceans Governance' (2008) 23 *IJMCL* 385，391.

的活动也增加了环境评估的挑战，更遑论成本。[122]此外，在国家管辖范围以外的领域确定相关的"利益攸关方"也具有一定的复杂性，各种行为体和机构都可能在评估活动中声称拥有发言权。[123]正是出于这些原因，各国同意将这一议题列入一项具有法律约束力的新文书中，以便在国家管辖范围以外的地区养护和可持续利用海洋生物多样性。[124]这样一种文书将提供一个潜在的全球框架，以《海洋法公约》的一般规定为基础，协调在不同部门和区域开展环境评估。[125]各国已明确表示，任何新文书都不应对《海洋法公约》或任何其他相关的全球性、区域性或部门性文件产生不利影响，因此第206条是"讨论的出发点"。[126]然而，新文书将提供机会，明确规定开展环境评估的门槛、环境评估的确切内容，为磋商目的确定利益攸关方以及如何审查和公布评估结果。

活动一旦开始，《海洋法公约》还要求各国"用公认的科学方法观察、测算、估计和分析海洋环境污染的危险或影响"。[127]从监测中获得的科学信息可用于确定履行其保护和维持海洋环境的一般义务的行动。这样，程序义务便可为《海洋法公约》中的实质性义务提供参考。[128]需要指出的是，监测海洋活动对海洋环境影响的责任覆盖广泛，其中有一些海洋活动尚未被第206条规定的环境评估覆盖。与此同时，第204条规定只限于监测污染的危险或影响，而不一定扩大到监测对海洋生物多样性的更广泛影响。有人可能会说，这种义务隐含在其他条款中，包括第192条中的首要原则及第194条第5款中保护稀有和脆弱生态系统的义务。在实践中，任何空白都很可能由有关保护和可持续利用生物多样性的国际法的后续发展来填补，这会在下一章中进行讨论。

122　Voluntary EIA Guidelines for Marine and Coastal Areas, para. 5(c).

123　Ibid, para. 8(c).

124　UNGA Resolution 69/292 (2015) para. 2.

125　虽然新的法律文书还在讨论中，但其有可能涵盖战略环境评估，参见 *Chair's Overview of the Second Session of the Preparatory Committee* (2016), Annex, Appendix 3。

126　Ibid.

127　UNCLOS, Article 204(1). 监督（监测）也被认为是尽职调查标准的一部分。参见 *Pulp Mills on the River Uruguay* (2010) para. 197.

128　尽职调查与环境影响评估之间的联系是由国际法院确定的。Ibid, para. 204.

2.3.5 《海洋法公约》作为一个未来规范发展的法律框架

上述有关保护和保全海洋环境的原则和规则，对各国必须采取哪些步骤来保护海洋环境提供了一般性指导。然而，正如前文所指出的，其中许多规定模棱两可，需要进行进一步的说明，如此可为各国采取何种行动保护海洋环境提供更多的指导。因此，《海洋法公约》鼓励在海洋环境保护领域开展进一步的立法活动。

为此，第197条明确了一项各国的一般性义务，即各国"在全球的基础上或在区域的基础上，直接或通过主管国际组织进行合作""拟订和制订符合本公约的国际规则、标准和建议的办法及程序……"。[129]这项规定是《海洋法公约》确立的总体框架的核心，正如国际海洋法法庭作出的解释，"合作义务是《海洋法公约》第十二部分和一般国际法中防止海洋环境污染的一项基本原则"。[130]

《海洋法公约》的起草者没有建立一个单一组织，负责海洋管理所有方面。相反，《海洋法公约》预计到各种机构都有可能参与到保护海洋环境的法律框架的制定中。正因如此，《海洋法公约》中呼吁在立法方面需要进行合作的条款往往都要粗略地提及"主管国际组织"，表明各国可以求助于一些机构来解决这些问题。[131]

许多联合国组织和机构在这一领域的工作特别重要，[132]包括国际海事组织（International Maritime Organization）、联合国粮食及农业组织（Food and Agriculture Organization）、[133]联合国环境规划署[134]以及联合国大会（United Nations General Assembly）。[135]这些全球性组织发挥了重要作用，因为它们能够在一个论坛内聚齐所有的相关行为体。此外，其中一些机构的专门性质意

129　UNCLOS, Article 197.

130　*MOX Plant Case* (2001) para. 82.

131　参见 Nordquist et al (n 23) 14。一个例外涉及船舶污染，《海洋法公约》在其中提及了具体的主管国际组织，详见第6章。

132　参见第6章和第9章。

133　参见第7章。

134　参见第4章和第8章。

135　参见第7章和第10章。

味着可以利用特定的专业知识来解决问题。[136]以这种方式所实现的立法制度化促进了全球专家网络的出现，即所谓的认知共同体，这种共同体致力于解决特定问题或议题。[137]以后各章中会详细讨论这些机制在制定保护海洋环境的国际法律框架方面的作用。

此外，《海洋法公约》还明确承认了区域组织在某些类型的活动中的作用。区域组织可发挥不同的作用，包括促进在区域一级执行全球规则文书和制定补充全球规则的具体区域规则。[138]区域组织的优势在于，它们能够反映特定地区的政治、法律和生态需求，比全球层面更容易实现合作，而全球层面的合作群体更加多样化，利益相互冲突的利益攸关方会使谈判更加棘手。[139]在这种情况下，对于"区域"没有一个单一的定义，而是必须"由问题产生的背景来进行定义"，这就受生态、地理和政治的影响。[140]在保护海洋环境的国际法律框架中，有两类特定的区域组织已成为关键行为体。一方面，区域渔业组织对制定有关养护和管理海洋生物资源的规则至关重要。[141]另一方面，区域海洋组织在制定预防、减少、控制甚至消除海洋污染以及保护海洋生物多样性的政策、规则和标准方面发挥着至关重要的作用。[142]除了在东北大西洋和波罗的海开展活动的自主的区域海洋机构之外，还通过联合国环境规划署的区域海洋方案积极促进与污染控制有关的区域合作，[143]该方案覆盖了14个区域：黑海、加勒比海、里海、[144]东亚海域、东非、南亚海

37

136　参见 FL Kirgis, 'Specialized Law-Making' in CC Joyner (ed.), *The United Nations and International Law* (CUP 1997) 65–94。

137　P Haas, 'Do Regimes Matter? Epistemic Communities and Mediterranean Pollution Control' (1989) 43 *IO* 377–403.

138　参见 Y Tanaka, 'Four Models of Interaction between Global and Regional Legal Frameworks on Environmental Protection against Marine Pollution: The Case of the Marine Arctic' (2016) 30 *Ocean Yearbook* 345–376。

139　J Rochette et al, 'The regional approach to the conservation and sustainable use of marine biodiversity in areas beyond national jurisdiction' (2014) 49 *MP* 109, 109.

140　Birnie, Boyle, and Redgwell (n20) 391.

141　参见第6章。

142　参见第3章。

143　参见 P Hulm, 'The Regional Seas Program: What Fate for UNEP's Crown Jewels?' (1983) 12 *Ambio* 2–13。

144　里海的确切地位是有争议的，参见 EJ Molenaar, 'Port and Coastal States', in DR Rothwell et al (eds), *Oxford Handbook on the Law of the Sea* (OUP 2015) 281。然而，联合国环境规划署将其列为其区域海洋方案的一部分，并仿效许多其他区域海洋机构的模式。

域、保护海洋环境区域组织（ROPME）海域（波斯湾）、地中海、东北太平洋、西北太平洋、红海与亚丁湾、东南太平洋、南太平洋和西非海域。[145] 这些组织的治理活动均涉及本书所探讨的海洋环境退化的几个原因，尽管一些区域组织的有效性受到质疑，[146] 但显然，它们是实行《海洋法公约》第十二部分所需体制框架的关键部分。

《海洋法公约》中不仅编纂了合作义务，而且还规定了由此产生的协议与一般法律框架之间的关系。首先，《海洋法公约》规定：

> ［第十二部分］的规定不影响各国根据先前缔结的关于保护和保全海洋环境的特别公约和协定所承担的特定义务，也不影响为了推行本公约所载的一般原则而可能缔结的协定。[147]

38　　根据对《海洋法公约》的一本重要评注的表述，这项规定的效果是"优先考虑……各国根据有关保护和保全海洋环境的现有或未来公约或协定要承担的具体义务"。[148] 情况似乎如此，但《海洋法公约》还进一步规定，"各国根据特别公约所承担的关于保护和保全海洋环境的特定义务，应依符合本公约一般原则和目标的方式履行"。[149] 在该条中使用"应"（should）一词表明，没有规定某一项基本规则，这将使将来与《海洋法公约》抵触的文书无效。然而，该条大力鼓励各国将《海洋法公约》所述的一般原则和规则作为这一领域将来制定国际法的规范性框架。

在某些情况下，《海洋法公约》甚至通过所谓的参照适用规则，将一些国际规则和标准纳入公约的一般法律框架。正如其他地方所解释的那样，这些参照适用规则的功能之一是"使《海洋法公约》与现有文书协调一

145　见UNEP网站：http://web.unep.org/regionalseas/who-we-are/overview。

146　E Louka, *International Environmental Law: Fairness, Effectiveness and World Order* (CUP 2006) 153; N Oral, 'Forty Years of the UNEP Regional Seas Programme: from Past to Future', in R Rayfuse (ed.), *Research Handbook on International Marine Environmental Law* (Edward Elgar 2015) 348. 另参见 UNEP, *Setting a Course for Regional Seas* (2014) 30; E Maruma Mrema, 'Regional Seas Programme: The Role played by UNEP in its Development and Governance', in DJ Attard et al (eds), *The IMLI Manual on International Maritime Law—Vol. III* (OUP 2016) 345–384.

147　UNCLOS, Article 237.

148　Nordquist et al (n23) 425.

149　UNCLOS, Article 237(2).

致，并用与条约关系有关的明确规则（特别法）取代一般法（通常不令人满意）"。[150] 因此，使用参照适用规则"创造了一定程度的动态性，因为标准可能会随着时间的推移而改变，而不必修改《海洋法公约》"。[151] 因此，这是一个通过《海洋法公约》与其他规则来源的相互作用，确保对海洋环境的当代威胁作出适当反应的重要机制。

对于不同的污染类别，使用参照适用规则的方式也不同，并非所有参照适用规则都具有相同的效果。[152] 一方面，一些参照适用规则直接纳入了国际规则和标准，确立了所有国家都必须遵守的国际最低标准。[153] 这些规则有利于支撑有效的监管制度，并处理潜在的问题，例如"搭便车"的国家试图通过不签署特定条约以逃避监管。另一方面，有些参照适用规则仅仅要求考虑国际规则或标准，这表明各国在制定适当的管理对策时保留了很大程度的自由裁量权。[154] 在随后的章节中我们将讨论，对不同的污染源的参照适用规则的使用以及这些规则如何对整个法律框架产生影响。

2.3.6 《海洋法公约》作为争端解决机制

《海洋法公约》的另一个重要特点在于它的强制争端解决机制，它提供了一种维护公约义务的手段。各国在如何解决争端方面有一定的自由度，《海洋法公约》把和平解决放在首位。[155] 然而，公约解释和适用的大多数方面的争端最终可提交给第287条所规定的四个程序之一，即国际法院、国际海洋法法庭、国际常设仲裁院及其他专门或临时争议解决机构。

《海洋法公约》下的争端解决具有两个重要功能。第一，它可以用来确保遵守《海洋法公约》的规则或标准。鉴于《海洋法公约》大多数规则的普遍性，任何一方均可提出主张，这是维护保护和保全海洋环境的权利和义务

150　C Redgwell, 'Mind the Gap in the GAIRS: The Role of Other Instruments in LOSC Regime Implementation in the Offshore Energy Sector' (2014) 29 *IJMCL* 600, 617.

151　Harrison (n14) 171.

152　参见 W Van Reenan, 'Rules of Reference in the New Convention on the Law of the Sea' (1981) *NYIL* 3。

153　参见第5章、第6章和第8章。

154　参见第4章和第7章。

155　UNCLOS, Article 279.

的一种手段。[156]从这个角度看，法院和法庭可以在确保国际合作方面发挥宝贵作用。[157]第二，正如第1章所讨论的，法院和法庭通过解释规则，对法律的发展作出了贡献，这些被解释的规则通常模棱两可，并且其含义存在争议。从这个角度来看，法院和法庭能够通过自身权利为制定保护海洋环境的法律框架作出重要贡献。

大多数与环境损害有关的纠纷会通过强制争端解决机制处理。[158]然而，还有一些例外，目前最重要的例外是，争端解决排除与沿海国对专属经济区内渔业和海洋科学研究的权利与义务有关的争端。[159]尽管有这些例外，法院和法庭可能愿意解决争端中更广泛的环境方面的问题，即使争端的其他部分不在其管辖范围内。查戈斯海洋保护区仲裁案就证明了这一点，在该案中，法庭愿意对查戈斯群岛周围海洋保护区声明的合法性作出裁决，尽管在海洋保护区内采取的主要保护措施涉及禁止捕鱼，而根据上述例外规定，这一特定问题被排除在法庭的管辖范围之外。仲裁庭认为，其管辖权问题取决于对当事方争端的定性以及对第297条的解释和适用，[160]并驳斥了英国认为海洋保护区仅是一项渔业相关措施的论点。该论点在某种程度上，是借鉴其本国立法程序和法院诉讼过程中对该措施的定性。[161]虽然法庭无法确定直接或间接涉及对查戈斯群岛专属经济区内海洋资源权利的主张，[162]但海洋保护区涉及更广泛的环境问题和利益，这意味着法庭可以裁定英国是否侵犯了毛里求斯与查戈斯群岛有关的其他权利。[163]

156　参见RR Churchill, 'The Persisting Problem of Non-Compliance with the Law of the Sea Convention: Disorder in the Oceans' (2012) 27 *IJMCL* 813, 817。参见关于普遍性义务的讨论。

157　参见 Y Tanaka, 'Principles of International Marine Environmental Law', in R Rayfuse (ed.), *Research Handbook on International Marine Environmental Law* (Edward Elgar 2016) 54。

158　参见 TA Mensah, 'The International Tribunal for the Law of the Sea and the Protection and Preservation of the Marine Environment' (1999) 8 *RECIEL* 1, 1。

159　UNCLOS, Article 297. 参见第298条第1款（b）项，该条款允许各国选择不强制解决与渔业或海洋科学研究有关的执法争端，参见 AE Boyle, 'Problems of Compulsory Jurisdiction and the Settlement of Disputes Relating to Straddling Fish Stocks' (1999) 14 *IJMCL* 1。

160　*Chagos Marine Protected Area Arbitration* (2015) para. 283.

161　Ibid, paras 286–291.

162　仲裁庭驳回了毛里求斯的论点，即第297条第3款（a）项中的例外只适用于涉及沿海国主权权利的争端，而不适用于其他国家的捕鱼权，提到："在几乎任何可以想象的情况下，争端之所以存在，恰恰是因为沿海国对其主权权利的概念与另一方对其自身权利的理解相冲突。"简而言之，这两者是交织在一起的。Ibid, para. 297.

163　Ibid, paras 298 and 302.

　　《海洋法公约》还制定了一个规定临时措施的制度，明确允许各国向法院或法庭提出申请，规定在解决争端之前必须采取的具体措施。[164]在涉及环境保护的争端中，这一措施可能极为重要，以防止在法院或法庭就案情作出决定之前产生损害。实际上，《海洋法公约》规定的现有临时措施的范围明确包括"防止对海洋环境的严重损害"的措施。[165]该权力的这一方面被描述为"加强环境保护机会的一项重大法律创新，因为这种临时措施不仅仅是在损害有关国家利益的传统法律基础上提出的，也是在涉及对海洋环境的潜在或实际破坏或损害的法律基础上提出的"。[166]

　　然而，只有在能够证明因为情况紧急而有颁布临时措施的必要时，才能颁布此命令。[167]就国际海洋法法庭对"紧急"的解释而言，包括了避免任何可能对海洋环境造成严重损害的行动。[168]虽然必须存在一些明显迫在眉睫的损害证据，[169]但关于风险的科学上的不确定性并不妨碍法院和法庭颁布临时措施。因此，在南方蓝鳍金枪鱼案例中，国际海洋法法庭承认"在保护南方蓝鳍金枪鱼和……时，在所采取的保护措施上存在科学上的不确定性……对于目前所采取的保护措施是否改善了该种群的生存状况，各方没有达成一致意见"，[170]而且它不能"决定性地"评估双方提出的科学证据，[171]但尽管如此，国际海洋法法庭还是要求各方采取措施"避免南方蓝鳍金枪鱼种群进一步恶化"。[172]此外，国际海洋法法庭还表明，即使没有实际产生损害的证据，国际海洋法法庭也可以要求各当事方进行合作，交流有关环境风险的信

41

164　如果争端提交尚未组成的仲裁庭，可由双方商定的任何法院或法庭规定临时措施，如未在请求采取临时措施之日起两周内订立临时措施，则海洋法法庭应予订明；参见 UNCLOS, Article 290。

165　UNCLOS, Article 290(1). 1995 年《联合国鱼类种群协定》（EIF 11 December 2001）第 31 条第 2 款也有类似革新，它允许法院或法庭规定措施以"防止对相关［鱼类种群］造成损害"。

166　D Ong, 'The 1982 UN Convention on the Law of the Sea', in M Fitzmaurice et al (eds), *Research Handbook on International Environmental Law* (Edward Elgar 2010) 579.

167　UNCLOS, Article 290(5).

168　UNCLOS, Article 290(5).

169　Ibid.

170　*Southern Bluefin Tuna Cases (Provisional Measures)* (1999) para. 79.

171　Ibid, para. 80.

172　Ibid.

息，[173] 并采取措施保护海洋环境。[174] 事实上，法庭通过要求和监督诉讼当事人之间的合作，在促进解决环境争端方面发挥了重要作用。[175]

争端解决是保护海洋环境的国际法律框架的重要组成部分。然而，在现实中，各国并不总是愿意将环境问题上的争端诉诸诉讼。正如一位作者所指出的，"很少有国家的环境记录干净到能够扔出第一块石头（作表率）"。[176] 此外，诉讼既昂贵且耗时。这意味着，尽管存在众所周知的不履约案例，但《海洋法公约》争端解决机制在实践中并未得到充分利用，各国更倾向于通过其他途径解决争端，无论是外交论坛还是其他争端解决机制，如不遵守情事程序（non-compliance procedures）。[177] 如接下来各章所述，各国在特定条约制度下建立了一系列专门的争端解决制度。这种程序机制可以采取多种形式，从简单的义务报告到第三方对行为进行审查。这些程序的优点是，可以用它们来处理一系列特定的问题，而且可以设计具体的补救办法，以鼓励各国遵守这些程序。这种程序的理想设计应考虑到，各国为履行其义务正在采取的行动，从而可以在早期阶段查明问题并建议采取补救措施。正是在不存在这种程序或其无法有效处理问题的情况下，《海洋法公约》才提供了一种重要的最后补救措施。[178]

173　*The MOX Plant Case* (2001) para. 64；*Dispute Concerning Delimitation of the Maritime Boundary between Ghana and Cote d'Ivoire in the Atlantic Ocean* (2015).

174　*Land Reclamation in the Johor Straits* (Provisional Measures) (2003). 另参见 *Southern Bluefin Tuna Cases* (1999)。

175　AE Boyle, 'The Environmental Jurisprudence of the ITLOS' (2007) 22 *IJMCL* 369, 379–380；B Mansfield, 'Compulsory Dispute Settlement after the Southern Bluefin Tuna Award', in AG Oude Elferink and DR Rothwell (eds), *Oceans Management in the 21st Century* (Martinus Nijhoff 2004) 255, 265；DR Rothwell, 'The Contributions of ITLOS to Oceans Governance through Marine Environmental Dispute Resolution', in TM Ndiaye and R Wolfrum (eds), *Law of the Sea, Environmental Law and the Settlement of Disputes：Liber Amicorum Judge Thomas A. Mensah* (Martinus Nijhoff 2007) 1007–1024.

176　C Romano, 'International Dispute Settlement', in D Bodansky et al (eds), *The Oxford Handbook of International Environmental Law* (OUP 2007) 1041. 另参见 E Hey, *Advanced Introduction to International Environmental Law* (Routledge 2016) 122。

177　Birnie, Boyle, and Redgwell (n20) 238–239.

178　《海洋法公约》争端解决制度与其他机制之间的关系在《海洋法公约》第280–282条中讨论。

2.4　结论

　　本章探讨了《海洋法公约》在有关保护海洋环境的国际法律框架中的地位，阐述了《海洋法公约》是如何成为国际法律制度的一个中心支柱的，阐明了一个由管辖权、一般原则、实体和程序规则以及争端解决机制构成的混合体。《海洋法公约》的重要性源自国际社会对其的广泛接受，并且它是现代海洋法的基础。然而，正如对《海洋法公约》环境条款的分析所表明的那样，公约本身并不能为海洋环境提供全面而有效的保护。

　　因此，还需要通过解释或者商讨其他规则和标准，进一步对其中的规定进行阐述。随后的章节会对这一过程在实践中如何运作加以探讨。同时我们研究了各国为处理海洋环境退化的具体原因而在国际层面的谈判中达成的条约和其他文书。然而，在开始这项任务之前，我们还将首先考虑，跨领域规则的出现（此规则强调了应对海洋生物多样性威胁的重要性），是如何补充《海洋法公约》中保护海洋环境的一般国际法律框架的。

42

3 将海洋生物多样性纳入海洋法主流

3.1 引言

43 　　"国际海洋生物普查"得出的数据显示，约有25万种海洋物种遍布包括深海以及沿岸浅海在内的全球海域。[1]它们种类繁多，既有肉眼不可见的海洋微生物，也有世界上最大的生物蓝鲸。现有海洋物种的多样性令人惊叹不已；与此同时，人类还在不断发现新的物种，尤其是在深海。[2]然而，许多海洋物种对自然环境的变化极其敏感，因此极易受到人类活动的影响。对某些物种的直接开发和利用无疑会对其生存产生威胁，但人类的其他活动，例如释放有毒物质或者对生物栖息地的破坏，也会直接或者间接地危害海洋物种的生存。因此，生物多样性的保护是一个贯穿各领域的综合性问题，须在对可能影响海洋环境的各类活动进行管理的过程中统筹考虑。

　　前几章提到，自然保护作为广义上的环境运动的一部分已经出现在国际议程上。[3]1972年《斯德哥尔摩宣言》曾提出："人类对于保护和妥善管理现因种种不利因素而岌岌可危的野生生物遗产及其生活地域，负有特别的责任。"[4]随后，国际社会又相继出现了若干旨在保护关键性物种或生境受人类活动影响的全球性和区域性条约。

　　20世纪80年代，"生物多样性"这一概念成为与自然保护相关的国际规则演变过程中的新范式。这种哲学上的转变在1982年由联合国大会通过的

1　Summary of the First Consensus of Marine Life 2010：<www.coml.org>.

2　BBC News，'New marine life found in deep sea vents'：<http://www.bbc.co.uk/news/ science–environment–38305989>.

3　虽然在20世纪初有些许针对对特定物种的影响进行规制的尝试，但大多数学者同意，对这些问题更集中的关注产生于20世纪60年代的某个时刻；参见 M Bowman et al (eds)，*Lyster's International Wildlife Law* (2nd edn：CUP 2010) 11，另参见第1章。

4　Stockholm Declaration on the Human Environment，Principle 4.

《世界自然宪章》（World Charter for Nature，WCN）中初见端倪，其规定了一系列养护原则，指导和评判人类一切影响自然的行为。[5]《世界自然宪章》强调生态系统功能的重要性，[6]并指出："地球上的遗传活力不得加以损害，不论野生还是家养，各种生命形式都必须至少维持其足以生存繁衍的数量，为此目的应该保障必要的生境。"[7]该宪章明确指出，国际法必须在直接作为开发利用对象的物种之外扩大其保护范围，为所有动植物提供一定程度的保护。《世界自然宪章》还进一步呼吁，应对任何可能对自然造成重大风险的活动进行监管。[8]虽然《世界自然宪章》是一项不具约束力的文书，但却被视为"国际野生动植物法的一块基石"，[9]其为随后针对该议题制定的其他国际条约如1992年《生物多样性公约》奠定了基础。[10]在下文将详细阐述的这一后续文本中，国际社会明确表示生物多样性的养护是全人类共同关心的议题，[11]并进一步指出需要开展国际合作以应对相关威胁。[12]各国在此背景下强调，"生物多样性是可持续发展的基础"，如果不促进生物资源的养护和可持续利用，就不可能实现可持续发展这一目标。[13]为此，国际社会达成一项共识，即2020年之前，应"通过加强抵御灾害能力等方式，可持续管理和保护海洋和沿海生态系统，以免产生重大负面影响，并采取行动帮助它们恢复原状，使海洋保持健康，物产丰富"。[14]这意味着那些旨在保护生物多样性的文书将与保护海洋环境国际法律框架的发展有着密不可分的联系。

虽然有关自然保护和生物多样性的国际法律框架范围广泛，但其在海洋生物和生存环境方面的适用上存在诸多挑战。其部分原因是许多海洋生态系统存在巨大的科学不确定性，且适用于这种情况的管辖权问题也颇为复杂。

5　World Charter for Nature (WCN), preamble, contained in UNGA Resolution 37/7 (1982).

6　Ibid, paras 3–4.

7　Ibid, para. 2.

8　Ibid, para. 11. WCN要求除其他外，实施环境影响评估，控制污染物，并且利用现有的最佳技术。它还呼吁及早公开与环境有关的资料，以便公众有效地咨商和参与；Ibid, para. 16。

9　Bowman et al (n3) 17.

10　Convention on Biological Diversity (CBD) (EIF 29 December 1993).

11　Ibid, preamble.

12　关于人类共同关切事项，见第1章。

13　参见《生物多样性公约》缔约方会议2002年《海牙部长宣言》第5段；CBD COP Decision X/2 (2010) Annex, para. 3。

14　UNGA Resolution 70/1 (2015), Sustainable Development Goal 14.2.

本章旨在介绍与生物多样性的养护和可持续利用有关的一般法律框架，从而进一步分析该法律框架对本书中所讨论的其他条约制度可能产生的影响以及其与其他条约制度的互动方式。首先，本章将概述与生物多样性的养护和可持续利用有关的全球性条约制度，并进一步考虑其对海洋生物多样性的适用，其中将着重讨论《生物多样性公约》和《保护野生迁徙物种公约》。然后，本章将转向区域层面。本章将梳理区域性海洋条约是如何在发展中考虑国际社会保护海洋生态系统的需要的；在此基础上，分析区域层面上各国已达成共识的主要义务，并进一步阐释这些法律文件与其他有关海洋环境保护条约的互动关系。

3.2 《生物多样性公约》

生物多样性之所以成为现代国际环境法的主流，要归功于《生物多样性公约》（Convention on Biological Diversity，以下简称 "CBD"）。该公约是一项重要的保护生物多样性的全球条约，[15]反映了人类 "意识到地球上所有生命的相互联系以及保护遗传和物种多样性以确保人类永续存在的需求"。[16]CBD 涵盖的内容广泛，是第一部包含生物多样性各个方面的全球性公约。此外，该公约的重要性还体现在其缔约方的数量上。截至目前，CBD 共有 196 个缔约方，包括 195 个国家和欧盟，[17]且《海洋法公约》的所有缔约方都包括在内。因此，由于 CBD 在某种程度上被 "准普遍接受"（quasi-universal acceptance），同时也由于其项下规定的性质（下文将详细论述），该公约对海洋生物多样性领域中国际法的发展有着广泛且系统的影响。

CBD 首先将 "生物多样性" 定义为 "所有来源的形形色色生物体，这些来源，除其他外，包括陆地、海洋和其他水生生态系统及其所构成的生态综合体；这包括物种内部、物种之间和生态系统的多样性"。[18]此定义涵盖了国家管辖范围内、外所有区域的海洋生物多样性。但从下文可知，CBD 确切

15　CBD (EIF 29 December 1993).

16　R Rayfuse, 'Biological Resources', in D Bodansky et al (eds), *Oxford Handbook on International Environmental Law* (OUP 2007) 365.

17　参见 CBD 网站：<https://www.cbd.int/information/parties.shtml>。

18　CBD, Article 2.

的适用范围取决于所涉义务的性质。从内容上看，CBD的序言部分反映了与生物多样性相关的一系列价值，不仅包括经济、社会或文化价值，还包括生物多样性本身的内在价值，并意识到"生物多样性对进化和保持生物圈的生命维持系统的重要性"。进一步而言，该公约建立了保护生态多样性资源以实现可持续利用的总体框架。另外，CBD有三项总体目标，即"保护生物多样性"、"持久使用其组成部分"以及"公平合理分享由利用遗传资源而产生的惠益"。[19]虽然最后一项目标是公约谈判过程的核心议题，[20]也是目前与国家管辖范围以外区域海洋遗传资源相关的重要问题，[21]但鉴于本书的主题，以下各节将重点论述CBD在保护和可持续利用海洋生物多样性方面所规定的义务。

　　一般来讲，CBD要求将生物多样性的保护和可持续利用纳入任何与之有关的领域或跨领域计划、方案和政策内。[22]基于此，各国应提供足够的财政资助以支持上述提到的计划、方案和政策，[23]并就该国为执行该公约业已采取的措施向其他缔约国提交报告。[24]在该总体义务之外，CBD还具体规定了与生物多样性的就地保护和可持续利用有关的两大类实体义务。[25]

　　首先，CBD要求"查明对保护和持久使用生物多样性产生或可能产生重大不利影响的过程和活动种类"。[26]这包括一项为各项目引入适当的环境影响评估（EIA）程序的义务。有学者指出，环境影响评估具有程序性义务的特征，因此，其不像《海洋法公约》中所规定的对具体项目进行环境影响评估的独立义务。[27]然而在其他方面，同《海洋法公约》相比，CBD对此义务规定更加具体，它提出"采取适当安排，以确保可能对生物多样性产生严重

19　CBD, Article 1.

20　P Birnie, AE Boyle, and C Redgwell, *International Law and the Environment* (3rd edn: OUP 2009) 630–631.

21　参见C Salpin, 'Marine Genetic Resources of Areas beyond National Jurisdiction: Soul Searching and the Art of Balance', in E Morgera and K Kulovesi (eds), *Research Handbook on International Law and Natural Resources* (Edward Elgar 2016) 411–431。

22　CBD, Articles 6 and 10.

23　Ibid, Article 20. 另参见第21条，关于建立财务机制支持发展中国家努力实施公约。

24　Ibid, Article 26.

25　CBD第9条也包含了关于迁地（*ex situ*）保护的重要义务。

26　CBD, Article 7.

27　*Case Concerning Construction of a Road* (2015) para. 164.

不利影响的方案和政策的环境后果得到适当考虑"。[28]换言之，CBD明确要求纳入某种形式的战略性环境评估。

若缔约国确定某些活动、计划或政策可能会对生物多样性造成重大不利影响，则该缔约国必须"对有关过程和活动类别进行管制"。[29]这项义务范围较为广泛，而且缔约国已确定了一系列属于其范畴的活动，如捕鱼、旅游、娱乐、航运以及陆上活动等。[30]需要指出的是，CBD适用于缔约国管辖或控制下开展的位于国家管辖范围内、外的一切过程和活动。[31]但是，与《海洋法公约》针对某些活动规定的一般义务一样，该规定同样未提及必须采取的具体措施，而是将其作为一项勤勉义务，使缔约国在对重大不利影响的认定上具有一定的自由裁量权。[32]另外，与CBD中很多义务一样，监管义务的履行也要"尽可能并酌情"（as far as possible and as appropriate）。有观点认为，这种措辞在条约文本中普遍存在，削弱了条约的规范作用；[33]也有学者认为CBD应被理解为只是设定了一系列目标而非具体义务。[34]

CBD中的第二类义务涉及对需要特别保护的生物多样性重要组成部分的认定。[35]该公约强调各国需要"尽可能并酌情"地特别注意高度多样性的或具有代表性、独特性或涉及关键进化过程或其他生物进程的生态系统和生境。[36]与对过程和活动进行监管的义务不同，该义务仅适用于缔约国管辖范围内的海洋区域，即领海和专属经济区。[37]但是，CBD鼓励缔约国在国家管辖范围外的区域进行合作。[38]该公约还明确了各国为保护重要物种、生境或生态系统可采取的一系列措施，如为了保护受威胁的物种和群体制定法律，管理其他重要生物资源以确保其可持续利用，建立保护区和重建、恢复已

---

28   CBD, Article 14(b).

29   Ibid, Article 8(l).

30   CBD COP Decision II/10 and Annexes.

31   CBD, Article 4(b).

32   L Glowka et al, *A Guide to the Convention on Biological Diversity* (IUCN 1994)50.

33   Birnie, Boyle, and Redgwell (n20) 617.

34   Glowka et al (n32) 1.

35   CBD, Article 7(a).

36   Ibid, Annex.

37   Ibid, Article 4(a).

38   Ibid, Article 5.

退化的生态系统等。[39]因此，这些规定强调各缔约国需要积极采取措施保护生存环境和生态系统，进而CBD的规定与《海洋法公约》对稀有和脆弱生态系统略显局限的保护要求相比，更加广泛且具体。尽管如此，对于哪些物种、生境或生态系统需要保护这一问题，CBD留给缔约国很大的自由裁量权，公约的早期草案中还列举了需要保护的特定地区或物种，但这些内容在公约正式文本中已被删除，由各缔约国自行决定。[40]此外，公约文本中没有定义"受威胁物种"和"生态系统退化"，这些关键术语尚需进一步解释。

虽然CBD与《海洋法公约》的规定存在很大重叠，但我们可以从相互支持的角度去解读它们。[41]CBD自身也强调，该公约的解释要基于"各国在海洋法下的权利和义务"。[42]这就是对《海洋法公约》所建立的法律框架的间接参考。总体来看，两项公约的实质内容是各国必须针对可能对海洋环境产生不利影响的活动和过程采取进一步行动加以管理，与此同时，两项公约又允许各国单独或集体确定为履行这些义务必须采取的确切措施。基于此，CBD需要进一步修订和完善，最终成为像《海洋法公约》一样的总括性条约。

目前来看，尽管CBD的一些规定自身较为含糊，但各缔约国的嗣后实践或许能够为理解相关条款提供指导。缔约方会议（COP）是负责审查此公约实施情况的主要机构，[43]它同时会对此公约所覆盖的所有领域及与生物多样性直接或间接相关的议题做出正式的"决议"，被公认为是处理"本公约所覆盖的所有领域及与生物多样性直接或间接相关问题的一个"高产的规范创设机构"。[44]缔约方会议虽然有权通过其他具有法律约束力的议定书，对

48

39　CBD, Article 8. 另参见 Article 9关于迁地保护措施的内容。

40　参见 Bowman et al (n3) 592。

41　AE Boyle, 'Relationship between International Environmental Law and Other Branches of International Law', in D Bodansky et al (eds) *Oxford Handbook of International Environmental Law* (OUP 2007) 139.

42　CBD, Article 22(2).

43　Ibid, Article 23(4).

44　E Morgera and E Tsoumani, 'Yesterday, Today and Tomorrow: Looking Afresh at the Convention on Biological Diversity' (2010) 21 *YIEL* 3, 6–7.

CBD中的一般规定作出具体解释，但在该权利的使用上表现得较为谨慎。[45] 大会更倾向于在其每两年召开一次的会议上通过不具有约束力的决议、行动计划和目标，以及就缔约国应采取哪些步骤履行其义务提供更具体的建议。[46] 此外，缔约方会议还针对沿海及海洋生物多样性制订了一项现行工作方案，[47] 并在最初的工作方案中确定了五个行动主题：海洋和沿海地区综合管理、海洋和沿海保护区、海洋和沿海生物资源的可持续利用、海水养殖与外来物种。基于这些主题，缔约方会议能够更广泛地处理海洋问题，但总体来说，缔约方大会侧重于对其他国际法律文书没有规定或者规定不充分的活动作出规定。CBD在表明不同国际文书在查明并处理一些问题或活动方面存在的差距上发挥了关键作用，其中包含海洋施肥、海洋酸化、水下噪声、海洋垃圾和海洋外来入侵物种等问题。然而，除重申各国在制定缓解措施时应进行环境评估和考虑生物多样性的一般职责外，CBD自身并未发挥监管职能，而是更倾向于将其活动限定在要求或收集对生物多样性有潜在影响的信息，[48] 并通过其他适当机构支持全球性合作。[49] 不过这并不意味着CBD完全将管理此类问题的职能交由他处，而是利用缔约方会议的监督作用，以确保各缔约国采取符合CBD中广泛原则的措施。符合这种互动关系最明显的案例是国际海事组织（IMO）制定的《压载水管理公约》，以解决第6章讨论的外来入侵物种问题和说明第9章倾废制度背景下海洋施肥规则的出现。

CBD在其他已具备严格监管体系的领域同样发挥了重要作用，主要表

49

---

45 至今已经通过了两部议定书：2000 Protocol on Biosafety (EIF 11 September 2003); 2010 Nagoya Protocol on Access to Genetic Resources (Ibid 12 October 2014)。

46 参见 SR Harrop and DJ Pritchard, 'A Hard Instrument Goes Soft: The Implications of the Convention on Biological Diversity's Current Trajectory' (2011) 21 *GEC* 474–480。

47 例如，Draft Programme for Further Work on Marine and Coastal Biological Diversity, CBD COP Decision II/10 (1995) Annex II。这已被缔约方会议进一步决定发展完善；CBD COP Decision IV/5 (1998); CBD COP Decision VII/5 (2004); COP Decision X/29 (2010)。相关延伸，参见 MM Goote, 'The Jakarta Mandate on Marine and Coastal Biological Diversity' (1997) 12 *IJMCL* 377–395。

48 参见CBD COP Decision IX/20 (2008) paras 3 (ocean fertilization) and 4 (ocean acidification); CBD COP Decision X/29 (2010) para. 12 (underwater noise); CBD COP Decision XI/18 (2012) para. 26。

49 CBD COP Decision X/29 (2010) para. 12 (underwater noise); CBD COP Decision XII/23 (2014) para. 4 (underwater noise); CBD COP Decision XIII/10 (2016) paras 8–10 (marine debris).

现在它鼓励采取进一步行动将生物多样性的考虑因素纳入整个法律框架中。在此情况下，CBD缔约方会议在鼓励进一步合作以解决过度捕捞以及此类捕捞对海洋及沿海生物多样性的影响方面发挥着持续有效的作用。[50]另外，虽然CBD充分考虑到相关领域机构的权限，未直接管理渔业问题，[51]但它已经通过信息交流和专家研讨会与其他组织进行合作，以减少渔业活动对生态系统的影响。[52]

CBD缔约方会议发挥的另一个关键作用是确定各国需特别关注的优先生境。针对海洋和沿海生物多样性的工作方案已将红树林、热带和冷水珊瑚礁、海山和海草群落列为需要保护的关键生态系统。[53]近年来，缔约方会议将保护珊瑚礁作为优先活动，[54]并针对冷水地区的生物多样性制订了一项自愿性质的工作计划。[55]其中，最重要的贡献之一是对海洋保护区的重视，这有助于保护生物多样性，促进海洋资源的可持续利用以及处理各国在海洋利用上的冲突。[56]2004年第七次大会上，CBD的缔约方一致认为"海洋和沿海保护区是养护和可持续利用海洋和沿海生物多样性的基本工具之一"，[57]并在此基础上制定了要建立和维护"有效管理、以生态为基础且有助于加强全球联系的海洋和沿海保护区"这一目标。[58]2010年，《生物多样性战略计划》再次强调了此目标，并呼吁"在2020年之前，主要通过有效合理的管理、建立生态典型区域及保护地等良好的联通体系和其他有效的区域保护措施，使10%的海岸与海洋尤其是那些对生物多样性和生态系统特别重要的地区得到保护"。[59]此外，该计划敦促各国单独采取行动，在其管辖范围内划定适当的海洋保护区，[60]同时要针对在国家管辖范围以外地区建立海洋保护区这一

50　CBD COP Decision X/29 (2010) paras 52–56.

51　参见 CBD COP Decision XI/18 (2012) para. 2。

52　参见 Ibid, para. 1。

53　CBD COP Decision VII/5 (2004) Annex, operational objective 2.3.

54　CBD COP Decision XII/23 (2014), Annex.

55　CBD COP Decision XIII/11 (2016).

56　CBD COP Decision VII/5 (2004), para. 12.

57　Ibid, para. 16.

58　Ibid, para. 18.

59　CBD COP Decision X/2 (2010) Annex, Target 11.

60　Ibid, para. 20.

50　事项和其他国家进行合作。[61]CBD将保护区定义为"一个划定地理界限、为达到特定保护目标而指定或实行管制和管理的地区"。[62]这一宽泛定义显然涵盖一系列不同的划区措施,但这不必然意味着海洋保护区内禁止所有活动,而是对可能引起生物多样性威胁的活动进行管制。[63]CBD指导意见也就此问题强调,该问题应由各沿海国斟酌,在最大限度地排除或减少所有活动的海洋保护区与基于一般养护目标管制或管理活动的海洋保护区之间取得适当平衡。[64]

为支持各国实现此目标,CBD缔约方会议召开了一系列专家会议和研讨会来确定需要保护的具有重要生态或生物学意义的海洋区域(EBSAs)的标准,[65]并强调此类判定标准只是为了说明值得保护的海洋区域,并非预先判断是否将在区域建立海洋保护区,或预先判断是否可在其中采取某种管理措施。[66]这些判定标准确定了各国在确定需要保护的海域时应考虑的七个特征:对受威胁、濒危或衰落物种和/或生境具有重要性;易受伤害、脆弱、敏感或恢复缓慢;独特或稀缺;对物种生命各阶段具有特殊重要性;生物多样性;自然状态和生物生产力。[67]虽然大会起草该标准的最初目的是确定公海中的生态保护区,但也鼓励各国在其管辖范围内适用这些标准。[68]此外,CBD缔约方会议还通过了建立代表性海洋保护区网的选址的科学指导意见。[69]

61　CBD COP Decision X/2 (2010), para. 30.

62　CBD, Article 2.

63　参见CBD COP Decision VII/5, para. 21,该部分区分了管理环境威胁但允许采掘活动的海洋保护区和排除采掘活动并消除或尽量减少其他重大人为压力的海洋保护区。缔约方会议的决定建议,海洋保护区网络应包括这两种类型的保护区。

64　Ibid, para. 22.

65　参见 CBD COP Decision IX/20 (2008), Annex I。另参见 DC Dunn et al, 'The Convention on Biological Diversity's Ecologically or Biologically Significant Areas: Origins, Development, or Current Status' (2014) 49 *Marine Policy* 137–145。

66　参见CBD COP Decision IX/20 (2008), Annex III。另参见 CBD COP Decision X/29 (2010), para. 26。

67　CBD COP Decision IX/20 (2008), Annex I.

68　Ibid, para. 18.

69　参见ibid, Annex II。

　　与上述标准的确立同等重要的是协调区域会议对标准适用问题的讨论，[70]
并建立针对具有重要生态或生物学意义的海洋区域的信息库。[71]然而，这一
进程并没有消除各国继续采取措施保护那些已确定需要保护的地区的必要
性。CBD本身无权直接监管相关活动，因此必须与其他国际组织合作，以
应对相关威胁。为此，CBD缔约方会议强调，"根据国际法（包括《海洋法
公约》），[72]确定管理措施是各国和主管政府间组织的事情"。同时，"鼓励各
缔约国邀请其他政府和政府间组织在其各自的管辖范围内通过实施相关工
具采取措施（如海洋保护区等基于区域的管理工具），确保养护和可持续利
用"。[73]然而，值得肯定的是，CBD在确保将这一问题列入有关机构的议程方
面发挥了关键的催化作用。关于国际组织在此方面所做的努力与实践将在其
他相关章节阐述。

3.3　其他全球性自然保护条约

　　CBD在将生物多样性保护纳入现代国际法的主流方面功不可没，但不
能忽视在此之前，其他涉及特定物种保护、生境保护或对自然的其他特定方
面进行保护的条约的作用。[74]虽然上述条约具有"碎片化"的特征，但它们
都有助于实现CBD所载的保护生物多样性的总体目标。[75]事实上，CBD缔约
方会议已经意识到此类条约的重要性，认为其需要加强与生物多样性相关的
公约之间的协同作用。[76]

　　《保护野生动物迁徙物种公约》（Convention on Migratory Species，以下
简称"CMS"）在为海洋物种提供广泛保护方面一直发挥着核心作用。[77]该条
约以促进迁徙物种的有利保护地位[78]为目标，将迁徙物种定义为"野生动物

70　CBD COP Decision X/29 (2010), para. 36; CBD COP Decision XI/17 (2012), para. 12.

71　参见CBD COP Decision XI/17 (2012), Annex; CBD COP Decision XII/17, Annex。

72　CBD COP Decision X/29 (2010), para. 26.

73　CBD COP Decision XIII/12 (2016), para. 14.

74　参见V Koester, 'The Five Global Biodiversity-Related Conventions' (2001) 31 *EPL* 151–156。

75　Bowman et al (n3) 594.

76　参见CBD COP Decision XIII/24 (2016)。

77　Convention on Migratory Species (CMS) (EIF 1 November 1983).

78　参见CMS, Article I(1)(c)。

任何物种或其次级分类的全部种群或该种群在地理上彼此独立的任何部分，它们中相当大的部分周期性地可预见地穿越一个或多个国家管辖的边界"。[79]因此，只有与所有"范围国"（range state）合作才能实现对这些物种的保护。[80]CMS不仅明确适用于海洋迁徙物种，[81]还适用于包含国家管辖范围以外在任何地方发现的迁徙物种。

与CBD不同，CMS为特定的迁徙物种提供了更有针对性的保护。公约为其附录一中缔约国一致认为濒临灭绝的迁徙物种提供了最高级别的保护。许多海洋物种已被列入保护清单，如一些鲸鱼、信天翁、海龟和鲨鱼等。且该公约规定，清单上物种的范围国必须对这些物种采取适当的保护措施。为此，公约还规定，"范围国"包括"对该迁徙物种活动范围中的任何部分行使管辖权的任何国家，或在国家管辖范围外从事猎取迁徙物种的国家、悬旗船"。[82]

首先，范围国有义务禁止捕捞清单内的物种。[83]该义务为结果义务，为缔约国规定了采取特别行动的明确责任。广义上的"猎取"不仅指故意杀害和猎捕，[84]还包括骚扰。[85]结合缔约国的嗣后决议，该定义使CMS的调整范围相对广泛，它要求各方采取行动应对海洋野生生物旅游业[86]和海洋可再生能源装置[87]对迁徙物种造成的干扰。另外，虽然公约限制例外情形的适用，但缔约方可以在保证不对迁徙物种造成不利影响的情况下有节制地适用例外情形。[88]此外，缔约方应将例外的情况通知秘书处，以便其他缔约方可监测其实施状况。

79　CMS, Article I(1)(a).

80　Ibid, Article I(1)(h).

81　参见Ibid, Article I(1)(f)中对于范围的界定。

82　Ibid, Article I(1)(h).

83　Ibid, Article III(5).

84　参见CMS COP Resolution 11.2 (2014) on Live Capture of Cetaceans from the Wild for Commercial Purposes。

85　CMS, Article I(1)(i).

86　CMS COP Resolution 11.29 (2014) on Sustainable Boat-Based Marine Wildlife Watching.

87　CMS COP Resolution 11.27 (2014) on Renewable Energy and Migratory Species；详见第8章。

88　CMS, Article III(5).

　　除了为物种提供直接保护外，"范围国"还必须"努力"（endeavour）保护并在可行和适当的地方恢复物种栖息地，并预防、减少或控制正在危及或有可能进一步危及该物种的各种活动。[89]该项义务包括保护附录一中的物种免受副渔获、[90]石油污染[91]和海洋废弃物[92]的影响。然而，这些保护义务相对较弱，条款中出现的如"在可行和适当"等措辞使该义务的履行力度大打折扣。因此，有学者认为，范围国"在选择是否采取这种措施方面有相当大的余地"。[93]

　　另外，CMS还为进一步合作建立了法律框架，以保护附录二中确定的具有不利保护地位的迁徙物种。[94]该框架要求附录二中物种的范围国尽力签订保护协定。该类协定可能包含措施如信息交流、协调养护和管理计划、维护与物种迁徙路线有关的合适生境网络和物种采集的管理等。这些协定应涵盖所有已列物种所活动的范围，甚至包含国家管辖范围以外的区域。目前，CMS已协助达成了一系列与海洋移栖动物有关的协议，如《保护信天翁和海燕协定》（Agreement on the Conservation of Albatrosses and Petrels）、[95]《养护波罗的海、东北大西洋、爱尔兰海和北海小鲸类协定》（Agreement on the Conservation of Small Cetaceans of the Baltic, North-East Atlantic, Irish and North Seas，以下简称"ASCOBANS"）、[96]《关于养护黑海、地中海和毗连大西洋海域鲸目动物的协定》（Agreement on the Conservation of Cetaceans of the Black Sea, Mediterranean Sea and Contiguous Atlantic Area，以下简称"ACCOBAMS"）[97]和《养护瓦登海海豹协定》（Agreement on the Conservation of Wadden Sea Seals）[98]等。此外，缔约国还会选择以谅解备忘录的形式采取措施保护

53

89　CMS, Article III(4).

90　CMS COP Resolution 6.2 (1999). 另参见 Resolutions 7.2, 8.14, 8.16, and 9.18。

91　CMS COP Resolution 7.3 (2002).

92　CMS COP Resolution 11.30 (2014). 另参见 Resolution 10.4。

93　R Caddell, 'International Law and the Protection of Migratory Wildlife: An Appraisal of Twenty-Five Years of the Bonn Convention' (2005) 16 *CJIELP* 113, 117.

94　CMS, Article IV.

95　参见 2001 Agreement on the Conservation of Albatrosses and Petrels (EIF 1 February 2004)。

96　参见 1991 Agreement on the Conservation of Small Cetaceans of the Baltic, North East Atlantic, Irish and North Seas (EIF 29 March 1994)。

97　参见 1996 Agreement on the Conservation of Cetaceans of the Black Sea, Mediterranean Sea and Contiguous Atlantic Area (EIF 1 June 2001)。

98　参见 1990 Agreement on the Conservation of Seals in the Wadden Sea (EIF 1 October 1991)。

移栖物种。虽然谅解备忘录不具有法律约束力，但其可以指导各国应如何履行公约项下对具体物种的一般保护义务，如《非洲大西洋海岸海龟养护措施谅解备忘录》《养护和管理印度洋和东南亚海龟及其栖息地的谅解备忘录》等。该类文书的主要特征是通过制订保护计划来要求各国单独或联合采取一系列保护行动。

CMS和相关协定具有跨领域协同的性质，它们能够协同处理针对相关物种的各种威胁。但这并不意味着在公约以及相关协定项下，这些威胁能够受到直接的管制。对于某些会造成威胁的活动（例如捕鱼和航运）已经有专门的机构对其进行监管；但为了实现保护目标，CMS和相关协定的缔约方将时常与这些机构进行合作。因此，与CBD一样，CMS的战略关键在于加强相关区域性协定与国际性协定的联系，从而在提升协同作用的同时避免重复规定。[99]

3.4 区域性海洋条约与海洋生物多样性的养护和可持续利用

自20世纪70年代初以来，区域在海洋环境保护方面所发挥的作用逐渐凸显。首先，联合国环境规划署的区域化海洋方案扩大了海洋区域保护的范围，在此基础上，许多区域已经形成一个通过合作解决区域内面临的关键环境问题的制度框架。[100]

早期的区域海洋条约主要针对海洋污染问题，[101]几乎不涉及海洋生物多样性问题。然而，随着海洋生物多样性问题越发重要，区域性海洋条约为将海洋生物多样性进一步纳入海洋环境保护法律框架提供了一个契机。在此基

54

---

99 参见CMS COP Resolution 10.4 (2011), para. 9 (marine debris); CMS COP Resolution 10.14 (2011), para. 10 (bycatch in gillnet fisheries)。

100 参见第2章。

101 第一批区域条约的标题清楚地表明了这一点：1972 Convention on the Prevention of Marine Pollution by Dumping from Ships and Aircraft(Oslo Convention) (EIF 7 April 1974)；1974 Convention for the Prevention of Marine Pollution from Land-based Sources (Paris Convention) (EIF 6 May 1968)；1976 Convention for the Prevention of Pollution of the Mediterranean Sea (Barcelona Convention) (EIF 12 February 1978)。

础上，一些区域性海洋机构以修正原有的框架性条约、通过相关附件或议定书谈判的形式通过了关于保护生物多样性的具体规则。因此，区域性海洋机构已成为此类问题的重要行为体，同时区域海洋方案下的全球战略也体现了此类机构在保护生物多样性方面的重要作用。[102]

地中海区域是最早在区域海洋框架下采取具体行动保护海洋生态系统的区域之一。虽然《巴塞罗那公约》全称为《保护地中海免受污染公约》，但其确实载有关于采取适当措施"保护和改善海洋环境"等内容。[103]在此基础上，《巴塞罗那公约》的缔约方于1982年在日内瓦召开会议，会上通过了《地中海特别保护区议定书》。该议定书规定缔约方有基本义务"尽可能地建立保护区"，以保障：

> 具有生物或生态价值的区域；物种的遗传多样性和令人满意的种群数量及其繁殖地和生境；具有代表性的生态系统类型及其生态进程，以及因其科学、美学、历史、考古、文化或教育价值而特别重要的区域。[104]

上述内容显然是一项勤勉义务，并不要求其达到特定的结果。然而，缔约方为促进该义务的履行，还同意就海洋保护区的选择、建立和管理以及区域内信息共享等程序制定共同准则。在划定的海洋保护区内，各国必须逐步采取保护措施，对任何可能破坏海洋保护区目标的活动进行监管。[105]但这项义务也为各国管理海洋保护区内的活动提供了很大的灵活性，这远未达到完全禁止所有有害活动的要求。这种对保护区的理解与上文所提到的CBD对"保护区"的定义是一致的。但不同的是，《地中海特别保护区议定书》鼓励

102　*Regional Seas Strategic Directions 2013-2016*, Document UNEP(DEPI) RS.15/WP.RS(2013) 3–4. 另参见 N Oral, 'Forty Years of the UNEP Regional Seas Programme: From Past to Future', in R Rayfuse (ed.), *Research Handbook on International Marine Environmental Law* (Edward Elgar 2015) 352–356。

103　Barcelona Convention, Article 4(1).

104　参见 1982 Protocol Concerning Mediterranean Specially Protected Areas (Geneva Protocol) (EIF 23 March 1986), Article 3。

105　Ibid, Article 7.

55　在海洋保护区周围设立"缓冲区"，该"缓冲区"与保护区的目的保持一致，但其区域内活动限制较少。[106]除此之外，该议定书还鼓励缔约国"促进其公众及相关组织参与采取措施保护相关区域和物种"。[107]这是参与性方法的早期适用；后来被《里约宣言》原则10所吸纳，它也表明当地社群在保护区的有效管理上具有重大的作用。

　　《地中海特别保护区议定书》的另一重要特征是要求缔约方之间进行合作，以实现该议定书的目标。因此，如果一国根据此议定书建立了海洋保护区，则该国必须通知其他缔约方。预计将为地中海区域保留一份海洋保护区名录。[108]另外，为了协调各国在此议定书下的活动，各国还应制订合作方案，[109]尤其当一方计划建立与边界毗连的保护区或缓冲区时，应与其邻国协商并审查另一方建立相应的保护区、缓冲区或采取其他适当措施的可能性。[110]此安排的目的是确保海洋保护区免受跨境环境威胁。

　　尽管《地中海特别保护区议定书》的通过无疑是海洋生态保护的重要里程碑，但它确实还具有一定的局限性。首先，该议定书只适用于领水。因此领水之外的许多海洋生态系统并不在该议定书的保护范围以内。[111]同时该议定书确实规定各国可将包括湿地、沿海区域在内的基线以内的水域和陆地区域纳入海洋保护区的范围，至少在此方面鼓励各国利用生态系统方法划定海洋保护区。这可被视为对地中海沿海地区进行区域性综合管理的早期实践。[112]该议定书的另一局限则表现为其许多义务条款的措辞过于灵活，这给有关国家提供了很大程度的自由裁量权。不过，该议定书设计召开缔约方会议审查各国根据议定书所采取的措施，对此进行某种程度的政治监督。

　　《地中海特别保护区议定书》的重要性还体现在它对其他区域制定保护

106　1982 Protocol Concerning Mediterranean Specially Protected Areas (Geneva Protocol) (EIF 23 March 1986), Article 5.

107　Ibid, Article 11.

108　Ibid, Article 8(2).

109　Ibid, Article 12.

110　Ibid, Article 6.

111　Ibid, Article 2.

112　后来，地中海国家通过了2008年《地中海沿海区综合管理议定书》。

海洋生态系统的文书产生了影响，其中1983年的《保护和开发大加勒比区域海洋环境公约》（以下简称《卡塔赫纳公约》）正是这一影响的重要体现。[113]《卡塔赫纳公约》比《地中海特别保护区议定书》晚一年通过，但该公约就已经阐明了重要概念是如何在区域条约的谈判中被引入和发展的。因此，《卡塔赫纳公约》在序言中承认，保护大加勒比地区海洋环境的生态系统是其"主要目标"之一，公约的主要内容包括采取一切适当措施保护和保全稀有或脆弱的生态系统以及枯竭、受威胁或濒危物种的生境。[114]

可见，这一措辞是从《海洋法公约》第194条第5款中得到了启发，因此区域条约可被视为以合作方式履行此义务的一种手段。另外，《卡塔赫纳公约》还明确指出，履行这一义务的主要方式之一是划定保护区。[115]由于《海洋法公约》中没有提到保护区，《卡塔赫纳公约》的这项规定很有可能受到一年前通过的《地中海特别保护区议定书》的启发。但是《卡塔赫纳公约》没有更详细地说明"保护区"的含义，仅规定缔约国应就有关地区的管理进行信息交换，且此种信息交换的义务不会影响其他缔约国或第三国的权利。因此，这项义务的范围似乎非常有限。然而，缔约方在《特别保护区和野生动物议定书》的谈判过程中进一步制定了与此相关的法律制度。[116]

首先，《特别保护区和野生动物议定书》进一步明确了《卡塔赫纳公约》第10条中关于保护区的义务，规定了与建立海洋保护区有关的实质性和程序性要求，其中包括公布各国在确定海洋保护区时使用的标准。[117]议定书还力求对海洋保护区进行稳定和持续的保护，因而规定"只有出于重大原因，才能改变一个地区或其部分地区的法律地位"，并要求对这种变化进行事先通知。[118]虽然其他国家对此并没有否决权，但他们将有机会在任何改变之前

56

113　参见 1983 Convention for the Protection and Development of the Marine Environment of the Wider Caribbean (Cartagena Convention) (EIF 11 October 1986)。

114　Ibid, Article 10.

115　Ibid.

116　参见 1990 Protocol Concerning Specially Protected Areas and Wildlife (Kingston Protocol) (EIF 18 June 2000)。

117　Ibid, Articles 4–9. 这些标准包括：具有代表性的沿海和海洋生态系统类型；对受威胁或濒危物种的生存和恢复至关重要的生境和相关生态系统；当地居民赖以生存的生产性生态系统以及特殊的生物、生态、教育、科学、历史、文化、娱乐、考古、美学或经济价值。

118　Ibid, Article 15(1).

发表意见。因此，这一事先通知的程序表明该议定书认为即使某一保护区完全位于一国管辖范围内，其他国家对此仍存在一定的利益。

除此之外，《特别保护区和野生动物议定书》还扩大了《卡塔赫纳公约》规定的义务范围，要求缔约方采取额外的必要措施"以可持续的方式保护、保存和管理……受威胁或濒危的动植物物种"。[119]该议定书将濒危物种定义为"在其全部或部分分布区内面临灭绝危险的物种或亚种……或其种群"，[120]而受威胁物种的定义是"在可预见的未来有可能濒临灭绝的物种、亚种或种群，这些物种、亚种或种群是罕见的，通常只分布在有限的地理区域或生境内，或稀疏地分布在较广泛的分布区，而且它们可能或实际上在衰退，并有可能濒临危险或灭绝"。[121]该议定书不仅要求各国规定并采取措施保护其管辖范围内的濒危或受威胁物种，还规定了一项程序义务，即制定濒危动植物物种的清单，这些清单内物种应在整个区域得到保护。[122]一旦某个物种被列入该议定书相关附件，各国就有义务"确保对该物种的全面保护和恢复"。[123]对于植物物种来说，这还包括禁止"一切形式的破坏或干扰，包括采摘、收集、切割、连根拔起、占有或商业贸易此类物种"。[124]对于动物物种而言，该议定书要求禁止猎取、占有或杀害某一物种，并尽量减少对此类物种的干扰。[125]各国还必须评估在其管辖范围内开展的活动对特别保护物种的影响。[126]换言之，为防止或扭转清单所列种群的数量下降，缔约国必须为这些物种制订区域恢复方案。[127]

其他区域也遵循上述趋势，它们以地中海区域和加勒比海区域通过的条约为基础，在框架条约中纳入了关于自然保护的条款，[128]或通过了与保护区

119　1990 Protocol Concerning Specially Protected Areas and Wildlife (Kingston Protocol) (EIF 18 June 2000), Article 3.

120　Ibid, Article 1(f).

121　Ibid, Article 1(g).

122　Ibid, Article 11(4).

123　Ibid, Article 11(1).

124　Ibid, Article 11(1)(a).

125　Ibid, Article 11(1)(b).

126　Ibid, Article 13.

127　Ibid, Article 11(5).

128　参见 1985 Convention for the Protection, Management and Development of the Marine and Coastal Environment of the Eastern African Region (Nairobi Convention) (EIF 30 May 1996), Article 10。其已被2010年修订的《保护、管理与开发西印度洋海洋和沿海环境公约》所取代。

相关的单独议定书。[129]然而，CBD的出现明显加强了这一发展趋势。1992年起，考虑到国际社会对生物多样性保护的日益重视，大多数尚未包括促进海洋生态系统目标的现有区域海洋条约都对此进行了修订。这就导致了"第二代区域性海洋条约"形成，[130]此类条约明确纳入生物多样性问题，很大程度上反映了1992年《里约宣言》中认可的新兴环境法原则。

波罗的海区域是第一个对既有区域条约进行修订的区域。为了在条约中明示对生物多样性的关切，波罗的海沿岸国家于1992年通过了一项新的公约，其中第15条规定：

> 缔约国应单独和共同对波罗的海采取一切适当措施，以保护自然生境、生物多样性和生态过程，还应采取措施确保波罗的海地区内自然资源的可持续利用。为此，各缔约方应致力于通过包含适当准则和标准的后续法律文书。

58

这一条款显然只规定了一项非常基本的义务，其重要性体现在为区域进一步合作奠定了法律基础。事实上，这项规定已经在缔约国间的一系列活动实践中得到落实。首先，各国同意对波罗的海的生态系统健康进行合作评估，[131]这为各国实施进一步措施提供了有力的基准信息。此外，监督《波罗的海公约》的赫尔辛基委员会还设立了环境和自然保护状况常设工作组，其任务包括促进整个波罗的海地区有关生物多样性所受威胁的信息的交换。其次，各国将保护生物多样性作为目标纳入《波罗的海行动计划》（Baltic Sea Action Plan），并在计划中承诺努力实现波罗的海生物多样性的整体有利保护状态。该计划还特别强调为海豹、鳗鱼和鳕鱼等濒危或受威胁物种提供保

---

129 参见1985 Protocol Concerning Protected Areas and Wild Fauna and Flora in the Eastern African Region (Nairobi Protocol) (EIF 30 May 1996)；1989 Protocol for the Conservation and Management of Protected Marine and Coastal Areas of the South-East Pacific (Paipa Protocol) (EIF 24 January 1995)。另参见Annex V of the 1991 Protocol to the Antarctic Treaty on Environmental Protection，其规定，除其他外，在海洋区域指定南极特别保护区或南极特别管理区。

130 参见T Treves, 'Regional Approaches to the Protection of the Marine Environment', in MH Nordquist et al (eds), *The Stockholm Declaration and Law of the Marine Environment* (Martinus Nijhoff 2003) 143。

131 Helsinki Commission, Ecosystem Health of the Baltic Sea 2003–7 (2010). 第二次评估预计将于2017进行；参见http://www.helcom.fi/baltic-sea-trends/state-ofthe-baltic-sea-2017/。

护的目标，并通过重新引进、投放波罗的海鲟鱼、鲑鱼等措施逐渐达成恢复生物多样性的目标。[132]

除此之外，赫尔辛基委员会还利用其在《波罗的海公约》下享有的权力向缔约国提出建议，以进一步促进波罗的海海洋生物多样性的保护，并在此背景下采取了两套关键性措施。其一，赫尔辛基委员会促进了整个波罗的海地区海洋保护区网络的发展。1994年由该委员会通过的第15/5号建议书表示，在1992年CBD生效以前，波罗的海国家同意采取一切适当措施，建立一个波罗的海沿海及海洋保护区（Baltic Sea Protected Areas）系统。该建议在附件中虽然确定了一些需要保护的海域，但也明确指出，波罗的海沿海及海洋保护区系统应"随着新知识和信息的出现而逐步发展"。[133]各国还商定了《关于指定波罗的海海域及沿海保护区指南》，其中规定了扩大海洋保护区网络时应考虑的因素，强调要着重保护重要觅食区、重要迁移路线、重要繁殖区，以及敏感、受威胁或衰退的生境，敏感、易受威胁、正在衰退的关键物种的生境以及具有高度生物多样性的区域等。[134]此外，各国一旦协商确定了某一波罗的海保护区，该指南则鼓励各国制订针对该保护区的监测和管理计划。同时，缔约国作出的任何可能导致波罗的海保护区的保护质量下降的决定都要向赫尔辛基委员会进行报告。虽然该委员会不能否决缔约国的决定，但这一程序允许委员会对保护区的管理措施进行一定程度的国际审查，并可对各国施加政治压力，实现波罗的海保护区的保护目标。

上述波罗的海的早期发展在后期得以巩固。目前，《赫尔辛基公约》的缔约方已确认了其全球性目标的承诺，[135]即2020年前在波罗的海建立一个管理良好的生态连贯的海洋保护区网络。[136]考虑到现在《赫尔辛基公约》的发展状况，缔约方还修订了第15/5号建议书。[137]迄今为止，波罗的海国家已划定了174个海洋保护区，总覆盖面积为53642平方千米。但据观察，这些海

132　Baltic Sea Action Plan (2007) 19–21.

133　HELCOM Recommendation 15/5 (1994), para. (b).

134　参见 <http://www.helcom.fi/action-areas/marine-protected-areas/ Background%20of%20 HELCOM%20MPAs/selection-criteria/>。

135　参见以上。

136　参见2010 Moscow Ministerial Declaration，10；2013 Copenhagen Ministerial Declaration，para. 6(B)。

137　HELCOM Recommendation 35/1 (2014).

洋保护区大多在沿岸水域，因此各国有必要在其他开放水域划定更多的海洋保护区。虽然波罗的海国家目前尚未直接参与CBD倡议的保护"具有重要生态或生物学意义的海洋区域"这一进程，但该区域的做法仍将被视为以国际公认和透明的方式增加其海洋保护区网络的代表性的方法之一。[138]除此之外，波罗的海海洋保护区网络的另一个挑战在于并非所有的海洋保护区都有管理计划，目前各国就此问题已达成一致意见，即在五年内制订相关管理计划。[139]为确保各国遵循上述建议，赫尔辛基委员会的持续审查职能将发挥至关重要的作用。

在确定波罗的海海洋特别保护区的同时，《赫尔辛基公约》缔约方还制定了一份红色清单，对该地区内的某些物种进行特别保护。其第37/2号建议书要求各国首先梳理针对这些物种的已有的和计划中的保护措施，其次规定需要开展的额外活动以减轻对这些物种的威胁。[140]针对一些物种，缔约方已经通过了旨在确保其有利的保护地位的具体建议，其中包括波罗的海鲑鱼和海鳟鱼[141]、海豹[142]和港湾鼠海豚[143]等。许多文本内容可以互为补充，因此在对《赫尔辛基公约》项下的活动进行管制时，上述文本可以相互参照借鉴。

《保护东北大西洋海洋环境公约》（OSPAR Convention）也有类似的发展历程。该公约于1992年通过，其目的是为取代以前的两个关于倾倒污染和陆源污染的区域性条约。该公约概括性地指出需要采取措施"养护海洋生态系统，并在可行时恢复其海洋区域"。[144]这一公约进一步规定了"采取必要措施保护海洋区域免受人类活动的不利影响"的一般义务。[145]这些规定足够宽泛，涵盖了所有海洋生物多样性的保护。如果对《保护东北大西洋海洋环境公约》委员会在此方面的任务有任何疑问，则在该公约生效后，随着关于保护和养护海洋生物多样性的新附件的加入，相关疑问已被消除。即该公约增加了一项

60

---

138 参见2016年《赫尔辛基公约》代表大会的决议，其中，各国同意开始规划具有重要生态或生物意义的海洋区域讲习班；*Outcome of the 51st Meeting of the Heads of Delegation*, Document HOD 51–2016, para. 6.94。

139 2013 Copenhagen Ministerial Declaration, para. 8(B).

140 HELCOM Recommendation 37/2 (2016).

141 HELCOM Recommendation 32–33/11 (2011).

142 HELCOM Recommendation 27–28/2 (2006).

143 HELCOM Recommendation 17/2 (2013).

144 OSPAR Convention, Article 2(1)(a).

145 Ibid.

关于海洋生物多样性保护和养护的新附件。[146]该附件明确要求各缔约方"应单独和联合地采取必要措施，保护海洋区域免受人类活动的不利影响，以保障人类健康和海洋生态系统的稳定"。[147]该附件明确纳入了CBD中关于生物多样性、生态系统和生境的定义，从而确保了对适用法律框架的统一解释。[148]除此之外，东北大西洋环境战略（North-East Atlantic Environment Strategy）也强调了生态系统方法的重要性，并呼吁各国采取进一步的措施以促进生态系统的完整性。[149]

为了实现附件五的目标，《保护东北大西洋海洋环境公约》委员会负责制订相关计划和方案。在此基础上，该委员会通过了一项生物多样性和生态系统战略，与此同时各缔约方已就受威胁或衰退的物种和生境清单问题达成一致。[150]此外，公约委员会针对清单上的单个物种还提出并通过了一系列建议。尽管这些建议不具有法律约束力，但缔约方仍需向公约委员会报告，说明其采取的措施符合建议的要求。上述建议还明确规定，公约委员会将不断审查物种的恢复情况，并提请其他主管国际机构注意加强对某些物种的保护。然而，这些建议主要侧重于收集数据并要求各国对可能影响这些物种的活动进行管制，并没有进一步说明应当采取何种具体措施。针对此问题，公约的缔约方一致认为在对此公约项下的其他人类活动的环境影响进行评估时，需要考虑受到威胁的物种和生境。[151]此外，上述建议还指出，各国应确定受威胁物种的关键栖息地并可将此区域确定为海洋保护区。

与波罗的海地区类似，东北大西洋各国也同意基于国际目标促进具有代表性的海洋保护区网络的发展。[152]《保护东北大西洋海洋环境公约》的第2003/3建议书要求缔约方考虑其国家管辖范围内的任何区域是否符合划定海洋保护区的标准，并向公约委员会报告其选择的区域。对于每个区域，相关缔约方应制订相应的管理计划。与波罗的海地区不同的是，在东北大西洋

61

---

146 参见<http://www.ospar.org/site/assets/files/1169/ pages_from_ospar_convention_a5.pdf>。

147 OSPAR Convention, Annex V, Article 2.

148 Ibid, Article 1.

149 OSPAR Agreement 2010–13, para. 2. 另参见Joint Ministerial Statement of the Helsinki and OSPAR Commissions on the Ecosystem Approach to the Management of Human Activities (2003)。

150 OSPAR Agreement 2008/6.

151 OSPAR Recommendation 2010/5, 关于评估与受威胁和/或减少的物种和生境相关的环境影响。

152 OSPAR Agreement 2010–13, Part II, para. 1.2(b).

地区建立海洋保护区网络时公约委员会的职责可以延伸至国家管辖范围以外的区域。[153] 因此，公约鼓励缔约方在国家管辖范围以外的区域提出划定海洋保护区，并最终由该公约委员会选择是否将其作为东北大西洋海洋保护区网络的组成部分。[154] 基于此，《保护东北大西洋海洋环境公约》的部长级会议于2010年决定在国家管辖范围以外建立6个海洋保护区，并通过了关于其初步管理的相关建议，[155] 并于2012年又增加了一个公海保护区。[156] 这些建议为每个海洋保护区都设定了一般和具体的管理目标，鼓励各国采取行动以实现公约的保护目标。上述建议书还呼吁各国对可能与海洋保护区的保护目标相冲突的活动进行环境影响评估和战略性环境评估。这些举动并非没有争议，因为《保护东北大西洋海洋环境公约》委员会的成员只包括东北大西洋地区的国家，而国家管辖范围以外的任何区域显然都与范围更广的其他国家利益有关，然而，这些措施承认不得影响第三方权益。因此，如果不进行更广泛的合作，公约本身将无法在国家管辖范围以外的地区充分实现其目标。缔约方需进一步提高对海洋保护区网络的认识，并与其他国家和相关国际组织合作，进一步推进其管理计划的实施。[157] 鉴于后续章节涉及海洋环境保护的领域性方案时会强调国际法的碎片化问题，此处将不展开论述。该问题将在第10章分析《保护东北大西洋海洋环境公约》委员会通过的促进协调与合作的具体方案时进行重点讨论。

　　除了上述条约外，其他条约也基于生物多样性问题重新进行了修订。例如，1995年新修订的《巴塞罗那公约》中明确规定了生物多样性问题。[158] 此后不久新出台的《地中海生物多样性和特别保护区议定书》取代了1982年的议定书。新的议定书克服了1982年议定书的许多缺陷，如缔约方能够在

153　OSPAR Convention, Article 1.

154　OSPAR Recommendation 2003/3, para. 3.1(d).

155　Altair Seamount High Seas MPA (Decision 2010/3 and Recommendation 2010/14); Antialtair Seamount High Seas MPA (Decision 2010/4 and Recommendation 2010/15); Josephine Seamount High Seas MPA (Decision 2010/5 and Recommendation 2010/16); Mid-Atlantic Ridge North of the Azores High Seas MPA (Decision 2010/6 and Recommendation 2010/17).

156　Charlie Gibbs North High Seas MPA (Decision 2012/1 and Recommendation 2012/1).

157　参见 Recommendation 2012/1, para. 3.3.5(a)。

158　参见 the 1995 Convention for the Protection of the Marine Environment and the Coastal Region of the Mediterranean (Revised Barcelona Convention), Article 10。

部分或全部位于公海的区域建立海洋保护区。[159]很多地中海沿岸国家并未主张专属经济区，这就使得地中海大部分海域位于国家管辖范围以外，所以上述规定作用重大。[160]此外，新议定书还将受威胁和濒临灭绝的物种纳入物种保护的范围，缔约方在原基础上补充了要求其采取措施最大可能地保护和恢复物种的清单。[161]另外，《巴塞罗那公约》缔约国也通过了一项保护地中海区域生物多样性战略行动计划（Strategic Action Programme for the Conservation of Biological Diversity in the Mediterranean Region），该计划也得到了一系列行动方案以及与特定物种（如海龟、软骨鱼、海鸟、僧海豹和鲸类等）相关的行动指南的补充和完善。虽然此类文件不具有约束力，但缔约方会议要求各国采取措施实施这些文件中的相关内容。

综上，自CBD缔结以后出现的那些区域性海洋条约，从起草之初就涵盖了生物多样性的保护。[162]针对这些议题的议定书的数量也在逐步增加，其中，许多借鉴了其他区域已经成型的模式。[163]然而，从前文的分析中可知，这些条约只是建立了一个法律框架，各国在收集有关生物多样性威胁的确切信息以及对此采取后续措施上依旧面临挑战。因此，各国在采取相应措施时，必须考虑区域海洋条约制度内、外更广泛的法律框架，从而更好地规范各相关领域的活动。

159　SPAMI Protocol, Article 9(1)(b).

160　参见 I Papanicolopulu, 'The Mediterranean Sea', in DR Rothwell et al (eds), *Oxford Handbook on the Law of the Sea* (OUP 2015) 611。

161　参见 the 1995 Protocol Concerning Specially Protected Areas and Biological Diversity in the Mediterranean (SPAMI Protocol) (EIF 12 December 1999), Article 12。

162　参见 2002 Convention for Cooperation in the Protection and Sustainable Development of the Marine and Coastal Environment of the North-East Pacific (Antigua Convention) (尚未生效)；2003 Framework Convention for the Protection of the Marine Environment of the Caspian Sea (Tehran Convention) (EIF 12 August 2006)。

163　参见 2002 Black Sea Biodiversity and Landscape Protocol (EIF 20 June 2011)；2005 Protocol Concerning the Conservation of Biological Diversity and the Establishment of Networks of Marine Protected Areas in the Red Sea and Gulf of Aden；2014 Protocol for the Conservation of Biological Diversity of the Caspian Sea (Ashgabet Protocol) (尚未生效)。其他法律文书另参见 Oral(n102) 352–356。

3.5 结论

如今，生物多样性保护毫无疑问在保护海洋环境的现代法律框架中占据了核心地位。虽然早在20世纪80年代初，各国对生物多样性的考虑已被逐渐提上国际议程，但CBD的缔结对于巩固这一趋势起到至关重要的作用。因此，保护生物多样性问题是对所有海洋活动进行监管必须统筹协调的问题。这就使得各国必须考虑到其活动的影响，这种影响不仅针对直接作为资源开发对象的海洋物种，如鱼类资源，还针对所有的海洋生物。

与自然资源保护和生物多样性有关的国际性和区域性条约在确定哪些物种和生境免受人类不当干扰从而受到保护方面发挥了重要作用。这种保护需要持之以恒，各国必须定期重复评估，确保其在生物多样性保护上采取充分的措施。然而，除了禁止直接获取或损害受保护的物种和生境的这一基本义务外，与生物多样性有关的条约并没有规定必须采取的具体措施。相反，其借鉴了《海洋法公约》的海洋环境方面的条款。《海洋法公约》鼓励各国对可能给海洋生物多样性带来严重不利影响的活动进行评估和监测，并鼓励制定相关措施以尽量减少这种影响。通常由各国单独或共同决定对此应当采取何种措施。同时，与生物多样性有关的条约的缔约方会议会发起论坛以监测各种措施的实施情况，并对各类行动的优先性提出建议。基于此，此类条约在确保由个别国家或国际机构采取后续措施上起到积极的推动作用。因此，我们将在以下各章中，讨论与生物多样性有关的各类条约在具体领域的机制演变中的作用。此外，由于此类条约的任务是处理与生物多样性有关的各种威胁和挑战，因此，此类条约能推动各项措施的协调，以落实有效的生态系统方法，[164]具体问题将在第10章展开详细论述。

63

---

164 参见 E Franckx, 'The Protection of Biodiversity and Fisheries Management: Issues Raised by the Relationship between CITES and LOSC', in D Freestone et al (eds), *The Law of the Sea: Progress and Prospects* (OUP 2006) 634–635。

4 陆源海洋污染

4.1 引言

64   陆上活动（Land-based activities）是造成海洋环境退化最严重的原因之一，也是最难监管的环境问题之一。据估计，陆上活动占海洋污染来源的80%以上。[1]这类活动涵盖陆地上的一系列活动过程，包括工业、农业和城市活动等，其污染物可能通过外流或管道直接排入海洋中，也可能通过河流或空气间接到达海洋。无论哪种情况，污染物质的混合物一旦进入海洋环境就会产生严重影响。

目前，最为严重的污染物为有毒化学品和放射性物质，但最新研究表明，对海洋环境的严重威胁不仅有能够杀死或伤害动植物的物质，还包括"更微妙但可能更具破坏性的影响"的污染物，这些影响包含"通过扰乱繁殖和改变行为改变海洋生物群落的结构和功能，以及其在分子层面的影响"。[2]例如，通过水体和空气从陆地排放的所谓"扰乱内分泌的化学物质"，已被发现会扰乱某些物种的生长周期。[3]

另一项严重的陆源海洋污染是与农业径流、空中运输或海上污水排放口有关的营养物排放。[4]这些排放到海洋环境中的营养物质本身不一定有害，但它们可以引起海洋植物的过度生长，导致耗氧细菌的增加。所谓的富营养化

---

1   参见UNEP, *Protecting Coastal and Marine Environments from Land-based Activities: A Guide for National Action* (2006) 3。

2   GESAMP, *Protecting the Ocean from Land-based Activities*, GESAMP Reports and Studies No. 71 (2001) 7.

3   Ibid, 48.

4   Ibid, 24.

会导致海域"缺氧",大多数海洋生物将窒息而死。[5]富营养化被描述为"无论是其规模还是后果,可能是人类对海洋造成的许多有害影响中最具破坏性的一种",[6]据报道,海洋富营养化正面临恶化趋势。[7]尤其在封闭或半封闭海域中,洋流不能有效地驱散排放物,更易出现海洋富营养化。

65

陆地垃圾是对海洋环境的又一日益严重的威胁,[8]它既可以通过缠绕杀死海洋生物,也可以导致海洋物种和栖息地出现其他环境问题。[9]有证据表明,该问题在世界许多地方都在加剧,[10]海洋垃圾已被确定为"一个受到迫切关注的全球问题,因为塑料的降解期很长,很可能进行长距离漂流,且容易分解为极其有害的微颗粒"。[11]出于这个原因,国际社会已经开始强调塑料和微塑料是需要优先关注的问题。[12]

多年来,解决陆源海洋污染问题一直是国际性难题。20世纪70年代初,斯德哥尔摩人类环境会议提及,有必要"加强国家对陆源海洋污染的控制,特别是在封闭和半封闭的海域"。[13]鉴于多个国家的污染可能对海洋生态系统产生累积效应,各国有必要协调对策,确保各项措施能有效减少海洋总体污染负荷。

本章将解释并评析陆源海洋污染问题相关的主要国际文书,在介绍其他国际和区域层面针对该问题的相关谈判产生的条约及文书之前,将首先从《海洋法公约》的相关条款入手。在此过程中,本章将思考通常哪些类型的法律工具和技术可用来治理陆地污染源。然而,一切治理方案的前提都须周密考虑到所涉及的活动范围,即许多"与国家经济、工业和社会发展方面的

5　在世界某些地区,例如墨西哥湾,海洋"死区"(dead zones)已非常普遍,参见 <http://oceanservice. noaa.gov/facts/deadzone.html>。

6　GESAMP, *Sea of Troubles*, GESAMP Reports and Studies No. 70 (2001) 8.

7　UNEP Press Release, Further Rise in the Number of Marine 'Dead Zones', 19 October 2006.

8　船上垃圾问题也非常严峻,参见第8章。

9　参见 JGB Derraik, 'The Pollution of the Marine Environment by Plastic Debris: A Review' (2002) 44 *MPB* 842。

10　最著名的案例为大太平洋垃圾带,参见 <http:// marinedebris.noaa.gov/info/patch.html>。

11　Proceedings of the United Nations Environment Assembly of the United Nations Environment Programme at its first session, Document UNEP/EA.1/10 (2014) para. 64.

12　参见 UNGA Resolution 66/288 (2012) Annex, para. 163; UNEP Environmental Assembly, Resolution 1/6 (2014) para. 4; UNEP Environmental Assembly, Resolution 2/11 (2016) para. 1。塑料、微塑料和纳米塑料是 2016 年 6 月举行的第十七次联合国非正式协商进程会议的重点。

13　Stockholm Action Plan (1972) Recommendation 86(e).

关键国家战略计划密切相关"[14]的活动，对这些的规制面临的挑战颇大。所以陆源海洋污染问题是"在陆地和海洋交界处的多议题、多管辖权类型的污染问题，任何预防和补救行动都可能影响到一系列利益攸关者和既得利益"[15]综上，有效控制陆地上的海洋污染源既是政治挑战，也是现实挑战。国际社会须进行多层次规制，通过各种有约束力和无约束力的相关文书解决此问题。

4.2 《联合国海洋法公约》和海洋污染的陆地来源

陆源污染是《海洋法公约》第十二部分第五节中最先提及的海洋污染源。《海洋法公约》未明确定义陆上污染源，[16]仅在第207条中提及了对"河流、河口湾、管道和排水口结构对海洋环境污染"[17]的规制。然而，该条款仅提供了一个说明性清单，其义务涵盖了所有潜在陆地来源的污染。来自大气层或通过大气层的污染则在《海洋法公约》第212条中单独处理。上述两个条款非常相似，[18]其规定的义务都是针对"国家"的。"国家"的范围应不仅包括沿海国家，还包括可能造成污染并通过河流、含水层或空气排放到海洋中的内陆国家。[19]因此，《海洋法公约》涵盖了对海洋环境所有主要的陆地污染排放方式，其中既包含一般的程序性义务，也包含适用于陆源海洋污染的具体实质性规则。

若陆上活动导致了"海洋环境的重大污染或重大有害变化"，[20]则应依据《海洋法公约》第206条，就这种活动对海洋环境的可能影响作出评估。[21]从陆

14　Y Tanaka, 'Regulation of Land-based Marine Pollution in International Law: A Comparative Analysis between Global and Global and Regional Legal Frameworks' (2006) 66 *ZaöRV* 535, 548.

15　C Williams and B Davis, 'Land-based Activities: What Remains to Be Done' (1995) 29 *O&CM* 207, 208.

16　参见 M Nordquist et al (eds), *1982 United Nations Convention on the Law of the Sea—A Commentary—Vol. IV* (Martinus Nijhoff 1991) 132。

17　UNCLOS, Article 207(1).

18　Ibid, Article 212.

19　另参见 Montreal Guidelines for the Protection of the Marine Environment against Pollution from Land-based Sources (Montreal Guidelines) (1985) para. 5(b); Global Programme of Action for the Protection of the Marine Environment against Pollution from Land-based Activities (GPOA) (1995) para. 34。

20　Ibid.

21　参见第2章。

源海洋污染方面看，该义务与点源排放极为相关，却更难适用于扩散性污染源，因为极个别的扩散性污染源很少对环境产生实质性影响。

此外，若陆上活动存在对邻国造成跨界污染损害的嫌疑，各国应与受影响国家协商应采取的必要行动。在MOX工厂案（*MOX Plant Case*）中，爱尔兰援引了《海洋法公约》第123条、第197条和第206条，对英国授权在其海岸建造核设施的决定提出疑问。[22]爱尔兰声称，该设施将对爱尔兰海的海洋环境造成严重和不可挽回的损害，并呼吁英国应在双方就补救措施磋商前停止施工。对于该问题，国际海洋法法庭虽然以"缺乏对海洋环境即将造成损害的证据"[23]为由拒绝下令停止施工，但其仍补充到，"双方谨慎合作，交流有关MOX工厂运作的风险和影响信息，并酌情制订处理以上问题的方案"。[24]从而，法庭要求双方交流合作。[25]该判决逻辑也在柔佛海峡填海案（*Case concerning Land Reclamation in the Johor Straits*）中得以体现。在此案中，马来西亚认为新加坡提出的填海造地将对海洋环境造成重大损害，国际海洋法法庭不仅要求就相关活动和影响交换信息，还要求双方合作评估这些活动的影响，成立独立的联合专家小组对新加坡提议的填海造地的影响进行研究，并制定处理这些影响的适当措施。[26]国际海洋法法庭的此番做法加强了两国合作，双方达成了友好谅解。[27]

广义上，《海洋法公约》规定了一项所有国家应遵守的义务，即"应不断监视其所准许或从事的任何活动的影响，以便确定这些活动是否可能污染海洋环境"。[28]这实际要求一国应收集与海洋环境状况有关的证据，并查明可能造成损害的任何特定物质。如若发现有关证据，就有义务在防止、减少和控制污染源方面做出相应努力，要求各国调查造成环境损害的来源并采取适当行动。该"监测义务"帮助各国确定需要特别关注的污染严重区，其在查明城市和农业径流等扩散源造成的严重污染方面至关重要。

《海洋法公约》在第207条规定了陆源海洋污染的勤勉义务，该条款要

22　*The MOX Plant Case* (2001) paras 55–121.

23　Ibid, para. 81.

24　Ibid, para. 84.

25　Ibid, dispositif.

26　*Land Reclamation in the Johor Straits (Provisional Measures)* (2003) dispositif para. 1.

27　*Land Reclamation in the Johor Straits* (Settlement) (2005).

28　UNCLOS, Article 204(2).

求各国通过和执行国家法律和法规，[29]并采取"其他可能必要的措施"，[30]以保护海洋环境免受陆源污染。类似要求同样适用于来自或通过大气层的污染。[31]鉴于这些规定范围内的活动性质及其与一国经济发展的密切关系，且各国可支配的财政、技术资源及其总体发展需要各不相同，这里的勤勉义务必然存在各国对共同但有区别的责任原则适用标准不同的问题。因此，各国所追求的防止、减少或控制的程度会有很大不同。为解决该问题，《海洋法公约》试图一定程度地引导国家政策，鼓励各国采用的规则、标准和建议的做法，"旨在在最大可能范围内尽量减少有毒、有害或有碍健康的物质，特别是持久不变的物质"，[32]这体现了《海洋法公约》在处理上述类别污染物方面的行动优先性。然而，《海洋法公约》并未穷尽各国应采取措施的范围。

除了要求通过国家法律和法规外，《海洋法公约》还鼓励在防止、减少和控制陆源海洋污染方面的国际合作。[33]此类合作应旨在促成"全球性和区域性规则、标准和建议的办法及程序"的通过。[34]该条款的用语表明谈判结果可能包括具有约束力和无约束力的文书。正如我们将在下面看到的，这是一个在实践中使用了两种文书的领域。

各国在通过国家立法时应考虑这些区域或全球合作的结果，[35]但第207条和第212条并未强制要求遵守这些文书。相反，它们反映了起草者的愿望，即"为自己保留尽可能多的行动自由，以平衡环境保护措施与本国经济的需要，其中陆源污染产生了大部分最有害的污染"，[36]除非各国单独同意受国际协定的约束，否则《海洋法公约》将保留各国在处理陆上活动造成的污染方面的自由裁量权。因此，在这种情况下，《海洋法公约》仅提供了一个基本框架，须由全球或区域层面的其他规则或标准加以补充。

29　UNCLOS, Articles 207(1) and 213.

30　Ibid, Article 207(2).

31　Ibid, Articles 212(1), 212(2), and 222.

32　Ibid, Article 207(5).

33　Ibid, Articles 207(3), 207(4), and 212(3).

34　Ibid, Articles 207(4) and 212(3).

35　Ibid, Articles 207(1) and 212(1).

36　P Birnie, A Boyle, and C Redgwell, *International Law and the Environment* (3rd edn：OUP 2009) 454.

4.3　解决陆源海洋污染问题的全球框架

4.3.1　《保护海洋环境免受陆源污染的蒙特利尔准则》

鉴于防止和减少陆源对海洋环境的污染显然不属于任何特定联合国专门机构的职责范围，联合国环境规划署（环境署）已在全球范围内引领实施《海洋法公约》关于陆源海洋污染的规定，[37]以推进其在现有机构未涵盖的环境问题上促进合作并协调联合国系统内各机构的行动的任务。[38]在《海洋法公约》缔结后不久，环境署理事会成立了一个特设专家工作组，以起草关于保护海洋免受陆源污染的准则。[39]环境署于1985年[40]批准了由此产生的《保护海洋环境免受陆源污染的蒙特利尔准则》（以下简称《蒙特利尔准则》）。

《蒙特利尔准则》确认了《海洋法公约》第207条赋予各国的基本程序义务，[41]并进一步鼓励各国制定"防止、减少和控制陆源污染的综合环境管理方法"。[42]该建议旨在寻求早期形式的海岸区域管理方法。[43]准则的附件建议各国在管理陆源污染时可以采取不同的措施，包括环境质量目标、排放标准、[44]过程标准和经济措施。这些措施都不是强制性的，准则明确承认"在为各种水体实施的战略或监管工具中，灵活性将是一个重要的考虑因素"，[45]因此呼应了《海洋法公约》第207条中的方法。在任何情况下，准则都明确指出它们是"建议性的"，[46]并且大多数条款都以劝诫性语言表达，[47]强调其不具有约束力。总而言之，《蒙特利尔准则》仅提供了"适合纳入未来区域协

37　参见 B Vukas, 'Provisions of the Draft Convention on the Law of the Sea Relating to the Protection and Preservation of the Marine Environment and the UNEP's Involvement in Their Implementation', in B Vukas, *The Law of the Sea: Selected Writings* (Martinus Nijhoff 2004) 248。

38　UNGA Resolution 2997(XXVII) (1972) para. 2.

39　参见 UNEP Governing Council Decision 10/24 (1982)。

40　The Montreal Guidelines were adopted by UNEP Governing Council Decision 13/18 (1985).

41　Montreal Guidelines, paras 11–12.

42　Ibid, para. 10.

43　参见 ibid, Annex I, para. 1.3.2.1。

44　参见 ibid, 附件二论述了将物质分为黑名单和灰名单的问题。

45　Ibid, Annex I, Introduction.

46　参见 Introduction to the Montreal Guidelines。

47　通过在整个文件中反复使用"应"（should）来证明。

定和国家计划的条款清单"，[48]而且《蒙特利尔准则》显然不会提供国家或其他行为体必须遵守的规则或标准。尽管如此，《蒙特利尔准则》依然是首次尝试指导各国采取行动来履行其在《海洋法公约》下的义务。

4.3.2 《华盛顿宣言》和《全球行动纲领》

在1992年联合国环境与发展会议上，国际社会决定更新和加强《蒙特利尔准则》，[49]环境署应邀召开政府间会议以推进这项工作。[50]这促使1995年国际社会通过了《华盛顿宣言》和《保护海洋环境免受陆上活动污染全球行动纲领》（Global Programme of Action for the Protection of the Marine Environment from Land-based Activities，以下简称"GPOA"），这两项非约束性文书侧重于防止、减少和控制陆上活动造成的海洋污染。

70　　《华盛顿宣言》是关于需要保护海洋环境免受陆上活动污染的一般性政治声明。[51]GPOA是一份更详细的文件，它建立在《蒙特利尔准则》的基础上并对其进行了扩展。虽然GPOA就需要采取哪些行动来解决陆源海洋污染问题向各国提供了更多指导，但它与1985年的《蒙特利尔准则》一样，是一份不具约束力的文书，并不旨在规定各国必须采取哪些行动。相反，GPOA明确承认：

> 世界不同地区之间存在重大差异［并且］这些差异将导致对解决不同问题的适当优先事项做出不同判断［因此］每个国家将……为其决定承担的保护海洋环境的任务制定一套适当的优先次序。[52]

为此，GPOA旨在提供"国家和/或地区当局在制定和实施措施以防止、减少、控制和/或消除陆上活动造成的海洋退化时可借鉴的概念和实践指导

48　AE Boyle, 'Land-based Sources of Marine Pollution: Current Legal Regime' (1992) 16 *MP* 20–35, 34. 另参见D Hassan, *Protecting the Marine Environment from Land-based Sources of Pollution* (Ashgate 2006) 91–92。

49　Agenda 21 (1992) para. 17.25(a).

50　Ibid, para. 17.26.

51　参见1995 Washington Declaration on Protection of the Marine Environment from Land based Activities。

52　GPOA, para. 53.

的来源"。[53] 因此，GPOA预见了通过国家行动计划在国家层面和通过区域机构或其他框架在区域层面采取合作措施。

GPOA的一个显著发展是详细阐述了沿海区域综合管理的概念，这一想法仅隐含在《蒙特利尔准则》中。GPOA为制定国家和区域监管战略提供了结构化框架，重点是以下步骤：

- ·识别和评估问题；
- ·确定优先事项；
- ·设定管理目标；
- ·确定、评估和选择战略与措施，包括管理方法；
- ·规定评估战略和计划有效性的标准；
- ·实施行动纲领支持要件。

GPOA还强调需要将沿海地区的管理与流域管理和土地利用计划进行协调。[54] 机构合作和综合管理在2001年《保护海洋环境免受陆上活动污染蒙特利尔宣言》中进一步被强调为"国际环境治理的一个重要的新要素"。[55] 作为该方法的一部分，鼓励各国对行动选择、[56] 利益攸关方协商[57] 和采取预防性方法进行成本效益分析。[58] 因此，GPOA力求将国际环境法的现代原则明确纳入控制陆源海洋污染的法律框架。

71

与《蒙特利尔准则》相比，GPOA更详细地说明了国家、区域和国际层面针对特定类型的污染应采取的行动，并强调需要对以下物质和活动采取行动：污水、持久性有机污染物、放射性物质、重金属、油类、营养物、沉积物、垃圾以及栖息地的物理改变和破坏。在这方面，GPOA被评论家称赞为《蒙特利尔准则》的重要进步。[59]

GPOA的另一个重要发展是强调信息共享和能力建设。GPOA强调需

53　GPOA, para. 14.

54　Ibid, para. 19. 另参见para. 23(b)。

55　参见2001 Montreal Declaration on the Protection of the Marine Environment from Land based Activities (Montreal Declaration), para. 9(d)。

56　GPOA, para. 22(b).

57　Ibid, para. 23(a). 另参见para. 23(f) and 28(f)。

58　Ibid, paras 23(i) and 24.

59　Williams and Davis (n15) 217.

要合作以确保获得关于陆上活动对海洋环境影响的最新信息。[60]在这方面，GPOA呼吁建立一个信息交换机制，以促进相关信息和经验的交流。[61]人们已经注意到，只有当各国具备使用现有信息的专业知识时，此类机制才能充分发挥价值。[62]为此，GPOA还强调了在发展中国家进行能力建设的必要性。[63]以及向发展中国家转让技术以处理这些污染源。[64]这两项要求虽然采用劝诫性措辞，但反映了《海洋法公约》中的一般义务。[65]然而，在实践中，由于缺乏资源，信息交换机制的建立受到了阻碍，[66]这强调了此类法律规则必须与政治承诺和财政支持相匹配。

应对陆地海洋污染源的资金影响是GPOA填补《蒙特利尔准则》空白的另一种方式。GPOA承认调动财政资源是解决陆源海洋污染"不可或缺的基础"。[67]这一规定部分反映在呼吁各国在本国预算中优先考虑这一问题上。[68]同时，起草者承认需要从国际发展援助中获得"新的和额外的资金来源"，以帮助发展中国家根据GPOA采取行动。[69]附件B为需要援助的国家提供了外部资金来源的说明性清单，它还呼吁国际金融机构和双边捐助者适当优先援助旨在实施《海洋法公约》的项目。[70]特别强调全球环境基金（Global Environment Facility，GEF）在支持全球行动计划的实施方面的潜在作用。[71]该基金成立于1992年，是一个支持环境保护行动的独立金融机构。[72]全球环境基金制订国际水域计划（International Waters Scheme），部分原因就是为响应GPOA。根据该计划，基金为与减少海岸和大型海洋生态系统污染等相关

72

60　GPOA, para. 41.

61　Ibid, para. 40(b). 另参见 UNGA Resolution 51/189 (1996) para. 8。

62　Williams and Davis (n15) 216.

63　GPOA, para. 40(a); 另参见 2006 Beijing Declaration on Furthering the Implementation of the Global Programme of Action, para. 18。

64　Ibid.

65　UNCLOS, Articles 200 and 202.

66　UNEP, Policy Guidance from Implementing the Global Programme of Action for the Protection of the Marine Environment from Land-based Activities over the Period 2012–2016, Document UNEP/GPA/IGR.3/3 (2011) para. 19.

67　GPOA, para. 50.

68　Ibid, para. 51.

69　Ibid.

70　GPOA, para. 62.

71　Ibid, paras 69–71.

72　参见 GEF, "About Us": <https://www.thegef.org/about–us>。

的项目提供财政援助。[73]

　　GPOA的制定并不是孤立的行为，各国已经建立了一个程序，通过定期审查会议来监督其实施。2001年各国对GPOA进行了第一次政府间审查。当时，各国通过了《蒙特利尔宣言》，在其中各国对GPOA的实施缺乏进展表示关切，并再次强调需要"新的和额外的财政资源来加速GPOA的实施"。[74]随后各国在2006年[75]和2012年[76]也进行了审查。在最新的审查中，营养物管理、[77]海洋垃圾[78]和废水[79]被列为三个需要特别关注的问题。为了确保对这些主题的持续关注，各国已经建立了三个全球伙伴关系，以期将相关国际组织、政府和非政府行为体聚集在一起，共同采取实际行动来实施GPOA。[80]作为GPOA的牵头协调人，[81]联合国环境规划署支持这些举措，旨在加强在GPOA框架内的关键问题上的进一步合作。

　　与此同时，五年一次的审查也很重要，参与该制度的行为体敦促设立一个主席团，以保持政治承诺，并在全球会议的间隙对这一进程进行监督。[82]此外，有人指出，目前很难审查执行情况，因为政府没有被正式要求报告进

73　参见GEF, 'International Waters Strategy': <https://www.thegef.org/topics/internationalwaters>。相关案例研究，参见GEF, *Catalysing Ocean Finance*, Vol. II (2012)。

74　Montreal Declaration, para. 7.

75　参见*Report of the Second Session of the Intergovernmental Review Meeting on the Implementation of the Global Programme of Action for the Protection of the Marine Environment from Land-based Activities*, Document UNEP/GPA/IGR.2/7 (2006)。

76　*Report of the Third Session of the Intergovernmental Review Meeting on the Implementation of the Global Programme of Action for the Protection of the Marine Environment from Land-based Activities, Document UNEP/GPA/IGR.3/6 (2012).* 下一份报告预计于2017年上半年发布。

77　参见2012 Manila Declaration on Furthering Implementation of the Global Programme of Action for the Protection of the Marine Environment from Land-based Activities (Manila Declaration), para. 3(c)(i)–(ii)。

78　Ibid, para. 3(c)(iii)；另参见the Honolulu Strategy：<http://wedocs.unep.org/bitstream/handle/20.500.11822/10670/Honolulu%20strategy.pdf?sequence=1&isAllowed=y>。

79　Manila Declaration, para. 3(c)(iv)

80　UNEP (n66) paras 32–34.

81　GPOA, paras 74–76；参见UNGA Resolution 51/189 (1996)。至2007年，UNEP通过联合国海洋网络工作小组协调了应对陆源污染的国际努力的实施工作，参见<http://www.unoceans.org/task-forces/en/>。

82　UNEP (n66), para. 35.

73　展，[83]并且审查的参与情况参差不齐。[84]

很明显，与《蒙特利尔准则》相比，GPOA是向前迈出的重要一步，尽管它仍然存在弱点。然而，在评估GPOA时，重要的是要记住，它并非旨在提供在国际层面解决陆源海洋污染问题的唯一手段。相反，它的作用是提供一个总体框架并指导其他层面的行动。因此，必须结合全球和区域层面的其他发展来看待它。

4.3.3　关于陆源海洋污染的其他全球文书

虽然GPOA本身并不寻求为防止陆地活动造成的海洋污染规定具有约束力的国际义务，但它确实承认"需要国际规则以及建议的做法和程序，以促进GPOA的目标实现"。[85]在这方面值得一提的是由联合国环境署牵头的两项特别举措，它们涉及已被确定对海洋生物和生态系统构成严重威胁的物质，因为这些物质具有毒性和在暴露于此类物质的生物体组织中积聚的潜力。这些举措与对持久性有机污染物（POPs）和汞的规制有关。

持久性有机污染物造成危害的证据已经存在多年，[86]许多国家政府已采取行动解决其境内持久性有机污染物的问题。然而，持久性有机污染物问题被认为需要协调一致的解决方案，因为它们在环境中的持久性以及它们可以长距离流动的事实，从而对所有国家的环境都构成威胁。2001年通过的《关于持久性有机污染物的斯德哥尔摩公约》（The Stockholm Convention on Persistent Organic Pollutants）规定了禁止、限制或减少公约附件所列某些化学品的生产和使用的义务。[87]该公约要求缔约方禁用众所周知的有害农药，如奥尔德林、狄氏剂、氯丹、滴滴涕、七氯、异狄氏剂和毒杀芬。它还涵盖工业污染物，例如六氯苯和多氯联苯（PCBs）。该公约提供技术和财政支持

83　DL VanderZwaag and A Powers, 'The Protection of the Marine Environment from Land-based Activities: Gauging the Tides of Global and Regional Governance' (2008) 23 *IJMCL* 423, 439.

84　98个国家参加了2001年在蒙特利尔举行的第一次审查。2006年，104个国家参加了在北京举行的第二次审查。然而，只有64个国家参加了2012年在马尼拉举行的第三次审查。

85　GPOA, para. 77(g).

86　参见环境保护方面的开创性著作 R Carson, *Silent Spring* (Houghton Mifflin 1962)。关于该著作的影响，参见 CM Jameson, *Silent Spring Revisited* (Bloomsbury 2012)。

87　参见2001 Stockholm Convention on Persistent Organic Pollutants (POPs Convention) (EIF 17 May 2004)。

以协助发展中国家履行其义务。[88]事实上，《关于持久性有机污染物的斯德哥尔摩公约》在吸引各国参与方面取得了令人难以置信的成功，目前已有179个缔约方。

74

值得注意的是，该公约还允许灵活性的存在，缔约方可以根据条约附件中规定的详细计划对个别持久性有机污染物的特定用途作出保留（豁免）。允许的例外情况因所涉化学品而异，[89]并被记录在公约秘书处保存的登记册中。这种灵活性也受到限制，因为特定豁免仅持续五年，除非缔约方会议同意延期。[90]实际上，在审查第一组豁免时，没有要求延期，[91]这意味着该机制为缔约方提供额外的时间来遵守公约的要求，而不是提供永久退出的理由。缔约方会议在监督和促进公约实施方面的另一个重要作用是考查和推荐替代做法，以便缔约方更容易地遵守条约规定。

《关于持久性有机污染物的斯德哥尔摩公约》的涉及范围自其生效以来也有所扩大，因为缔约方通过修正程序将新物质添加到了附件中。[92]为就清单增补问题向缔约方会议提供咨询意见而设立的委员会被指示应采取预防性方法，以便在"缺乏充分的科学确定性的情况下不妨碍提案的进行"，[93]缔约方会议本身也应以"预防性的态度"做出决定。[94]然而，尽管如此强调预防方法，但对附件的增补需缔约方会议做出积极决定，因此，决定具有政治性。在程序方面，一些评论者得出结论，认为《关于持久性有机污染物的斯德哥尔摩公约》在采取预防性方法方面是"薄弱"的。[95]此外，尽管该公约通过默认接受程序促进了修正案的快速生效，但许多缔约方保留了要求积极

88　POPs Convention, Articles 12 and 13.

89　PL Lallas, 'The Stockholm Convention on Persistent Organic Pollutants' (2001) 95 *AJIL* 692, 699.

90　POPs Convention, Article 4(6). 另参见COP Decision SC-1/24 (2005); COP Decision SC-2/3 (2006); COP Decision SC-3/3 (2007).

91　参见Report of the Fourth Meeting of the Conference of the Parties to the Stockholm Convention, Document UNEP/POPS/COP.4/38 (2008) para. 33. 另参见COP Decision SC-4: 3 (2008).

92　2009年新增了9个持久性有机污染物，2011年增加了1个，2013年又增加了1个。

93　POPs Convention, Article 8(7)(a).

94　Ibid, Article 8(9).

95　DL VanderZwaag, 'The Precautionary Approach and the International Control of Toxic Chemicals: Beacon of Hop, Sea of Confusion and Dilution' (2013) 33 *HJIL* 605, 618.

接受附件修正案的权利，[96]这说明此公约对这些化学品的监管具有明确的敏感性，并且各国希望对有关的禁用决定保持最大可能的控制。

2013年通过的《关于汞的水俣公约》（Minamata Convention）生效后，将遵循与上述类似的模式，以处理另一种剧毒物质——汞。人们普遍认为，汞中毒会对生物体造成严重的毒性影响，甚至导致死亡。工业径流中所含甲基汞的释放导致日本水俣当地居民普遍中毒，这是有记录以来最臭名昭著的污染事件之一，2013年的公约以这个城市命名很贴切。该公约旨在控制汞和添加汞的产品及汞化合物的生产、贸易和使用。[97]它通过规定缔约方应采取的某些措施以及提供资金机制和技术援助来实现这一目标。[98]该公约还允许缔约方作出保留，但保留期限比《关于持久性有机污染物的斯德哥尔摩公约》的期限更有限。[99]

这两项文书都涉及可以长距离流动从而构成全球威胁的物质。大多数进入海洋环境的物质不属于这一类，它们只是因为被大量排放而有害。因此，这类物质需要不同的监管方法，各国选择在区域层面解决这些问题。

4.4　陆源海洋污染源区域合作

4.4.1　区域合作的形式

陆源海洋污染引起的问题因地而异，各国解决此类问题的能力也不同，解决这一问题的区域办法可以保证确定适当的优先事项，以应对最紧迫的特定问题领域，也与各国可用的财政和技术资源相适应。《海洋法公约》本身明确呼吁制定考虑"区域性"的陆源海洋污染规则。[100]同样，GPOA承认区域方法的重要性，并呼吁改善和加强区域海洋计划，因为它们本身就"作为

96　POPs Convention, Article 25(4). 参见阿根廷、澳大利亚、巴林、孟加拉国、博茨瓦纳、加拿大、中国、爱沙尼亚、危地马拉、印度、韩国、毛里求斯、密克罗尼西亚、摩尔多瓦、俄罗斯、斯洛文尼亚、西班牙、瓦努阿图，以及委内瑞拉等国的声明。

97　参见 2013 Minamata Convention on Mercury (Minamata Convention) (尚未生效)。

98　Minamata Convention, Articles 13 and 14.

99　Ibid, Article 6(6). 参见 HH Eriksen and FX Perrez, 'The Minimata Convention: A Comprehensive Response to a Global Problem' (2014) 23 *RECIEL* 195, 206。

100　UNCLOS, Article 207(4).

推进［GPOA］实施的有效机制而发挥作用……"。[101]

欧洲最初于20世纪70年代中期开始在监管陆上活动方面开展区域合作。1974年北海区域国家在巴黎缔结的《防止陆源物质污染海洋公约》是有关该主题的首批条约之一，[102] 约在同一时间，波罗的海[103]和地中海的区域性条约相继颁布，[104]两者都含有关于陆源海洋污染的规定。此类区域举措很快扩展到其他区域，这主要归功于联合国环境规划署的区域海洋方案。[105]

鉴于陆源污染对海洋环境的重大影响，这一议题在大多数区域安排中得到广泛关注。所有区域性海洋条约都包含关于防止、减少或控制陆源海洋污染的一般规定。在这方面，《科威特公约》（Kuwait Regional Convention for Cooperation on the Protection of the Marine Environment from Pollution）最为典型，它要求"缔约国应采取一切适当措施，防止、减轻和打击从陆地排放到海区所造成的污染，无论是从水上、空中还是直接从海岸排入，包括排污口和管道"。[106]在这种情况下的确切用词因地区而异。因此，《赫尔辛基公约》似乎更严格地提到需要采取措施"防止和消除对波罗的海的陆源污染"。[107]尽管这些规定没有在短期内改变各国仍然可以容忍某些污染的事实，但这种用词选择可能表明其雄心勃勃的长期目标。总的来说，这些区域条约中的一般条款似乎无非是确认了《海洋法公约》所载的勤勉义务，即采取措施解决陆源海洋污染问题。

这些一般条约规定通常伴随着区域行动计划，旨在确定更具体的行动和应该采取的应对该地区污染问题的战略。此类行动计划为区域合作提供了基础，但由于它们不具有约束力，而且往往措辞非常宽泛，因此仅体现出最低限度的承诺。尽管如此，区域行动计划的实施仍由有关国家的定期会议监

76

---

101 Manila Declaration, para. 6.

102 参见1974 Paris Convention for the Prevention of Marine Pollution from Land-based Sources (with annexes) (EIF 6 May 1978。

103 参见1974 Helsinki Convention on the Protection of the Marine Environment of the Baltic Sea Area (with annexes and appendices) (1974 Helsinki Convention) (EIF 3 May 1980)。

104 参见1980 Protocol for the Protection of the Mediterranean Sea against Pollution from Land-based Sources (with annexes) (EIF 17 June 1983)。

105 参见第2章。

106 参见1978 Kuwait Regional Convention for Cooperation on the Protection of the Marine Environment from Pollution (Kuwait Convention) (EIF 1 July 1979), Article VI。

107 Helsinki Convention, Article 6(1). 另参见OSPAR Convention, Article 3。

督，因此，它们提供了一种审查各国采取的打击陆源海洋污染行动的手段。

一些区域海洋安排还通过了具有法律约束力的规则，这些规则更加具体，以附件或议定书的形式防止、减少和控制陆源海洋污染。在本书撰写之时，此类文书已存在于东北大西洋、[108]波罗的海、[109]地中海、[110]黑海、[111]加勒比海、[112]西非水域、[113]西印度洋、[114]波斯湾、[115]东南太平洋、[116]红海[117]和里海。[118]这些文书阐明了采取行动的更坚定承诺，并通过颁布更具体的规则和标准为防止、减少和控制——有时甚至消除——来自陆源的海洋污染提供了额外的监管层次。然而，这些规则和标准的内容因地区而异，下一节将分析各区域所采用的不同方法和类型的法律工具。

4.4.2　陆源海洋污染区域规则和标准

4.4.2.1　对物质和排放许可的管制

许多旨在规制陆源海洋污染的区域文书所采取的基本方法是列出特定

108　参见 1992 Convention for the Protection of the Marine Environment in the North-East Atlantic (OSPAR Convention)，(EIF 25 March 1998)，Article III and Annex I。

109　参见 1992 Helsinki Convention on the Protection of the Marine Environment of the Baltic Sea Area (1992 Helsinki Convention) (EIF 17 January 2000)，Articles 5–6 and Annexes I，II，and III。

110　参见 1980 Athens Protocol for the Protection of the Mediterranean Sea against Pollution from Land-Based Sources，as amended by 1996 Syracuse Protocol for the Protection of the Mediterranean Sea against Pollution from Land-Based Sources and Activities (Syracuse Protocol) (EIF 11 May 2008)。

111　参见 2009 Protocol on the Protection of the Marine Environment of the Black Sea from Land-Based Sources and Activities (Black Sea Protocol) (尚未生效)。

112　参见 1999 Protocol Concerning Pollution from Land-Based Sources and Activities to the Convention for the Protection and Development of the Marine Environment of the Wider Caribbean Region (Wider Caribbean Protocol) (EIF 13 August 2010)。

113　参见 2012 Additional Protocol to the Abidjan Convention Concerning Cooperation in the Protection and Development of Marine and Coastal Environment from Land-Based Sources and Activities in the Western，Central and Southern African Region (Abidjan Protocol) (尚未生效)。

114　参见 2010 Nairobi Protocol for the Protection of the Marine and Coastal Environment of the Western Indian Ocean from Land-Based Sources and Activities (Nairobi Protocol) (尚未生效)。

115　参见 1990 Kuwait Protocol for the Protection of the Marine Environment against Pollution from Land-based Sources (Kuwait Protocol) (EIF 1 February 1993)。

116　参见 1983 Quito Protocol on the Protection of the South-East Pacific against Pollution Resulting from Land-based Sources (Quito Protocol) (EIF 23 September 1986)。

117　参见 2005 Jeddah Protocol Concerning the Protection of the Marine Environment from Land-Based Activities in the Red Sea and Gulf of Aden (Jeddah Protocol) (尚未生效)。

118　参见 2012 Moscow Protocol for the Protection of the Caspian Sea against Pollution from Land-based Sources and Activities (Moscow Protocol) (尚未生效)。

物质，由于它们的毒性、持久性或生物累积特性，应对其进行管制。1974年《巴黎公约》和1974年《赫尔辛基公约》都列出了缔约方将逐步消除或限制进入海洋环境的物质。[119]这种方法在取代这些早期文书的后续条约中得到了保留，[120]并且得到此后大多数其他区域性议定书的遵循。[121]例如，《保护地中海免受陆源污染议定书的锡拉丘兹议定书》(Syracuse Protocol for the Protection of the Mediterranean Sea against Pollution from Land-Based Sources and Activities)包含一项"消除陆源和陆上活动造成的污染，特别是逐步淘汰附件一所列有毒、持久性和易于生物累积等物质的输入"的规定。[122]因此，必须控制的确切物质因区域而异，而清单制度意味着可以通过修改条约添加其他物质。

根据这些文书，任何确定发生的排放通常需要相关国家根据缔约方批准的标准和准则颁发特别许可证。[123]一些条约要求各国就点源和扩散污染源制定具体的环境质量标准或目标。[124]这些文书采取的方法仍然允许缔约国在许可排放方面具有一定的灵活性，但力求确保对海洋环境的总体危害被最小化，还可能要求各国通过建立检查体系来确保遵守法规。[125]此类措施显然是任何规管制度的重要组成部分，以确保规则在实践中得到遵守。

里约峰会以来通过的大多数区域海洋条约在处理陆上海洋污染源时也明确提到了预防性方法。《黑海议定书》在这方面的规定具有典型性：

> 缔约方应特别适用预防原则，根据该原则，在对环境或公众健康存在严重或不可逆转损害的威胁时，不得以缺乏充分的科学确定性为理由

---

119 OSPAR Convention, Article 4; Helsinki Convention, Articles 5 and 6(2).

120 参见1992 Helsinki Convention, Article 5 and Annex I; 1992 OSPAR Convention, Annex I, Article I and Appendix 2。

121 对这方面发展的讨论，参见M Pallemaerts, 'The North Sea and Baltic Sea Land-Based Sources Regimes: Reducing Toxics or Rehashing Rhetoric?' (1998) 13 *IJMCL* 421, 438–440。

122 Syracuse Protocol, Article 5.

123 OSPAR Convention, Article 4(2); 1992 Helsinki Convention, Article 6(3); Syracuse Protocol, Article 6(1); Black Sea Protocol, Article 7(3).

124 例如Abidjan Protocol, Articles 7(3), 8(1), and Annex III。

125 Syracuse Protocol, Article 6(2); Black Sea Protocol, Article 7(4). 后一项文书明确规定，各国可寻求黑海委员会的协助，以制订视察或监测方案，其中包括对人员进行特别培训。

推迟采取具有成本效益的措施来防止此类损害。[126]

然而，就防止或控制陆源海洋污染方面而言，这些条约并没有在行动上贯彻预防性原则，而是由各国单独或集体做出选择，决定何时可以采取预防性行动。在考虑是否授权排放受控物质时，这一原则尤其重要，但它并没有要求申请人必须在被授权之前证明不会造成伤害。在这方面，它代表了一种较温和的预防性方法。

4.4.2.2 最佳可行技术和最佳环境实践

一些更现代的条约规定缔约方有义务在处理陆源海洋污染时采用"最佳可行技术"（best available techniques，以下简称"BAT"）和"最佳环境实践"[127]（best environmental practices，以下简称"BEP"）。[128] 这些标准似乎超过了先前区域海洋框架条约中规定的采取"适当"措施的要求。《保护东北大西洋海洋环境公约》将BAT定义为"处于最新发展阶段的（工艺）设施、设备或者操作方法以表明一项限制排放废气、废物的特定措施的实用性"，[129] 而BEP的意思是"环境控制措施和战略最恰当的组合的应用"。[130] 在其他条约中也有类似的定义。[131] 这两个概念都是动态发展的，随着技术本身的发展，这些要求会随着时间的推移而演变。在治理污染方面变得更为精细而有效。[132]

值得一提的是，"确保适用BAT和BEP"的义务被认为是一种结果义务，[133] 这意味着一个国家如未能将此类规则适用于相关行为体，可以通过法律程序强制执行。法院和仲裁庭也可以发挥重要作用，以确定在发生争议的特定情况下，什么可以被认为是最佳技术或做法。例如，在乌拉圭纸浆厂案

---

126 Black Sea Protocol, Article 4(2)(a). 另参见 Nairobi Protocol, Article 4(2)(a)；Abidjan Protocol, Article 5(2)；Moscow Protocol, Article 4(2)(a)。

127 OSPAR Convention, Annex I, Article 1(1).

128 参见 Moscow Protocol, Article 7 (pollution from point sources) and 8 (pollution from diffuse sources)。一些区域已经在非约束性文书中参考了这些概念；参见 1988 Declaration on the Protection of the Marine Environment of the Baltic Sea Area。

129 OSPAR Convention, Appendix I, para. 2.

130 Ibid, para. 6.

131 参见 1992 Helsinki Convention, Article 6(1)；Syracuse Protocol, Article 5(4)。

132 OSPAR Convention, Appendix I, paras 3 and 8.

133 *Dispute concerning Access to Information under Article 9 of the OSPAR Convention* (2003) para. 131.

中，阿根廷声称乌拉圭没有履行其达到BAT标准的义务，没有在污水排放到乌拉圭河之前对其进行三级处理。国际法院认为，哪些条件构成最佳可行技术是一个客观的问题，并受司法解释的约束。随后，法院通过参考制浆造纸行业的行业标准和实践来确定BAT的内容，最终发现在相关设施中采用的技术是符合这些标准的。[134]此外，新加坡也在柔佛海峡案中指控了未采用BEP的情况，[135]尽管争议在法庭就案情作出决定之前就已解决。这些案例都表明，法院和法庭在实践中可以在确定BAT和BEP的内容方面发挥作用。

BAT和BEP不仅出现在发达国家通过的条约中，而且在最近主要由发展中国家组成的区域所谈判的文书中也被采用。《内罗毕公约》（Nairobi Convention）缔约方通过的2010年《陆源污染议定书》和《阿比让公约》（Abidjan Convention）缔约方通过的2012年《陆源污染议定书》均参考了BAT和BEP。[136]然而，重要的是要注意这些适用于一些地球上最贫穷的国家的文书明确承认BAT和BEP受经济和社会因素的影响。[137]因此，这些区域国家的预期标准可能低于其他地方。1999年通过的《加勒比陆地污染源议定书》（The Caribbean Protocol on Land-based Sources）完全避免使用BAT和BEP的用语，而是更倾向于提及"最合适的技术"（most appropriate technology），即"目前可用的最佳技术、实践或操作方法"，防止、减少或控制适用于一个或多个缔约方的社会、经济、技术、体制、财政、文化和环境条件等的公约所涉区域的污染。[138]该定义似乎给出了缔约方在决定采取何种措施时有更大的回旋余地，但它仍然设定了必须达到的最低标准。

4.4.2.3　基于区域的措施

区域条约使用的另一种技术是要求采取基于区域的措施来防止、减少和控制陆源海洋污染。这些措施，无论是因为一个地区的污染负荷巨大，还是因为一个地区的敏感特性，均是一种集中资源以解决特别严重的问题的方式。

134　*Pulp Mills on the River Uruguay Case* (2010) para. 224.

135　*Land Reclamation in the Johor Straits (Provisional Measures)* (2003) para. 89.

136　Abidjan Protocol, Article 5；Nairobi Protocol, Articles 7(1), 8(2), and 11.

137　例如 Abidjan Protocol, Annex I, paras A.2(c) and B.3。

138　Abidjan Protocol, Article I(e). 另参见 Article III(1)，其要求各国采取适当措施，"为此目的，根据其能力，利用其掌握的最佳可行手段"。

一些区域制度要求缔约方采用所谓的污染热点清单。作为1992年波罗的海联合综合环境行动计划的一部分，该技术由波罗的海国家首创，赫尔辛基委员会报告称，截至2016年12月，区域名单上的162个热点中的118个已得到解决。[139]这一承诺已被置于其他区域制度的法律基础上，《莫斯科议定书》（Moscow Protocol）就是一个很好的例子。[140]该文书将热点定义为"受到过度污染的有限和可界定的陆地区域、地表水体或特定含水层，必须予以优先关注，以防止或减少对人类健康、生态系统或具有经济重要性的自然资源和便利设施的实际或潜在影响"，[141]并且要求缔约方通过并实施一项附有时间表的国家行动计划，以大幅减轻已列入区域清单的热点地区的污染负荷。还要求各国对清单进行审查，并酌情每两年修订一次。

另一种基于区域的措施要求各国采取措施保护可能特别容易受到陆上活动影响的地区。因此，《吉达议定书》（Jeddah Protocol）第9条明确承认陆上活动对包括珊瑚礁和红树林在内的沿海栖息地构成的威胁，并适当地规定缔约方有义务"鼓励保护环境敏感的海洋区域"。[142]《莫斯科议定书》还包括一项创新性的义务，即"采取特殊措施防止陆上污染和可能对鲟鱼、里海鲑鱼和其他有价值物种的自然产卵地有害的活动"。[143]术语"有价值"含糊不清，但它应该对应有关保护海洋生物多样性的规则来加以解释，包括随后通过的2014年《阿什哈德生物多样性保护议定书》（2014 Ashgabat Protocol for the Conservation of Biological Diversity），据此各国联合编制了一份需要保护的物种清单。事实上，后一项文书规定了一项独立的义务，即"监管对受保护物种及其栖息地产生不利影响的活动"。[144]如果一个地区根据议定书被指定为特别保护区，各国可能有义务采取更强有力的措施，包括禁止排放任何物质，以及管制或禁止可能直接或间接损害根据议定书指定的特别保护区的

---

139 参见 HELCOM Hot Spots: < http://www.helcom.fi/action-areas/industrial-municipalreleases/helcom-hot-spots>。

140 Moscow Protocol, Article 7(2). 另参见 Abidjan Protocol, Article 7(4); Black Sea Protocol, Article 7(2); Nairobi Protocol, Article 4(2)(d)。

141 Moscow Protocol, Article 2(f).

142 Jeddah Protocol, Article 9(3).

143 Moscow Protocol, Article 2(f).

144 参见 2014 Protocol for the Conservation of Biological Diversity to the Framework Convention for the Protection of the Marine Environment of the Caspian Sea (Ashgabat Protocol) (尚未生效), Article 6(b)。

完整性或自然或文化特征的任何其他活动。[145]陆上来源议定书与生物多样性保护议定书之间的这种相互关系只是一般性地参考该地区通过的其他环境规则，解释和适用有关规范陆上活动的区域规则。[146]总的来说，如果一个物种或栖息地已经被指定为需要额外保护，就可以说相关国家需要履行更高水平的勤勉义务。

4.4.3 逐步制定打击陆源海洋污染的区域性措施

大多数处理陆上海洋污染源的区域条约都设想缔约方将逐步商定联合方案和措施以履行其条约承诺。[147]后续措施的制定意味着区域文书下的规制框架变得动态化，行动方案可随着时间的推移得到加强，以适应科学知识和技术的发展变化。这些措施的法律地位将取决于条约授予的权力。大多数区域海洋机构只能通过不具约束力的建议书。[148]即使区域有可能通过具有法律约束力的决定，[149]各国往往选择以建议书和其他非约束性的形式采取措施和行动。[150]这可被部分解释为各国不愿放弃对其经济至关重要的活动的控制权，以及各国热衷于"在平衡环境保护措施与国内经济（包括工业和农业）的需要时为自己保留尽可能多的自由，因为工业和农业的活动产生了许多最有害的污染"。[151]同时，有人建议，如果获得一致通过，此类建议可能具有重要的政治权重。[152]由于它们支持条约制度的实施，"它们可能被视为阐明了缔约各方应如何遵守此类具有法律约束力的义务"。[153]换句话说，此类建议可以提供一些对各国在履行其勤勉义务时的行动的期望，即使各国没有义务遵守这些建议；遵守此类建议也将表明条约得到了适当执行。此外，即使是这些不具

82

---

145 Ashgabat Protocol, Articles 10(1)(a) and (g).

146 参见第3章。

147 OSPAR Convention，Article 4(2)–(3)；1992 Helsinki Convention，Article 6(2)–(5)；Syracuse Protocol，Article 5(2) and 15；Nairobi Protocol，Article 11(2).

148 参见1992 Helsinki Convention，Article 20(1)(b)。

149 OSPAR Convention，Article 13；Syracuse Protocol，Article 15.

150 《保护东北大西洋海洋环境公约》委员会就属于此类情况。

151 Boyle (n48) 26.

152 M Fitzmaurice, 'Enhanced Marine Environmental Protection：A Case Study of the Baltic Sea', in J Barrett and R Barnes (eds), *Law of the Sea: UNCLOS as a Living Treaty* (BIICL 2016) 311.

153 Ibid.

约束力的文书也可以通过缔约方的定期会议得到审查。[154]

对波罗的海的营养物质排放的规制提供了一个很好的案例，说明联合行动计划在减少和控制来自陆地活动的特定污染物方面可能发挥的作用。作为一个封闭的海域，波罗的海特别容易受到富营养化的影响，农业和工业的氮和磷排入是该地区这个问题的主要原因。[155]最初的1974年《赫尔辛基公约》呼吁采取措施解决营养排入问题，通过处理城市污水和减少工业废物的污染来处理营养排入。[156]然而，这些措施在条约的主体中被描述为"目标"，它们为各国在必须采取的行动方面留出了很大的余地。[157]1988年，在缔约方通过的第一个部长级宣言中，各国同意减少对波罗的海生态系统最有害的物质的排放，包括营养物质的排放，各国还暂时设定了到1995年减少50%排放的目标。[158]虽然没有约束力，但该宣言具有重要的政治意义，被描述为"启动合作的完美方式"。[159]大约在这个时候，缔约方也开始就修订《赫尔辛基公约》进行谈判，这促使缔约方在与城市污水和工业废物有关的条约文本中提出更严格的要求，[160]并引入了尽量减少农业排放的准则。[161]2001年缔约方审查了1988年宣言的执行情况，这促成了在应对富营养化方面的其他重要进展。2007年，波罗的海国家通过了一项临时营养物质削减计划，该计划由该区域内允许的最高营养物质排放水平以及按国家分配的削减目标组成。[162]这一计划得到了2013年《哥本哈根部长级宣言》（2013 Copenhagen Ministerial Declaration）的确认，该宣言还根据更新的信息修订了最高允许排放水平和单个国家的目标。然而，此宣言也承认，不止该区域的沿海国家需要对向波罗的海排放氮和磷负有责任，此宣言还强调，非缔约方需要通过其他国际文

83

154　参见 A Nollkaemper, 'The Distinction between Non-Legal and Legal Norms in International Affairs: An Analysis with Reference to International Policy for the Protection of the North Sea from Hazardous Substances' (1998) 13 *IJMCL* 355, 361。另参见下文关于遵约的讨论。

155　参见 HELCOM, *Eutrophication in the Baltic Sea*, Baltic Sea Environmental Proceedings No. 115B (2009)。

156　参见 1974 Helsinki Convention, Annex III。

157　参见 1974 Helsinki Convention, Article 6(6)。

158　参见 1988 Declaration on the Protection of the Marine Environment of the Baltic Sea Area。

159　Fitzmaurice (n152) 309.

160　参见 1992 Helsinki Convention, Annex III, Part I。

161　Ibid, Part II.

162　参见 Baltic Sea Action Plan。

书作出努力，处理污染物通过空气[163]或水道的远距离输送问题。这表明只在一个区域制度中采用生态系统方法来保护海洋环境是有困难的，也表明有必要与该区域以外的国家接触。

BEP 和 BAT 的概念也可以通过缔约方自己的决定来加以解释和发展，许多区域性海洋机构已经通过了一系列决定，以便为其法律承诺提供进一步的内容。例如，《保护东北大西洋海洋环境公约》委员会通过了数十项与东北大西洋陆源海洋污染源相关的计划和措施，要么针对特定物质，[164]要么针对某些行业或活动，[165]所有这些都可被认为是要表明有关国家将采用哪些做法和技术。同样，《赫尔辛基公约》缔约方确定了缔约方为实现该地区"良好环境状况"而应采取的一般行动，以及针对特定威胁的额外建议。[166]赫尔辛基委员会还通过了有关玻璃工业、[167]钢铁工业、[168]纸浆和造纸工业、[169]炼油厂、[170]硬煤炊具、[171]纺织工业[172]和化学工业、[173]城市源的污染[174]和农业[175]的减排的具体建议。这些决定在制定适用于陆源海洋污染的法律框架方面发挥了非

163　参见 the 1999 Gothenburg Protocol to Abate Acidification, Eutrophication and Ground Level Ozone of the UNECE Convention on Long-range Transboundary Air Pollution (EIF 17 May 2005)。

164　例如 PARCOM Recommendation 91/4 on Radioactive Discharges (1991); PARCOM Decision 95/1 on the Phasing Out of Short-Chained Chlorinated Paraffins (1995)。

165　例如 PARCOM Recommendation 88/2 on the Reduction in Inputs of Nutrients to the Paris Convention Area (1988); PARCOM Recommendation 88/4 on Nuclear Reprocessing Plants (1988); PAROM Decision 90/3 on Reducing Atmospheric Emissions from Existing Chlor-Alkali Plants (1990); PARCOM Recommendation 94/6 on Best Environmental Practice (BEP) for the Reduction of Inputs of Potentially Toxic Chemicals from Aquaculture Use (1994); PARCOM Recommendation 93/2 on Further Restrictions on the Discharge of Mercury from Dentistry (1993); OSPAR Recommendation 2003/4 on Controlling Dispersal of Mercury from Crematoria (2003) (Amended by OSPAR Recommendation 2006/2（2006）)。

166　参见 Baltic Sea Action Plan。

167　HELCOM Recommendation 14/3 (1993).

168　HELCOM Recommendation 24/4 (2003).

169　HELCOM Recommendation 16/4 (1995); HELCOM Recommendation 17/8 (1996); HELCOM Recommendation 17/9 (1996).

170　HELCOM Recommendation 23/8 (2002).

171　HELCOM Recommendation 23/9 (2002).

172　HELCOM Recommendation 23/12 (2002).

173　HELCOM Recommendation 23/10 (2002); HELCOM Recommendation 23/11 (2002); HELCOM Recommendation 17/6 (1996); HELCOM Recommendation 20/2 (1999); HELCOM Recommendation 23/6 (2003).

174　HELCOM Recommendation 13/2 (1992); HELCOM Recommendation 23/5 (2002).

175　HELCOM Recommendation 24/3 (2003).

常重要的作用，提供了有关步骤的实用指导。各国应采取这些做法，以履行其义务。

4.4.4　陆源海洋污染监管中的信息获取和公众参与

84　　与陆源海洋污染有关的区域制度的一个重大进展是制度越来越强调决策的透明度，以促进落实《里约宣言》的第10项原则。[176]大多数区域条约要求缔约国之间直接或通过向有关条约机构提交报告交流信息。[177]然而，更现代的区域海洋条约或议定书中的规定中常见的情况是要求各国向公众提供资料，说明海洋环境面临的风险以及为应对这些风险而采取的措施。这个问题与陆上活动有特别的联系，因为这类活动更有可能对近海地区造成污染，从而对可能直接或间接受到影响的当地居民造成更大的后果。

1992年《保护东北大西洋海洋环境公约》和1992年修订的《赫尔辛基公约》通过将公布除其他外有关海洋环境的状况、可能对海洋环境造成有害影响的活动和为防止或消除海洋环境污染而采取的措施的有关信息的规定列入条款，率先推动在管理可能影响海洋环境的活动方面提高透明度。[178]在罕见的根据《保护东北大西洋海洋环境公约》进行的仲裁中，仲裁庭认为，《保护东北大西洋海洋环境公约》第9条的相关规定确立了一项结果义务，意味着根据条约存在提供相关信息的可执行义务，而不是"仅根据国内制度获取信息以实现所需结果"的义务。[179]同时，仲裁庭还认为，知情权并非不受限制。在该仲裁案中，爱尔兰曾质疑英国没有披露有关计划在爱尔兰海沿岸建造的核物质处理厂运行的某些信息。然而，仲裁庭认为爱尔兰要求提供的信息不属于该义务的范围，这"不是一般的信息自由法规"，[180]而仅适用于公约规定类别的信息。仲裁庭认为，爱尔兰未能证明其所请求的信息（主要涉及计划措施的经济性）是关于海洋环境状况的信息或是关于可能对海域产

176　参见第1章。

177　例如 Antigua Convention, Article 11；Cartagena Convention, Article 22；Kuwait Convention, Article 23。

178　Helsinki Convention, Article 17；OSPAR Convention, Article 9.

179　*Dispute Concerning Access to Information under Article 9 of the OSPAR Convention* (2003) para. 137.

180　Ibid, para 170.

生不利影响的活动的信息。[181]这一决裁定表明了这一义务的有限性。事实上,即使信息确实属于义务范围,《保护东北大西洋海洋环境公约》和《赫尔辛基公约》也包含例外情况,允许以国家安全、商业机密或个人数据的保护为由保留信息,从而进一步缩小可根据这些规定访问的信息范围。

85

更近期的区域条约通常提到信息的获取,尽管这些义务从性质上看似乎履行标准较低,因为各国仅需要"向公众提供适当的信息获取途径",[182]"实施国家立法和法规,促进公众尽可能广泛地获取相关数据和信息",[183]"根据其国家立法""努力确保公众获取"信息,[184]或只是"在尽可能广泛的范围内加强、方便或促进公众尽可能广泛地获取相关信息"。[185]所有这些条款似乎更像是行为义务,而不是《保护东北大西洋海洋环境公约》以及《赫尔辛基公约》中的结果义务。

在促进公众参与决策方面,区域条约同样薄弱。《里约宣言》的原则10显然鼓励了这一点,但许多区域海洋条约根本没有提到这个问题。如果它们这样做了,那么其往往也是以一种限定性的方式进行规定。例如,《巴塞罗那公约》(Barcelona Convention)规定"缔约方应确保让公众有机会酌情参与与公约及其议定书的适用领域相关的决策过程",但它似乎给予各国很大的空间来决定什么是适当的。[186]《阿比让议定书》(Abidjan Protocol)中有一个更有力的表述,它规定:

> 每一缔约方应保证并鼓励当地社区和民间社会参与实施措施和作出重要决定的过程,以保护议定书区域的海洋和沿海环境免受陆源和活动造成的污染,并参与本议定书的实施。[187]

---

181 *Dispute Concerning Access to Information under Article 9 of the OSPAR Convention* (2003), para 179.

182 Barcelona Convention, Article 15(1).

183 Abidjan Protocol, Article 6(1).

184 Tehran Convention, Article 21(2).

185 Nairobi Protocol Article 15(1).

186 Barcelona Convention, Article 15(2).

187 Abidjan Protocol, Article 6(2). 该案文中对此体现并不突出,省略了《内罗毕议定书》第15条第4款中"保证"这种参与的要求。

即使在这种情况下，这一义务的确切效果也将取决于对"当地社区"、"民间社会"和"重要决定"等关键词语的解释。

显然，与涉及同一主题的更一般性的条约相比，在区域海洋条约的背景下，信息获取和公众参与规定均未见明显发展。该领域的主要条约是《奥胡斯公约》（Aarhus Convention），它提供了有关获取环境信息[188]和公众参与可能影响环境活动的决策的详细保证，[189]以及与环境有关的计划、政策、方案和法规的决策方面的有限义务。[190]该条约是在联合国欧洲经济委员会的影响下起草的，而其他国家[191]也可以在获得批准后加入。[192]实际上，从广义上讲，该条约目前的适用范围仅限于欧洲，这包括东北大西洋、波罗的海、地中海、黑海和里海的许多沿海国家，[193]并且对于这些地区的《奥胡斯公约》缔约国而言，该条约为获取信息和公众参与决策提供了额外的权利和义务来源，在保护海洋环境方面可以援引这些权利和义务。对于其他选择不加入的国家，《奥胡斯公约》仍可提供一个参考，可用于制定这些国家自己的有关获取信息和公众参与决策的区域规则。事实上，值得注意的是，一些法院和法庭在解释和适用其他条约下有关获取信息和公众参与的规则时已经考虑了《奥胡斯公约》，即使在针对非缔约国的案件中也是如此。[194]从这个角度来看，《奥胡斯公约》代表了国际环境法的一个重要趋势，未来可能会影响相关条约制度。

4.4.5　促进规则和标准的遵守

区域海洋机构不仅通过其决定和建议在制定法律框架方面发挥作用，而且还通过提供监督此类措施实施的体制框架来发挥作用。在基础层面上，缔约方定期会议为相关讨论提供了平台。此外，许多区域机构已经建立了与规则、标准和建议相关的更正式的报告义务和遵约机制。

188　参见 1998 Convention on Access to Information, Public Participation in Decision-Making and Access to Justice in Environmental Matters (Aarhus Convention) (EIF 30 October 2001), Article 4。

189　Aarhus Convention, Article 6。

190　Ibid, Articles 7–8.

191　若它们是联合国成员国。

192　Aarhus Convention, Article 19(3).

193　缔约国名单和地图参见 UNECE 网站: <https://www.unece.org/env/pp/ aarhus/map.html>。

194　参见 *Taskin v Turkey* (2006)。另参见 AE Boyle, 'Human Rights and the Environment: Where Next?' (2012) 23 *EJIL* 613, 624。

《保护东北大西洋海洋环境公约》可作为一个先例。根据该公约，缔约方应报告它们为实施《保护东北大西洋海洋环境公约》委员会通过的决定或建议而采取的措施。执行报告由委员会审查，委员会的任务是评估各个国家对公约的遵守情况，以及对根据公约通过的决定和建议的遵守情况。[195]如果发现问题，委员会可以采取进一步措施，协助缔约方遵约。[196]这一机制的重点似乎是促进遵约，但委员会似乎也可以就缔约国必须采取何种步骤"以实现全面遵约"作出决定。[197]这些决定将对有关国家具有约束力。[198]关于遵守规则的争议也可以被提交国际仲裁，[199]尽管如此，迄今为止只有一个关于获取信息的裁决案例。

另外，《巴塞罗那公约》的缔约方还建立了一个精心设计的遵约机制，以监督和促进公约、其议定书和相关建议的实施。[200]在该机制下，一个独立的遵约委员会由科学、技术、社会经济或法律领域的专家组成，其负责考虑个别缔约方实际或潜在不遵约的具体情况。委员会可向缔约方提供有关如何使其遵约的建议，并可要求缔约方制订行动计划，以在委员会与有关缔约方商定的时间范围内实现遵约。或者，委员会可以向缔约方会议提出建议，缔约方会议可以决定"实现完全遵约的适当措施"。[201]

预计其他法律文书也将采用类似的遵约机制。[202]在许多情况下，重点是"具有协商性质的非对抗性和非司法程序，以确保遵守议定书的规定"，[203]这再一次强调了陆源海洋污染的敏感性。尽管如此，监测该领域合规性的价值仍然是存在的，因为它是一个迭代过程，在该过程中确定要处理的领域，获取和吸收新的或改进的数据以满足确定的需求，开展能力建设，或就实现遵

87

195　OSPAR Convention, Article 23(a).

196　Ibid, Article 23(b).

197　Ibid.

198　OSPAR Convention, Article 13(2).

199　Ibid, Article 32.

200　Decision IG 17/2: Procedures and Mechanisms on Compliance under the Barcelona Convention and Its Protocols (2008). 另参见 Decision IG 21/1 (2013)。

201　Ibid, para. 33. 另参见 para. 34。

202　Abidjan Protocol, Article 10(1); Nairobi Protocol, Article 12(3).

203　Black Sea Protocol, Article 17.

约所需的条件提供进一步的指导。[204]如果要在实现目标方面取得进展，这种定期反馈可以说是至关重要的，无论其是否具有法律约束力。因此，建立清晰透明的审查机制应成为所有区域海洋机构的优先事项。

4.4.6　GPOA和区域进程间的互动

虽然区域海洋机构已率先制定了适用于陆源海洋污染的更详细的规则和标准，但它们并没有脱离本章开头所述的全球法律框架而独自发挥作用。相反，区域文书发挥了所谓"重要的转化功能，利用全球经验和通用最佳实践/技术来确定哪些方法在该地区有效及其原因"。[205]

GPOA的关键作用之一是提供一个总体框架，通过该框架鼓励根据一套共同的目标和原则在国家和区域层面采取进一步行动。[206]GPOA是唯一的政府间陆源海洋污染相关进程，因此对于保持必要的势头以确保这种形式的海洋污染继续得到国际社会的适当关注是必不可少的。在实践中，区域受到了全球政策框架发展的影响，以防止和减少陆源海洋污染。这种相互关系在一些区域文书中是明确的。因此，许多较新的区域条约都明确提到GPOA，不论在其序言中，[207]还是在其条款中，均明确要求缔约国在制订方案或行动纲领时要考虑GPOA。[208]然而，即使那些没有明确提及GPOA的区域条约也通过其建议和决策明确回应了这一全球倡议。

海洋垃圾的例子说明了GPOA与区域制度之间的相互关系。海洋垃圾从陆源进入海洋环境有多种途径，这使其成为监管方面的一项特殊挑战。2005年通过的《吉达议定书》是唯一对海洋垃圾有明确条约规定的区域条约。该条约第7条规定：

204　E Kirk, 'Noncompliance and the Development of Regimes Addressing Marine Pollution from Land-based Activities' (2008) 39 *ODIL* 235–256, 246.

205　LA Kimball, 'An International Regime for Managing Land-based Activities that Degrade Marine and Coastal Environments' (1995) 29 *O&CM* 187, 201.

206　TA Mensah, 'The International Legal Regime for the Protection and Preservation of the Marine Environment from Land-based Sources of Pollution', in AE Boyle and D Freestone (eds), *International Law and Sustainable Development* (OUP 1999) 310–311.

207　参见 Wider Caribbean Protocol, preamble; Abidjan Protocol, preamble。

208　参见 Black Sea Protocol, Article 5(1)(a); Jeddah Protocol, Article 19(1)(a); Syracuse Protocol, Annex I; Moscow Protocol, Article 5(2)(a)。

除了 GPOA 之外，在沿海地区倾倒废物或海洋垃圾应被纳入考虑，以避免对海洋生物造成风险……因此，缔约方承诺如下：

1. 采取一切适当的行动，通过防止或减少固体废物的产生，并通过加强废物处理，包括收集和回收利用的方法以及最终处置，尽可能最大限度地消除进入海洋和沿海环境的固体废物和垃圾；

2. 相互合作并与国际组织合作，交流有关固体废物管理、回收、再利用和清洁生产过程的做法和经验的信息。

该规定的确切目的是实现 GPOA 在全球范围内设定的目标。由此，这些不具约束力的全球政策目标将转化为一种法律承诺。尽管这种承诺很弱，也有赖于有关国家之间的进一步合作。

即使在没有明确规定的情况下，其他区域海洋条约机构也对 GPOA 框架所追求的全球海洋垃圾倡议做出了回应。《保护东北大西洋海洋环境公约》委员会和赫尔辛基委员会最近通过了打击海洋垃圾的区域行动计划，两者都明确提到了 GPOA 或海洋垃圾全球伙伴关系。[209]《巴塞罗那公约》的缔约方也通过了《地中海区域海洋垃圾管理区域计划》，[210] 类似活动也正在其他区域进行。[211] 这个例子展示了全球倡议如何向下延伸到区域层面。

GPOA 的另一个关键特征是它创建了一个进程，通过该进程，区域外的行为体可以监测和鼓励区域和国家行动。虽然 GPOA 不能将其目标强加给个别区域或国家，但它确实为国际社会审查陆源海洋污染相关的地区活动提供了重要机会。参与这一进程的不仅是其他国家，还有金融机构、联合国专门机构、多边环境协定和河流委员会。[212] 这些行为体的参与很重要，因为他们可以支持各区域采取措施应对其本身可能无法应对的严重威胁。同时，这种

89

209　Regional Action Plan for Prevention and Management of Marine Litter in the North-East Atlantic, OSPAR Agreement 2014–1 (2014); HELCOM Recommendation 36/1 (2015).

210　Regional Plan on Marine Litter Management in the Mediterranean in the Framework of Article 15 of the Land Based Sources Protocol, Decision IG.21/7 (2013).

211　参见 Regional Action Plan on Marine Litter Management for the Wider Caribbean Region (2014); Northwest Pacific Regional Action Plan on Marine Litter (2007)。另参见 UNEP, *Marine Litter: A Global Challenge*(2009)。第二次联合国环境大会鼓励所有区域合作建立这样的行动计划；UNEP Environmental Assembly, Resolution 2/11 (2016) para. 4。

212　参见 Birnie, Boyle, and Redgwell (n35) 464。

支持的前提条件是各区域接受GPOA所提供的行动框架。

4.5 结论

由于陆源海洋污染所涉经济部门的大范围和多样性，以及其中涵盖的可能对海洋生态系统造成损害的物质的范围很广，陆源海洋污染不仅是对海洋最严重的压力源之一，还是较难管制的源头之一。本章力求阐释这一领域规制的主要依据以及各国所作承诺的性质。

毫无疑问，区域海洋机构在应对陆源海洋污染威胁方面发挥了最重要的作用。由于世界不同地区面临不同的挑战，以及应对这些挑战的能力不同，区域主义在这种情况下是合适的。考虑到经济和生态因素，区域主义允许对陆上污染来源的规制做出灵活的反应。因此，不同区域处理陆上海洋污染源的方式和细节各不相同也就不足为奇了。

对陆上污染源的规制依赖于有约束力和无约束力的文书的结合。正是在那些以区域海洋条约的具体附件或议定书的形式建立了明确法律框架的地区，在处理这一污染源方面取得了最大的进展。然而，如果没有相关国家的积极支持，谈判一项具有法律约束力的文书本身是不够的。本章所述的所有文书在撰写本书时并非都已生效，包括2009年《黑海议定书》、2010年《内罗毕议定书》、2012年《阿比让议定书》和2012年《莫斯科议定书》。即使文书已经生效，它们可能也没有吸引所有相关国家的参与。例如，1999年《加勒比议定书》于2010年8月生效，但迄今为止，该地区25个国家中只有11个同意接受其约束。同样，1996年的《地中海议定书》最终于2008年5月生效，但几个主要沿海国尚未成为缔约方。如果没有所有相关行为体的参与，这些文书将很难被视作为区域行动提供了有效的框架。

具有法律约束力的文书还需要能够不断发展，以适应有关陆上活动对海洋环境影响的知识发展和应对海洋污染的新技术的出现。在许多现代区域文书中使用BAT和BEP标准可确保法律框架是动态发展的。此外，区域机构在以渐进方式解释法律文书中的规则方面也发挥着重要作用。事实上，在每个区域内制订的行动方案和其他决定及建议，只要得到定期审查和更新，往往能成为对陆源海洋污染采取有效区域行动的真正催化剂。各机构在监测这一领域的规则、标准和建议做法的遵守情况方面也可发挥关键作用，需要持续监督以确保各国采取措施履行其义务。这既是为了增强各国对措施互惠性的信心，也是为了确保区域内各国间共享其最佳做法。正式的遵约机制可以提供一个特别合适的方式，以确保对国家为履行区域承诺而采取的措施进行充分审查，而地中海地区在这方面提供了一个很好的模式，其具备独立的遵约委员会和透明的程序。应鼓励其他区域采用这种方法。

如果环境问题的原因或影响超出区域层面，全球层面的规制也可能是适当的。《关于持久性有机污染物的斯德哥尔摩公约》和《关于汞的水俣公约》是与保护海洋环境免受陆源污染相关的两项主要全球条约。同时，可能还有其他问题也需要采用全球性措施。例如，关于微塑料可以在洋流中传播的距离的新证据表明，如果要成功防止对北极等脆弱海洋生态系统的污染，可能需要全球规制。[213] 鉴于其广泛的成员资格、影响深远的环保使命以及在联合国系统中的地位，联合国环境署在这方面的工作中具有潜在的领导作用。迄今为止，环境署的主要工作是收集更多关于微塑料影响的数据并提高对该问题的认识。[214] 尽管未来不能排除就此问题制定新的全球条约，特别是制定关于应采取何种措施的全球规则，包括对含有特定微塑料的产品的潜在禁止（potential ban），这可能是促进一致行动的重要一步。此外，一项全球协议可以在一定程度上确保以非歧视的方式采取此类措施，这符合国际贸易规则。[215]

尽管 GPOA 不具约束力，但其在支持预防、减少和控制陆源海洋污染的法律框架方面发挥着重要作用，为有需要的国家或地区提供政策指导和促进金融和技术支持的中介服务。GPOA 的优势在于它可以审查问题的所有方面，并且可以突出需要在全球、区域或国家层面采取更多行动的领域。

尽管威胁的规模大且紧迫性高，对于陆源海洋污染问题却没有短期解决方案或快速解决方案，而是"需要长期承诺"。[216] 在这方面，在全球和区域层面建立的文书和机构在管理陆源海洋污染的多层次法律框架中可发挥重要且互补的作用。只有通过逐步加强承诺，国际社会才最有可能解决这一对海洋生态系统的威胁。

213　参见 The Sunday Times, 'Microbead timebomb ticking in the Arctic', 28 August 2016, 9。

214　UNEP Environmental Assembly Resolution 2/11 (2016).

215　《里约宣言》原则12中规定，"处理跨界或全球环境问题的环境措施应尽可能以国际共识为基础"。关于适当措施的多边协定将减少其被发现与世界贸易组织的规则相抵触的可能性。

216　GESAMP (n2) 68.

5 海上废物倾倒

5.1 引言

　　20世纪中叶之前，海洋一直都是废弃物的倾倒场。人们将废物装载到船舶或航空器上运至海洋，然后倒入海水中。人们使用这种方式处理各种废物并认为海洋能够处理所有废物。人们在距海岸有适当距离的地方处置废物，以避免对人类的生命或健康造成危害。然而，这种做法逐渐被认为对海洋造成了让人难以接受的危害。废物倾倒首次引发国际关注与核废料的海上处置有关。这种类型的活动如果不加以控制会产生明显的危害性，这种活动就是1958年《公海公约》第25条的规制目标，该条款呼吁各国"应采取办法，以防止倾弃放射废料而污染海水"。鉴于这些活动对"鱼和吃鱼的人"的潜在有害影响，国际法委员会曾提出相关建议，这一规定也逐步发展成相应的法律。[1]人们很快开始担忧其他物质的倾倒也会对海洋环境造成影响。促使人们采取行动的是臭名昭著的"海洋之星"（Stella Maris）号案，这艘荷兰船1971年启程，装载一批含氯废物，准备在海上处理。[2]虽然由于人们的反对，该船装载着废物返回了港口，但人们也意识到需要一个更全面的国际法律制度。因此，国际社会发展了一系列全球和区域文书来解决这个问题。

　　本章将讨论如何在国际层面对倾废行为进行监管，以及相关规范如何随着时间而演变以为海洋环境提供更有力的保护。本章将首先探讨倾废一词涵盖的范围，然后讨论《海洋法公约》和其他全球及区域文书的相关规定。此外，本章还将讨论这些不同条约的相互关系。最后，本章将力图确定现有制度中的不足和弱点，并探讨在有效控制海上倾废方面仍然存在的挑战。

1　ILC, 'Draft Articles on the Law of the Sea with Commentaries' (1956–II) *YbILC* 286.

2　参见 T Loftas, 'The New Marine Poison' (1971) 51 *New Scientist and Science Journal* 266。

5.2 倾废制度的范围

在讨论国际法如何规范倾废行为之前，首先有必要了解这个术语的含义。根据《海洋法公约》的定义，"倾倒"是指"（一）从船只、飞机、平台或其他人造海上结构故意处置废物或其他物质的行为；（二）故意处置船只、飞机、平台或其他人造海上结构的行为"。[3] 这一定义不加改动地借用自1972年《防止倾倒废物及其他物质污染海洋的公约》，这一公约进一步将"海洋"定义为"各国内水以外的所有海域"。[4]

尽管倾废是《海洋法公约》唯一明确规定的海洋污染源，但该词的确切范围一直存在争议。倾废制度下的核心活动是将废物运送到海洋上进行处置。该定义明确包含了向水体倾倒废物的行为。然而，"在海洋上"这一词语的使用很模糊，并引发了若干词语解释问题。

第一个问题是"倾废"定义是否包含了在海床上或底土中处置物质。如果这种活动是在"海洋上"的船只上进行的，则该活动被包含在倾废制度的范围内。在这种情况下，应当采取更广泛的解释，这在某种程度上是因为此方式可以对"倾废"进行更全面的解释，从而防止人们以物质放置地点为由逃避规则的规制。事实上，最近关于倾废问题的条约采用的"倾废"定义明确包括"将废物或其他物质在海床及其底土中作任何贮藏"。[5]

"倾废"的定义是否包括通过管道或其他直接与陆地相连的基础设施处置废物，这一问题也存在争议。[6] 这一问题的关键是，管道是否算作"倾废"定义下的"人造海上结构"。这种"结构"显然包括建造在海床上的独立装置和结构[7]（例如仅可从海上进入的贮藏所）。[8] 然而，该"人造海上结构"定义是否包含与陆地相连的结构还存在争议。有些人认为，无论管道有多长，通过管道处置废物，都不在倾废制度的范围内。首先，管道与陆地的连接意味着管道可能不被视为存在于"海洋上"。在此应该指出，《防止倾倒废物及

93

---

3 UNCLOS, Article 1(5)(a).

4 参见1972 London Dumping Convention (LDC) (EIF 30 August 1975), Article 3(3)。

5 参见1996 London Dumping Protocol (LDP) (EIF 24 March 2006), Article 1(4)(3)。

6 参见Report of the Thirty-Sixth Consultative Meeting, Document LC 36/16 (2014) paras 9.10–9.11; Report of the Thirty-Seventh Consultative Meeting, Document LC 37/16 (2015) paras 9.1–9.8。

7 参见UNCLOS, Article 60。

8 Resolution LDC.41(13) (1990).

其他物质污染海洋的公约》1996年议定书明确地将"仅从陆地进入的海床下贮藏所"排除在"海上"倾废的定义之外。[9]依此类推，与陆地相连的流出通道或管道严格来说也不在"海洋"内。其次，管道和排水口结构明确受陆源污染制度规制。[10]如果《海洋法公约》第十二部分所规定的污染类别是相互排斥的，[11]那么连接陆地的管道和排水口结构排污也不应算作倾倒废物。

《海洋法公约》除了对倾废作出一般定义外，还具体规定了不属于倾废的两类活动。

第一项可排除的活动涉及：

> （一）船只、飞机、平台或其他人造海上结构及其装备的正常操作所附带发生或产生的废物或其他物质的处置，但为了处置这种物质而操作的船只、飞机、平台或其他人造海上结构所运载或向其输送的废物或其他物质，或在这种船只、飞机、平台或结构上处理这种废物或其他物质所产生的废物或其他物质均除外。[12]

这种排除规定的目的也是避免倾废制度与处理上述来源的海洋污染的其他国际制度重叠，强调这些制度的相互排斥性。[13]然而，这些不同的制度之间可能存在潜在的"灰色地带"，这源自"正常操作所附带发生或产生"用语的模糊性。一个很好的例子是损坏货物的处理。相关条约缔约方的一个联合联络小组确认，这些条约"旨在相互补充而不是重叠"，[14]但他们也承认很难在具体操作时在不同行为间划定一条明确的分界线，而且对损坏货物的精确定性可能取决于个案的情况。[15]各国没有正式划分各类制度对这些不同情况的处理权限，而是寻求通过相关制度之间的协调对废物进行管理。例如，倾废相关条约的缔约国和《国际防止船舶造成污染公约》的缔约方已经合

9　LDC, Article 1(7).

10　UNCLOS, Article 207(1).

11　参见第2章。

12　UNCLOS, Article 1(5)(b)(i).

13　参见第6章和第8章。

14　Report of the Joint London Convention—MEPC Correspondence Group, Document LC 28/6 (2006) para. 6.

15　Ibid, para. 27.

作制定了《损坏货物管理指南》，[16]它们同意采取协调策略来传播和推广该指南，并不断对其进行审查。在实践中出现的另一个灰色地带与海上防污底涂料的清除有关。在这种情况下，缔约方再次进行了协调，商定了根据两项有关条约发布的指导方针，作为促进这一领域最佳实践的手段。[17]这些举措旨在确保倾废制度既健全又能与其他相关条约制度相结合，从而避免冲突。

倾废的定义还排除了"并非为了单纯处置物质而放置物质，但以这种放置不违反本公约的目的为限"。[18]这一排除规定确认，倾废制度的目的是规制有目的地在海上对物质的处置。然而，对这一排除条款的对立解读认为，为"处置"以外的其他目的而放置物质，若违反倾废制度的立法目的，则仍可能受倾废制度的规制。这种解释使得严格意义上没有被丢弃在海洋中却仍可能对海洋环境构成风险的物质的放置，也可能适用倾废制度。"放置"这一词语的确切含义在实践中一直存在争议。例如，《防止倾倒废物及其他物质污染海洋的公约》的缔约国已经同意"放置不应作为处置废物的借口"，[19]但对于放置是否受该公约的规制各方没有达成共识。[20]这一解释性问题尚未得到明确解决，尽管各缔约方已商定，应根据有关规则评估在海洋环境中放置物质的情况，并应向公约秘书处报告放置情况。[21]事实上，缔约国在某些情况下已同意，特定形式的放置应在倾废制度下进行规制。一个例子是为建立人工岛礁而放置材料的行为。缔约国通过了有关建设人工岛礁的规则，以确

95

---

16 Report of the Thirtieth Consultative Meeting, Document LC 30/16 (2008) para. 9.6.1 and Annex 10; Report of the Marine Environment Protection Committee on Its Fifty-Ninth Session, Document MEPC 59/24 (2009) para. 6.48. 第三十四届会议通过了该指南的修订本，反映出对MARPOL附件五的修正。参见 Document LC 34/15 (2012) para. 8.7.1 and Annex 11。

17 参见 Guidance on Best Management Practices for Removal of Anti-Fouling Coatings from Ships, including TBT Hull Paints, distributed as Document LC–LP1/Circ.31 (2009) and Document AFS.3/Circ.3 (2009)。

18 UNCLOS, Article 1(5)(b)(ii).

19 Report of the Twenty-Second Consultative Meeting, Document LC22/14 (2000) para. 5.14.

20 参见 Ibid, para. 5.15. 相关讨论参见 DL VanderZwaag and A Daniel, 'International Law and Ocean Dumping: Steering a Precautionary Course Aboard the 1996 London Protocol, but Still an Unfinished Voyage', in A Chircop et al (eds), *The Future of Ocean Regime Building* (Brill 2009) 522–523。

21 Report of the Twenty-Fourth Consultative Meeting, Document LC 24/17 (2002) paras 8.18–8.19.

保这种建设活动不损害倾废制度的目标。[22]这类规则的地位仍存在争议，[23]但它们表明了有关倾废条约的缔约国普遍采取的务实做法。另一个例子是为开展地球工程（geoengineering）将物质放入海洋的行为，这个问题将在第9章中进行详细讨论。

5.3 《海洋法公约》关于倾废的规定

《海洋法公约》无意规定有关倾废的详细规则，而是力图确保所有国家都在一个基本的法律框架内来解决倾废问题。倾废主要由第210条规制，该条款发挥了若干重要作用。

第一，《海洋法公约》第210条规定"非经沿海国事前明示核准，不应在领海和专属经济区内或在大陆架上进行倾倒"，[24]这明确了沿海国对倾废行为的管辖范围。这一规定赋予沿海国在上述海洋区域内规制倾废行为的专属管辖权，而在国家管辖范围以外的倾废行为，在原则上仍由船旗国或航空器登记国行使专属管辖权。

第二，《海洋法公约》授权沿海国与"由于地理处境可能受倾倒不利影响的其他国家"进行合作。[25]这一规定适用于两国边界附近的倾废有造成跨界损害的风险的情况。虽然第194条第2款中有关于防止、减少和控制跨界损害的更为一般性的义务，在这种情况下可能需要进行合作，但是第210条没有明确包含在靠近沿海国海洋区域的公海上倾废的情况。

第三，《海洋法公约》要求所有国家通过法律和规章以及其他必要措施，以防止、减少和控制倾废行为对海洋环境的污染。尽管《海洋法公约》给予各国决定管制倾废行为的自由裁量权，[26]然而，这种自由裁量权也受到限制，因为《海洋法公约》要求"国内法律、规章和措施在防止、减少和控制这种污染方面的效力应不低于全球性规则和标准"。[27]该条款的明确效果是要求国

22　参见 Report of the Thirtieth Consultative Meeting, Document LC 30/16 (2008) para. 8.6.1。

23　例如，日本代表团在其辩论中指出，日本不认为放置属于《伦敦公约》或《伦敦议定书》的范围；Ibid, para. 8.9。

24　UNCLOS, Article 210(5).

25　Ibid, Article 210(5).

26　Ibid, Article 210(1).

27　Ibid, Article 210(6).

家立法符合国际最低标准。因此，与第4章讨论的适用于陆源污染的参照适用规则相比，关于倾废的参照适用规则更加强硬。然而，为了使这一参照适用规则发挥作用，有必要确定相关的"全球性规则和标准"。我们现在将转入对这个问题的讨论。

5.4　全球性倾废规则

5.4.1　《伦敦倾废公约》

在协商《海洋法公约》时，已经有一个关于倾废问题的全球性条约，即1972年《防止倾倒废物及其他物质污染海洋的公约》（以下简称《伦敦公约》）。关于如何解决海上倾废问题的国际讨论始于20世纪70年代初，美国率先提议制定一项关于倾废的国际条约。[28] 谈判最初是通过海洋污染政府间工作组的会议进行的，该工作组参与了1972年斯德哥尔摩人类环境会议的筹备工作。[29] 在此次会议上，各国同意，海洋倾废均必须加以控制，无论该行为发生在何处，同时各国同意"努力完成一项控制海洋倾废的全面条约，并使其尽快生效"。[30] 此后不久，1972年12月在伦敦举行的政府间会议通过了《伦敦公约》，有90多个国家参加了此次会议。

《伦敦公约》的基本目的是协调各缔约国对海洋倾废的政策。[31] 为此，该公约为缔约国规定了若干基本义务。

首先，《伦敦公约》规定缔约国有义务禁止倾倒《伦敦公约》附件一所列的废物及其他物质。[32] 附件一中的原始清单涵盖了化合物、重金属、持久性塑料、石油产品、高放射性物质以及为生物和化学战争生产的矿物。如下文所述，该清单后来得到更新，以加强公约提供的保护。对这些物质的禁止规定了一个基本的国际最低标准，同时该公约承认一个国家可以单独禁止倾

97

28　参见 United States, Draft Convention on the Regulation of Transportation for Ocean Dumping (1971)。

29　参见 IMO, *Origins of the London Convention* (2012)。

30　Stockholm Action Plan, Recommendation 86(c).

31　LDC, Article 2.

32　Ibid, Article 4(1)(a).

倒其他物质，但它需要将禁止措施告知国际海事组织。[33]

　　未列入附件一的其他材料的倾倒仍得到允许，但《伦敦公约》也规定缔约国有义务通过引入许可计划来管理这种行为。《伦敦公约》对需要特殊处理的物质和材料（列于附件二）的特别许可证和所有其他物质的一般许可证进行了区分，并且列出了一个国家在颁发许可证之前应考虑的因素。[34]这些因素中最关键的是需要确保倾废行为不会"危害人类健康，损害生物资源和海洋生物，破坏娱乐设施，或妨碍对海洋的其他合法利用"。[35]换句话说，《伦敦公约》要求在发放许可证之前对准备进行的倾废活动进行环境评估。颁发国在评估过程中必须考虑的因素包括"实际上是否另有在陆地上处理、处置或清除的方法"[36]。《伦敦公约》没有明确规定除非该国没有技术能力和必要的设施在陆地上处置废物，否则国家禁止倾废行为的义务。[37]然而，缔约国商定的指导意见表明，"如果许可证颁发机关确定存在适当的机会来重新利用、回收或处理废物，而不会对人类健康或环境造成不适当的风险或产生不相称的成本，则应拒绝发放倾倒废物或其他物质的许可证"。[38]事实上，《伦敦公约》建议各缔约国应积极主动地寻找替代方案，它包含了一项促进"废物的处置和处理及其他防止或减轻倾倒引起的污染的措施"能力建设的义务。[39]落实这一义务是缔约国的集体义务，因此，公约各机构不仅成为讨论禁止海上倾废的重要论坛，而且也成为讨论使用替代性陆上处置机制的重要论坛。[40]

　　为协助各国开展此类评估，并确保各缔约国的活动具有一定程度的协调性，各缔约国商定了关于评估废物倾倒的通用指南。[41]通用指南建议，缔

33　LDC, Article 4(3).

34　Ibid, Article 4(2) and Annex III.

35　Ibid, Article 1 and Annex III, Section C.

36　Ibid, Annex III, Section C, para. 4.

37　参见1989 Convention on the Control of Transboundary Hazardous Waste (Basel Convention) (EIF 5 May 1992), Article 4(2)(d) and 4(9)(a)。

38　Generic Waste Assessment Guidelines, para. 3.2.

39　LDC, Article 9(c).

40　参见第三十五次协商会议的报告污水污泥处置的讨论, Document LC 35/15 (2013) paras 8.23–8.24。

41　参见Report of the Thirtieth Consultative Meeting, Document LC30/16 (2008) para. 3.5.1, 以及Annex 3, 它替代了1997年通过的指南。

约国在作出倾废决定之前，必须对废物进行详细的定性，考虑将被倾倒的物质的总量，以及其物理特性、毒性、持久性、累积和生物转化能力。[42]缔约方还通过了有关某些物质的具体指南，包括疏浚挖出物，污水污泥，鱼类废物，船舶，平台和其他海上人工构造物，惰性、无机质地材料，天然有机材料，以及主要由铁、钢和混凝土构成的大块物体。[43]

如果决定颁发倾废许可证，则可根据与被倾倒物质的类型和数量以及倾废作业的地点、方法和时间有关的条件来决定。颁发国有责任确保遵守所有条件。缔约方商定的指南还表明，还应对倾废场所进行事后监测，以核实倾废不会对海洋环境产生不可预见的影响。[44]促进监测意味着对倾废行为的监管不是简单的一次性决策，而是一个持续的过程，以确保倾废行为不会对海洋环境造成损害。如果发现问题，各国可要求采取补救措施。[45]

《伦敦公约》适用于在缔约国管辖下的从事倾废活动的任何行为，[46]且《伦敦公约》提到了《海洋法公约》中的相关管辖框架，[47]如上所述，该框架确认，领海和专属经济区内或大陆架上倾废行为的管辖权显然属于沿海国。[48]此外，无论倾废行为在何处发生，《伦敦公约》要求缔约国必须将公约适用于在其领土上登记的或悬挂其国旗的所有船舶和航空器以及在其领土上或领海内装载行将倾倒的物质的所有船舶和航空器。[49]为了防止对这些要求的规避，鼓励各缔约国禁止向非缔约国出口废物，除非有"令人信服的理由"和"明确的证据"表明，这些废物将按照《伦敦公约》的要求进行处置。[50]然而，这里的后一项要求并不是《伦敦公约》规定的具有法律约束力的义务。

倾废制度的执行工作主要由许可国负责。《伦敦公约》要求各国采取

99

---

42 Generic Waste Assessment Guidelines, para. 4.2.

43 参见 Report of the Twenty-Second Consultative Meeting, Document LC22/14 (2000) para. 5.4 and Annexes 3–10. 这些指南被认为是"动态文件"，需要随时对其进行审查；参见 Ibid, para. 5.3.3。

44 Ibid, paras 8.1–8.6.

45 Ibid, para. 8.6.

46 LDC, Article 7(1)(c).

47 Ibid, Article 13.

48 UNCLOS, Article 210(5).

49 LDC, Article 7(1)(a) and (b).

50 Resolution LDC.29(10) (1986).

"适当措施，以防止和处罚违反《伦敦公约》规定的行为"，[51]这就要求对没有许可证或违反许可证条件的倾废行为实行刑事处罚。当船舶在不可抗力或危难的情况下必须倾废时，存在例外情况，[52]而且《伦敦公约》还将享有主权豁免的船舶和航空器排除在其适用范围之外，但鼓励缔约国确保其拥有或使用的这类船舶和航空器按照该公约的宗旨和目的行动。[53]

沿海国可对在其领海或专属经济区内或与大陆架有关的违反倾倒规则的行为行使执法管辖权。[54]船旗国或装载国对这些水域的倾废行为也可能有管辖权，此时，将由受影响的国家商定由哪个国家对颁发许可证负责和提起诉讼程序。[55]

在公海上，船旗国或装载国的作用更为重要，它们主要负责确保对公海区域倾废规则的遵守。然而，一个共同的问题是，这些国家往往没有资源来对公海上的倾废行为进行充分的监管。[56]为了协助各国履行其调查和执行倾废规则的义务，《伦敦公约》协商会议通过了被观察到的倾废事件的报告程序。[57]然而，到目前为止，还没有发现这些程序在实践中得到应用的例子，[58]且执行问题仍然是该制度的一个弱点。

虽然倾废制度在各国如何履行其义务方面留有很大的自由裁量权，但年度缔约国协商会议对许可程序进行了国际监督。在没有任何正式的遵约程序或争端解决机制的情况下，[59]这个论坛一直是持续审查《伦敦公

51　LDC, Article 7(2).

52　Ibid, Article 5(1). 另参见 Interim Procedures and Criteria for Determining Emergency Situations, Document LDC V/12 (1980) Annex 5。

53　LDC, Article 7(4).

54　UNCLOS, Article 216(1)(a).

55　Ibid, 第216条第2款只规定，"本条不应使任何国家承担提起司法程序的义务，如果另一国已按照本条提起这种程序"。

56　有学者指出，这种做法"往往可能是无效的补救办法"；P Birnie, A Boyle, and C Redgwell, *International Law and the Environment* (3rd edn, OUP 2009) 471。

57　Report of the Twenty-Fourth Consultative Meeting, Document LC 24/17 (2002) para.3.12 and Annex 3. 经修订的报告程序于2012年2月通过，并以LC–LP.1/Circ.47的形式散发给缔约方。

58　A Simcock and J Wang, 'Chapter 24: Solid Waste Disposal', in *Global Ocean Assessment* (UN 2016) 11.

59　1978年通过了一项引入争端解决安排的修正案即Resolution LDC.6（III），但该修正案未生效。

约》执行情况的重要手段。[60]缔约国还成立了一个由技术专家组成的科学 100
小组，[61]定期审查各缔约国颁发的许可证，并可要求各国就特定的倾废事
件作出澄清。[62]这一程序的问题是，许多缔约国根本没有及时提交报告。[63]
尽管缔约国已经采取了一些措施来解决这个问题，如简化报告程序和鼓
励使用电子报告，[64]但问题仍然存在。[65]人们已经认识到，这主要是能力不
足的问题，[66]因此这个问题应该通过技术援助来解决。《伦敦公约》明确要
求各缔约国促进培训和提供必需的设备，以支持各国采取措施遵守《伦
敦公约》，[67]这一问题已被强调为与倾废制度有关的关键持续优先事项之
一。[68]缔约国制订了一项技术合作与援助计划[69]并设立了一个信托基金以支
持该计划的实施。[70]

多年来，《伦敦公约》得到世界各国的广泛参与，尽管不是所有国家都
加入了。现在，该公约有 87 个缔约国，占世界海运的 61.76%。[71]然而，人们
普遍认为，1972 年《伦敦公约》属于《海洋法公约》第 210 条所述的全球
性规则和标准的范围。因此，《海洋法公约》的所有缔约方都应遵守 1972 年

---

60 参见 OS Stokke, 'Beyond Dumping? The Effectiveness of the London Convention' (1998/1999) 14 *YICED* 39, 43。

61 Terms of Reference, in Resolution LC.57(21) (1999); Resolution LC.59(29) (2007); Resolution LP2(2) (2010).

62 参见 Report of the Twenty-Fourth Consultative Meeting, Document LC 24/17 (2002) paras 6.12 and 6.23.2。

63 2014 年协商会议获悉，报告率实际上略有下降。就《公约》缔约国的国家而言，报告率仅有 17%，参见 Report of the Thirty-Sixth Consultative Meeting, Document LC 36/16 (2014) paras 7.20–7.21。

64 Report of the Thirty-Third Consultative Meeting, Document LC 33/15 (2011) para. 6.31.

65 协商会议建议的措施之一是通过邻国进行较为平和的督促；参见 Report of the Thirty-Third Consultative Meeting, Document LC 33/15 (2011) para. 6.36.2。

66 Report of the Thirty-Fourth Consultative Meeting, Document LC 34/15 (2012) para. 6.4.

67 LDC, Article 9.

68 Agenda 21 (1992) para. 17.28(g).

69 参见 Resolution LC.55(SM) (1996); Resolution LC.54(18) (1996). 另参见 the Barriers to Compliance Implementation Plan。

70 参见 Document LC–LP.1/Circ.33/Rev. 1 (2011)。

71 参见 IMO, *Status of Multilateral Conventions and Instruments of which the International Maritime Organization or Its Secretary-General Performs Depositary or Other Functions, as at 19 April 2016*, 510。

《伦敦公约》的规定，无论它们是否是《伦敦公约》的缔约国。[72] 鉴于各国在决定接受《海洋法公约》约束时已知晓这些全球性规则，这一结论对于《伦敦公约》的原始规定来说是相对正确的。当涉及《海洋法公约》缔结以后倾废制度发生的改变时，参照适用规则的范围则遇到了较多问题。这些规则和标准在多大程度上可以被视为属于《海洋法公约》第210条的参照适用规则？我们现在要讨论的问题是，倾废制度如何随时间演变，这对《海洋法公约》的缔约方有何种影响。

5.4.2 《伦敦公约》的解释与修订发展

事实证明，1972年的《伦敦公约》是一份动态的文书，根据当代海洋科学和环境政策的发展，该公约成功地发生了演进。年度缔约国协商会议在这个过程中发挥了关键作用。该机构有一个广泛的职权范围，即"持续审查《伦敦公约》的执行情况"，[73] 它一直是确保全球性制度的完整性和持续相关性的一个重要论坛。值得注意的是，会议不仅有缔约国的参与，非政府组织在该制度中也一直发挥着非常积极的作用，[74] 特别是在提出遵约问题和提供有关被指控的倾废事件的信息方面。[75] 非政府组织也影响了该制度的发展，它们提出倡议并游说政府加强使海洋环境免受倾废影响的保护制度。[76] 虽然各国保留了对倾废行为的最终决定权，但毫无疑问，来自国际绿色和平组织、海洋保护咨询委员会和国际自然保护联盟等团体的持续压力，为倾废制度中的环境保护提供了强有力的支持。[77]

缔约国确保《伦敦公约》演进的一种方式是通过解释性决议和指南。这

72　L de la Fayette, 'The London Convention 1972: Preparing for the Future' (1998) 13 *IJMCL* 515–16; EJ Molenaar, 'The 1996 Protocol to the 1972 London Convention' (1997) 12 *IJMCL* 396, 403. 事实上，IMO秘书处被要求致信非缔约方，以引起它们对公约要求的注意；Report of the Seventeenth Consultative Meeting, Document LC17/14 (1994) para. 2.10.

73　LDC, Article 14(4).

74　Report of the Twentieth Consultative Meeting, Document LC20/14 (1998) paras 6.15, 12.3, and 12.5; Report of the Twenty-first Consultative Meeting, Document LC21/13 (1999) para. 4.8.

75　参见Birnie, Boyle, and Redgwell (n 56) 472。

76　参见R Parmentier, 'Greenpeace and the Dumping of Waste at Sea: A Case of Non-State Actors' Intervention in International Affairs' (1999) 4 *IN* 433–455。

77　G Peet, 'The Role of (Environmental) Non-Governmental Organizations at the Marine Environment Protection Committee of the International Maritime Organization and the London Dumping Convention' (1994) 22 *O&CM* 3.

些不具约束力的文书可用于以演进的方式解释《伦敦公约》。特别是，缔约国强调需要根据新出现的国际环境法原则来解读公约，正如第1章中所讨论的。

第一，关于进行废弃物评估的指南强调了倾废地点选择的重要性，包括评估倾废可能对海洋生态系统造成的损害程度，并指出"评估应尽可能全面"。[78] 该指南进一步建议，应特别注意对具有特殊科学或生物意义地区的影响，包括生物产卵、繁殖和生长区，迁移路线，以及季节性和关键性栖息地。因此，该指南加强了审查倾废决定的生态系统方法，它建议应根据与划定海洋保护区有关的其他进展来适用《伦敦公约》。[79] 特别是，在这方面必须考虑到某些区域海洋条约内划定保护区的进展。[80]

第二，缔约国的嗣后决定表明，各国应：

> 以预防性方法为指导进行环境保护，即当有理由相信引入海洋环境的物质或能量可能造成损害时，即使没有结论性的证据证明引入行为和影响之间的因果关系，也要采取适当的预防措施。[81]

上述内容是预防性方法的淡化版本，意思是在海上倾倒污染物的情况下，并不足以倒置举证责任，决定还是由个别的缔约国来做。然而，这意味着各国不能简单地主张，在没有证据表明存在实际损害的情况下就应允许倾废行为。

缔约国商定的指南还建议，"为公众审查和参与许可过程提供机会"。[82] 这种参与的方式由有关国家决定，但公众参与的典型形式是在颁发许可证之前就拟颁发的许可证进行协商。至少，公众参与应要求决策透明和公布许可证的登记册。然而，《伦敦公约》的缔约国没有为此设定法律义务，这再次强调了各国对在保护海洋环境方面采取参与方法的谨慎态度。

78　Generic Waste Assessment Guidelines, para. 7.3.

79　参见第3章。

80　参见第3章关于区域条约和海洋生物多样性养护的讨论。

81　Resolution LDC.44(14) (1991) para. 1. 另参见 Generic Waste Assessment Guidelines, para. 3.2：应根据涉及倾倒和替代品的比较风险评估来考虑其他处置手段的实际可行性，考虑到对倾弃采取"审慎态度的一般义务"和保护海洋环境免受一切污染源的目标。

82　Generic Waste Assessment Guidelines, para. 9.2.

1972年《伦敦公约》的另一种演进方式是对禁止物质清单的修正。《伦敦公约》对附件的修改采用了默示的修正程序，允许以相对快速的方式将新物质添加到禁止物质清单中。《伦敦公约》规定，对附件的修正必须"以科学或技术上的考虑为依据"，这引起了一些争论。[83]然而，事实上，修正《伦敦公约》的适用范围是一项政治决定。经三分之二缔约方批准后，修正案在一百天后对所有缔约方生效，但在此时间内声明不接受修正案的国家除外。[84]这一机制实现了对倾废制度的快速修正，同时也为个别国家提供了保护其重要利益的手段。这一程序已被多次使用，以实现对《伦敦公约》规定的禁止倾废范围的显著扩展。

103

1978年，《伦敦公约》的第一批实质性修正案通过，[85]以解决海上焚烧问题。此批修正案很有趣，因为它们显示了倾废制度涵盖的广泛范围。实际上，这些修正案将《伦敦公约》的适用范围扩大到威胁大气环境的海上处置行为。同时，修正案承认，海上焚烧可能是"处置含有剧毒物质的废物的一种临时方法"，因此，它们允许在获得许可证的情况下对附件一和附件二所列的某些物质进行海上焚烧。[86]然而，修正案还试图通过引入某些详细的条件来控制这种做法，这些条件载于决议所附的条例中，在颁发许可证之前必须得到满足。这些条件包括使用符合最低标准的海洋焚烧设施，以及将行为选址在对环境的任何风险最小化的区域。[87]此外，还要求缔约国在颁发许可证之前，考虑是否有替代性的陆上处理、处置或清除方法，[88]从而强调不应假定海上焚烧是废物处理的最佳解决方案。在此修正案之后，人们继续对海上焚烧物质表示关切。缔约国进一步于1993年通过修正案，禁止在海上焚烧工业废物和污水淤泥。[89]在1996年《伦敦公约》议定书中继续对有关焚烧的制度进行逐步发展，下文将对其进行讨论以表明环境标准是如何随着时间

---

83 LDC, Article 15(2).

84 Ibid.

85 Resolution LC.12(III) (1978).

86 Ibid, Attachment and Addendum Containing Regulations for the Control of Incineration of Wastes and other Matter at Sea.

87 该《规章》将大气扩散特征和海洋扩散特征作为需要考虑的相关因素，以尽量减少对周围环境的影响。

88 Regulations for the Control of Incineration of Wastes and other Matter at Sea, Regulation 2(2).

89 Resolution LC.50(16) (1992). 在此修正案下，所有其他类型的海上焚烧都需要取得特别许可。

的推移变得更加严格的。

1993年，《伦敦公约》附加修正案被通过，将原来禁止倾倒高放射性废物的规定扩大到包括其他放射性物质。[90]此修正案的通过过程很有趣，因为它显示了科学和政策在国际环境法发展中的作用。1983年，当基里巴斯和瑙鲁提议禁止倾倒所有的放射性废物时，首次提出了这样的修正案。[91]这些提案得到了一些国家的支持，它们认为，"现有的科学数据并没有为海上倾倒放射性废物不会对人类健康或海洋环境产生不利影响提供明确的保证"，"只要这种不确定性存在，海上倾倒放射性废物会在受这种倾废作业影响的人群中造成普遍的恐惧"。[92]该提案显示了各国倡导预防性方法的早期迹象，其时间甚至在协商会议认可该原则之前。[93]然而，该提案遭到了包括英国在内的其他国家的反对，它们建议"举证责任由附件修正案的提出者承担"。[94]英国认为，支持该提案的证据不足，不符合《伦敦公约》的要求，因为《伦敦公约》要求修正案应"以科学或技术上的考虑为依据"。[95]

为未来的演进发展提供道路，各方同意由一个专家小组审查科学信息。在此期间，缔约国通过了一项不具约束力的决议，呼吁"暂停所有海上放射性材料倾倒"，[96]尽管这一决议遭到了一些关键国家的反对。[97]在后来的一次会议上，暂停在海上倾倒放射性材料以更强烈的措辞被再次确认，[98]且涉及范围从放射性废物处置扩大到从海上通入的海床贮藏所。[99]虽然该措施不具有约束力，但大多数国家在实践中都遵守了这一规定。[100]

104

90　Resolution LC.50(16) (1993).

91　参见 Report of the Seventh Consultative Meeting, Document LDC7/12 (1983) para. 7.2。另参见 B Meinke-Brandmaier, 'Multi-Regime Regulation—How the South Pacific Region Influences Global Marine Environmental Policy Making: A Study of Radioactive Waste Dumping', in A Chircop et al (eds), *Ocean Yearbook19* (Brill 2005) 162–188。

92　参见 Report of the Seventh Consultative Meeting, Document LDC7/12 (1983) para. 7.6 (Philippines)。

93　参见脚注81对此的讨论。

94　参见 Report of the Seventh Consultative Meeting, Document LDC7/12 (1983) para. 7.5。另参见 para. 7.22 (Canada)。

95　LDC, Article 15.

96　Resolution LDC.14(7) (1983).

97　该决议由投票通过，6个国家投了反对票；参见 Document LDC 7/12 (1983) para. 7.34。

98　Resolution LDC.21(9) (1985).

99　Resolution LDC.41(13) (1989).

100　参见 Report of the Twenty-Fourth Consultative Meeting, Document LC 24/17 (2002) paras 11.12–11.14。

各方要求逐步禁止海上倾倒核废料的压力在持续增加，人们在一些国际会议上提出这一议题，包括1992年里约联合国环境与发展大会，会议"[鼓励]《伦敦公约》加快工作，完成关于以禁令取代目前自愿暂停海上处置低水平放射性废物的研究，同时考虑到预防性方法，以期就这个问题作出充分知情和及时的决定"[101]。最后，在1993年，各国同意通过一项修正案，禁止倾倒所有"放射性废物或其他放射性物质"，但"含有最低浓度（豁免）放射水平的废物或其他材料（如污水淤泥和疏浚材料）"除外。[102]关于解释最低浓度概念的指南已经被制定，以确保例外情况的一致适用。[103]然而，该修正案最初并未被所有国家接受。俄罗斯利用其权利，以履约能力为理由反对放射性废物修正案。毫无疑问，根据公约俄罗斯有权这样做。然而，协商会议一直在审查这一议题，并持续向俄罗斯施加压力，要求其撤回反对意见并接受修正案。[104]事实上，各方向俄罗斯提供了大量援助，以使其发展适当的陆地上处理设施，使其能够遵守该修正案的规定。在具备了在陆上处理放射性废物的能力后，俄罗斯联邦最终于2005年撤回了对放射性废物修正案的反对意见。[105]这表明了该制度的主动性，以及常设机构能够监督执行情况并向各国提供指导和支持以使其遵守公约的优势。事实上，值得注意的是，这是在不存在正式遵约机制的情况下，仅通过缔约国的定期会议实现的。

1993年通过的另一项修正案提出分阶段禁止在海上倾倒工业废物，但有一些例外情况。[106]这一次，澳大利亚对该修正案提出了部分反对意见，因为澳大利亚需要处理晶石废料，这是其锌矿开采业的副产品。[107]与俄罗斯对核废料修正案提出的反对意见一样，缔约国定期会议也讨论了这一议题，澳大利亚被反复要求说明其反对的理由。澳大利亚政府终于在1997年宣布，它

101　Agenda 21 (1992) para. 22.5(b).

102　参见 Resolution LC.51(16) (1992)。

103　Report of the Twenty-First Consultative Meeting, Document LC21/13 (1999) para. 6.14 and Annex 6；Report of the Twenty-Third Consultative Meeting, Document LC23/16 (2001) para. 7.10；Report of the Thirty-Fifth Consultative Meeting, Document LC 35/15 (2003) para. 9.5.1；Report of the Thirty-Seventh Consultative Meeting, Document LC37/16 (2015) Annex 9.

104　参见 Report of the Twenty-First Consultative Meeting, Document LC21/13 (1999) paras 6.15–6.22。

105　Report of the Twenty-Seventh Consultative Meeting, Document LC27/16 (2005) para. 2.2.

106　Resolution LC.50(16) (1992). 这一禁止仅适用于1996年1月1日后的工业废物倾倒。

107　参见 Report of the Seventeenth Consultative Meeting, Document LC 17/14 (1993) para. 2.2.1。

将接受工业废物修正案，因为其已开发出一种新的处理方式，可以在陆地上安全地处理采矿废物。[108]在该事件中，缔约国没有提供任何技术或财政援助，但持续的政治压力确保了这个议题始终被列入议程，直到澳大利亚最终撤回反对意见。

关于工业废物的修正案也凸显了一些解释问题，引起了缔约国之间的讨论。[109]《伦敦公约》将工业废物定义为"制造或加工过程中产生的废料"。[110]同时，《伦敦公约》继续从该定义中排除了：

（a）疏浚挖出物；

（b）污水污泥；

（c）鱼类废物或工业性鱼类加工作业产生的物质；

（d）船舶、平台或其他海上人工构造物，只要能产生漂浮物或以其他方式造成海洋环境污染的材料已被最大限度地清除；

（e）未受污染的惰性地质材料，其化学成分不太可能释放到海洋环境中；

（f）未受污染的天然有机材料。

换句话说，这项修正案广泛地禁止了许多形式的工业倾废，而只允许很少的例外情况。因此，对禁止倾倒工业废物的例外情况的解释是至关重要的。科学小组已经能够对例外情况提供一些指导，特别是关于"未受污染的惰性地质材料"条款的解释和适用情况。[111]然而，由于起草过程中文本的模糊性，在实践中出现了一些问题。对这一例外情况的一种解读是，该例外情况适用于所有"未受污染"和"其化学成分不太可能被释放到海洋环境中"的材料。[112]这种解释在该条款的文本内容以及起草历史中都有明确的依据。[113]然而，根据另一派解释的观点，鉴于"废物对海洋环境的影响可能与原材料的影响大不相同"，经过加工的材料可能大大改变了原始材料的物理特性，

108　Report of the Nineteenth Consultative Meeting, Document LC 19/10 (1995) paras 6.19–6.22.

109　参见 PW Birnie, 'Are Twentieth-Century Marine Conservation Conventions Adaptable to Twenty First Century Goals and Principles? Part II' (1997) 12 *IJMCL* 488, 518。

110　LDC, Annex I, para. 11.

111　参见 Eligibility Criteria for Inert, Inorganic Geological Material, approved at the Twentieth-Eighth Meeting of the Consultative Meeting, Document LC28/15 (2006) para. 143 and Annex 8。

112　日本对"工业废水"的解释的评论，参见 Document LC23/6/1 (2001) para. 2.2。

113　Ibid, paras 3.3–3.4.

应始终被归类为工业废物。[114]缔约各国未能就这一问题达成共识，该问题仍未得到解决。在这种情况下，《伦敦公约》没有规定争端解决程序，意味着无法对这一关于《伦敦公约》解释的争端作出权威的决定。这显示出完全依靠政治机构来发展条约制度的一个缺点，因为各方并不总是能够达成共识。因此，禁止倾倒工业废物的确切范围仍然不确定。

从上述例子可以看出，修正程序通过扩大不能在海上处置的物质清单，促进了倾废制度的演进。同时，一些对倾废制度的改变也一直受到某些国家的抵制，至少在短期内是如此。《伦敦公约》本身明确允许各国拒绝同意，因此，从该文件的角度看，这些反对可以被视为合法的。但根据《海洋法公约》第210条的参照适用规则，这些反对能否成立？

一些国家认为，"缔约国不仅有义务采取与现行1972年《伦敦公约》相一致的要求，而且有义务采取与该公约之后通过的修正案相一致的要求"。[115]在国家默许对倾废制度进行修改的情况下，这一结论是没有问题的，但如果国家明确反对任何修改，这一结论就会出现争议。《海洋法公约》第210条中的参照适用规则是否会凌驾于这种反对之上？有人认为，情况并非如此，因为反对是由1972年《伦敦公约》本身授权允许的，因此，这可被视为所有其他缔约国商定的全球性规则的有效例外。换言之，根据1972年《伦敦公约》提出的任何反对本身必须被视为全球性规则的一部分。事实上，在对《伦敦公约》修正案的反对意见进行辩论的过程中，没有一个其他缔约国认为俄罗斯或澳大利亚在法律上有义务根据《海洋法公约》第210条遵守禁令，这表明它们认为这些反对是有效的。如果相关条约制度的参与者提出了反对意见，这一结论显然限制了《海洋法公约》中的参照适用规则在全球范围内实现倾废规则完全协调的可能性，但它产生的结果更好地反映了国际立法的现实。同时，这种解释为各国成为1972年《伦敦公约》的缔约国提供了激励，因为只有在该制度内提出的反对才能被视为全球性规则的一个组成部分。因此，根据《海洋法公约》第210条，非1972年《伦敦公约》缔约国将有义务遵守其规定，包括所有修正案，无论它们是否同意这些规定。

---

114   参见Interpretation of Industrial Waste: Submitted by the United Kingdom, Document LC22/6 (2000) para. 4。

115   Report of the Seventeenth Consultative Meeting, Document LC 17/14 (1993) para. 2.5.

5.4.3 1996年《伦敦倾废议定书》

在通过《伦敦公约》1993年修正案的同时，缔约国还同意对该条约进行全面审查，以确保其对海洋环境保护的持续贡献。[116]这一进程的结果是1996年《伦敦倾废议定书》（以下简称《伦敦议定书》）。虽然它是一个独立的文书，[117]任何国家都可以成为其缔约国，无论它们以前是否是《伦敦公约》的缔约国，[118]但这两个文件之间存在着密切的联系。事实上，在许多方面，《伦敦议定书》可被视为在功能上等同于修正议定书，它明确规定，"在亦属于公约当事国的本议定书缔约国间，本议定书将取代公约"。[119]

虽然这两份文件有相似之处，但《伦敦议定书》在许多方面与《伦敦公约》存在实质性的区别。也许最突出的区别是，《伦敦议定书》明确地将预防性方法用于规制倾废：除非《伦敦议定书》明确授权，各国被要求禁止倾倒任何物质。这是预防性方法的一个更有力的版本，因为它禁止一切活动，除非行为体能证明活动损害风险不是太高，且使各缔约方集体同意。被允许的物质包含在议定书附件一的清单中，目前包括如下物质：疏浚挖出物，污水污泥，鱼类废物，船舶和平台，惰性、无机质地材料，天然有机材料，主要由铁、钢、混凝土或类似的无害材料组成的大块物体，以及来自二氧化碳捕获过程的二氧化碳流。[120]可以使用类似1972年《伦敦公约》的默示修正程序，将新的物质添加到附件中。[121]《伦敦议定书》还禁止所有海上焚烧[122]以及将废物出口到其他国家以供倾废或海上焚烧。[123]这两项义务加强了《伦敦公约》下所适用的制度。

即使根据《伦敦议定书》可以倾倒某种物质，倾废行为仍需得到相关缔约国的授权，缔约国必须进行环境影响评估，包括评定倾倒场所和被倾

108

116　Resolution LC.48(16) (1992).
117　莫勒纳尔解释说，选择采用一项独立议定书的目的是希望纳入不那么严格的生效要求；Molenaar (n72) 398。
118　LDP Article 24(1).
119　Ibid, Article 23.
120　Ibid, Annex I. 关于二氧化碳流的处理，参见第9章。
121　LDP Article 22.
122　Ibid, Article 5.
123　Ibid, Article 6.

倒的物质对海洋环境的潜在影响。[124]《伦敦议定书》规定，在颁发许可证时，
"特别应注意使用对环境更可取的替代办法来避免倾倒的机会"。[125]事实上，
《伦敦议定书》还要求对减少/防止废物技术进行检查，"如果规定的检查表
明具有在源头处防止废物的机会，则申请人应制定和实施某种废物防止战
略……包括具体的废物减少目标和用以确保达到这些目标的进一步的防废
检查的规定"。[126]此外，申请者必须表明，在倾废之前已经考虑了所有其他
的选择。[127]根据《伦敦公约》制定的关于评估倾废提议的指导意见也适用于
《伦敦议定书》下的倾废行为。

　　如果倾废继续进行，各国必须进行持续的监测，以确保倾废符合所有
许可证的条件，并确保对海洋环境没有产生未预测到的影响。[128]这些规定为
在《伦敦公约》下的非约束性指导基础上发展起来的要求提供了明确的法律
依据。

　　《伦敦议定书》的另一项创新是引入了正式的遵约程序。与《伦敦公约》
一样，《伦敦议定书》要求定期向秘书处报告有关倾废许可证和执法行动的
信息。[129]缔约国还必须报告为执行《伦敦议定书》而采取措施的有效性，以
及在适用中遇到的任何困难，以便积极主动地确定缔约国应处理的问题。此
外，《伦敦议定书》还设立了一个遵约小组，该小组与科学小组一起，可以
对缔约国的报告进行更深入的审查。[130]遵约小组能够就《伦敦议定书》下的
系统性遵约问题向缔约方会议提出建议。遵约机制还允许在个别国家履行其
义务出现问题时将其提交给遵约小组。各国如果在遵约方面遇到困难，可以
自行将问题提交遵约小组，且寻求财政或技术援助以执行条约的国家也可以
使用这一选项。利益受到一国不遵约行为影响的另一缔约方可以提交不遵约
国家的相关报告，缔约方会议也可根据其他缔约方、秘书处或观察员提供的
信息提交某个国家的报告。鉴于非国家行为体过去在揭露执行问题方面发挥

109

124　LDP, Annex 2, paras 11–15.

125　Ibid, Article 4.1.2.

126　Ibid, Annex 2, para. 3.

127　Ibid, Annex 2, para. 5.

128　Ibid, Annex 2, para. 16.

129　Ibid, Article 9.

130　参见 Report of the Twenty-Ninth Consultative Meeting, Document LC 29/17 (2007) para. 5.24 and
　　　Annex 7。

的作用，参考观察员提供的信息意义重大。然而，各国拒绝给予这些行为体独立触发遵约程序的能力，最终的提交决定由缔约方会议作出。[131] 因此，这一机制成功与否，将取决于协商会议是否愿意使用此权力。

遵约机制在很大程度上具有促进作用。遵约小组在审议它所掌握的信息和有关缔约国提供的所有进一步信息后，应向缔约方会议提交关于应采取何种行动的建议。遵约机制预见了四种选择，[132] 即

·提供咨询或建议，以协助有关缔约国履行《伦敦议定书》；

·促进合作与援助；

·在与一个或多个有关缔约国的合作下，制订遵约行动计划，包括目标和时间表；

·就某一缔约国的遵约情况发表正式的关注声明。

因此，遵约机制目前没有授权对不遵约的国家采取制裁或强制措施。尽管它留下了这样的可能性，"缔约方会议也可酌情考虑在其职权范围内采取额外措施，以促进相关方的遵守"，但没有具体说明这些措施可能是什么。[133]

遵约机制的另一个有趣的特点是能够向非缔约国提供建议，以促使其成为《伦敦议定书》的缔约国。[134] 在这一作用下，遵约机制能够确保希望成为缔约国的国家事先考虑了所有相关问题，以确保它们在正式受到约束时确实能够遵约。

《伦敦议定书》还包含一个比《伦敦公约》更强大的争端解决机制。根据《伦敦议定书》第16条，缔约国如果不能在12个月内解决有关《伦敦议定书》的解释或适用的争端，可将争端提交仲裁庭。[135] 这一机制将使解释和适用问题由权威第三方机制解决。这一程序将有可能使有关解释的争端被单方面提交给独立的裁决，从而避免1972年《伦敦公约》下出现的僵局。

毫无疑问，《伦敦议定书》谈判背后的意图是要取代《伦敦公约》，成为

110

131　参见 VanderZwaag and Daniel (n20) 542–543。

132　Compliance Procedures and Mechanisms Pursuant to Article 11 of the 1996 Protocol to the London Convention 1972 (2007) para. 5.1.

133　Ibid, para. 5.4.

134　Ibid, para. 2.2.8.

135　它还为各国提供了一种选择，即同意使用《海洋法公约》第十五部分中的争端解决程序。

全球性规则和标准的渊源。[136]然而，要实现这一目标，还有一段路要走。在本书写作时，《伦敦议定书》只有48个缔约国，而《伦敦公约》有87个缔约国。[137]然而，一些评论家认为，《伦敦议定书》包含了《海洋法公约》第210条所包含的"全球性规则和标准"，这意味着所有国家，无论是否接受《伦敦议定书》，都有义务采取这种更严格的方法。[138]目前这种说法似乎过于乐观，考虑到《伦敦议定书》的参与度很低，而且许多国家继续选择成为《伦敦公约》而非《伦敦议定书》的缔约国。在实践中，《伦敦公约》仍然是有关倾废的全球性规则和标准的主要渊源。《伦敦议定书》要获得广泛的接受还有很长的路要走，[139]有建议认为在1972年《伦敦公约》的绝大多数缔约国自己接受《伦敦议定书》之前，不应将其视为《海洋法公约》第210条的全球性规则。

5.5　加强区域层面的倾废制度

前面几节讨论的关于倾废的全球性规则也得到了区域层面规则的补充。《海洋法公约》、[140]《伦敦公约》及《伦敦议定书》都明确认可了规制倾废行为的区域方法。[141]区域主义的好处是，与全球层面相比，它允许特定的国家集团能以更快速度制定更严格的倾废政策。这可能涉及禁止更多的物质或对相关条约条款采取更严格的解释。在某些情况下，区域规则是在全球制度中引入类似改革之前的一个临时步骤。[142]

136　缔约国在第二十次协商会议上商定，"当《公约》的所有缔约国都成为《议定书》的缔约国时，《公约》将不再起作用（moribund）"；Document LC20/14 (1998) para. 5.6。

137　参见IMO网站：<http://www.imo.org/About/Conventions/StatusOfConventions/Pages/ Default. aspx>。

138　参见De la Fayette (n72) 516："《伦敦协定书》的实质性条款一旦生效，即使《海洋法公约》缔约国不是《伦敦协定书》的缔约方，也必须予以执行"。另参见D Ong, 'The 1982 UN Convention on the Law of the Sea and Marine Environmental Protection', in M Fitzmaurice et al (eds), *Research Handbook on International Environmental Law* (Edward Elgar 2010) 572。

139　参见G Hoon Hong and Y Joo Lee, 'Transitional Measures to Combine Two Global Ocean Dumping Treaties' (2015) 55 *MP* 47–56。

140　UNCLOS, Article 210(4).

141　LDC, Article 8; LDP, Article 12.

142　Birnie (n109) 515; Stokke (n60) 42.

大多数区域海洋框架条约[143]都包含一个条款，呼吁缔约方对由倾废行为造成的海洋环境污染进行监管。例如，《安提瓜公约》规定，"缔约国应采取一切适当措施，防止、减少和控制因从船舶、飞机或海上人工构造物上在海上倾倒废物和其他物质而对公约地区造成的污染，并确保有效执行适用的国际性规则和标准"。[144]然而，这种一般性规定似乎没有施加超出《海洋法公约》基本制度的要求。更重要的区域性文书是那些包含在区域内适用的更详细规则的条约或议定书。五个地区已经通过了与倾废有关的具体规则，即地中海地区、[145]黑海地区、[146]东北大西洋地区、[147]波罗的海地区[148]和南太平洋地区。[149]

波罗的海地区倾废规则的发展提供了一个很好的例子，说明区域性条约可以对倾废采取更严格的规制办法。第一，《赫尔辛基公约》将关于倾废的规定扩展到缔约国的内水。[150]第二，此公约禁止所有在波罗的海地区的倾废行为，但疏浚挖出物除外。[151]此外，倾倒疏浚挖出物只能在内水和领海进行，任何在这些海区外行将进行的倾废都必须先与波罗的海海洋环境保护委员会协商。该案例表明，当某一地区的国家能够就采取更严格的环境规制方法达

112

---

143 参见第2章。

144 参见1983 Cartagena Convention for the Protection of the Marine Environment of the Wider Caribbean Region (EIF 11 October 1986), Article 6。另参见2010 Amended Nairobi Convention for the Protection, Management and Development of the Marine and Coastal Environment of the Western Indian Ocean (尚未生效), Article 6；1981 Abidjan Convention for Cooperation in the Protection, Management and Development of the Marine and Coastal Environment of the Atlantic Coast of the West, Central and Southern Africa Region (EIF 5 August 1984), Article 6。

145 参见1976 Protocol for the Prevention of Pollution in the Mediterranean Sea by Dumping from Ships and Aircraft (EIF 12 February 1978), 经1995年《防止和消除从船舶和航空器倾废或在海上焚烧造成地中海污染的议定书》(尚未生效)修正。

146 参见1992 Protocol on the Protection of the Marine Environment of the Black Sea by Dumping (EIF 15 January 1994)。

147 参见1992 Convention for the Protection of the Marine Environment of the North-East Atlantic (OSPAR Convention) (EIF 25 March 1998), Article 4 and Annex II。

148 参见1992 Convention on the Protection of the Marine Environment of the Baltic Sea Area (Helsinki Convention) (EIF 17 January 2000), Article 11。

149 参见1986 Protocol for the Prevention of Pollution of the South Pacific Region by Dumping (EIF 22 August 1990)。

150 Helsinki Convention, Article 1.

151 Ibid, Article 11.《公约》也包含在遇险时进行倾废的标准例外条款。

成协议时，区域方法的力量就会显现出来。

区域性条约也可以成为全球制度的补充，为倾废承诺的实施提供另一层审查。因此，许多区域条约或议定书都有自己的遵约机制，可以作为《伦敦公约》或《伦敦议定书》规定程序的替代或补充。[152]区域条约还可以加强缔约方的其他程序性义务。适用于东北大西洋、波罗的海和地中海地区的条约都强调向公众提供有关可能影响海洋环境的活动（包括倾废）的信息的重要性。[153]《巴塞罗那公约》更进一步规定，"缔约方应确保公众有机会以适当方式参与与《公约》及其《议定书》适用领域有关的决策过程"，这一规定显然适用于倾废问题。[154]通过这种方式，区域条约超越了全球制度下关于公众参与和透明度的不具约束力的建议。

5.6 结论

本章回顾了与海上倾废有关的国际制度的演变。《伦敦公约》是解决这一问题的主要全球性条约。尽管《伦敦公约》是最早通过谈判达成的关于海洋环境污染的多边条约之一，但多年来，随着人们对海洋环境保护和在海上处置废物的适当性的态度的改变，《伦敦公约》得到了极大的加强。通过制定执行《伦敦公约》的决议和指南，各缔约国认可了进行倾废活动时的生态系统方法和预防性方法，《伦敦公约》已经从寻求规制倾废行为的制度演变为禁止大多数类型的倾废行为的制度。这种精神的变化部分反映在该条约制度的非正式名称从《伦敦倾废公约》修改为《伦敦公约》。[155]

全球倾废制度的另一个重大进展是《伦敦议定书》的缔结。通过完全倒置倾废的举证责任，该条约甚至比《伦敦公约》更具预防性。它还在支持该制度发展的制度框架中引入了重要的创新性内容，特别是引入一个正式的遵约程序。

全球倾废条约也因为它们与《海洋法公约》存在的联系而具有重要性。

---

152 例如OSPAR Convention, Article 23；1995 Barcelona Convention for the Protection of the Marine Environment and the Coastal Region of the Mediterranean (Barcelona Convention) (EIF 9 July 2004), Article 27。

153 OSPAR Convention, Article 9；Helsinki Convention, Article 17；Barcelona Convention, Article 15(1)。

154 Barcelona Convention, Article 15(2)。

155 de la Fayette (n72) 534.

由于《海洋法公约》第210条的参照适用规则，《伦敦公约》的主要规定被
纳入了海洋法的总体框架，因此，《伦敦公约》的规定可以被视为适用于所
有国家的国际最低标准，无论这些国家是否为《海洋法公约》的缔约国。然
而，《海洋法公约》第210条中参照适用规则的确切运作方式仍存在争议，
特别是在涉及《伦敦议定书》时。有人提出，必须谨慎对待关于《伦敦议定
书》已成为《海洋法公约》第210条所指的全球性条约的观点，除非能够证
明《伦敦议定书》已成为在全球层面规制倾废行为的主要文书。然而，随着
越来越多的缔约国接受《伦敦议定书》，关于《伦敦议定书》已成为国际最
低标准的观点正在得到加强。因此，应通过倾废条约下设立的机构和关注海
洋环境问题的其他国际机构，如联合国大会[156]或联合国环境大会，继续努力
鼓励各国批准《伦敦议定书》。

　　对于这两个倾废条约来说，遵约仍然是一个关键问题。全球层面的报告
情况很差，在这方面协助各国的倡议迄今似乎没有发挥作用。能否解决这个
问题将是检验倾废条约作为一个有效的全球制度是否可信的试金石。此外，
问题的范围也令人担忧，但它最终是一个技术和财政能力的问题，国际社会
将需要投入必要的资源，以确保所有国家都有办法履行其责任。[157]集中资源
的一个方法是通过谈判更多的区域倾废条约来发展区域层面的规制能力。全
球条约本身预见到了区域机构在报告方面的作用，[158]区域内的共同利益可以
激励各国合作，以具有成本效益的方式实施倾废规则。

　　最终，减少倾废还需要开发替代性的废物处置方法。此外，还必须确
保这些替代方法本身不会对环境产生负面影响。因此，不能孤立地发展倾废
制度，国际社会还必须采取更广泛的战略来改善危险废物的处理。[159]事实上，
或许在某些情况下，海上倾废是可能的最好解决办法，而《伦敦公约》和
《伦敦议定书》规定的规则和程序将确保各国在作出这类决定时考虑到所有
相关因素。

156　参见 UNGA Resolution 71/257 (2016) para. 213。

157　Stokke (n60) 39.

158　LDC, Article 6(4); LDP Article 9(4).

159　还有一些与废物管理有关的条约，例如 1989 Convention on the Control of Transboundary
　　　Movements of Hazardous Wastes (Basel Convention) (EIF 5 May 1992); 2009 International
　　　Convention for the Safe and Environmentally Sound Recycling of Ships (Hong Kong Convention)
　　　(尚未生效)。

6 航运对海洋环境的威胁

6.1 引言

航运对全球经济的重要性不可小觑，世界90%以上的货物贸易都要依靠船舶进行运输。[1]然而，海上运输并不是百利而无一害的，经过多年的调查研究，我们发现航运业会对海洋环境造成严重危害。

船舶油污是国际社会需要首先处理的船舶污染类型之一。随着石油越来越多地依靠海上运输，海上石油污染逐渐引起了一些受影响国家的关注。对沿海国而言，其不仅担心过往油轮沉没或搁浅造成的浮油风险，还担心船只正常作业（例如在海上清洗货油舱）造成的污染。[2]类似的问题屡见不鲜，例如一些船只用空油箱作为压载舱，之后将受污染的压载水排放回大海。据海洋环境保护科学问题专家组估计，每年有20万吨以上的石油通过航运作业排放入海。[3]不仅涉及石油或其他有毒物质释放的事件会对海洋环境产生影响，人们现在还认识到船舶会对海洋生物产生更广泛的影响，例如噪声污染、外来物种入侵或对脆弱海洋生态系统的物理破坏。

航运业的全球性意味着船舶污染问题只能在国际层面得到有效解决。事实上，人们早就认识到"只有国际化的解决方案才能奏效"，因为"在公海上排放的石油可能会被洋流和风带向海岸"。[4]因此，各国诉诸国际法以期在

---

1 IMO, *International Shipping Facts and Figures* (2012)7：<http://www.imo.orglKnowledgeCentre/ ShipsAndShippingFactsAndFigures/TheRoleandImportanceofInternationalShipping/Documents/ International%20Shipping%20-%20Facts%20and%20Figures.pdf>.

2 关于该问题简单且有效的解释详见 CL Boyle, 'Sea Pollution' (1954) 2 *Oryx* 212。

3 GESAMP, *Estimates of Oil Entering the Marine Environment from Sea-Based Activities*, GESAMP Reports and Studies No. 75(2007) vi.

4 Report of the International Law Commission (1956 –II) *Yearbook of the International Law Commission* 286.

适当解决船舶污染问题上达成共识。[5] 自1967年"托雷峡谷"（Torrey Canyon）号沉没以来，人们逐渐认识到单艘船只都有可能造成广泛且严重的损害。与此同时国际社会也相继制定了一系列国际规则和标准来防止、减少以及控制船舶污染。国际海事组织[6]率先响应并通过了多项国际公约，以预防和控制船舶污染以及航运对海洋环境造成的广泛影响。本章将分析上述文书的性质和内容及其在不同的海洋区域的执行情况。

6.2　对来自船舶的海洋环境威胁的国际监管制度框架

船舶污染是《海洋法公约》确定的海洋环境污染的主要来源之一。《海洋法公约》第194条第3款（b）项要求各缔约国采取"旨在最大限度地减少船舶污染"的措施，第211条第1款进一步要求各国"采取行动，制订国际规则和标准，以防止、减少和控制船只对海洋环境的污染"。只有将船舶污染的管辖权制度同为了履行这项合作义务而形成的国际制度框架联系起来才能使人充分理解其内容。

与《海洋法公约》中许多制定国际标准的授权性法条不同，公约第211条第1款指的是一个单一的"主管国际组织或一般外交会议"，而只有国际海事组织才有权履行这一职能。[7] 该机构的工作机制也将是本章重点讨论的部分。此外，区域性海洋机构在防止船舶污染方面也可以发挥作用。[8] 几乎所有的区域性海洋条约都将船舶污染列入其规制范围。然而，从其法律条文中可看出，它们倾向于认为国际海事组织是负责制定航运标准的国际机构，而它们的作用仅限于在实施此类标准方面进行合作。例如，《赫尔辛基公约》规

5　关于该问题第一个条约是1954 International Convention on Pollution of Sea by Oil (OILPOL Convention)(EIF 26 July 1958)。

6　该机构曾被称为政府间海事协商组织，直到1975年通过修正案改变其名称。

7　IMO Secretariat, *Implications of the United Nations Convention on the Law of the Sea for the International Maritime Organization*, Document LEG/Misc.8 (2014)7；另参见 WH Lampe, The "New International Maritime Organization and its Place in the Development of International Maritime Law' (1983)14 *JMLC* 305，329。

8　参见 EJ Molenaar, 'Options for Regional Regulation of Merchant Shipping Outside the IMO, with Particular Reference to the Arctic Region' (2014)45 *ODIL* 272–298；H Ringbom, Vessel-Source Pollution', in R Rayfuse (ed.), *Research Handbook on International Marine Environmental Law*(Edward Elgar 2016)124–125。

定，"在保护波罗的海地区免受船舶污染的问题上，缔约国应在国际海事组织内进行合作，特别应促进发展其国际规则……"。在这种情况下，波罗的海委员会的作用仅限于"有效协调并实施国际海事组织通过的相关规则"。[9]《巴塞罗那公约》同样规定："缔约方应采取一切符合国际法的措施，防止、减少、打击并尽最大可能消除船舶排放对地中海地区造成的污染，并确保在该地区有效实施国际普遍承认的与控制此类污染有关的规则。"[10]

因此，区域海洋机构在上述领域很大程度上支持并实施国际海事组织制定的标准。[11]生物多样性条约还可以通过提供环境威胁程度的信息并促使国际社会采取行动的方式，支持国际海事组织履行职责。本章将提供此类互动的案例。

6.3　国际航运标准在保护海洋环境中的运用

6.3.1　国际海事组织与海洋环境保护

国际海事组织成立于1958年，旨在为航运监管合作提供平台。国际海事组织的原始章程没有提到航运对环境的影响，但作为负责"影响航运的各种技术事务"的联合国专门机构，[12]各国需要求助于该组织来解决航运中来自船舶的污染问题。1975年，国际海事组织对其组织章程进行修订，正式将防止船舶污染列入组织目标中。[13]与此同时，国际海事组织还成立了一个永久性的海洋环境保护委员会（Marine Environment Protection Committee，MEPC，以下简称"海保会"），从而为国际社会提供一个专门探讨船舶污染

9　参见1992 Helsinki Convention on the Protection of the Marine Environment of the Baltic Sea Area (1992 Helsinki Convention)(EIF 17 January 2000)，Annex IV，Regulation I。

10　参见1995 Barcelona Convention for the Protection of the Marine Environment and the Coastal Region of the Mediterranean(Barcelona Convention)(EIF 9 July 2004)，Article 6。

11　Annex IV of the 1991 Environmental Protocol to the Antarctic Treaty (EIF 14 January1998) 可能不同寻常，因为它明确规定了悬挂该议定书缔约方国旗的船舶必须达到的标准。然而在实践中，这些标准与海事组织有关文书适用于南极区域的类似标准大体重叠。

12　参见1948 Convention on the International Maritime Organization (IMO Convention)(EIF17 March 1958)Article 1(a)(as amended)。

13　这些修正案由 IMO Assembly Resolution A.358(IX)(1975) 提出。

法律制度发展的论坛。[14]事实上,国际海事组织的作用不仅仅是预防、减少和控制海洋污染。其"2012~2017年战略计划"设定了实现"无害环境"的航运的总体目标,[15]这表明国际海事组织已采用生态系统方法或者至少将其作为一项原则来监管船舶作业。

　　国际海事组织的主要工作是制定相关的标准。它有权制定"有关海上安全、航行效率、防止和控制船舶造成海洋污染的问题的可行的最高标准"。[16]上述三个目标密切相关,例如船舶安全性的提高将会减少人员伤亡以及防止海洋污染。国际海事组织制定的标准通常是技术性的且直接针对船舶本身,尽管标准的实施有赖于成员国国内的立法。因此,这将要求在国际层面的高度协调。

　　这些标准散见于各类不同的国际文书之中。国际海事组织既可以"提出建议"[17]也可以"为起草公约、协议或其他适当的文件作出规定"。[18]实践中,国际海事组织运用这两种方法制定应对由航运导致的环境威胁的措施,并出台了与当前背景相关的主要国际海事组织监管条约,包括1972年《国际海上避碰规则国际公约》(International Convention on International Regulations for Preventing Collisions at Sea)、[19]1973年《国际防止船舶造成污染公约》(International Convention on the Prevention of pollution from Ships, MARPOL Convention,以下简称"MARPOL公约")、[20]1974年《国际海上人命安全公约》(International Convention on Safety of Life at Sea SOLAS Convention)、[21]1978年《海员培训、发证和值班标准国际公约》(International Convention on

---

14　海保会取代了1954年成立的海上安全委员会(MSC,简称"海安会")下属的油污小组委员会。海保会于1975年作为大会的一个常设附属机构非正式成立,但直到1975年《修正案》生效才与海安会实现正式的机构平等。参见IMO Convention, Article 38(c)。

15　*Strategic Plan for the Organization for the Six-Year Period 2012—2017*, IMO Assembly Resolution A.1037(27) adopted 22 November 2011.

16　IMO Convention, Article 1(a).

17　IMO Convention, Article 2(a).

18　IMO Convention, Article 2(b).

19　参见1972 International Convention on International Regulations for Preventing Collisions at Sea (COLREGS Convention)(EIF 15 July 1977)。

20　参见1973 International Convention on the Prevention of Pollution from Ships (as amended by a Protocol adopted in 1978)(MARPOL Convention)(EIF 2 October 1983)。

21　参见1974 International Convention on Safety of Life at Sea (as amended by Protocols adopted in 1978 and 1988)(SOLAS Convention)(EIF 25 May 1980)。

Standards of Training, Certification, and Watch keeping for Seafarers）、[22]2001年《控制船舶有害防污底系统国际公约》（International Convention on the Control of Harmful Anti-Fouling Systems on Ships，AFS Convention）、[23]2004年《船舶压载水和沉积物控制和管理国际公约》（International Convention for the Control and Management of Ships' Ballast Water and Sediments，以下简称《压载水管理公约》或"BWM 公约"）[24]以及2009年《国际船舶回收公约》（International Convention on the Recycling of Ships）。[25]国际海事组织还通过了一些不具法律约束力的指令来预防、减少和控制船舶污染。这些文书与现有条约相关联并为适用标准的解释或实施提供相应指导。另外，不具法律约束力的文书还可以充当条约谈判的"前奏"，并在相关具有法律约束力的文书还没有得到足够的政治支持时得以适用。[26] 在这种情况下，不具法律约束力的文书可以为协调国家实践提供基础，对海洋环境产生积极影响。

具有法律约束力和不具法律约束力的文书谈判往往需要相关专门委员会的推进，如海上安全委员会和海保会，以及它们下辖的各个小组委员会。[27]这些委员会由该组织的所有成员组成，[28]为了使得相关监管文书得到最大限度的支持，它们在很大程度上以协商一致的方式运作。[29]在国际海事组织机构内，国家是主要的决策者。然而，该组织也允许非政府组织作为观察员参与。[30]目前有77个非政府组织在国际海事组织中具有咨询地位，其代表来自

---

22 参见1978 International Convention on Standards of Training, Certification, and Watchkeeping for Seafarers (as amended by Protocols adopted in 1995)(STCW Convention)(EIF 28 April 1984)。

23 参见2001 International Convention on the Control of Harmful Anti-Fouling Systems on Ships (AFS Convention)(EIF 17 September 2008)。

24 参见2004 International Convention for the Control and Management of Ships' Ballast Water and Sediments (BWM Convention)(EIF 8 September 2017)。

25 参见2009 International Convention on the Recycling of Ships(Ship Recycling Convention)(尚未生效)。

26 参见J Harrison, *Making the Law of the Sea* (CUP 2011)164–165。

27 下列委员会与环境保护特别相关：人员因素、培训和守望小组委员会；环境、导航、通信及搜救小组委员会；污染预防和应对小组委员会；船舶设计和建造小组委员会；船舶系统和设备小组委员会；货物和集装箱运输小组委员会。

28 IMO Convention, Articles 27 and 37.

29 参见IMO (n7) 7。

30 IMO Convention, Article 62；参见 *Rules and Guidelines for Consultative Status of Non-Governmental International Organizations with the International Maritime Organization*。<http://www.imo.org/About/Membership/Documents/ RULES%20AND%20GUIDELINES%20FOR%20CONSULTATIVE%20STATUS.pdf>。

航运、保险等不同的行业和环保组织。[31]尽管非政府组织对文件的通过没有表决权，但它们可以参与辩论和讨论环节，从而影响谈判的结果。[32]虽然观察员们不能将其考虑的事项列入正式议程，但可以提交信息供国际海事组织成员国审议，因此，非政府组织在一定程度上能够影响会议的讨论。[33]基于此种方法，国际海事组织促进了参与式环境决策方式的产生和发展，同时，环境类非政府组织在确保环境问题引起海事组织注意方面发挥了重要作用。此外，航运业也普遍赞成国际海事组织在国际层面进行协调，以促进所有运营商的公平竞争。然而，航运业也担心过度监管会影响经济，并建议新的法规应接受全面和适当的监管影响评估。[34]上述矛盾最终需要国际海事组织的成员国协商解决。

国际海事组织在制定标准的过程中以非歧视原则为指导。国际航运业的性质意味着不能以国籍区分船舶，即如果对在发展中国家注册的船舶采用较低的标准，则所有船舶都可以直接选择低标准的地方进行登记，从而规避任何针对发达国家的更高的标准。[35]尽管如此，各国仍通过向发展中国家提供技术和财政援助的方式适用共同但有区别的责任原则，此类援助形式在《国际海事组织公约》（IMO Convention）[36]以及其他相关规则中得以体现。[37]为进一步实现这一目标，国际海事组织还制订了一项综合技术合作计划，旨在"帮助缺乏安全有效运营航运业所需技术知识和资源的政府"。[38]这一计划在采取保护海洋环境的措施方面显得尤为重要，其内容包括向国家官员提供培训、帮助起草立法以及向发展中国家提供财政援助。

119

31　参见 <http://www.imo.org/About/Membership/Pages/NGOsInConsultativeStatus.aspx>。

32　参见 JE Vorbach, 'The Vital Role of Non-Flag State Actors in the Pursuit of Safer Shipping' (2001) 32 *ODIL* 27；G Peet, 'The Role of Environmental Non-Governmental Organizations at the Marine Environment Protection Committee（MEPC）of the International Maritime Organization, and at the London Dumping Convention (LDC)' (1994)22 *O&CM* 3–18。

33　参见 *Addressing Marine Pollution from Oil-based Lubricants during Normal Operations—Submitted by WWF and FOEI*, Document MEPC 60/21/2 (2010)。

34　International Chamber of Shipping, *2015 Annual Review* (2015)24–25.

35　参见 MS Karim, 'Implementation of the MARPOL Convention in Developing Countries' (2010)79 *NJIL* 303，332。

36　IMO Convention, Articles 42–46.

37　参见 MARPOL Convention, Article 17。

38　参见 IMO, 'Technical Cooperation'. <http://www.imo.org/OurWork/TechnicalCooperationl/Pages/Default.aspx>。

国际海事组织制定标准的程序还包括对相关规则和标准的有效性进行持续评估（例如对防止、减少和控制船舶对海洋环境的污染方面的评估规则和标准）。这一监督过程很重要，因为它允许通过对条约进行修正来应对航运带来的新威胁。

《国际防止船舶造成污染公约》是对国际海事组织的监管条约进行修正的经典案例。《国际防止船舶造成污染公约》通过《国际海事组织公约》第16条规定的默示修正程序的适用得以不断更新。[39]这一程序反映了《伦敦公约》也采用的默示修正程序，[40]即允许对其公约附则的内容进行快速且积极的修订。尽管国际海事组织试图在可能的情况下以协商一致的方式开展工作，[41]但是修正案只需要由出席并参加表决的公约缔约国三分之二的多数通过。[42]通过后的修正案将转交给各缔约国以待其接受。[43]传统的修正程序要求在所有国家积极接受的情况下修正案才具有约束力，有别于此，默示修正程序意味着修正案通过后应"视为已被接受"，除非在特定期限内"有不少于三分之一的缔约国或其所拥有的商船队之和不少于世界商船队总吨位50%的缔约国（不论达到哪个条件均可）"提出反对。[44]换句话说，缔约国必须明确反对修正案，否则它们将受到修正案的约束。若修正案以上述方式被接受，则修正案将在接受之日起六个月后生效。[45]上述期间内，缔约国另有一次机会反对修正案并阻止此类修正案适用于该国船舶。然而，在实践中，很少有国家反对修正案，这意味着它们将平等地适用于所有缔约国。[46]

这种默示修正程序只适用于对现有附则的修正。对条约正文的重大修正[47]或增加新的公约附则[48]还需要以三分之二多数的缔约国通过，然后在其生

120

---

39 所有修正案清单参见 IMO，Status of Multilateral Conventions and Instruments in Respect of which the International Maritime Organization or its Secretary-General Performs Depositary or Other Functions。<http://www.imo.org/en/About/Conventions/StatusOfConventions/Pages/Default.aspx>。

40 参见第5章。

41 MARPOL Convention，Article 16(2)(d)or (3)(b)。

42 IMO (n7)8.

43 MARPOL Convention，Article 16(2)(e) or (3)(b)。

44 Ibid, Article 16(2)(f)(iii).

45 Ibid, Article 16(2)(g)(ii).

46 相关讨论，参见 Harrison (n26) 161–163。

47 MARPOL Convention，Article 16(2)(f)(i).

48 Ibid, Article 16(5).

效前得到各国的积极接受。[49]这一定程度上增加了通过新附则的难度，同时也解释了为什么各国在实践中更愿意通过谈判制定单独的条约文书来处理新的污染源，如《控制船舶有害防污底系统国际公约》和《压载水管理公约》。[50]

6.3.2 《国际防止船舶造成污染公约》

MARPOL公约是当今管理船舶污染的主要条约，尽管它并不是该领域的首个条约。1954年《防止海上油污染国际公约》已经在控制石油污染上发挥了一定的作用，该公约试图通过禁止油轮和其他船只在距陆地50海里范围内排放油类和含油水来管理石油污染这一问题。[51]然而，该条约被认为存有诸多缺陷。首先，条约的修订程序烦琐，这就使得条约文本难以及时更新。此外，该条约没有涉及在海上运输其他危险物质（例如化学品）对海洋环境构成的威胁。为了纠正上述不足，1973年召开的国际海洋污染会议通过了一部新的公约，即MARPOL公约，为现今管理船舶污染的国际性规则提供了核心纲领。[52]截至目前，MARPOL公约有155个缔约国，所拥有船舶占世界船舶总吨位数的99.14%。[53]

MARPOL公约旨在防止"由于违反公约排放有害物质或含有这种物质的废液而污染海洋环境"，[54]并将有害物质定义为"任何进入海洋后易于危害人类健康、有害生物资源和海洋生物，损害休憩环境或妨害对海洋的其他合法利用的物质"。[55]上述条款采用广义解释，[56]不仅包括直接流入海洋的有害物质，还包括船舶排放气体通过大气对海洋造成的污染。[57]

49　MARPOL Convention, Article 16(g)(i).

50　参见JJ Angelo, 'The International Maritime Organization and Protection of the Marine Environment', in MH Nordquist and JN Moore, *Current Maritime Issues and the International Maritime Organization* (Martinus Nijhoff 1999) 105–111。

51　参见1954 International Convention for the Prevention of Pollution of the Sea by Oil(OILPOL Convention)(EIF 26 July 1958)。

52　MARPOL Convention, 其原始案文未能得到充分的支持，1978年又召开了一次会议，以审议其生效的缺陷。1978年审议大会通过了议定书，便利了MARPOL公约于1983年10月2日生效。

53　参见IMO网站：<http://www.imo.org/About/Conventions/StatusOfConventions/Pages/Default.aspx>。

54　MARPOL Convention, Article 1(1).

55　Ibid, Article 2(2).

56　参见海保会第六十届会议报告，MEPC 60/22(2010) 第4.33段文件对污染的讨论。

57　参见Annex VI。

MARPOL公约的附则包含有关船舶设计、建造、设备和操作的详细技术标准。每个附则都涵盖特定类别的污染。

首先，MARPOL公约附则一处理船舶油类污染问题，取代了1954年《防止海上油污染国际公约》中的规定。[58]附则一主要针对运输油类货物的油轮，但也包括了来自燃油（燃料）的油污染威胁。附则一对所有缔约国都具有强制性，其内容涉及排放、建造、设备和操作要求等。由于意识到技术发展使油轮能够以更清洁的方式运营，该附则提高了在原1954年公约下适用的标准，[59]船舶的所有含油排放均受到监管，[60]船舶必须携带某些滤油设备使得排放量降到最低。[61]任何油类混合物的排放都必须被记录在"油类记录簿"中，方便船舶停靠港口时港口国依法检查。[62]油轮还必须配备排油监控系统，以确保当油量瞬间排放率超过允许量时应自动停止排放任何油性混合物。[63]此外，建造和操作要求旨在降低油轮事故的风险，或在事故已经发生时最大限度地减少严重污染的可能性。其中，禁用单壳油轮是重要发展之一。附则规定在1996年7月6日或之后交船的油轮需要配备双壳体和双层底，以便在发生碰撞或其他事故时更安全地防止破裂。[64]在1999年发生的"埃里卡"（Erika）号事件中，数千吨石油在法国近海岸泄漏，此次灾难性事件使得施行上述规定的进程加快。[65]此外，事故还进一步促进了"状况评估计划"的批准，该计划旨在核实待改装的单壳油轮的结构状况。[66]2009年，附则一中又增加了新的规定来解决"船对船"（STS）输油作业造成的污染风险问题。这一补充性规定要求任何参与"STS作业"的油轮要制订一份计划并且在执

58 MARPOL Convention, Article 9(1). 经修订的附则一于2004年10月由海保会通过，并于2007年1月1日生效，MEPC Resolution EPC.117(52)(2004)。

59 MARPOL Annex I, Regulation 34.1.5.

60 MARPOL Annex I, Regulation 15.2. 这些规则适用于400 GT以上的船舶；参见Annex I, Regulation 15.6。

61 参见MARPOL Annex I, Regulation 14。

62 MARPOL Annex I, Regulation 17. 另参见Regulation 36。港口国管辖权问题见下。

63 MARPOL Annex I, Regulation 31.2.

64 MARPOL Annex I, Regulation 19.

65 Resolution MEPC. 95(46)(2001).

66 Resolution MEPC. 94(46) (2001).

行作业前48小时通知相关沿海国当局有关部门。[67]

MARPOL公约附则二处理有毒液体污染问题。[68]它适用于所有用于运输化学品和其他散装有毒液体物质的船舶。[69]附则二根据货物可能造成的危害对有毒液体物质承运人的作业做出了规定。这些规定的核心目的是管制含有化学物质和其他有毒液体物质的储罐残余物或压载物的排放，例如最危险类物质（X类物质）禁止排放到海洋环境中，[70]危险较小的物质（Y类和Z类物质）也受到相应的排放质量和数量的限制。[71]受MARPOL公约附则二约束的船舶还必须遵守《国际散装化学品规则》（International Bulk Chemical Code）[72]或《散装化学品准则》（Bulk Chemical Code）[73]中关于其设计、建造和设备的一系列复杂要求，具体情况取决于它们的建造时间。[74]故附则二也具有强制性，其对MARPOL公约的所有缔约国具有约束力。此外，《国际海上人命安全公约》中的规定也对上述标准进行了补充。[75]

MARPOL公约附则三中包含了《防止海运包装有害物质污染规则》（Regulations on the Prevention of Pollution from Harmful Substances in Rackage Form）。[76]它是一个可选附则，在本书写作时，已有147个国家接受了附则三，占世界船舶总吨位的98.54%。[77]本附则适用于《国际海运危险货物规则》所定义的所有载运"有害物质"的船舶，或载有特定数量的本附则附录中所

123

---

67 MARPOL Convention, Regulations 40-1.该条例适用于在领海和专属经济区内的作业。将此条例扩大到专属经济区是有争议的，因为一些国家认为该条例干涉了航行自由，但海事组织秘书处提供的法律意见表明《海洋法公约》第211条第1款为通过该条例提供了法律依据；因此，该条例的适用范围是有争议的。参见 *Legal Opinion on Certain Issues Concerning Draft Amendments to MARPOL Annex I,Noteby the Secretariat*, Document BLG 12/Wp.4 (2008)。

68 国际海事组织海洋环境委员会于2004年10月通过了经修订的附则二，并于2007年1月1日生效；MEPC.118(52)(2004)号决议。

69 MARPOL Annex II, Regulation 2.1.

70 MARPOL Annex II, Regulation 6.1.1.

71 MARPOL Annex II, Regulation 6.1.2 and 6.1.3.

72 《国际散装化学品规则》载于MEPC.19(22)号决议，适用于1986年7月1日或之后建造的化学品油轮。

73 散装化学品代码载于MEPC.20(22)(1985)决议。

74 MARPOL Annex II, Regulation 11.

75 参见SOLAS Convention, Annex, Chapter VII：Carriage of Dangerous Goods。

76 MEPC.193(61)(2010)号决议通过了附则的新版本，并于2014年1月1日对已接受附则的国家生效。

77 参见IMO网站：<http://www.imo.org/About/Conventions/StatusOfConventions/Pages/Default.aspx>。

列化学物质的船舶。[78] 附则三涉及在含有有害物质的包装上进行标记、标签、装载和处理的有关要求。[79] 详细要求可见《国际海运危险货物规则》，该规则将危险物质分为九类，即爆炸物、气体、易燃液体、易燃固体、氧化性物质和有机过氧化物、有毒和传染性物质、放射性物质、腐蚀性物质和第九类杂项类危险品。[80] 此外，危险货物的运输也受到《国际海上人命安全公约》第七章的规制。

MARPOL 公约附则四针对船舶排放的污水造成的污染。该附则主要涉及装置设备[81] 以及排放[82] 标准，以期尽量减少污水对海洋环境的污染。由于许多国家在为船舶提供船舶污水接收设施方面存在困难，此附则的原始版本遭到许多国家的反对。[83] 为了促进附则的广泛适用，各国同意对附则进行修订。附则四的新版本于2004年4月由海保会通过，并于2005年8月1日对已接受该附则的缔约国生效。[84] 该案例也精准地反映了默示修正程序可以作为促进公约迅速生效的方式。在本章撰写时，MARPOL 公约中140个缔约国已接受附则四，所拥有船舶占世界船舶总吨位的91.54%。[85]

MARPOL 公约的可选附则五针对船舶排放垃圾造成的污染。[86] 附则五规定禁止排放除附则规定的特定例外物品外的任何垃圾，因此附则五可被视为采取了预防性方法。虽然本附则允许排放食物垃圾、货物残渣和废水，但它们须符合某些特定条件，而具体条件取决于相关废物的类型。[87] 当垃圾与其他禁止排放的物质混合或被其污染，或者存在不同的排放要求时，要适用相

78　MARPOL Annex III, Regulation 1.1.1.

79　MARPOL Annex III, Regulation 3.

80　针对《国际海运危险货物规则》的基本解释，参见 IMO 网站：<http://www.imo.org/blast/mainframe.asp?topic_id=158>。

81　MARPOL Annex IV, Regulation 9.

82　Ibid, Regulation 11.

83　JV Crayford, 'Forthcoming Changes to the International Convention for the Prevention of Pollution from Ships (MARPOL 73/78)', in MH Nordquist and JN Moore (eds), *Current Maritime Issues and the International Maritime Organization*(Martinus Nijhoff 1999)147.

84　MEPC Resolution MEPC. 115(51) (2004).

85　参见 IMO 网站：<http://www.imo.org/About/Conventions/StatusOfConventions/Pages/Default.aspx>。

86　MEPC 于2011年7月通过了附则的新版本，并于2013年1月1日对接受该附则的缔约方生效；MEPC Resolution MEPC. 201(62) (2011).

87　MARPOL Annex V, Regulations 3–4.

对更严格的要求，这也再次表明其采取了预防性方法。为了遵守规定，船舶可能需安装如压缩机或焚化炉等各种设备，而且超过100总吨的船舶必须制订船上垃圾管理计划，超过400总吨的船舶则须有垃圾记录簿来记录所有已排放的垃圾。MARPOL公约中152个缔约国均接受了附则五，所拥有船舶占世界船舶总吨位的98.72%。[88]

在1997年的空气污染会议上，关于船舶空气污染的附则六被添加至MARPOL公约中。[89]在其原始文件中，该附则仅涉及某些物质的排放，特别是消耗臭氧层的物质、氮氧化物、硫氧化物和颗粒物。具体而言该附则引入了船用燃料油的硫含量标准。附则六的初版于2005年5月19日生效。起初，它并没有被各国广泛接受。为了提高各国的参与程度，附则六的修订版于2008年10月10日通过，并于2010年7月1日生效。修正案还特别引入了燃料硫含量的增量标准，这意味着对船舶的环境性能的要求将随着时间的推移而提高。[90]迄今为止，附则六被88个缔约国接受，接受国拥有世界船舶总吨位的96.16%。[91]此后，附则六得到了进一步修订，其中包括关于能源效率的法规，这将在第9章减缓气候变化的背景下进行讨论。

尽管这些附则会定期更新，但MARPOL公约附则中的许多规定本质上都具有前瞻性，这意味着它们不仅适用于现有船舶，在涉及船舶设计和建造的法规时尤其如此。事实上，MARPOL公约包含一项推定，即"根据本条规定对本公约所作的任何修正，凡涉及船舶结构者，只适用于在该修正案生效之日或其后订立建造合同的船舶，或无建造合同但在该修正案生效之日或其后安放龙骨的船舶"。[92]这一推定的原因是改装船舶以符合新的监管要求往往过于昂贵，会限制国际法规的效力。与此同时，这一推定还可以被推翻，例如涉及海洋环境保护的某些特别重要的问题，无论航运业的成本如何，都

88　参见IMO网站：<http：/www.imo.org/About/Conventions/StatusOfConventionslPages/Default.aspx>。

89　参见1997 Protocol to Amend the International Convention for the Prevention of Pollution from Ships (MARPOL Annex VI)(EIF 19 May 2005)。

90　MARPOL Annex VI, Regulation 14(1).

91　参见IMO网站：<http：/www.imo.org/About/Conventions/StatusOfConventionslPages/Default.aspx>。

92　Ibid, Article 16(6).

可以追溯适用相关法规。显著案例为"埃里卡"号事件之后逐步禁止单壳油轮。

尽管 MARPOL 公约的附则旨在为所有船舶制定统一标准，但在其适用中通常有一定的灵活性。例如，一些法规的表述是船舶"应在合理和可行的范围内遵守这些条文的规定"。[93]其他规则还允许海事管理机构核验船东可以采用的替代方式来遵守附则的要求。事实上，附则一和二包含一项一般规定，即授权船旗国允许"在船上安装任何装置、材料、设备或器具，以代替本附则所要求者，条件是这种装置、材料、设备或器具与本附则所要求者至少同等有效"。[94]任何此类授权必须将详细资料送交给国际海事组织，以便将其转发给本公约缔约国"供其参考和采取适当的行动（如需）"。[95]因此，这种机制允许另一缔约国对此进行监督，如果其认为采取的措施不充分，该国可以对相关船旗国施加政治压力。不遵守规定会引发争端，而 MARPOL 公约要求将有关条约解释和适用的争端提交仲裁，[96]但迄今为止尚无已知的实践案例。

MARPOL 公约的另一个灵活性则表现在其确定了所谓的"特殊区域"，这些区域被定义为"在该海域中，由于其海洋学和生态学的情况以及其交通的特殊性质等方面公认的技术原因，需要采取防止海洋油污的特殊强制办法"[97]。MARPOL 公约附则一、二、四和五可划定特殊区域，且针对特殊区域制定了比 MARPOL 公约中其他规定更严格的排放标准。[98]目前附则一指定了十个特殊区域，即地中海、波罗的海、黑海、红海、海湾地区、亚丁湾、南极地区、西北欧水域、阿拉伯海的阿曼地区和非洲南部水域。[99]南极地区是 MARPOL 公约附则二下唯一指定的特殊区域，[100]波罗的海则是 MARPOL 公约

---

93 MARPOL Annex I, Regulation 16.4.

94 Ibid, Regulation 5.1; MARPOL Annex II, Regulation 5.1.

95 MARPOL Annex I, Regulation 5.2.

96 MARPOL Convention, Article 10.

97 MARPOL Annex I, Regulation 1(11).

98 Guidelines for the Designation of Special Areas under MARPOL 73/78 and Guidelines for the Identification and Designation of Particularly Sensitive Sea Areas, IMO Assembly Resolution A. 927(22) (2001).

99 MARPOL Annex I, Regulations 15 and 33.3.

100 MARPOL Annex II, Regulation 13.8.2.

附则四唯一指定的特殊区域。[101]最后，MARPOL公约附则五指定了八个特殊区域，即地中海、波罗的海、黑海、红海、海湾地区、北海、南极地区和大加勒比地区。[102]此外，还可以使用公约中的默示修正程序来指定额外的特殊区域。特殊区域的指定不仅对船舶有影响，而且为与特殊区域相接的沿海国增加了额外的义务，即提供接收设施以确保船舶能够遵守特殊区域里更严格的要求。[103]港口国必须保证接收设施随时可用，以减少船舶的延误，而且还必须承担阻止船舶为避免在港口国支付垃圾处理费用而在海上丢弃废物的责任。[104]为此，国际海事组织制定了《港口接收设施提供者及使用者综合指南》（Consolidated Guidance for Port Reception Facility Providers and Users），[105]上述义务将作为以下讨论的"国际海事组织成员国审核计划"（IMO Member State Audit Scheme，MSAS）的一部分接受审查。一些区域条约机构试图协调其提供接收设施的方法来履行上述义务。例如，《赫尔辛基公约》规定"缔约国应制定和实施统一要求，为船舶产生的废物提供接收设施，除其他外，应考虑到在波罗的海航行客船和海域的特殊需要"，[106]波罗的海委员会已经采纳并进一步实施了此建议。[107]这表明区域机构可以为国际海事组织标准的实施提供支持。

与上述附则类似，附则六允许建立排放控制区（Emissions Control Areas，ECAs），并通过对这些区域中使用燃料的硫含量施加较低的限制来实现与特殊区域类似的目的。迄今为止，波罗的海和北海已建立二氧化硫排放控制区，而北美地区和美属加勒比海地区则对航运产生的二氧化硫和二氧化氮的排放施加了额外限制。未来很可能会建立更多的排放控制区，从而进

101　MARPOL Annex IV, Regulation 11B.
102　MARPOL Annex V, Regulation 6.
103　MARPOL Annex I, Regulations 38.4–38.7；MARPOL Annex TV, Regulation 12bis. 事实上，提供接收设施往往是特殊区域生效的先决条件。因此，红海和黑海的特殊区域尚未具有强制性。
104　参见UN, Oceans and Law of the Sea：Report of the Secretary-General, Document A/71/74(2016) para.93。
105　IMO Document MEPC.1/Circ.834 (2014).
106　Helsinki Convention, Article 8(2).
107　HELCOM Recommendation 1/11 (1980).

一步提高以及细化航运的空气污染标准。[108]

6.3.3 《国际海上人命安全公约》

与 MARPOL 公约并列,《国际海上人命安全公约》是国际海事组织为提高航运安全而制定的监管框架的关键支柱之一。该公约的初版于 1914 年"泰坦尼克"号沉没（1912 年）后通过,此后经过多次更新,并在第二次世界大战后被纳入国际海事组织的框架内。其最新版本于 1974 年通过,并以与 MARPOL 公约类似的方式即使用默示修正程序来保持更新。《国际海上人命安全公约》目前有 163 个缔约国,占全球船舶总量的 99.14%。[109]《国际海上人命安全公约》规定了许多重要的建造、设计和设备标准,这将有助于提高船舶的安全性,从而降低可能对海洋环境造成严重后果的事故风险。

随着人们逐渐认识到人为因素而非技术缺陷是造成海上事故的最重要因素之一,《国际海上人命安全公约》越来越强调操作标准。[110]国际海事组织大会首先批准了 1989 年的《国际海事组织船舶安全营运和防止污染管理指南》（IMO Guidelines on Management for the Safe Operation of Ships and for Pollution Prevention）,[111]该指南后来被 1993 年通过的《国际安全管理规则》（International Safety Management Code, ISM Code）取代。[112]该规则的目的是确保船舶营运符合有助于实现高安全和环境保护的标准,要求"对涉及人员、船舶安全和防止污染的关键性的船上操作,公司应当建立制定有关程序、方案或须知包括必要的检查清单"。[113]该准则被不断更新,《国际海上人

108　预计在北海和波罗的海引入二氧化氮排放控制区的提案将于 2016 年提交 MEPC；参见 Road map for Designating a NECA in the Baltic Sea in parallel with the North Sea, Document HOD49–2015。另参见 Decision IG.22/4(2016) of the Meeting of the Parties to the Barcelona Convention, Annex, para.4.15,其中,它们承诺"审查是否可能将地中海或其部分指定为 MARPOL 公约附则六下的 SOX 排放控制区"。

109　参见 IMO 网站：<http：//www.imo.org/About/Conventions/StatusOfConventions/Pages/Default. aspx>。

110　参见 UKP& I Club, Analysis of Major Claims (1998) 1。

111　IMO Assembly Resolution A. 647(16)(1989), 后为 IMO Assembly Resolution A.680(17) (1991) 所代替。

112　IMO Assembly Resolution A. 741(18)(1993)。

113　ISM Code, para.7.

命安全公约》[114]和MARPOL公约[115]已将其强制适用于特定类型的船舶。

除了制定建造、设计、设备和操作标准之外，《国际海上人命安全公约》还包括基于各种目的而采取相应的航行措施的规定，包括为了保护海洋环境。[116]此类航线和相关的导航措施是一种基于区域的措施，要求船舶在经过特定海域时遵循特定指示。尽管《国际海上人命安全公约》规定，"如果两国或两国以上政府在某一特定区域具有共同利益，应在他们之间达成协议的基础上制定联合提案明确说明他们对该区域船舶航线划定系统的表述和使用"，但航线定线措施通常由沿海国针对其管辖范围内的水域提出。[117]实际上，在某些情况下，如果沿海国事先得到国际海事组织的批准，它们能制定具有约束力的航线或航行措施，这将在下文有关沿海国规范性管辖权的部分展开论述。无论如何，沿海国通常会寻求国际海事组织对其水域内航行措施的认可。[118]为促进此类措施得到有力实施，国际海事组织制定了《船舶航线一般规则》（General Provisions on Ships' Routeing），其中规定了对分道通航制度、双向航线、推荐航路、预防区域、深水航线、避让区域、无锚区域、船舶报告系统和船舶交通服务的建议。[119]虽然这些措施可以被独立实施，但它们已成为与指定和保护特别敏感海域（Particularly Sensitive Sea Areas，PSSAs）相关的讨论的核心，具体内容如下所述。

128

6.3.4 特别敏感海域

划定特别敏感海域已成为国际海事组织为了保护特定区域的海洋环境而建议的核心措施之一。[120]特别敏感海域是海洋保护区（marine protected area，

---

114 SOLAS Convention，Annex，Chapter IX.

115 MARPOL Annex I.

116 参见 SOLAS Convention，Annex，Chapter V。另参见 General Provisions on Ships' Routeing，contained in IMO Assembly Resolution A.572(14)(1985)(as amended).

117 SOLAS Convention，Annex，Chapter V，Regulation 10(5).

118 此外，国际规则表明，沿海国至少必须考虑到海事组织的指导意见。因此，海事组织的指导意见必须得到考虑。参见 UNCLOS，Article 22(3)(a)；SOLAS Convention，Annex，Chapter V，Regulation 10(4).

119 General Provisions on Ships' Routeing (as amended)，IMO Assembly Resolution A. 572(14) (1985).

120 PSSA Guidelines.

MPA）的一种形式，[121] 即鉴于其对自然生态、社会生态或科学属性的重要性——且这些属性可能容易受到国际航运活动的损害——从而为特定区域提供特殊保护[122] 的海域。特别敏感海域的概念超出了基于环保目的而划定的海洋保护区的范围，但在生态敏感性方面，准则规定，特别敏感海域可用于保护独特或罕见的生境、对海洋物种的生存功能或恢复至关重要的海域、物种种类繁多的海域和人为干扰相对较少的海域，或者仅仅是特定自然特征的突出或说明性示例的区域。[123] 特别敏感海域范围内各类问题清楚表明了国际海事组织是如何将广泛的生态系统考量因素纳入其决策过程的。

划定特别敏感海域在程序方面要求缔约国提交与需要保护的地区有关的特定特征以及海上航运可能造成的威胁的详细信息，还要求国家提出一系列相关保护措施（associated protective measures，APMs）来保护拟议区域的特性。[124]《划定特别敏感海域指南》（The Guidelines for the Designation of PSSAs）明确表明任何相关保护措施必须具有"确定的法律依据"。[125] 迄今为止，许多被划定的特别敏感海域已附有国际海事组织根据《国际海上人命安全公约》或其他相关规定批准的航线或其他航行措施。[126]MARPOL 公约下的特殊区域也可被视为相关的保护措施。此外，国际海事组织还有权在其职能范围内批准针对特别敏感海域的其他特殊保护措施。[127]

自 1990 年首次引入特别敏感海域这一概念以来，已有多个特别敏感海域获得批准，包括大堡礁和托雷斯海峡、萨巴纳－卡马圭群岛（Sabana-Camaguey Archipelago）和加拉帕戈斯群岛（Galapagos Archipelago）、马尔佩罗岛（Malpelo Island）和加那利群岛（Canary Islands）周围的水域、佛罗里达群岛（Florida Keys）周围的海域、瓦登海（Wadden Sea）、帕拉卡斯国家保护区（Paracas National Reserve）、帕帕哈瑙莫夸基亚国家海洋保护区

129

---

121 L de la Fayette, 'The Marine Environment Protection Committee: The Conjunction of the Law of the Sea and International Environmental Law' (2001)16 *IJMCL* 155, 186; J Roberts, *Marine Environmental Protection and Biodiversity Conservation: The Application and Future Development of the IMO's Particularly Sensitive Sea Area Concept*(Springer2006) 104.

122 PSSA Guidelines, para.1.2.

123 Ibid, paras 4.4.1–4.4.11.

124 Ibid, para.1.2.

125 Ibid, para.6.1.3.

126 SOLAS Convention, Annex, Chapter V, Regulations 11(1) and 12(1).

127 参见 de la Fayette (n121) 191。

（Papahanaumokuakea Marine National Monument）、西欧水域、萨巴海岸（Saba Bank）、波罗的海、乔马德入口（Jomard Entrance）和博尼法乔海峡（Strait of Bonifacio）。[128]特别敏感海域可以运用灵活的工具来保护稀有而脆弱的海洋生态系统。例如，由于岛屿的独特性和岛屿生物对健康海洋环境的依赖，加拉帕戈斯群岛在2004年被指定为特别敏感海域。[129]随后，一系列相关保护措施获得批准以保护加拉帕戈斯群岛的生物多样性，包括强制性船舶报告系统、推荐航道和应避开的区域等。迄今为止，大多数特别敏感海域适用于领海或专属经济区。然而，如果国际海事组织所有成员国都同意采取保护措施，特别敏感海域概念也可能用于公海的保护措施。[130]例如，有人建议将马尾藻海（包括一些公海区域）指定为特别敏感海域，以加强对该区域的保护。[131]

由于各国必须为特别敏感海域附带的相关保护措施提供法律依据，所以同现有法律框架下现行可用的保护措施相比该概念本身并没有提供任何额外的保护。相反，特别敏感海域这一概念的主要价值似乎是促进对特定区域航运影响的综合评估和对最适当保护形式的综合考虑。[132]也有学者认为，基于环境保护的需要优先于对保护措施法律依据的识别，特别敏感海域为各国在特殊情况下就环境管辖权的扩展达成一致提供了机会。[133]此外，考虑是否建立特殊敏感海域的过程也很重要，这有助于确保所有相关国家的利益。[134]然而，这一过程也受到了批评，因为在考虑过程中国际海事组织委员会经常淡化保护措施，这也表明航行利益在其中得到了极大的重视。[135]此外，特别敏

128　参见 List of Special Areas under MARPOL and Particularly Sensitive Sea Areas，MEPC.1/Circ.778 (2012)Annex 2。另参见 <http://www.imo.org/en/OurWork/Environment/PSSAs/Pages/Default. aspx>。

129　Designation of the Galapagos Archipelago as a Particularly Sensitive Sea Area，Resolution MEPC.135(53) (2005).

130　R Churchill，'High Seas Marine Protected Areas：Implications for Shipping'，in R Caddell and R Thomas (eds)，*Shipping, Law and the Marine Environment in the 21st Century*(Lawtext Publishing Limited 2013)73；J Roberts et al，'Area-based Management on the High Seas：Possible Applications of the IMO's Particularly Sensitive Sea Area Concept' (2010) 25 *IJMCL* 483–522.

131　参见 TM Trott et al，'Efforts to Enhance Protection of the Sargasso Sea'，Proceedings of the Sixty-Third Gulf and Caribbean Fisheries Institute，2010：http://nsgl.gso.uri.edu/flsgp/flsgpw10002/data/papers/052.pdf。

132　Roberts (n121)85.

133　Ringbom (n8)122–123.

134　PSSA Guidelines，para.1.4.2.

135　参见 Roberts et al (n130)515。

感海域的流程在一定程度上缺乏定期审查以及评估各类措施是否能够实现在指定特别敏感海域时商定的目标的能力。

此外，特别敏感海域制度还具有一些额外好处。这些好处并非基于措施的法律性质，而是来自某一区域被作为特别敏感区域加以公布。多数情况下，特别敏感海域随后会被标记在航海图上，因此会导致一些船舶在驶经这些区域时格外注意。此外，我们不能排除在决策过程中特别敏感海域以其他的方式被加以考虑。例如，国际海事组织2007年通过的《内罗毕沉船清除公约》（Nairobi Convention on the Removal of Wrecks）明确要求受影响国家在决定沉船是否对航行安全或海洋环境保护造成危害时要将特别敏感海域考虑进来。[136]

6.3.5 《控制船舶有害防污底系统国际公约》

2001年《控制船舶有害防污底系统国际公约》对被用于船体以防止其结垢的物质做出了规定。使用防污底系统对航运业而言非常重要，因为污底"会导致船舶速度下降和燃料成本增加"。[137]虽然可以对船体进行手动清洁，但此过程成本高昂，并且需要船舶入坞一段时间。因此，预先将化学物质应用于船体以防止结垢更为经济。[138]含三丁基锡（tributyl tin，TBT）的油漆在过去被广泛使用。不幸的是，这种化学物质有意料之外的副作用，即其不仅具有剧毒，[139]而且还有证据表明它对某些海洋物种的生物功能会造成严重影响。[140]

在上述问题被首次提出时，海保会通过了一项决议，建议各国政府在其管辖范围内采取和推进有效措施，以控制由于某些防污底系统的使用而对海洋环境造成的潜在不利影响，包括在一定体积的船舶上减少含有TBT化学成分的防污底涂料。[141]此外，各国在《21世纪议程行动计划》（Agenda 21 Action Plan）中再次提出了该问题，该计划要求各国"采取措施减少防污底

136　参见2007 Nairobi Convention on the Removal of Wrecks(EIF 14 April 2015)，Article6(d)。另参见Guidelines on Places of Refuge for Ships in need of Assistance，IMO Assembly Resolution A.949(23) (2003) Appendix 2，para.2.1。

137　ICB Dear and P Kemp (eds)，*The Oxford Companion to Ships and the Sea* (2nd edn：OUP 2005)224.

138　Ibid.

139　事实上，它被称为"有史以来故意释放到海洋环境中的毒性最大的物质"；参见de la Fayette (n121) 168。

140　C Roberts，*Ocean of Life* (Penguin 2012) 132.

141　MEPC Resolution MEPC. 46(30) (1990).

漆中使用的有机锡化合物造成的水污染".[142]然而，直到1999年11月，国际海事组织大会才呼吁制定一项具有全球法律约束力的文书来处理船舶上使用的防污底系统造成的有害影响。[143]此次大会决议制定一项独立的条约，而不是制定MARPOL公约项下的新附则，主要是为了让起草者制定符合自己利益的生效条款。[144]

　　2001年10月5日通过的《控制船舶有害防污底系统国际公约》对在防污底系统中可用作杀菌剂的有机锡化合物的使用逐步提出了限制。[145]自2003年1月1日起禁止船舶使用或重新使用此类化合物。从2008年1月1日起禁止船舶在船体、外部部件或表面上使用公约附则中列出的化合物。在这方面，公约只不过是正式确定了大会第A.895（21）号决议中已经确定的时间表，从而使其具有约束力。然而，重要的是谈判者拒绝了航运业要求延长这些时间表的要求。[146]此外，公约不仅适用于悬挂缔约国旗帜的船舶，还适用于任何访问缔约国港口、船厂或近海码头的应用或装置此类系统的船舶，从而加大了保护力度。[147]公约还规定缔约国应当"采取适当措施促进和便利对防污底系统的影响进行科学技术研究"，并对其影响进行监测。[148]如果发现任何有害影响，缔约国可提议在公约附则中增加防污底系统。[149]对附则的修订也应采用默示修正程序，这将使得条约可以相对较快地更新。[150]在审议修正案时，海保会被明确要求采取预防性方法。为此，第6条第3款规定，"如果委员会认为具有严重或不可逆损害的征兆，则不得以缺乏充分科学把握为由，阻止做出对提案进行评估"。在实践中，这意味着为了规定额外的物质，设定了一个较低的证据门槛。为了支持修正案的通过，该公约设立了一个技术小组，负责审查提案，并向委员会报告该提案是否已证明"对非目标生物和人体健康的负面影响的潜在不合理风险达到有理由对附则一进行修正的程

131

142　Agenda 21 (1992) para.17.32.

143　IMO Assembly Resolution A. 895(21) (1999).

144　de la Fayette (n121) 172.

145　AFS Convention, Article 4.

146　de la Fayette (n121) 172.

147　Ibid, 171.

148　AFS Convention, Article 8(1).

149　Ibid, Article 6.

150　Ibid, Article 16.

度"。[151] 由于技术小组必须评估风险的"可能性"而不是证明风险是否存在，且公约第6条第5款表明，"如果报告发现有严重或不可逆损害的征兆，则不得以缺乏充分科学把握本身为由，阻止做出将某个防污底系统列入附则一的决定"。[152] 然而，委员会仍需做出积极的决定，使修正案得以顺利通过，个别国家可能会反对此修正案，从而阻止其适用于本国船只。[153] 此外，有提案指出应当禁止使用任何防污底系统，除非某种系统的使用事先得到所有缔约国的批准。但是谈判代表拒绝了该提案。[154] 因此，该公约实际上弱化了先前的预防性方法，并没有达到某些国家的期望。[155]

132   该公约于2008年9月17日生效，比防污底系统禁令本应生效的时间晚了八个月。此外，在撰写本书时，仅73个国家（拥有世界船舶总吨位的93.26%）批准和加入了《控制船舶有害防污底系统国际公约》，这表明在某些情况下条约造法进展缓慢。

6.3.6 《国际船舶压载水和沉积物控制和管理公约》

外来入侵物种的转移对生态系统构成的危险是另一个受到国际海事组织关注的问题。外来入侵物种不仅对环境构成威胁，而且代价高昂，这就促使各国积极解决此类问题。这些威胁因素于国际层面在CBD中得到普遍承认，CBD要求采取措施"防止引进、控制或消除那些威胁到生态系统、生境或物种的外来物种"。[156] 《海洋法公约》[157]也笼统地对此作出阐述。

海洋生物转移的一种主要途径是压载水交换。为了补偿货物的装卸所带来的影响，压载水通常在港口进行交换，从而改善船舶的稳定性。[158] 据估计，商业航运每年携带多达120亿吨的压载水。然而，除了压载水以外，船舶自身还可以携带许多海洋生物。一项研究表明，"在任何给定的时间，仅压载

151　AFS Convention, Article 6(4).

152　Ibid, Article 6(5).

153　Ibid, Article 16(2)(f)(ii). 美国宣布，对公约的修正只有在明确接受后才能对其船只生效。

154　参见de la Fayette (n121)171。

155　Ibid, 其结论是"在某物已经造成大量伤害之后，限制或禁止它，对于被杀死或损坏的生物来说，为时已晚"。

156　Convention on Biological Diversity(CBD), Article 8(h). 关于CBD在《压载水管理公约》谈判中的作用，参见第10章。

157　UNCLOS, Article 196(1).

158　Dear and Kemp (n137) 29.

舱就在生物地理区域之间运输大约一万种不同的物种"。[159]一旦这些物种在新环境中被释放出来，就会对当地本土物种造成灾难性的影响。例如，此前的杉叶蕨藻（*Caulerpa taxifolia*）案，杉叶蕨藻是无意间被释放到利古里亚海（Ligurian Sea）的海藻，现在却覆盖了法国土伦和意大利热那亚之间97%的海床表面，从而彻底改变了该地区的自然海床环境。[160]此类事件还会产生严重的经济后果。据估计，仅1989年至2000年，美国就在控制欧洲斑马贻贝（European Zebra mussel）上花费了7.5亿至10亿美元。[161]

因此，对上述问题采取全球性方案显然十分必要，外来物种如果在邻国也出现了，那么单边行动只能暂时降低外来物种的繁殖效率。[162]其实，早在1973年召开的MARPOL公约的通过大会上，外来物种入侵的问题就已得以明确。[163]整个20世纪80年代人们都在继续研究该问题，国际海事组织最终于1993年通过了《防止从船舶压载水和沉积物排放中引入有害水生生物和病原体的指南》（Unwanted Aquatic Organisms and Pathogens from Ships' Ballast Water and Sediment Discharges）。[164]这份不具法律约束力的文书试图向国家尤其是沿海国和港口国就可采取哪些措施来控制引入外来入侵物种问题提供指引，其中包括不释放压载水、压载水交换或清除，或在港口国当局认可的区域对压载水进行管理，使得最大限度地减少接收受污染水以及将压载水排放到岸基设施进行处理或控制排放。[165]此外，该指南还呼吁国际海事组织不断地审查这些准则，并将其发展为MARPOL公约新附则的基础。[166]然而，1997年11月，国际海事组织决定制定一部独立的条约。[167]尽管国际海事组织为通过具有法律约束力的文书而设定了2000年的预期目标时点，但直到2004年国际海事组织才成功通过了《压载水管理公约》。

《压载水管理公约》包括沿海国和船旗国应采取的措施。首先，船旗国

133

159　N Bax et al, 'Marine Invasive Alien Species: A Threat to Global Biodiversity' (2003)27 *MP* 313, 313.

160　Roberts (n140)170.

161　参见 <http://globallast.imo.org/examples-of-ias/>。

162　Bax et al (n159) 319.

163　参见 1973 Conference on the Prevention of Pollution from Ships, Resolution 18。

164　IMO Assembly Resolution A.774(18)(1993).另参见 MEPC Resolution 50(31)(1991)。

165　IMO Assembly Resolution A. 774(18) (1993)Annex, para.7.1.2.

166　IMO Assembly Resolution A. 774(18) (1993) para.4.

167　IMO Assembly Resolution A. 868(20) (1997) para.3.

必须确保悬挂其国旗的船舶在船上备有压载水管理计划。[168]此外，此公约还制定了有关压载水管理的具体规定，规定的实施取决于船舶大小及建成时间。这些规定为船舶在何时何地进行压载水交换提供了很大的自主决定空间，同时也规定"不应为符合第1款的任何特定要求而要求船舶偏离其预定的航线或推迟航行"。[169]此条规定的确切含义相对模糊，这似乎给船长留下了很大的自由裁量权。也有一些因素可能会妨碍船舶遵守该规定，例如时间不够、航线上没有合适的位置以及缺乏可以安全作业的天气条件等。[170]然而，《压载水管理公约》在其序言中明确回顾了其预防性方法，这表明应当假定压载水交换的条件是可行的，应该由船东来证明其不可行。基于此，该公约要求所有压载水作业，包括采用不符合《压载水管理公约》的方式进行的作业，都被记录在压载水记录簿中，且船长必须明确说明其特定压载水排放的原因。[171]如果船长给出的理由不充分，这将导致对其船只压载水的交换进行监测以及施加管制。在能够对压载水进行更有效和高效管理的技术得以发展之前，压载水交换成为船舶解决此问题的临时解决方案。[172]在《压载水管理公约》规定的特定日期之后建造的船舶应配备能够在船上处理压载水的压载水管理系统。[173]此类系统通常会依赖机械操作，例如过滤或分离。此外，也可以通过化学或生物过程对压载水进行处理。使用符合本规定的压载水管理系统必须得到船旗国的批准，同时还要考虑到国际海事组织的指导方针。在该系统包含一种或多种活性物质的情况下，它还必须得到国际海事组织的批准。[174]在海保会做出决策前，首先

134

168　BWM Convention, Annex, Regulation B–1. 另参见 Guidelines for Ballast Water Management and Development of Ballast Water Management Plans(G4)，MEPC Resolution MEPC.127(53) 2005 ）。

169　BWM Convention, Annex, Regulation B–4.3.

170　S Gollasch et al, 'Critical Review of the IMO International on the Management of Ships' Ballast Water and Sediments' (2007) 6 *HA* 585, 588.

171　BWM Convention, Annex, Regulation B–2 and Appendix 2.

172　Gollasch et al (n170)588; de la Fayette (n121) 181.

173　BWM Convention, Annex, Regulation D–2. 由于《公约》未及时生效，其日期做了修改；参见 IMO Assembly Resolution A.1005(25)(2007)；MEPC Resolution MEPC.188(60) (2010)。

174　BWM Convention, Annex, Regulation D–3. 参见 Procedure for Approval of Ballast Water Management Systems that Make Use of Active Substances, MEPC Resolution MEPC.169(57) (2008)，除 MEPC Resolution MEPC.126(53) 外，根据巴尔金（Balkin）的说法，这是"由于从另一个国家的港口的一个政府管辖下的船舶上排放经过化学处理的压载水相关的不确定性，再加上在排放时看不到明显的影响⋯⋯"；R Balkin, 'Ballast Water Management: Regulatory Challenges and Opportunities', in R Caddell and R Thomas (eds), *Shipping, Law and the Marine Environment in the 21st Century* (Lawtext Publishing Limited 2013)148。

应由专家工作组审议相关议案。这种机制是为了确保决策能够对提案的科学性和技术性具备清晰且客观的理解。该公约还明确规定，"压载水管理做法对……环境、人体健康、财产或资源所造成的损害不大于其所防止者"。[175]该条款可被视为《海洋法公约》第196条的具体实施，确保新技术不会造成更大的破坏。迄今为止，海保会已经批准了30多个压载水管理系统。[176]

此外，船舶也可以通过将压载水排放到港口接收设施（如果有）来满足《压载水管理公约》的规定。[177]尽管它在具体实践中存在诸多挑战，例如大型船舶需要大量的压载水，这可能是防止外来入侵物种传播的最有效的方式。[178]

在引入压载水管理最低标准的同时，《压载水管理公约》还承认沿海国有权采取"更严格的措施"。[179]这允许沿海国对已确定的外来物种入侵做出反应，以防止外来物种进一步入侵。为了防止外来物种的传播，沿海国必须持续监测其水域中是否存在外来入侵的物种。[180]尤其是发展中国家，在有效履行义务的过程中可能需要援助，《压载水管理公约》规定了技术援助的义务。[181]在这方面，国际海事组织与全球环境基金以及其他合作伙伴一起发起了全球压载水管理计划（Global Ballast Water Management Programme），该计划旨在帮助发展中国家减少船舶压载水中有害水生生物和病原体的转移并为《压载水管理公约》的实施做好准备。[182]

《压载水管理公约》最终于2017年9月生效。延迟生效的部分原因是其遭到了航运业的反对，船运业对新设备的认证过程感到担忧。在2014年海保会第六十七届会议上，各国同意审查压载水管理系统的批准指南，[183]从而促进各界更广泛地接受此公约。

135

---

175 BWM Convention, Article 2.7.

176 参见Report of the Sixty-Fifth Meeting of the Marine Environmental Protection Committee, Document MEPC 65/22 (2013) para.2.20。

177 BWM Convention, Annex, Regulation B–3.6.另参见Guidelines for Ballast Water Reception Facilities, MEPC Resolution MEPC.153(55)(2006)。

178 然而，正如戈拉施（Gollasch）等所认为的，这个挑战并不是不可克服的；参见Gollasch et al (n170)591。

179 BWM Convention, Article 2(3).另参见Regulation C–1.180 BWM Convention, Article 6。

180 BWM Convention, Article 6.

181 Ibid, Article 13(1).

182 参见<http://globallast.imo.org>。另参见GEF, *Catalysing Ocean Finance*, Volume II(2012)69–74。

183 Resolution MEPC. 253(67) (2014).

6.3.7　噪声污染

除排放污染物质会造成污染外，船舶也是水下噪声污染的主要来源之一。有学者指出，"自20世纪50年代以来，世界经济全球化的发展使成千上万艘新商船涌入大海。而［海洋中］的噪声水平已经严重到近乎咆哮"。[184] 对于使用声音进行交流或寻找猎物的海洋物种而言，这种噪声是个严重的问题。[185] 噪声会干扰海洋物种的行为模式，并通过实际的物理伤害造成对海洋物种的直接伤害。国际社会普遍认为，海洋里的鲸类所受威胁最甚。[186] 然而，人们也承认"由于某些研究在鱼类、无脊椎动物、海龟和鸟类之间存在巨大差距以及在主要声源的特性、传播和音量趋势及水下噪声的强度和空间分布方面存在着一定的知识鸿沟，因此还有许多遗留问题亟待进一步研究"。[187] 基于可能对海洋环境造成潜在危害的先兆，即使没有确凿的科学证据，国际社会仍通过预防性方法建议采取国际行动。特别是，CBD的缔约方会议鼓励各国"采取适当措施，以避免、减少和缓解人为水下噪声对海洋和沿海生物多样性的可能的重大负面影响"，[188] 并邀请主管的政府间组织"在其任务范围内采取适当措施"。[189]

国际海事组织直到最近才开始解决船舶噪声污染问题。早期没有行动的原因之一是"产生噪声的活动在社会和经济上都是必要的，不能简单地禁止，因此还需要科学地确定减少人为噪声负面影响的方法以及研发新技术使噪声降到现有水平之下"。[190] 尽管如此，国际海事组织已经制定并批准了《减少商业航运水下噪声以应对对海洋生物的不利影响的指南》（Guidelines for the Reduction of Underwater noise from Commercial Shipping to Address Adverse Impacts on Marine Life）。该指南主要侧重于提供非规范性建议，涉及在设计船舶时为了减少水下噪声可以考虑的因素。[191] 然而，在批准该指南时，海保

136

184　Roberts (n140) 151.

185　Ibid, 156.

186　例如，CMS COP Resolution 10.24 (2011)；IWC Resolution 2009–1 (2009)。

187　CBD COP Decision XII/23 (2014) para. 2.

188　Ibid, para.3.

189　Ibid, para.4.

190　I Papanicolopulu, 'On the Interactions between Law and Science: Considerations on the Ongoing Process of Regulating Underwater Acoustic Pollution' (2011)1*ARLS* 247, 253.

191　Guidelines for the Reduction of Underwater Noise from Commercial Shipping to Address Adverse Impacts on Marine Life(Underwater Noise Guidelines), MEPC.1/Circ.833(2014).

会还指出"在相关知识方面存在大量空白",因此,"现阶段不可能对这个问题进行全面评估","还需要更多的研究,特别是关于船舶在水下辐射出的声音的测量和报告"。[192]上述问题表明了针对噪声活动采取预防性方法的困难性。[193]然而,这并不能成为政府或航运业不作为的借口。CBD缔约方会议强调,应开发更为安静的技术,[194]同时在船舶噪声污染的大背景下,国际海事组织也应鼓励这项活动。

该指南还指出,"在运输过程中,为避开敏感海洋区域(包括众所周知的生物栖息地或迁徙路径)而降低速度或变更路线的决定将有助于减少对海洋生物的不利影响"。[195]这变相承认了区域性管理措施的潜在价值。值得注意的是,上文讨论的《国际海事组织指定和识别特别敏感海域指南》明确提到噪声污染是采取保护措施的潜在理由之一。[196]因此,国际社会可能不会追求适用于所有船舶的通用标准,而是选择采取特别措施,以保护易受噪声污染的特定物种或栖息地。

6.3.8 船舶碰撞

船舶碰撞是近期引起国际关注的另一个问题。一些与海洋哺乳动物保护有关的国际组织和机构注意到,越来越多的证据表明现代船舶在航运中会给海洋哺乳动物带来碰撞风险。海上碰撞不仅对海洋哺乳动物种群有害,而且在与大型海洋哺乳动物(例如鲸鱼)发生严重碰撞的情况下,它还可能对人类的健康和生命造成伤害。该问题对于种群数量很少的例如西北大西洋露脊鲸(Western North Atlantic Right Whale)这类严重濒危物种而言特别重要。[197]国际捕鲸委员会(International Whaling Commission,以下简称"IWC")已通过其养护委员会对该问题进行了研究,并于2005年成立了船舶碰撞工作组。

137

---

192 Report of the Sixty-Sixth Meeting of the Marine Environment Protection Committee, Document MEPC/66/21 (2014) paras 17.5.1–17.5.3.

193 参见 A Gillespie, 'The Precautionary Principle in the Twenty-First Century: A Case Study of Noise Pollution in the Ocean' (2007) 22 *IJMCL* 61–87。

194 CBD COP Decision XII/24(2014), para.3(b).

195 Underwater Noise Guidelines, para.10.5.

196 Guidelines for the identification and Designation of Particularly Sensitive Sea Areas (PSSA Guidelines), IMO Assembly Resolution A. 982(24)(2006)Annex, para.2.2.

197 参见 IWC Resolution 2000-8 (2000),其将船舶碰撞列为北大西洋露脊鲸的两个主要的人为死亡原因之一,另一个死因为渔网和捕鱼设备的缠绕。

该机构的主要成果是开发了船舶碰撞数据库，增强了国际社会对船舶碰撞对鲸类的重要性认识和理解。[198]这一举措有助于解决应对船舶碰撞的主要挑战之一，即信息和数据的缺乏。[199]虽然船舶碰撞数据的导入不尽如人意，但船舶碰撞工作组还是吸引了全球各方来讨论这个问题，并收集相关数据，以便对该问题做出更有针对性的回应。IWC鼓励该工作组继续收集相关的数据并将其报告给它的中央数据库。[200]这些信息不仅可以被IWC自身用于管理鲸鱼种群，还可以为希望采取措施的其他国际机构提供帮助以减少船舶碰撞的发生。

同时，国际海事组织作为一个公认的具有管理航运各个方面的职责的国际机构，在解决海洋碰撞的问题上当然可以发挥巨大的作用。[201]事实上，国际海事组织针对该问题展开的工作进一步证明了其除了传统上对污染的关注以外，具有更多的职责来保护海洋生物多样性免受航运影响。国际海事组织针对船舶碰撞采取了两种措施，即制定针对所有船舶的一般指南和在船舶碰撞风险较高的特定区域采取具体的航行措施。

海保会于2009年7月根据美国提交的文件通过了《将鲸类船舶碰撞风险降至最低的指导文件》(The Guidance Document for Minimizing the Risk of Ship Strikes with Cetaceans)。[202]该指导文件鼓励"基于现有最佳的科学水平"实施减少船舶撞击的措施[203]并平衡"减少和最小化船舶碰撞风险的生物学目标"与"对航运业和其他相关实体的不利影响"。[204]指导文件还强调了一些可能采取的措施，包括教育和外展服务、技术开发以及航线报告等措施。[205]所有可选的措施都应"仔细分析"，并且必须在"对人类或物种的风险……与对海上安全和商业的影

138

198　该数据库自2009年以来一直在运行。在2012年举行的会议上，养护委员会核准了制订船舶碰撞战略计划的提案，参见Report of the Conservation Committee, Document IWC/64/Rep05 (2012)5。

199　R Caddell, 'Shipping and the Conservation of Marine Biodiversity: Legal Responses to Vessel-Strikes of Marine Mammals' in R Caddell and R Thomas (eds), *Shipping, Law and the Marine Environment in the 21st Century*(Lawtext Publishing Limited 2013) 90.

200　参见Report of the Conservation Committee, Document IWC/65/Rep05(2013)4。

201　参见Caddell (n199)97。

202　Guidance Document for Minimizing the Risk of Ship Strikes with Cetaceans (Ship Strike Guidance), Document MEPC.1/Circ.674 (July 2009).

203　Ibid, para.7.4.

204　Ibid, para.7.2.

205　Ibid, paras 9–12.

响"之间取得平衡。[206]如果特定物种的分布范围内出现碰撞威胁,该文件鼓励各国直接或通过相关国际组织与同一范围的其他国家合作以及协调其措施。[207]

整个指导文件都强调信息的准确性。[208]为此,指导文件规定,"如果成员国政府寻求减少和最小化其水域内发生的船舶与鲸类撞击的事件,它首先应当明确界定此类问题"。[209]此外,指导文件还针对国家应收集的信息类型提出建议,包括受影响的鲸类物种、其在特定水域中的分布和行为以及这些水域中的船舶交通特征。然而,上述规定不能被理解为要求国家有义务在采取措施之前收集所有此类信息。因此,即使在目前缺乏准确的科学信息的情况下,国家被允许采取尽量减少船舶撞击的预防性措施,同时,此类措施仅是临时性的。各国应继续收集科学信息,指导文件明确要求各国提供"对所采取措施进行评价、报告和监测的机制",以便在必要的情况下做出调整。[210]

与噪声污染的情况类似,也可以使用区域性措施来处理海洋物种在部分海域中可能面临的船舶撞击威胁。有学者认为,沿海国有义务采取一些行动警告海员注意其职责范围内的风险,并基于《海洋法公约》第24条第2款对其"所知的在其领海内对航行有危险的任何情况妥为公布"。[211]一些国家在其领海内采取了航行措施,以尽量减少船舶与海洋哺乳动物撞击的风险,这些国家包括美国、[212]加拿大、[213]西班牙[214]和巴拿马。[215]在国际海峡或专属经济

206　Guidance Document for Minimizing the Risk of Ship Strikes with Cetaceans (Ship Strike Guidance), Document MEPC.1/Circ.674 (July 2009), para.7.6.

207　Ibid, paras 13–14.

208　Ibid, paras 7.3, 9, and 16.

209　Ibid, para.6.

210　Ibid, para.16.

211　Caddell (n199)102.

212　Ship Reporting System Off the Eastern Coast, IMO Resolution MSC. 85(70)(1998), Annex 1; Traffic Separation Scheme in the approach to Boston, Massachusetts, Report of the Maritime Safety Committee at its Eighty-Fifth Session, IMO Document MSC85/26(2008) para.11.3.1 and Annex 14; Recommended Seasonal Area to be Avoided in the Great South Channel, Report of the Maritime Safety Committee at its Eighty-Fifth Session, IMO Document MSC85/26 (2008) para.11.4.2.

213　Traffic Separation Scheme in the Bay of Fundy, Report of the Maritime Safety Committee at its Seventy-Sixth Session, IMO Document MSC76/23(2002) para.11.3.2 and Annex 10; Recommended Seasonal Area to be Avoided in the Roseway Basin, Report of the Maritime Safety Committee at its Eighty-Third Session, IMO Document MSC83/28 (2007)para.14.4.10 and Annex 25.

214　Traffic Separation Scheme off the Cabo de Gata, Report of the Maritime Safety Committee at its eighty-first session, IMO Document MSC81/25(2006) para.10.6.2 and Annex 27.

215　Caddell (n199)135.

区内，沿海国的权力相对有限，只有得到国际海事组织的批准，沿海国才能实施相关措施。迄今为止，国际海事组织的记录表明，各国同意在至少存在威胁证据的情况下将避免船舶撞击作为采取航行措施的正当理由。[216]事实上，国际海事组织不仅基于此批准其"分道通航制"，而且也建议采取避开区域和降低航行速度的措施来降低与鲸类发生致命碰撞的风险。[217]在进一步取得与船舶撞击风险有关的数据的前提下，上述做法会变得更加重要。

迄今为止，国际社会针对船舶碰撞的研究短板在于其几乎完全专注于鲸类动物。然而，必须指出的是，还有其他海洋动物（例如海龟）也容易受到船舶撞击的影响，因而国际层面通过的指南也应有效地被适用于这些物种。这需要国际海事组织与更广泛的国际机构进行合作，以确保它们采取统一的方法。

6.4 航运标准的实施和执行

6.4.1 船旗国管辖权

6.4.1.1 船旗国的职责

船旗国应承担实施国际航运标准的主要责任。[218]国际海洋法的一项基本原则是，船旗国对其船舶的所有事务拥有管辖权，无论船舶位于世界何处。[219]因此，船旗国在理论层面上可以确保相关法律、规章和制度得到有效实施。然而，因为船东在悬挂何种旗帜方面上有很大程度的自主权，所以船旗国管辖在实践中存在诸多问题。此现象出现的原因是许多国家实行开放式登记，允许船舶在不需要任何国籍联系的情况下进行登记。[220]因此，船舶可

---

216 Traffic Separation Scheme on the Pacific Coast of Panama, Report of the Maritime Safety Committee at Its Ninety-Third Session, IMO Document MSC93/22 (2014) para.8.2.1and Annex 16；另参见Establishment of New Routeing Measures on the Pacific Coast of Panama, Document NAV59/3(2013)。Traffic Separation Scheme and Recommended Speeds in the Gibraltar Strait, Report of the Maritime Safety Committee at Its Eighty-Second Session, IMO Document MSC82/24(2006) para.11.3.1 and Annex 19。

217 参见Report of the Navigation Subcommittee at Its Fifty-Ninth Session, Document NAV59/20 (2012)Annex 2。

218 MARPOL Convention, Article 4(1).

219 UNCLOS, Article 94.

220 参见ER DeSombre, *Flagging Standards* (The MIT Press 2006) 71。

以采取在非缔约国登记的方式来避免适用与国际标准有关的条约。[221]

《海洋法公约》旨在通过制定所有船旗国必须适用的最低标准来解决这一问题。它通过使用参照适用规则来实现上述目的，该规则有助于将某些国际标准纳入公约规定的船旗国义务中。[222]为此，《海洋法公约》第94条第5款规定，当一国通过了促进其海上安全的国家法律时，"须遵守普遍接受的国际规章、程序和惯例……"。该条款清楚地表明，船旗国对悬挂其国旗的船舶规定的标准并不拥有绝对的自由裁量权。同样，《海洋法公约》第211条第2款规定，船旗国必须通过与船舶污染有关的法规，"这种法律和规章至少应具有与通过主管国际组织或一般外交会议制订的普遍接受的国际规则和标准相同的效力"。这些规定共同确立了所有船旗国必须满足的国际最低标准，无论它们是否已成为国际海事组织监管条约的缔约国。[223]

然而，《海洋法公约》中参照适用规则的一个弱点是针对"普遍接受的国际规则和标准"这一术语的解释含糊不清。对该术语的主要解释是，如果标准满足正式的生效条件，则该标准符合被公认的条件。[224]该解释认为，为了确保其在生效之前得到广泛支持，国际海事组织通过的条约的生效条款是精心制定的，通常指的是最低数量的国家和最低比例的世界吨位的批准。在此基础上，本章中讨论的所有主要的国际海事组织条约都符合《海洋法公约》第94条第5款或第211条第2款规定的"普遍接受的国际规则或标准"。对于某些条约，上述解释是没有争议的，如《国际海上人命安全公约》和MARPOL公约的大部分附则都有上百个缔约国，按照吨位计算占世界船队的90%以上，毋庸置疑它们已被普遍接受。然而，对于一些较新的监管条约而言，由于它们刚刚生效且参与率相对较低，情况则并非如此。仅条约得以生效就使得条约被普遍接受，这意味着相对较少的国家可以向国际社会的其

140

221　ER DeSombre, *Flagging Standards* (The MIT Press 2006), 38–46; AJ Corres and AA Pallis, 'Flag State Performance: An Empirical Analysis' (2008) 7 *WMUJMA* 241–61.

222　参见 W Van Reenan, 'Rules of Reference in the New Convention on the Law of the Sea in Particular Connection with the Pollution of the Sea by Oil from Tankers' (1981) *NYIL* 3。

223　参见 AE Boyle, 'Marine Pollution under the Law of the Sea Convention' (1985)79 *AJIL* 357; B Oxman, 'The Duty to Respect Generally Accepted International Standards' (1991) 24 *NYUJILP* 109。

224　参见 M Valenzuela, 'IMO: Public International Law and Regulation', in DM Johnson and NG Letalik (eds), *The Law of the Sea and Ocean Industry: New Opportunities and Restraints* (Law of the Sea Institute 1984) 145。

他成员发号施令，制定国际最低标准，即"少数国家可以将其愿望强加于其他国家"。[225]正是出于这个原因，一些学者认为，应将"获得普遍接受"理解为类似于习惯国际法的要求。[226]习惯国际法的认定需要"广泛且几乎一致"的国家实践，并且需要这种实践也具有代表性，包括那些利益受到特别影响的国家。[227]通常很难准确界定国家实践达到何种普遍水平才使得某规则成为习惯法，但这种方法通常会设定比相关条约的生效要求更高的门槛。因此，141这种对普遍接受的解释使少数国家无法规定国际最低标准的内容。同时，这种解释还有一个好处，即允许个别规则或标准在得到实际实践支持的情况下被视为普遍接受，即使其条约尚未生效。这种解释似乎与《海洋法公约》缔结前的立场一致，即许多与航行和海上安全有关的技术标准可以被接受为习惯国际法规则，即使这些规则并未包含在条约之中。[228]一些学者则认为基于习惯国际法的标准对"普遍接受"的解释设定的门槛太高，应当采用较低的标准以便为船旗国的"一般但相当模糊"的义务提供"有效内容"。[229]尽管上述方法的门槛较低，它似乎仍然以证明现实的实践需要为前提。这种方法的支持者并没有具体说明需要接受的程度，因而，它仍然回避了"普遍接受"的具体含义。总之，这个问题只能具体个案具体分析。

6.4.1.2　船旗国的控制和执法

船旗国不仅有必要对悬挂其国旗的船舶适用国际规则和标准，而且还必须采取执法行动。《海洋法公约》第217条强调，"各国应确保悬挂其旗帜或在其国内登记的船只，遵守为防止、减少和控制来自船只的海洋环境污染而通过主管国际组织或一般外交会议制订的可适用的国际规则和标准以及各该国按照本公约制定的法律和规章，并应为此制定法律和规章和采取其他必要措施，以实施这种规则、标准、法律和规章。船旗国应作出规定使这种规

225　G Timangenis, *International Control of Marine Pollution* (Oceana Publications 1980)606.

226　Van Reenen (n222)11；Harrison (n26) 175.

227　*North Sea Continental Shelf Cases* (1969) para.74. 而有学者认为，不仅个别国家的做法是重要的，而且通过多边或区域机构证明的实践也是重要的。参见 R Barnes, Flag States', in DR Rothwell et al (eds), *Oxford Handbook of the Law of the Sea* (OUP 2015)322；Harrison (n26)176–177。

228　Ibid. 另参见 International Law Commission, 'Commentary to the Draft Articles on the Law of the Sea' (1958–II)*YbILC* 281. 国际法委员会使用的例子是《国际信号规则》，直到1972年，该条例都没有包含在具有约束力的文书中，另参见 *The Scotia* (1871)187。

229　*Request for an Advisory Opinion Submitted by the Sub-Regional Fisheries Commission (2015)*, Separate Opinion of Judge Paik, para.24.

则、标准、法律和规章得到有效执行，不论违反行为在何处发生"。[230]但不能认为船旗国有义务防止悬挂其国旗的船舶的任何违规行为。相反，它们仅负有采取一切适当措施防止违规行为的勤勉义务。[231]为了理解这一勤勉义务的内容，必须结合其他相关条约的内容，这些条约通常预见船旗国可以采取两种方式来确保遵守国际标准。

首先，船旗国负责为悬挂其国旗的船舶颁发证书。《海洋法公约》明确规定了船旗国对船舶进行定期检查的一般义务，[232]而国际海事组织监管条约对此做出了更详细的规定。例如，根据MARPOL公约的附则，船旗国必须定期检查悬挂其国旗的船舶并向其颁发合格证书。[233]此类证书只能在由船旗国的官员或者代表船旗国的船级社对船舶进行检验后签发，在相关条约中称其为"认可组织"。[234]船舶初次发证后还必须进行后续的定期检查，以确保船舶继续符合国际标准。《国际海上人命安全公约》也要求对所有船舶进行定期检验和签发证书，[235]由于油轮和散货船具有特殊威胁，预期将对其进行额外检查。[236]检查的频率由各个单独的条约规定。如果一艘船不再符合条约规定的标准，其证书将被撤销，且不得悬挂检查国的国旗航行。

其次，船旗国也应调查和起诉涉嫌违反国际标准的行为。MARPOL公约呼吁船旗国将违反规定的行为定为刑事犯罪，[237]该条规定，"如果该主管机

142

230　参见第217条第4款："如果一艘船违反了规则和标准……船旗国……应规定立即对指称的违法行为进行调查，并在适当情况下提起诉讼，而不论违法行为发生在何处，也不论这种违法行为造成的污染发生在何处或被发现。"另参见第217条第6款："各国应应任何国家的书面请求，调查据称悬挂其国旗的船只所犯的任何违法行为。船旗国如确信有足够证据能够对指称的违约行为提起诉讼，则应毫不迟延地依照本国法律提起这种诉讼。"

231　关于船旗国捕鱼责任的分析参见 *Request for an Advisory Opinion Submitted by the Sub-Regional Fisheries Commission (2015)* para.125。

232　UNCLOS, Article 217(3).

233　MARPOL Annex I, Regulations 6–8; MARPOL Annex II, Regulations 8–10; MARPOL Annex IV, Regulations 4–6.

234　MARPOL Annex I, Regulation 6.3.1; MARPOL Annex II, Regulation 8.2.1.另参见 Guidelines for the Authorization of Organizations Acting on Behalf of the Administration, IMO Assembly Resolution A.739(19) (1993)。

235　SOLAS Convention, Regulations I/6–I/14.

236　SOLAS Convention, Regulation XI–1/2.另参见 Guidelines on the Enhanced Programme of Inspection during Surveys of Bulk Carriers and Oil Tankers, IMO Resolution A.744(18) (1993) as amended。

237　MARPOL Convention, Article 4(1).条例本身包含一项例外情况，即非故意不追责；参见 MARPOL Annex II, Reg.3.1.2。

关获悉是项违章事件，并确信有充分的证据对被声称的违章事件提出诉讼，则应按照其法律使这种诉讼尽速进行"。[238]该条款是义务性条款，因此国家在有证据表明存在违法行为时却不提起诉讼的行为本身就可能违反《海洋法公约》中关于船旗国的义务。但是，在船旗国采取行动之前，其须有证据证明船舶是否违法。一个船旗国几乎不可能不断监测世界上任何地方悬挂其国旗的所有船只。因此，其有赖于其他国家提供相关信息。《海洋法公约》[239]和MARPOL公约[240]都假定其他国家将向船旗国提供关于相关违反行为的资料，并鼓励为此目的进行合作。

总体来说，船旗国在检查船只和调查可能违反安全及环境标准的行为方面的记录并不能令人满意。尤其是随着开放登记的兴起，一些船旗国被指责通过降低标准来吸引更多船只悬挂其国旗，迎合了船东"寻找最便宜，限制最少，问题最少"的选项的倾向。[241]尽管存在上述问题，国际海洋法法庭驳回了船旗国"对船只缺乏控制从而使得另一个国家可以行使管辖权"的论点。[242]因此，法庭重申了船旗国的重要地位以及通过合作机制使其遵守国际原则、规则和标准的必要性。《海洋法公约》第94条第6款预见性规定了解决船旗国表现不佳问题的主要手段，该条规定："一个国家如有明确理由相信对某一船舶未行使适当的管辖和管制，可将这项事实通知船旗国。船旗国接到通知后，应对这一事项进行调查，并于适当时采取任何必要行动，以补救这种情况。"[243]因此，由于国家不做出反应将违反公约，受害国可能会根据公约的一般争端解决条款对船旗国提起诉讼。[244]在实践中，目前没有以这种方式追究船旗国责任的案例，因此上述程序的效果也受到限制。

鉴于各国不愿采用法律程序来解决船旗国履行义务的成效问题，国际海事组织已寻求制定替代机制来处理上述问题。早在20世纪90年代初，国际

238　MARPOL Convention, Article 4(1).

239　UNCLOS, Article 94(5).

240　MARPOL Convention, Article 6(1).

241　C Horrocks, 'Thoughts on the Respective Roles of Flag States and Port States' in MH Nordquist and JN Moore (eds), *Current Maritime Issues and the International Maritime Organization* (Martinus Nijhoff Publishers 1999) 196.

242　*The M/V Saiga Case* (No.2) (1999) para.82.

243　UNCLOS, Article 94(6).

244　Ibid, Article 286.

海事组织就认识到船旗国需要更加一致地应用航运标准，所以在当时它决定成立船旗国执行小组委员会（Flag State Implementation Sub-Committee）。小组委员会的任务包括查明各国在充分执行相关海事组织文书方面可能遇到的困难的原因，并审议协助各国执行海事组织文书的建议。换言之，与其他机制一样，上述机制的重点是促进遵约。小组委员会对此采取了一系列的步骤。最初，它制作了一份自我评估表，旨在帮助各国明确其在监测悬挂其国旗的船舶的过程中存在的缺陷。[245]关于是否应强制使用自我评估表存在各种讨论，但它最终决定由各国自愿进行这一过程。[246]随后，小组委员会制定了"国际海事组织成员国审核计划"，并于2005年获得了国际海事组织大会的批准。[247]该计划既涉及通过立法以实施国际海事组织制定的标准，也涉及各国为执行这些标准而采取的行动。[248]与自我评估表一样，此计划最初是自愿性质的。然而，该计划在自愿的基础上运行几年之后，国际海事组织大会决定将其定为强制执行。[249]相关国际海事组织条约的修正案规定各国有义务对其在2016年1月1日后履行承诺的方式进行审核。这一举措标志着国际海事组织对监管条约的施行进行监督的方式发生了重大变化，因此，了解审核计划如何运作非常重要。

144

　　预期所有成员国应至少每七年接受一次审核。[250]未接受自愿审核的国家将首先接受审核，然后是其他国家。审核将由从成员国提名的个人名单中选出的独立审核员进行。其中，审核员的最低要求由国际海事组织设定，国际海事组织秘书长将核实提名是否符合标准。[251]审核员将审查被审核国家的国

245　参见Report of the Maritime Safety Committee at Its Seventy-Fourth Session，Document MSC 74/24/Add.1 (2001) Annex 11。

246　参见AT Roach，'Alternatives for Achieving Flag State Implementation and Quality Shipping'，in MH Nordquist and JN Moore (eds)，*Current Maritime Issues and the International Maritime Organization* (Martinus Nijhoff 1999) 151–175。

247　Framework and Procedures for the Voluntary IMO Members State Audit Scheme，IMO Assembly Resolution A.974(24) (2005)。

248　"国际海事组织成员国审核计划"涵盖各国根据有关条约承担的所有义务，包括作为沿海国和港口国的义务，但特别关注船旗国的贡献。

249　IMO Assembly Resolution A.1067(28)(2013) 含审计的框架和程序；IMO Assembly Resolution A.1070(28)(2013) 包含 IMO 文书实施守则（III Code），为"国际海事组织成员国审核计划"的目的提供审计标准。

250　Audit Framework, para.4.1.1.

251　Ibid, para.4.4.1.

家立法和政策框架，并进行审核访问。审核员将编制一份报告明确被审核国家的良好实践以及现存的挑战，并将该报告交至被审核国和国际海事组织秘书长。该机制将由国际海事组织文书实施小组委员会（第三小组委员会）进行监督，以取代船旗国实施小组委员会。

虽然国际海事组织成员国审核计划受到了欢迎，但国际社会认识到其局限性也尤为重要。为了向被审核的成员国提供反馈，国际海事组织成员国审核计划成为"积极且具有建设性的方法"。[252] 其设想是成员国会对这一反馈作出回应并改进其表现。作为对中期审核报告的回应，各国需要制订行动计划来处理审核结果。[253] 此外，成员国还可以得到技术援助，从而协助它们实施审核过程中提出的建议。[254] 上述行动计划随后将成为后续审核的基础，以确保被审核国已完成纠正行动。[255] 然而，审核过程高度保密。[256] 就目前的情况而言，在未经被审核国同意的情况下，其他成员国将不会获得最终审核报告的副本。其他成员国能够了解国际海事组织成员国审核计划的结果的唯一方式是被审核国同意公布或通过国际海事组织秘书处编制的匿名的综合审核摘要。[257] 这种缺乏透明度的方式意味着其他国家将无法获得相关信息，而这些信息使它们能够对特定的有不良的遵约记录的船旗国施加压力。此外，这也限制了其他商事主体（例如航运承租人）在做出商业决策时考虑相关信息的能力。[258] 在这一方面，国际海事组织成员国审核计划与其他涉及海洋环境保护的领域性条约制定的遵约机制非常不同，并且存在的风险是，它对各国遵守条约的促进作用会明显降低。[259]

如果国际规则和标准的适用与执行完全依赖船旗国的管辖权，则国际制度的效力会大打折扣。基于此，国际社会已经创制了许多机制来弥补船旗国表现的短板，有关介绍将在下文展开。

252　Audit Framework, para.6.1.1.

253　Ibid, para.7.2.1.

254　Ibid, para.9.1.

255　Ibid, para.9.1.

256　Ibid, paras 6.2.4–6.2.5.

257　Ibid, para.6.3.5.

258　参见 H Sampson and M Bloor, 'When Jack Gets out of the Box: The Problems of Regulating a Global Industry' (2007) 41 *Sociology* 551，558。

259　参见第4章和第5章。

6.4.2 沿海国管辖权

6.4.2.1 沿海国对领海的立法管辖权

鉴于沿海国在预防和惩罚影响其领土或水域的污染方面的利益，它们能够在管理靠近其海岸的污染方面发挥特别重要的作用。国际海事组织监管条约[260]和《海洋法公约》都预见到沿海国在制定和执行针对在其沿海水域作业的任何船舶的国际标准方面的作用。但是，沿海国管辖权的范围将取决于船只的位置和现行有效的标准类型。

在《海洋法公约》缔结之前，沿海国仅限于在其狭窄的领海内制定和执行与污染有关的法规。该权力被编入《海洋法公约》第21条，其包含涉及污染以及航运的其他潜在环境影响的广泛权力。沿海国在制定领海船舶的排放和操作（例如速度限制）标准方面拥有完全的自由裁量权，[261]但在制定与其他事项相关的标准时，其权力相对有限。在这方面，沿海国只能通过不超过有关船舶建造、设计、人员配备或设备的"普遍接受"的国际规则或标准的法规。[262]如上所述，"普遍接受"既可以与国际条约也可以与广泛且一致的国家实践联系起来。该参照适用规则旨在限制沿海国的权力，以防止设计、建造或设备标准的扩散，因为这些标准会严重阻碍船舶行使航行权。因此，如果沿海国希望制定更高的标准，它必须寻求其他国际海事组织成员国的同意。有一种方式可以实现上述目的，就是通过上面讨论的基于MARPOL公约的规定提议划定特殊区域。

沿海国还可以规定特殊的航行措施来保护其领海的特定生态特征，前提是这些措施不会对无害通过权造成实际损害。[263]《海洋法公约》明确提到了海道和分道通航制，或者其他对航行路径的规定。[264]此外，国际海事组织也制定了与航线措施有关的指南，[265]沿海国应对此加以考虑，[266]沿海国尽管能够单

146

---

260 例如MARPOL Convention，Article 4(1)。

261 参见Ringbom (n8)124。

262 UNCLOS，Article 21(2).

263 Ibid，Article 24(1)(a).

264 Ibid，Article 22(1).进一步参见IMO Guidance。

265 General Provisions on Ships' Routeing (as amended)，IMO Assembly Resolution A.572(14) (1985).参见上文。

266 UNCLOS，Article 22(3).

方面规定航行措施，但应该顾及上述指南。[267]

某些类别的船舶因其对海上安全和海洋环境的潜在影响而受到特别关注。因此，《海洋法公约》规定"特别是沿海国可要求油轮、核动力船舶和载运核物质或材料或其他本质上危险或有毒物质或材料的船舶只在上述海道通过"[268]以及"外国核动力船舶和载运核物质或其他本质上危险或有毒物质的船舶，在行使无害通过领海的权利时，应持有国际协定为这种船舶所规定的证书并遵守国际协定所规定的特别预防措施"。[269]上述权利与要求进入领海的且载有危险物质的船舶做出通知权利相一致，并且允许受影响的沿海国制订适当的应急计划，以防止或尽量减少此类船舶发生事故。[270]然而，一些学者甚至认为国际法已经演变为允许沿海国禁止特别高风险的船只通过其领海，例如运载核货物的船只。例如，赛奇－富勒（Sage-Fuller）建议，"虽然《海洋法公约》没有明确授权沿海国采取此类措施来限制无害通过，但如果想要对《海洋法公约》第19条以及国际习惯法上的无害通过制度进行解释，预防性原则的法律要素可以对此提供法律依据"。[271]然而，这种解释很难与公约中明确承认此类船只拥有无害通过权的相关条款相协调。因此，即使某些国家主张全面禁止此类船舶得到了一些国家的支持，[272]此类禁令似乎也违背了《海洋法公约》，[273]而且任何此类禁令都需要其他国际海事组织成员国同意并变更其国际规则。

如果沿海国希望在包括用于国际航行的海峡地区采取特殊的航行措施，

147

---

267 参见 T Henriksen, 'Conservation of Marine Biodiversity and the International Maritime Organization', in C Voigt (ed.), *The Rule of Law for Nature* (CUP 2013)344。有学者指出，沿海国在实践中经常寻求海事组织批准这种措施，因为它们重视国际承认。参见 JE Noyes, 'The Territorial Sea and Contiguous Zone', in DR Rothwell et al (eds), *The Oxford Handbook on the Law of the Sea*(OUP 2015)106；F Spadi, Navigation in Marine Protected Areas: National and International Law' (2000)31 *ODIL* 285，290。

268 UNCLOS, Article 22(2).

269 Ibid, Article 23.

270 TM Van Dyke, 'The Legal Regime governing Sea Transport of Ultrahazardous Radioactive Materials' (2002)33 *ODIL* 77–108.这一观点也得到了例如《马耳他对公约的声明》的支持。

271 B Sage-Fuller, *The Precautionary Principle in Marine Environmental Law* (Routledge2013)51. 另参见 JM Van Dyke, 'Applying the Precautionary Principle to Ocean Shipments of Radioactive Materials' (1996)27 *ODIL* 379–397。

272 参见 Declarations of Bangladesh, Ecuador, Egypt, Malaysia, Oman, Saudi Arabia, and Yemen。

273 荷兰的声明支持这一观点。另参见 Spadi (n267)。

其自由裁量权将进一步受到限制，因为各国船舶有权不受干扰地通过这些水域。[274]《海洋法公约》明确规定了可以在国际海峡实行特殊的航行制度，但需要得到国际海事组织的批准。[275]从表面上看，在国际海峡可适用的措施范围似乎仅限于海道和分道通航制。[276]在实践中，其他措施，如船舶报告制度，已在国际海事组织的同意下得以适用，[277]批准制度为防止海峡沿岸国施加不成比例的繁重措施提供了一个重要的保障。例如，澳大利亚和巴布亚新几内亚曾提议在托雷斯海峡采用强制引航以防止可能对脆弱海洋生态系统产生严重影响，对此国际海事组织之中存在强烈的反对声音，认为过境通行是公约中最重要的航行权利之一，例外情况应受到限制。[278]因此，国际海事组织仅建议船舶应按照澳大利亚采用的引航系统航行，而没有批准在该海峡强制引航。[279]这个例子说明了对国际海峡沿岸国管辖权的限制，[280]以及国际海事组织成员可能不愿意同意超出《海洋法公约》确定的那些措施的限制性航行措施。

6.4.2.2　沿海国在专属经济区内的立法管辖权

第三次联合国海洋法会议取得的主要进展之一是扩展了沿海国对环境问题的管辖权。《海洋法公约》将沿海国规定和执行航线污染标准的权力扩大到距其基线200海里以内。[281]然而，为确保沿海国不会对航行自由施加过多

148

274　UNCLOS, Article 38.

275　Ibid, Article 41.

276　Ibid.

277　例如，多佛海峡的强制性船舶报告制度，经MSC.85(70)(1998)号决议批准，经MSC.251(83)(2007)号决议修正和MSC.73(69)(1998)号决议批准的马六甲海峡和新加坡海峡强制性船舶报告制度；直布罗陀海峡的强制性船舶报告制度，核准了MSC.63(67)(1996)号决议。

278　参见IMO Document LEG 89/16 (2004) paras 232–233。

279　IMO Resolution MEPC.133(53) (2005) para. 3. 相关讨论，参见RC Beckman, 'PSSAs and Transit Passage–Australia's pilotage system in the Torres Strait Challenges the IMO and UNCLOS' (2007) 38 *ODIL* 325–357；S Bateman and M White, 'Compulsory Pilotage in the Torres Strait: Overcoming Unacceptable Risks to a Sensitive Marine Environment' (2009) 40 *ODIL* 184–203。

280　澳大利亚试图绕过这一限制，将事先强制引航通过海峡作为进入港口的条件；参见S Kopela, 'Port-State Jurisdiction, Extraterritoriality and the Protection of Global Commons' (2016) 47 *ODIL* 89, 101–102。另见下文关于港口国管辖和控制的讨论。

281　一些学者指出，"预防、减少和控制海洋污染的法律法规"一语含糊不清，虽然可能包括排放标准，但尚不完全清楚哪些（如果有的话）建筑、设计和设备标准属于这一类；参见B Marten, The Enforcement of Shipping Standards under UNCLOS' (2011)10 *WMUJMA* 45–61。即使可能很难提出一个明确的定义，似乎一些建筑、设计和设备标准确实属于这一类。

限制，专属经济区的规范性管辖权受到一定的限制，即任何法律法规必须符合普遍接受的国际规则和标准的要求。[282]该术语与上文讨论的含义相同，但在当前语境中具有不同的目的，即通过设定沿海国监管的上限防止沿海国对其专属经济区的过度监管。通过《海洋法公约》中的争端解决条款，其他国家可以对沿海国对本条款的履行情况提出疑问。[283]

如果沿海国希望对在专属经济区内航行的船舶施加更高的排放标准限制，或者如果希望在该区域采取特殊的航行措施，则必须根据第211条第6款寻求"主管国际组织"的批准。尽管第211条第6款的案文似乎也允许国际海事组织文书没有明确包括的其他类型的措施，并且可以被解释为对规定创新的环境措施（例如实施限速、强制引航或征收环境费用等）提供独立的法律基础，[284]但是对特殊区域、排放控制区域或航线措施的提议依然是各国在实践中寻求实施该条款的关键手段。根据《海洋法公约》第234条，一项特殊制度也适用于冰封区域，其中规定：

> 沿海国有权制定和执行非歧视性的法律和规章，以防止、减少和控制船只在专属经济区范围内冰封区域对海洋的污染，这种区域内的特别严寒气候和一年中大部分时候冰封的情形对航行造成障碍或特别危险，而且海洋环境污染可能对生态平衡造成重大的损害或无可挽救的扰乱。这种法律和规章应适当顾及航行和以现有最可靠的科学证据为基础对海洋环境的保护和保全。

该条款的适用目前尚有争议，但很明显的是，相比较而言它赋予沿海国更广泛的权力来采用其单边标准。在实践中，各国在冰封区域的船舶标准的制定方面进行了合作，国际海事组织最近通过了《国际极地水域作业船舶规则》（International Code for Ships Operating in Polar Waters），该规则对《国际海上人命安全公约》和MARPOL公约成员国具有强制性，要求在北极和南

149

282　UNCLOS, Article 211(5).

283　Article 297(l)(c).

284　K Gierde and D Freestone, 'Particularly Sensitive Sea Areas—An Important Environmental Concept at a Turning-Point' (1994)9 *IJMCL* 431，432.

极航行的船舶满足更高的建造、设计、设备和人员配备标准。[285]

6.4.2.3　沿海国执法管辖权

沿海国制定船舶污染标准的权力扩大的同时，还具有执行这些标准的权力。然而，执法权的范围取决于违法行为的地点及其对海洋环境的影响。

在领海，沿海国有权执行有关污染的法律和法规，[286]同时也受保障措施的约束，以确保上述权力不会被滥用。[287]在专属经济区，《海洋法公约》额外限制了沿海国对悬挂外国国旗的船舶执行此类标准的能力，而且沿海国的确切权力取决于船舶对海洋环境造成的伤害或威胁的程度。如果沿海国有明确的理由相信违规行为已导致"大量排放，对海洋环境造成重大污染或有造成重大污染的威胁"，沿海国可以在海上检查船舶。[288]相反，只有在以下情况下才能提起司法诉讼，即有明显客观证据证明某一违反行为导致"排放对沿海国的海岸或有关利益，或对其领海或专属经济区内的任何资源，造成重大损害或有造成重大损害的威胁"。[289]就本条款而言，"重大损害"的确切含义有些含糊不清，这显然是一个很高的门槛。此外，"明显的客观证据"似乎比"明确的相信理由"具有更高的标准。[290]上述术语强调了该权力仅适用于极少数情况，以及毫无疑问管辖权的天平严重倾向于航行者的利益。[291]如果未达到这一门槛，沿海国只能收集有关船舶及其航程的信息并将其传递给船旗国。[292]在收到此类信息后，船旗国应根据上述关于船旗国执法的规定采取行动。[293]然而，相关记录表明船旗国在提供应采取何种行动的信息方面的表现

285　参见 Resolution MSC.386(94)(2014)；Resolution MSC.385(94) (2014)；Resolution MEPC.264(68) (2015)；Resolution MEPC.265(68)(2015)。相关讨论，参见 J Bai, 'The IMO Polar Code: The Emerging Rules of Arctic Shipping Governance' (2015)30 *IJMCL* 674–699。

286　UNCLOS, Article 220(2).

287　相关分析，参见 EJ Molenaar, Coastal State Jurisdiction over Vessel-Source Pollution(Kluwer Law International 1998)246。

288　UNCLOS, Article 220(5).

289　Ibid, Article 220(6).

290　参见 A Pozdnakova, *Criminal Jurisdiction over Perpetrators in Ship-Source Pollution Cases* (Martinus Nijhoff 2012)109。

291　H Rinabom, 'Preventing Pollution from Ships—Reflections on the "Adequacy" of Existing Rules' (1999) 8 *RECIEL* 21, 25.

292　UNCLOS, Articles 220(3)，(5).

293　Ibid, Article 217(4).

历来很差。[294]

150　　即使沿海国能够提起诉讼，也有一些保障措施可以保护船旗国和船舶的利益。

首先，《海洋法公约》明确规定，沿海国有义务遵守被告的基本正当程序权利，[295]即便起诉成功，它也只能对违反其污染法的行为处以罚款。[296]除此外，如果违反行为是在领海内故意和严重的污染行为，在这种情况下，沿海国可能会被允许对违反者判处监禁。[297]

其次，专属经济区内对沿海国执法权的第二项限制要求该国"应于完成提供保证书或其他适当财政担保等合理程序后迅速予以释放"。[298]该规则的唯一例外是如果船舶"对海洋环境引起不合理的损害威胁"，在这种情况下，沿海国可"拒绝释放或以驶往最近的适当修船厂为条件予以释放"。[299]迅速释放义务旨在"寻求沿海国利益与船旗国利益之间的平衡。一方面，沿海国可以采取必要的适当措施确保其通过的法律和法规得到遵守，另一方面船旗国可以确保其船只得到迅速释放"。[300]如果沿海国不遵守迅速释放程序，其将受到《海洋法公约》第十五部分的特殊争端解决程序的约束，该程序允许船旗国或其代表申请迅速释放悬挂该国国旗的船舶。[301]基于迅速释放程序审理案件的法庭仅限于对释放问题做出决定，且不得涉及案件实体问题。[302]然而，法院或法庭不仅有权决定船舶是否能够被释放，而且有权决定扣押国设定的保证金或财务担保的金额是否合理。[303]如果不合理，法院或法庭可以自行设定保证金。[304]虽然第292条没有明确规定，但可以推断，在因违反污染法而被捕的情况下，沿海国可以船舶对海洋环境构成持续威胁为由，要求法院或

294　参见 T lilstra, 'Enforcement of MARPOL: Deficient or Impossible?' (1989)20 *MPB* 596–597。

295　UNCLOS, Article 230(3).

296　Ibid, Articles 230(1) and (2).

297　Ibid, Article 230(2).

298　UNCLOS, Article 226(1)(b).

299　Ibid, Article 226(1)(c).

300　*The 'Monte Confurco' Case* (2000) para.70.

301　UNCLOS, Article 292.

302　Ibid, Article 292(3).

303　*The 'M/V Saiga Case'* (1997) para.77；*The 'Hoshinmaru' Case* (2007) para.65. 另参见 ITLOS Rules of Procedure, Article 113(2)。

304　UNCLOS, Article 292(4).

法庭决定拒绝释放。[305]

　　事实上，船旗国对沿海国享有先发制人的权利。如果船旗国也希望对船舶采取法律行动，那么它可以使得沿海国基于该船舶在专属经济区内实施违反活动而提起的诉讼程序暂停进行。[306]但上述船旗国的优先权（pre-emption）规则存在两个例外。如果诉讼涉及对沿海国造成重大损害的案件，则船旗国没有优先权。[307]如上所述，对重大损害的理解存在分歧，以及双方之间如果存在任何其他分歧，船旗国和沿海国必须接受《海洋法公约》规定的争端强制解决程序的适用。此外，如果"有关船旗国一再不顾其对本国船只的违反行为有效地执行适用的国际规则和标准的义务"，船旗国则不能坚持要求暂停沿海国的诉讼程序。[308]这允许沿海国指出船旗国的执法记录不佳，以证明起诉是正当的。然而，这个例外的确切范围也是不明确的。

　　如果船旗国决定以这种方式进行干预，就会产生一些后续问题，尤其是证据可能只以沿海国的语言提供，因此可能需要先将其翻译成船旗国的语言。[309]事实上，各国以不同的方式对污染犯罪进行分类，而且不同国家的法院可能有截然不同的程序规则，上述因素都使得国家在此类问题上开展合作变得更加复杂。[310]

　　除了管辖权和适用法律的问题外，对违反海上污染法的船舶进行起诉还面临许多实际挑战。例如，确定哪些排放量超过国际限制以及将特定排放追溯到可识别的船舶，被认为是"微妙且困难的问题"。[311]船用监测设备、卫星监视[312]以及无人机[313]等技术为此提供了一些解决方案。此外，国际合作将有助于减轻沿海国在整个海域污染执法的负担。为此，一些地区的国家为加强在对污染犯

305　UNCLOS, Article 226(1)(c).

306　Ibid, Article 228(1).

307　Ibid.

308　Ibid.

309　参见 Helsinki Commission Guidelines on Ensuring Successful Convictions of Offenders of Anti-Pollution Regulations at Sea (2000)21，认识到"必须注意可能存在的语言障碍"，并建议使用英语。

310　Ibid, 26.

311　Ijlstra (n294)597.

312　参见 BBC News, 'Ship Firm Fined in 'Landmark' Cornish Pollution Case', 4 October 2013。<http://www.bbc.co.uk/news/uk–england–cornwall–24400845>.

313　参见 Ship & Bunker Website, 'Shippers see k Drone Enforcement of ECAs', 5 June 2014。<http://shipandbunker.com/news/world/375693–shippers–seek–drone–enforcement–of–ecas>.

罪的船舶进行刑事调查和诉讼方面的合作制定了具体机制，[314]包括协调空中监视等。[315]尽管巡查广阔海域的挑战将始终存在，这些措施将有助于依法执行海上污染的标准。基于此，国际社会已在逐渐开发海上执法的替代方案。

6.4.3　港口国执法管辖权

152

港口国执法管辖权一般是指港口国当局对船舶进港前在海上发生的违反国际或国家标准的行为提起刑事诉讼的情形。在执行环境标准上，港口国执法管辖权的一个主要优势是该国能够在不妨碍航行的情况下处理违法排放的行为。[316]《海洋法公约》规定了船舶进港前，港口国可以对业已发生的污染违法行为行使此类执法权的三种主要情形。

首先，对自愿进入其港口的外国船只，如果该船只涉嫌在该国领海或专属经济区实施污染犯罪，港口国可以对其提起诉讼。[317]在这种情况下，港口国执行的是在沿海国立法管辖权的基础上通过的标准，[318]因此可以被视为一种准领土（quasi-territorial）管辖权。[319]在港口国受到违章排放影响的情况下，港口国也可以对在其内水、领海或专属经济区以外发生违章排放行为的船舶提起诉讼。[320]这是国际法承认的"效果管辖权"的表现形式之一。[321]在任何一种情况下，港口国都不需要立即对犯有此类违规行为的船舶采取行动。此外，《海洋法公约》还规定了对船舶提起诉讼的三年时效，[322]因此，如果船

314　例如，在2002年第五次北海会议上建立的北海调查员和检察官网络，另参见Helsinki Convention, Annex TV, Article 2, and HELCOM Recommendation 6/13(1985); Barcelona Convention Decision IG.21/9— Establishment of a Mediterranean Network of Law Enforcement Officials Relating to MARPOL within the Framework of the Barcelona Convention (2013).

315　HELCOM Recommendation 34E/4(2015); 1983 Agreement for Cooperation Dealing with Pollution of the North Sea by Oil and Other Harmful Substances (as amended)(EIF 1September 1989), Article 6A, supplemented by Aerial Observations Handbook (2016).

316　T Keselj, 'Port State Jurisdiction in Respect of Pollution from Ships' (1999)30 *ODIL*127, 149; RR Churchill, 'Port State Jurisdiction Relating to the Safety of Shipping and Pollution from hips— What Degree of Extraterritoriality?' (2016)31 *IJMCL* 442, 459.

317　UNCLOS, Article 220(1).

318　参见Molenaar (n287)130。

319　EJ Molenaar, 'Port and Coastal States', in DR Rothwell et al (eds), *Oxford Handbook of the Law of the Sea* (OUP 2015)289.

320　UNCLOS, Article 218(2).

321　Keselj (n316)136.

322　UNCLOS, Article 228(2).

舶在诉讼时效期间停靠港口，港口国可对船舶提起诉讼。

其次，《海洋法公约》中港口国行使管辖权的另一情况是针对涉嫌在他国内水、领海以及专属经济区违反适用的国际规则和标准进行非法排放的外国船只，在船旗国或受违章排放行为损害或威胁的国家的请求情况下，无论港口国是否受到影响[323]都有义务"在切实可行的范围内"满足另一国的相关要求。[324]即使港口国自身不提起诉讼，也可能被要求代表另一个国家收集违规的证据。[325]

再次，港口国管辖权的第三个方面是对在公海内违反适用的国际规则和排放标准的船舶提起诉讼。[326]这一创新条款确立了一种对公海污染犯罪的"普遍管辖权"，[327]基于此规定，保护海洋环境成为国际社会共同关注的问题。[328]此类管辖试图弥补前面提到的船旗国在公海单独执法的一些不足。[329]上述管辖权假定港口国有代表整个国际社会执行相关法律的政治意愿。[330]然而，实际上，国际社会鲜有已知的使用该权力的案例。[331]

除此之外，港口国执法的背景下也会遇到其他的挑战或限制。上述港口国可以使用执法管辖权的所有情形的前提是港口国有足够的污染犯罪证据以提起诉讼。一般情况下，从船上包含的证据中可以明显看出犯罪的存在，例如根据 MARPOL 公约要求保留的记录[332]。但是也有学者指出"对 MARPOL公约要求的船上文件进行检查"[333]，例如油类和垃圾记录簿，很难提供海上排放的充分证据。与沿海国的执法管辖权一样，港口国根据《海洋法公约》第218条规定的执行管辖权而启动诉讼程序的权力会受到船旗国或受影响的沿

153

---

323 UNCLOS，Article 218(2).

324 Ibid, Article 218(3).

325 参见 MARPOL Convention，Article 6(5)。

326 UNCLOS，Article 218.

327 Keseli(n316)136；P Birnie, AE Boyle and C Redgwell, *International Law and the Environment* (3rd edn, OUP 2009) 422.

328 参见 Y Tanaka, 'Protection of Community Interests in International Law：The Case of the Law of the Sea' (2011) 15 *MPYUNL* 329，351。

329 M Nordquist et al (eds), *1982 United Nations Convention on the Law of the Sea—A Commentary—Vol. IV* (Martinus Nijhoff 1991)260.

330 参见 Tanaka (n328)354。

331 参见 Churchill (n316)464，指出"在许多情况下，港口国对起诉可能发生在世界另一端的排放违规行为没有利益关系或管辖权，并花费了确保定罪所需的时间、精力和金钱"。

332 参见 MARPOL Convention，Article 6(2)。

333 Ringbom (n296)25.

海国行使优先权以及其他保障措施的限制。[334]

与其他管辖权相比，港口国管辖权的不同之处在于港口国可以制定和执行船舶进港时必须满足的标准或条件。这些条件可能涉及船舶的建造或船上携带的设备，例如美国在阿拉斯加"埃克森·瓦尔迪兹"（Exxon Valdez）号石油泄漏事件后对单壳船舶实施的禁令，也可能涉及船舶在抵达港口之前是否在航程中遵循了某些规则或程序，例如，如上所述，澳大利亚制定的通过托雷斯海峡强制引航的要求。虽然公约没有对此类条件的执行做出明确规定，但被国际社会普遍接受的是，作为一般国际法问题，港口国有多种选择。首先，港口国可以拒绝船舶进入其港口，尽管有人建议将此种行为视为港口国行使主权而不是执法管辖权本身。[335]其次，港口国可以利用刑法制裁与之有关的任何违法行为。例如，各国通常要求船舶提供有关其航程的信息，并对向港口检查员提供虚假信息的行为进行处罚，即使该信息涉及发生在公海或另一国海域的活动。[336]这种权力的确切范围引起了广泛的争论，但许多学者认为，只要有关国家能够证明其对所施加的条件利益相关，这种行动就是被允许的。[337]诚然，一些学者认为，为了核实某船舶是否符合其制定的相关条件，港口国将需要获取大量的信息，基于此，这种监管形式在未来会不断增加，并且将对船旗国和港口国之间的传统权力分配产生重要影响。[338]

6.4.4　港口国的检查和控制

港口国管辖权主要涉及通过刑事诉讼实行污染标准，而港口国控制通常涉及对船舶进行实物检查以及对发现有缺陷的船舶实施行政措施。[339]因此，港口国控制在性质上不是惩罚性的，因为它的主要目的是弥补缺陷以确保船

334　UNCLOS，Articles 218(4) and 228(1).

335　Churchill (n316) 457.

336　参见 S Gehan, 'United States v Royal Caribbean Cruises Ltd: Use of Federal "False Statements Act" to Extend Jurisdiction over Polluting Incidents into Territorial Seas of Foreign States' (2001) 7 *OCLJ* 167–183。

337　参见 B Marten, 'Port State Jurisdiction, International Conventions and Extraterritoriality: An Expansive Interpretation', in H Ringbom (ed.), *Jurisdiction over Ships* (Brill 2015)137；Kopela (n280)108。

338　B Marten, 'Port State Jurisdiction over Vessel Information: Territoriality, Extra-territoriality and the Future of Shipping Regulation' (2016)31 *IJMCL* 470–498.

339　参见 Molenaar (n319)282，指出港口国的控制权比其管辖区小很多。

舶安全以及遵守环境规则和标准等。然而，对船东而言，受港口国控制措施的约束仍然是一个负担，因为"在港口多闲置一天甚至几个小时都可能代价高昂"。[340]《海洋法公约》第211条第3款规定了港口国可以对外国船舶进行控制，该条款规定各国可以"制订关于防止、减少和控制海洋环境污染的特别规定作为外国船只进入其港口或内水或在其岸外设施停靠的条件"。[341]此外，第219条还提到港口国能够在认定某船舶对海洋环境构成威胁时扣留该船舶，该权力的行使以一国能够自愿对进入港口的船舶进行检查为先决条件。

　　港口国可以在行使领土管辖权时单方面制定船舶进入港口时必须遵守的标准。[342]然而，在实践中，人们已经认识到"对于大多数国家而言，对其他国家礼让以及航行自由的利益……要求其限制对外国船舶的单方面管制"。[343]因此，港口国的控制常用于监督船旗国是否遵守国际海事组织监管条约中的国际规则和标准，如MARPOL公约、《国际海上人命安全公约》、《控制船舶有害防污底系统国际公约》和《压载水管理公约》等。[344]上述条约都包含一定的条款，来规定港口国检查员在行使港口国控制权时可能采取的措施。MARPOL公约的典型规定是"任何这种检查，应以核实船上是否备有有效的证书为限，除非有明显的理由认为该船或其设备的条件实质上不符合证书所载的情况"。[345]为落实这一规定，国际海事组织已同意制定详细的关于港口国控制行为的指导方针，以尽可能协调国家采用的程序。[346]在实践中，除了核实证书以外，检查还将涉及基本的"绕船巡视"，以检查船舶的状况是否符合相

155

340　Molenaar (n319), 290.

341　UNCLOS, Article 211(3).

342　例如，美国1990年《石油污染法》对于是否对港口国可能制定的标准类型有任何限制，存在一些争论；参见RR Churchill and AV Lowe, *The Law of the Sea* (3rd edn：MUP 1999)63；Marten (n337) 105–139。

343　Birnie, Boyle, and Redgwell (n327) 414.

344　SOLAS Convention, Regulation 19 of Chapter I, Regulation 6.2 of Chapter IX, Regulation 4 of Chapter XI-1 and Regulation 9 of Chapter XI-2；MARPOL Convention, Article 5(2)；另参见Annex I, Regulation 11；Annex ll, Regulation 16.9(port State control of operational procedures)；Annex III, Regulation 8(port State control of operational procedures)；Anti-Fouling Convention, Article 11。

345　MARPOL Convention, Article 5(2).

346　Procedures for Port State Control (PSC Procedures), IMO Assembly Resolution A. 1052(27)(2011), replacing Resolutions A.787(19) and A.882(21).

关国际标准的要求。[347]国际海事组织指南明确规定了可能会引起彻底检查的情形，包括文件不完整、设备丢失及结构严重损坏等。[348]如果港口国控制官员获得涉及某船舶上可能存在缺陷的信息，他们也可以进行更详细的检查。

检查不仅包括船舶及其设备的物理状态，还涉及操作程序。[349]这反映了国际海事组织文书越来越强调人为因素。国际海事组织指南列举了港口国控制官员在检查期间可能会检查的一些程序和操演。[350]由于许多事故是人为操作错误而不是船舶本身的故障引起的，上述内容显然十分关键。然而，上述程序在实践中难以核实，因为它涉及港口国控制官员对一些事项的专业判断，例如"全体船员的操作熟练程度是否达到允许船舶航行且不对船舶或船上人员构成危险的足够水平以及是否会对海洋环境构成不合理的损害威胁"。[351]

如果在更详细的检查后发现船舶不适航，港口国可以下令要求其符合相关标准。国际海事组织的指南明确指出，"应尽一切努力避免船舶被不当滞留或延误"，因此可以允许船舶在稍后阶段继续航行并进行修理。[352]为了有效解决港口国检查出的问题，船东代表应当和港口国通力合作。[353]但是，如果船舶的缺陷严重，港口国有权阻止该船舶离港。[354]这不应被视为一种惩罚措施，而是一种补救过失和防止未来对海洋环境造成损害的手段。[355]然而，这种具有行政性质的拘留似乎也属于上述迅速释放程序的范围，因此也可能会受到国际法院和其他法庭基于《海洋法公约》第292条的监督。

此外，港口国控制被认为是"沿海国打击非合规航运最重要的武器"。[356]

---

347 RWJ Schiferli, 'Regional Concepts of Port State Control in Europe', in E Mann Borgese (ed.) *Ocean Yearbook* 11(UCP 2004)206. 这种实践也得到了国际海事组织指南的确认；IMO Assembly Resolution A.1052(27) (2011) paras 2.2.4 and 2.5.1.

348 PSC Procedures, para.2.4.2.

349 参见 SOLAS Convention, Regulation XI–1/4。

350 PSC Procedures, Appendix 7.

351 Ibid, para.1.3.

352 Ibid, para.2.3.5.

353 Ibid, para.2.3.8.

354 UNCLOS, Article 219.事实上，MARPOL公约对沿海国规定了这样做的义务；MARPOL公约第5条第2款。海事组织大会决议就何时适当扣留船舶作了规定。该公约还规定：如果造成第3.7.2段所述滞留的缺陷无法在检查港补救，港口国当局可以允许有关船舶前往船长选定并经该当局同意的最近的适当修理厂，但须遵守港口国管理当局与船旗国之间商定的条件。

355 《海洋法公约》将这类行动称为"行政措施"。根据前面的评注，"这大概排除了不属于这一类行政措施范围的正式法律程序"。相反，学者莫勒纳尔认为这是一种惩罚性行动。

356 Marten (n281)59.

港口国控制的一个主要优势是港口国可以基于其领土管辖权将国际标准适用于所有船舶，无论其是否悬挂相关条约缔约国的旗帜。事实上，国际海事组织条约通常要求缔约国对非缔约国船只实施港口国控制，"这可能是必要的，以确保不再给予此类船舶更优惠的待遇"。[357]由于船舶想要进入世界各地港口必须遵守国际规则和标准，即便其船旗国没有做出规定，因此，这也是某些国际规则和标准在实践中得以普遍化的重要的方式之一。

此外，港口国控制在区域的应用上会变得更加有效，区域性港口国控制有诸多优势。[358]首先，有学者认为，如果没有其他国家会采取类似措施的保证以及由于担心失去与其他港口的竞争优势，很少会有港口国愿意制定严格的港口法。[359]相比之下，"如果港口国之间同意就以类似的方式适用相同的规则进行合作，那么没有一个港口会通过选择无视不合标准的船只来寻求或获得竞争优势"。[360]区域性制度中，所有参与的国家不仅致力于执行相同的国际规则和标准，而且要求协调他们之间的程序，以便在不同的加入国的检查的完整性不会存在很大的差异。事实上，港口国管制官员的协调培训是大多数谅解备忘录合作框架的关键内容，[361]这对于确定港口国管制制度是否成功至关重要。[362]其次，区域港口国控制允许各国为了有效且公平地适用国际条约做出努力。最后，通过数据库和其他通信系统共享信息，各国可以更有效地利用其资源。已经在某一港口国接受检查且没有任何问题的船舶可以停靠该地区的其他国家，无须额外检查。如果检查中发现缺陷并已责令修理，那么就可以在该区域内的下一个停靠港跟进该缺陷的纠正。

《海洋法公约》对合作安排的设立进行了明确规定。[363]第一个此类制度

357　例如，MARPOL Convention，Article 5(4)。

358　参见 Schiferli (n347) 206–207。

359　参见 TL McDorman, 'Regional Port State Control Agreements: Some Issues of International Law' (2000) 5 *O&CLJ* 207，209。

360　Ibid.

361　参见 1982 Paris MOU，s.7.3.2；1993 Memorandum of Understanding on Port State Control in the Asia-Pacific Region (Tokyo MOU)(as amended)，s. 6.3.2。

362　Sampson and Bloor (n258)558–559. 克努森与哈斯勒（OF Knudsen and B Hassler）持不同意见，参见 'IMO Legislation and Its Implementation: Accident Risk, Vessel Deficiencies and National Administrative Practices' (2011)35 *MP* 201–207。

363　UNCLOS，Article 211(3).

是在西欧以《关于港口国控制的巴黎谅解备忘录》的形式建立的。[364]原始文件规定参与国根据包括MARPOL公约和《国际海上人命安全公约》在内的多项国际条约，检查进入其港口的船舶量的最低必要值。[365]在国际海事组织的鼓励下，[366]区域港口国控制的概念被输出到许多其他地区，[367]包括亚太地区、[368]拉丁美洲、[369]地中海、[370]印度洋、[371]海湾、[372]黑海、[373]加勒比海，[374]以及西非和中非。[375]上述协定都是以不具约束力的文书的形式而不是以条约的形式通过的，但这一事实本身并不影响区域港口国管制制度的效力。[376]正如安德森（Anderson）所言，尽管上述谅解备忘录处于非正式的地位，但它创造了"具有财务影响的持久关系和机构"。[377]虽然各国的承诺水平存在差异，[378]但上述谅解备忘录都要求单个国家采取措施检查一定数量或一定百分比的停靠在其港口的船舶。2012年，参与这些制度的国家进行了大约69000次检查。[379]

多年来，参与谅解备忘录安排的国家之间的合作已趋于深化。例如，基于管理过程中积累的经验，巴黎谅解备忘录制度得以被修订以扩大该制度的范围并提高效率。首先，为了吸纳新的发展，该制度涵盖的条约逐年增

158

364　原文参见 (1982)21 *ILM* 1。

365　原定目标是在该谅解备忘录港口停靠的所有船舶的25%。

366　IMO Assembly Resolution A. 682(17) (1991).

367　需要指出，欧盟通过了 Directive 2009/16/EC on Port State Control。

368　Tokyo MOU.

369　参见 1992 Latin-American Agreement on Port State Control (Viña del Mar Agreement)。

370　参见 1997 Mediterranean Memorandum of Understanding on Port State Control (Mediterranean MOU)。

371　参见 1998 Memorandum of Understanding on Port State Control for the Indian Ocean Region (Indian Ocean MOU)。

372　参见 2005 Memorandum of Understanding on Port State Control in the Gulf Region(Riyadh MOU)。

373　参见 2000 Black Sea Memorandum of Understanding on Port State Control (Black Sea MOU)。

374　参见 1996 Caribbean Memorandum of Understanding on Port State Control (Caribbean MOU)。

375　参见 1999 Memorandum of Understanding on Port State Control for West and Central African Region (Abuja MOU)。

376　参见 Keselj (n316)19。

377　D Anderson, 'Port States and the Environment', in AE Boyle and D Freestone (eds) *International Law and Sustainable Development* (OUP 1999)332.

378　例如 Abuja MOU 的国家的目标是"占在该地区运营的船舶总数的15%"。Abuja MOU, s. 1.3。

379　参见 III Sub-Committee Report, Document III 1/18(2014) para.6.17。

加，例如《控制船舶有害防污底系统国际公约》和《压载水管理公约》。更重要的是，在2009年，原有的数字指标被一个新的系统取代，该系统会顾及单艘船舶的风险状况。[380]在新的检验制度下，船舶被划定为低风险、标准风险或高风险三个类别，具体情况取决于船舶类型、过去在港口国检查中的表现、航运公司控制船舶的表现、船级社定期检查和船旗国。[381]船舶的风险状况将决定检查的范围、频率和优先级。[382]根据新的检查计划，低风险船舶每24个月至36个月进行一次检查，而高风险船舶则需要每5个月至6个月进行一次检查。[383]此外，高风险船舶将始终接受扩大检查，除非有明确的理由对其进行更详细的检查，否则低风险船舶仅接受初步检查。[384]参与国还制定了滞留审查程序，允许船舶经营人对港口国扣留船舶的决定进行质疑。尽管审查程序的结果不具有约束力，但它提供了一种机制对港口国的决定进行质疑，同时也可以作为国家上诉程序和《海洋法公约》中的迅速释放程序的替代方案。[385]基于上述变化，巴黎谅解备忘录可被视为提供了港口国控制的黄金标准。此外，某些创新已被其他地区采用。[386]

159

　　然而，区域港口国控制仍存在一定的不足，例如，它"只能有效地消除该特定区域内不合格船舶的运营［并且］它倾向于将不合格船舶的运营转移到其他地区"。[387]然而，随着港口国控制在世界范围内的扩展，上述威胁已经减少，尽管不同的体系之间仍然存在差异。[388]解决此类问题的另一种方法是

380　参见 E Rodriauez and F Piniella, 'The New Inspection Regime of the Paris MOU on Port State Control：Improvement of the System' (2012)9 *JMR* 9–16。东京谅解备忘录也采用了类似的机制。

381　Paris MOU, including the Thirty-Fourth Amendment (2012), Annex 7.

382　Ibid, Annex 8.

383　Ibid, Annex 8, para.4. 即自上一次检查后超过检查时限的船舶必须在下一次进入参与国的港口时对其进行检查。在检查期限内的其他船舶是优先船舶，如果停靠港口，也可以接受检查。为了确保尽可能平均地在参与国之间分摊负担，向每个国家分配了一个年度视察承诺。秘书处为谅解备忘录维护一个信息系统，每天显示一个成员国在年度承诺方面是超前还是落后，参见 Annex 11。

384　Paris MOU, including the Thirty-Fourth Amendment (2012), Annex 9.

385　关于拘留审查程序的说明，见 <https://www.parismou.org/system/files/Review%20Panel%20procedure%20Public%20Paris%20MOU%20rev6%20NIR.pdf>。

386　例如，从2016年1月1日起，对黑海谅解备忘录进行了修订，纳入了船舶风险简介簿中，参见 *Port State Control in the Black Sea Region Annual Report 2015*(2015) 3。

387　Schiferli (n347)213.

388　参见 EJ Molenaar, 'Port State Jurisdiction：Towards Mandatory and Comprehensive Use', in D Freestone et al (eds), *The Law of the Sea: Progress and Prospects* (OUP 2006)207。

通过谅解备忘录之间的区域间合作。[389]此类合作目前已在进行，例如，区域港口国控制机构会派观察员互相参会。[390]在更实际的层面上，一些谅解备忘录积极共享有关检查和滞留的信息，这有助于管理高风险船舶。[391]许多区域谅解备忘录现在向Equasis提供信息，它是一个共享船舶安全相关信息的数据库。[392]此外，区域机构有时会为港口国负责港口控制的官员举办联合培训活动。[393]这些活动对于协助发展中国家加强对港口的控制有着重要意义。[394]最后，谅解备忘录偶尔会协调他们的集中检查活动，从而将检查的重点放在一个特定的主题上。[395]为了改善这种协调，有学者建议国际海事组织发挥更重要的作用，为所有谅解备忘录设置集中检查活动，以扩大活动的影响范围并提高其效率。[396]事实上，通过为港口国控制秘书处举办一系列的研讨会，国际海事组织一直在推动针对一系列问题进行更广泛的合作。[397]通过密切协调和信息交流，对不合格的航运的监管之网会变得更加紧密。

6.5　航运事故的防备和反应

由于涉及船舶的事故通常是人为错误或不可预测事件导致的，因此，不可能防止所有的船舶污染。对此，制定相应的规则、标准和程序变得尤为重要。这会使可能受影响的国家迅速采取行动，以尽量减少和改善对海洋环境的损害。在1967年臭名昭著的"托雷峡谷"号事件发生时，与此有关的法律法规尚不明晰。英国政府在证明其对事故的反应时，援引了习惯国际法下

389　Schiferli (n347)214–15.

390　*Paris MOU Annual Report 2012* (2012)16；*Tokyo MOU Annual Report 2012*(2012)9–10.

391　例如，东京谅解备忘录与巴黎谅解备忘录、黑海谅解备忘录、印度洋谅解备忘录和《维纳德尔马协议》共享其数据库中持有的信息，*Tokyo MOU Annual Report 2012* (2012)5–6。

392　参见<http://www.equasis.org/EquasisWeb/public/HomePage>。

393　*Paris MOU Annual Report 2012* (2012)12–13.参见东京谅解备忘录在其他区域提供的培训；*Tokyo MOU Annual Report 2012* (2012) 10–12。

394　Molenaar (n388)209.

395　*Paris MOU Annual Report 2012* (2012)11；*Tokyo MOU Annual Report 2012*(2012)3.

396　*Global Concentrated Inspection Campaigns—Submitted by Egypt*, Document II 1/6/10(2014).另参见P Cariou and F–C Wolff, 'Identifying Substandard Vessels through Port State Control inspections：A New Methodology for Concentrated Inspections Campaigns' (2015)60 *MP* 27–39。

397　参见<http://www.imo.org/OurWork/Safety/Implementation/Pages/PortStateControl.aspx>。

的"必要性原则"（doctrine of necessity）。[398]由于没有国家对此提出反对，这表明可以援引此原则来防止迫在眉睫的严重威胁。[399]基于习惯国际法的抗辩仍然适用于某些并未被后续条约所包括的情况，例如军舰或政府所有的船只造成的污染。[400]但是，在商船的问题上，国际社会针对商船在全球以及区域层面通过了一些与此有关的国际条约，力求更加明确地规范这一问题。[401]《海洋法公约》第221条明确承认各国有权：

> 为保护其海岸或有关利益免受海难或与海难有关的行动所引起，并能合理预期造成重大有害后果的污染或污染威胁……在其领海范围以外，采取和执行与实际的或可能发生的损害相称的措施。

《海洋法公约》得到了其他旨在协调对海上事故的国际反应的条约的补充，[402]包括1990年的《国际油污防备、反应和合作公约》（1990 International Convention on Oil Pollution Preparedness，Response and Co-operation，以下简称"OPRC公约"），[403]其中附有2000种涉及有害和有毒物质的事故。[404]

根据OPRC公约，船舶必须配备油污应急计划。[405]任何涉及有害物质的 161

398　参见 Commentary to Article 25 of the ILC Articles on State Responsibility，in Report to the United Nations General Assembly (2001 – II) *YbILC* 82。

399　另参见 *Gabcikovo-Nagymaros Project* (1997) para. 53。

400　Birnie，Boyle，and Redgwell (n327) 426–427.

401　波罗的海、红海、波斯湾、东南太平洋、南太平洋、加勒比海、东非、西非、黑海、地中海和里海区域海洋方案的框架内通过了关于污染紧急情况和应对措施的区域条约，另参见 1990 Lisbon Cooperation Agreement for the Protection of the Coasts and Waters of the North-East Atlantic against Pollution (EIF 1 February 2014)；1983 Bonn Agreement for Cooperation in Dealing with Pollution of the North Sea by Oil and other Harmful Substances (as amended)(EIF 1 September 1989)；2013 Agreement on Cooperation on Marine Oil Pollution Preparedness and Response and Co-ioeration (EIF 13 March 2014)。

402　类似规定参见 1969 Intervention Convention；2007 Wreck Removal Convention。

403　参见 1990 International Convention on Oil Pollution Preparedness，Response and Co-operation (OPRC Convention)(EIF 13 May 1995)。

404　参见 2000 Protocol on Preparedness，Response and Co-operation to Pollution Incidents by Hazardous and Noxious Substances (EIF 14 June 2007)。

405　OPRC Convention，Article 3(1)(a).另参见 MARPOL Annex I，Regulation 37.1。

事故都必须立即报告。[406] 然后要求收到报告的沿海国评估事故的性质、程度以及可能导致的结果，并通知利益相关国。[407]OPRC公约还要求沿海国建立一个国内系统，以迅速有效地应对油污染事件。至少，这项义务要求各国指定一个国家联络点来协调反应以及制订国家应急计划。[408]各国还应配备最低水平的预置溢油处理设备以及训练有素的操作员。[409]OPRC公约承认在实践中各国集体履行上述义务会更加切实可行。[410]为此，一些国家设立了区域性海洋污染应对机制。[411]

　　根据国际法，沿海国可以先采取行动，以尽量减少受灾船只造成的污染威胁。在领海内，对沿海国"和平、良好秩序和安全"构成威胁的船舶不享有无害通过权，[412]因此，沿海国可以采取任何"必要步骤"[413]防止其对沿海国造成损害。即使在领海外，沿海国也可以对海上事故行使广泛的权力，只要这些措施"为保护其海岸或有关利益且与实际的或可能发生的损害相称"。[414]沿海国可以采取的措施包括拖带、破坏或摧毁有问题的船只。国际海事组织还制作了详细的油污染反应手册和关于其他技术问题的指南[415]用于协助清理作业。

　　在某些情况下，对需要援助的船只的最佳反应是允许其前往避难所，并

406　OPRC Convention, Articles 4 and 5. 另参见 MARPOL Convention, Article 8(1) and Protocol I；SOLAS Convention, Regulations V/31, VII/6, VII/7-4, and VII/2。国际海事组织鼓励沿海国设立海事援助处，作为接收此类报告的指定机构；参见 IMO Assembly Resolution A.950(23)(2003)。

407　OPRC Convention, Article 5.

408　Ibid, Article 6(1).

409　Ibid. Article 6(2). 一些国家对海洋工业征税，以此为对油污的回应措施提供资金；参见 New Zealand Maritime Transport Act 1994, ss.329–341。

410　另参见 Aaenda 21 (1992) para.17.34。另参见 Johannesburg Programme for Further Implementation (2002) para. 36(b)。

411　Regional Marine Pollution Emergency Response Centre for the Mediterranean Sea(REMPEC)；Regional Marine Pollution Emergency Information and Training Centre for the Wider Caribbean (REMPEITC-Caribe). 另参见在阿拉伯海湾设立海洋应急和救助协调小组，其将在该区域北部、中部和南部运作三个海洋应急中心。这些中心将提供应急设备，包括由航运业捐助共同供资的污染应急船只和多用途应急拖船。

412　UNCLOS, Article 19(1). 相反观点参见 E Van Hooydonk, 'The Obligation to Offer a Place of Refuge to a Ship in Distress' (2003) CMIY 403，411–412，421–422。

413　UNCLOS, Article 25(1).

414　Ibid, Article 221(1). 另参见 the 1969 Intervention Convention。该条约对公海的限制意味着它在现代法律中的适用有限。

415　参见 <http://www.imo.org/blast/mainframe.asp?topic_id=225>。

在那里进行修理或采取其他行动来消除船只造成的威胁。在遇险船只对人的生命构成威胁的情况下，公约和习惯国际法明确规定船只可以驶往港口或其他的安全地点。[416]在对人的生命没有威胁的情况下，需要援助的船舶能否享有类似的特权尚不明确。[417]实际上，如果存在严重损害的风险，沿海国大都不愿意允许船舶靠近其海岸。最著名的事件之一是"卡斯托耳"号油轮（注册于塞浦路斯）案，它在最终安全卸货之前被七个国家拒绝进入港口。[418]为对国际争议做出回应，国际海事组织通过了《为需要援助的船舶提供避难场所的指南》（Guidelines on Places of Refuge for Ships in Need of Assistance），该指南旨在提供一个框架，使沿海国能够有效地应对请求援助的船舶。[419]此外，该指南将避难场所定义为"需要援助的船舶可以采取行动以稳定其状况并减少航行危险并保护人类生命和环境的地方"。[420]这些指导方针旨在通过鼓励建立能够解决问题的既定程序来促进更好的决策，[421]以及确定必须考虑的因素，以便就是否允许船舶前往避难地点做出"客观决定"。[422]指南还鼓励沿海国组建一个"由具有专业知识的人员组成"的检查组，并以收集信息作为其决策的依据。[423]该指南还承认要平衡"需要援助的船舶寻求避难地点的特权和沿海国保护其海岸的特权"。[424]然而，在上述两项特权中，沿海国的利益毫无疑问具有优先地位。因此，指南明确规定"当受请求进入避难所时，沿海国没有义务必须批准"。[425]该指南确实鼓励"在合理且可能的情况下"给予

416　一个早期案例，参见 *Kate A Hoff v The United Mexican States(The Rebecca)* (1929)。

417　基尔科普（Chircop）认为，"最初这项权利并不限于人的安全，也包括财产方面的考虑，［但］在国家实践中，避难权明显缩小"。A Chircop, 'Ships in Distress, Environmental Threats to Coastal States, and Places of Refuge: New Directions for an Ancien Regime?' (2002) 33 *ODIL* 207–226. 另参见 Van Hooydonk (n412) 426。

418　详细参见 R Shaw, 'Places of Refuge: International Law in the Making?' (2003)*CMIY* 329, 332–334。

419　Place of Refuge Guidelines, contained in IMO Assembly Resolution A.949(23)(2003). 另参见 Guidelines on the Control of Ships in an Emergency, IMO Document MSC.1/Circ.1251 (2007)。

420　Place of Refuge Guidelines, para.1.19。

421　Ibid, para. 3.2. 特别是，该指南提到设立海事援助处；参见 para. 3.3. 和 Resolution A.950(23) (2003)。

422　Place of Refuge Guidelines, paras 3.5 and Appendix 2.

423　Ibid, para.3.10.

424　Ibid, preamble.

425　Ibid, para.3.12.

避难，[426] 但此种表述使得沿海国可以酌情决定，因此上述解释不符合一些评论者所主张的有利于避难的假设。[427] 因此，批评者对指南的实际效用提出疑问，他们呼吁通过一项具有法律约束力的文书。[428] 同时，有学者指出，允许进入避难所的决定是一个高度敏感的问题，"沿海国几乎只会接受考虑所有有关利益的一般性承诺"。[429] 从这个角度来看，指南提供了一个很好的折中方案，或至少提供了一个可以判断沿海国的行动的基准，[430] 同时让它们有自由裁量权，从而针对个案采取相应的措施。

国际海事组织准则的实施往往是在区域层面进行的。赫尔辛基委员会再次作出了表率，因为它已经通过了一项波罗的海地区避难所的共同计划。[431] 该计划促进了区域合作，并承认"在某些特殊情况下，在另一个国家的反应区域（response zone）给予船舶避难场所，而不是让其在最初开始援助的国家避难，对船舶和环境都会更安全"。此外，该计划鼓励各国交流有关避难场所的信息，并制定一套请求在邻国避难的程序。《地中海紧急状态议定书》（Mediterranean Emergency Protocol）的缔约方也同意"确定国家、次区域或区域战略，在避难所（包括港口）接收对海洋环境构成威胁的遇险船舶"，[432] 并通过了允许需要援助的船舶进入避难所的决策程序准则。[433] 这些例子表明，尽管国际海事组织在全球范围内发挥了强有力的作用，但区域机构在执行有关保护海洋环境免受航运风险的国际规范方面仍然很重要。

426　Place of Refuge Guidelines, para.3.12.

427　Van Hooydonk (n412)432；P Donner, 'Offering Refuge Is Better than Refusing' (2008) 7*WMUJMA* 281–301.

428　Van Hooydonk (n412)443–444；A Morrison, *Places of Refuge for Ships in Distress: Problems and Methods of Resolution* (Martinus Nijhoff 2008).参见 the CMI Draft Instrument on Places of Refuge：<http://www.comitemaritime.org/Places-of-Refuge/0, 2733, 13332, 00.html>。该法律文书于2009年4月提交给国际海事组织，但法律委员会决定无须采取任何行动，参见 Report of the Legal Committee at Its Ninety-Fifth Session, Document 95/10 (2009) para.9(a).4.

429　V Frank, 'Consequences of the Prestige Sinking for European and International Law' (2005)20 *IJMCL* 1, 61.

430　参见 A Chircop, 'Assistance at Sea and Places of Refuge for Ships：Reconciling Competing Norms', in H Ringbom (ed.), *Jurisdiction over Ships*(Brill 2015)153，其认为该指南"确立了一种对负责任但可酌情作出决定的期望，〔并且〕可将其视为一种尽责标准"。

431　HELCOM Recommendation 31E/5 (2010).

432　参见2002 Protocol Concerning Co-operation in Preventing Pollution from Ships and, in the Case of Emergency, Combatting Pollution in the Mediterranean Sea(EIF 17 March2004), Article 16。

433　Decision IG 17/1 (2008).

6.6　结论

航运无疑是一个需要高度管制的领域。因此，一系列国际条约和其他文书制定了详细的法规来规制航运对环境的影响，其中包括消除污染以及保护海洋生物多样性的法规。国际海事组织在这方面处于领先地位，同时也有学者将海保会视为与上述领域有关的"我们时代的无名英雄之一"。[434]此外，区域机构以增强全球制度的效率和效力的方式在协调该领域的工作方面也发挥了重要作用，从而促进了国际海事组织标准的实施。

MARPOL公约是环境保护方面最重要的条约，且被普遍认为有助于减少船舶的运营污染。[435]然而，新附则所需的严格生效要件促使各国通过制定单独的条约来应对一些新出现的环境威胁，例如有害的防污底系统和压载水管理及控制。由于这些较新的文书难以吸引缔约国，因此国际社会需要做更多的工作以确保这些条约被广泛接受。国际海事组织可以通过其秘书处以及通过组织培训或其他宣传活动在这方面发挥潜在作用。事实上，技术援助已成为国际海事组织职责的重要组成部分，特别是支持发展中国家为实施日益复杂的规制条约做好准备。区域性机构也可以在这方面发挥作用，例如一些区域性海洋条约为促进与港口接收设施和避难场所有关的区域计划而采取相应的行动。国际海事组织在该领域的工作不仅涉及条约的谈判，还涉及现有规则和标准的修订。当前主要规制条约中包含的默示修正程序允许国际海事组织对条约规则和标准做出调整，以应对船舶对海洋环境的新威胁。因此，防止船舶污染的法律框架是高度动态的，毫无疑问，随着时间的推移，法规的严格程度也将相应提高。与此同时，尽管国际海事组织战略计划要求"主动识别可能造成污染的航运活动和事故"，[436]但法律在防止船舶污染上似乎具有很大程度的被动性。[437]虽然国际海事组织原则上批准了船舶污

164

434　de la Fayette (n121) 159.

435　参见 M Fitzmaurice, The International Convention for the Prevention of Pollution from Ships (MARPOL), in D Attard et al (eds), *The IMLI Manual on International Maritime Law — Vol.III* (OUP 2016)77。

436　S Knapp and PH Franses, 'Does Ratification Matter and Do Major Conventions Improve Safety and Decrease Pollution in Shipping?' (2009)33 *MP* 826, 826; E Gold, 'Learning from Disaster: Lessons in Regulatory Enforcement in the Maritime Sector' (1999)8 *RECIEL* 16–20.

437　IMO Assembly Resolution 1037(27)(2011) para.2.6.1.

染预防措施的实施，[438]但是本章的讨论表明了将预防性方法应用于航运领域仍然面临诸多困难。其中，船舶噪声污染的案例充分印证了上述挑战，由于成本巨大，[439]且具有科学的不确定性，采取措施的进程十分缓慢。然而，更讽刺的是明确提及预防性方法的两项国际海事组织条约都花了十多年的时间进行谈判，且许多国家直到有明确且令人信服的证据证明存在问题，才接受监管。[440]国际海事组织要想采取更强有力的预防性方法，就可能需要调整工作方法和组织：[441]目前国际海事组织的做法是呼吁各国表明对任何新提议的"迫切需要"，[442]但未涉及预防性方法。

国际标准的执行是与航运监管相关的最大挑战之一。船旗国在公海上的专属管辖权以及对沿海国对在其沿海水域航行的船舶进行干涉的权力的限制，使得不合标准的航运激增。上述问题可以通过广泛地引入区域港口国控制机制来解决，尽管该机制仍需要通过填补框架中的空白和协调现有的区域性行动来改进。此外，国际海事组织成员国审核计划的最新发展提供了第二种方式来确保各国认真履行其对航运进行监管的义务。然而，该计划由于刚刚起步，目前还存在一定的局限性。因此随着各国开始对其运作产生信任，它有望进一步演变成一个更加透明的机制。对此，可以从其他制度的履约机制中吸取教训。

438　*Guidelines on Incorporation of the Precautionary Approach in the Context of IMO Specific Activities*, MEPC Resolution 37/22 (1995).

439　de la Fayette (n121)168, 174.

440　Ibid, 168.

441　MEPC Resolution 37/22(1995) 指出"不应孤立于海事组织的其他做法、程序和决议来考虑预防性做法……"。

442　Guidelines on the Organization and Method of Work of the Maritime Safety Committee and the Marine Environment Protection Committee and Their Subsidiary Bodies, Document MSC–MEPC. 1/ Circ.4/Rev.2 (2011) para. 4.14.4.

7 渔业与海洋生物资源的养护

7.1 引言

几个世纪以来，人类一直从海洋中捕获鱼类，在世界上许多地方，鱼类已成为一种极其重要的食物来源，特别是蛋白质来源。尽管捕鱼是有益的，但同样也会对海洋产生负面影响，尤其是以不可持续的方式进行的捕捞。传统的捕捞技术只用于活动范围有限的小渔船，使用简单的网、罐或线，显然会对海洋环境产生一些影响，但其程度不足以影响种群的增长率。然而，到了20世纪下半叶，渔业技术迅速发展，使得鱼类更容易被大规模地发现、捕捞和加工，从海洋捕捞的鱼类数量大幅增加。如今，过度捕捞已被视为对海洋生态系统的最严重威胁之一。[1]

在20世纪90年代初期，加拿大东海岸的大西洋鳕鱼数量骤减，这就是过度捕捞对鱼类数量产生影响的一个例证。[2]尽管采取了更为严格的管理措施，但20多年后鳕鱼的数量仍未得到恢复。在2013年，据估计，全世界有31.4%的鱼类种群的捕捞程度在生物学上是不可持续的，这意味着这些鱼类种群的丰度（abundance）低于最大可持续产量的水平。[3]情况最严峻的是公海，有三分之二的鱼类种群开发过度和（或）枯竭。[4]

并不是只有直接成为捕捞目标的物种才会受到此类活动的威胁。捕捞会导致生态系统结构发生变化，影响捕食者和被捕食者的关系。这种变化很难预测，但却可以改变海洋生物的多样性。[5]捕捞还会对非目标物种产生影响，捕捞

1 参见GESAMP, *A Sea of Troubles*, GESAMP Report and Studies No 70 (2001) 1。

2 M Kurlansky, *Cod* (Vintage 1999) 177–189.

3 FAO, *State of the World Fisheries 2016* (FAO 2016) 5.

4 Global Ocean Commission, 'Improving Accountability and Performance in International Fisheries Management', Policy Options Paper #9 (2013) 1.

5 参见F Hazin et al, 'Chapter 11: Capture Fisheries', in Global Ocean Assessment (UN 2016) 5。

不仅包括与目标物种一起被捕获的其他鱼类，还包括一系列其他海洋物种，如海洋哺乳动物、海龟和海鸟，这些物种可能会被网和绳索困住。渔具甚至会对海洋栖息地造成物理损害，特别是像珊瑚或海底山这样的海底地形。[6]

正如《全球海洋评估》（Global Oceans Assessment）所言："恢复被过度捕捞的鱼群是捕捞渔业管理面临的主要挑战。"[7]由于被发现的许多鱼类种群分布超出一国管辖范围，因此需要开展国际合作来实现海洋生物资源的可持续利用，这使得这一挑战更为艰巨。该问题需要强有力的法律框架，以促进鱼类种群的养护和管理，并管制捕捞对海洋生物多样性的影响。

渔业监管数十年来一直是国际议程的一部分。甚至在20世纪初，就已经出现了在沿海水域保护鱼类的某些义务，北大西洋海岸渔业仲裁案（*North Atlantic Coast Fisheries Arbitration*）就是一个例子，法庭在该案中认为："英国作为当地的主权国家，有义务维持和保护渔业资源。"[8]虽然海洋物种保护确实被视为资源管理制度中不可分割的组成部分，但以往的动机是将渔业作为食物来源进行保护。今天，在国际渔业法律和政策中越来越普遍地出现了更为广泛的环境考量因素。事实上，这一问题正变得日益紧迫，部分原因在于渔业所面临的更大压力和鱼类种群面临的其他威胁，如气候变化和污染。[9]因此，国际社会同意：

> 到2020年，有效规范捕捞活动，终止过度捕捞、非法、未报告和无管制的捕捞活动以及破坏性捕捞做法，执行科学的管理计划，以便在尽可能短的时间内使鱼群量至少恢复到其生态特征允许的能产生最高可持续产量的水平。[10]

6　参见 *Report of the UN Secretary-General, Impacts of Fishing on Vulnerable Marine Ecosystems: Actions Taken by States and Regional Fisheries Management Organizations and Arrangements to Give Effect to Paragraphs 66 to 69 of General Assembly Resolution 59/25 on Sustainable Fisheries, Regarding the Impacts of Fishing on Vulnerable Marine Ecosystems*, Document A/61/154 (2006) paras 7–17。

7　参见 Hazin et al (n5) 17。

8　*The North Atlantic Coast Fisheries Arbitration* (1910) 187.

9　C Nellemann, S Hain, and J Alder, *In Dead Water: Merging of Climate Change with Pollution, Over-Harvest and Infestations in the World's Fishing Grounds,* UNEP Rapid Response Assessment (2008).

10　UNGA Resolution 70/1 (2015), Sustainable Development Goal 14.4.

本章的目的是回顾《海洋法公约》中管制捕捞的法律框架，并解释各国如何通过在全球和区域层面就补充条约和其他文书进行谈判，来制定更多的规则和标准。特别是，它将考虑各国对渔业采取预防性方法和生态系统方法的程度，以及这些国家如何寻求采用立法技术来克服管制公海开放捕捞资源面临的挑战。

7.2 依据《海洋法公约》进行渔业捕捞

7.2.1 国家管辖范围内的捕鱼制度

168

捕鱼权是整个20世纪的一个主要争论焦点，在条约谈判和诉讼中都受到极大的关注。20世纪50年代首次尝试编纂现代海洋法时，各国未能就沿海国对鱼类种群的权利范围达成一致，谈判者只能得出这样的结论："制定影响渔业的国际法可能导致许多国家的实践和要求发生变化。"[11]此次失败和与渔业资源相关的若干争端[12]是各国认为有必要就新的海洋法条约进行谈判的主要原因。因此，渔业是第三次联合国海洋法会议议程上的中心议题之一。

《海洋法公约》以先前的条约为基础，确认沿海国对其领海渔业[13]以及大陆架上定居物种[14]的管辖权。然而，《海洋法公约》还将沿海国对海洋生物的所有权扩大到距领海基线200海里的水域中。[15]在"弗吉尼亚"号（M/V Virginia G）案中，国际海洋法法庭确定，《海洋法公约》的第五部分规定沿海国不仅有权管制其专属经济区范围内的渔业活动，而且还有权管制渔业相关活动，例如为渔船提供燃料。[16]《海洋法公约》的这种扩张性解释是重要的，因为它为沿海国提供了确保渔船不会通过延长在海上的停留时间来规避国家法律和法规的手段。

---

11 Second UNCLOS, Resolution II Adopted at the Thirteenth Plenary Meeting on 26 April 1960.

12 参见 *Fisheries Jurisdiction Case* (1974)。

13 UNCLOS, Article 2.

14 UNCLOS, Article 77(4).

15 UNCLOS, Articles 56–7.

16 *The M/V 'Virginia G'* (2014) para. 217. 然而 *Filleting within the Gulf of St Lawrence* (1986) 案中采取了更严格的方法。

　　专属经济区制度的最重要影响之一是赋予沿海各国确定总可捕捞量（total allowable catch，TAC）以及进行分配的专属权利。[17]这是一项重要的发展，因为据估计，约95%的渔业捕捞发生在距领海基线200海里以内的水域。[18]虽然这种管辖框架在理论上允许一国独立管理资源，但实际上，鱼类种群往往并非只处于一国的边界内，因此，沿海国可能仍然需要与他国合作，以便管理跨境、跨界或高度洄游鱼类种群。[19]

　　除了赋予沿海国在其水域内开发鱼类种群的权利之外，《海洋法公约》还规定沿海国有义务采取措施，促进"专属经济区内海洋生物资源的正当养护和管理"，并确保这些资源"不受过度开发的危害"。[20]《海洋法公约》中没有对"受危害"一词进行定义，但有人认为，应将其理解为"丰度减少至相当于商业性灭绝，或者更严格地说，减少到如果不采取保护行动，此物种就有可能成为濒危物种的程度"。[21]防止过度开发的义务也应当被理解为进一步要求确保被捕捞鱼种的数量保持在能够生产最高持续产量的水平（maximum sustainable yield，以下简称"MSY"）。[22]原则上，只要沿海国掌握相关的科学资料，就可以客观地计算MSY。然而，MSY的概念受到了渔业科学家和其他评论者的广泛批评，[23]其部分原因是"在确定生物资源使用的因果方面存在事实障碍"。[24]无论如何，MSY只是沿海国在确定总可捕捞量时需要考虑的因素之一，《海洋法公约》同样允许沿海国考虑"有关的环境和经济因素"。[25]这项规定给沿海国在确定总可捕捞量方面留出了很大

169

17　UNCLOS, Articles 61–62.

18　参见 Agenda 21 (1992) para. 17.70。

19　参见 UNCLOS, Articles 63 and 64。下文将探讨《鱼类种群协定》。

20　UNCLOS, Article 61(2).

21　WT Burke, 'US Fishery Management and the New Law of the Sea' (1982) 76 *AJIL* 24, 32.

22　UNCLOS, Article 61(3).

23　参见 PA Larkin, 'An Epitaph for the Concept of Maximum Sustainable Yield' (1977) 106 *Transactions of the American Fisheries Society* 1–11. 详见 DM Johnston, *International Law of Fisheries* (YUP 1965), 49–55；DJ Attard, *The Exclusive Economic Zone in International Law* (OUP 1987) 153；F Orrego Vicuna, *The Exclusive Economic Zone:Regime and Legal Nature under International Law* (OUP 1989) 51。

24　R Barnes, 'The Convention on the Law of the Sea：An Effective Framework for Domestic Fisheries Conservation?', in D Freestone et al (eds), *The Law of the Sea: Progress and Prospects* (OUP 2006) 235, 242.

25　UNCLOS, Article 61(3).

的余地。一方面，它允许沿海国对鱼类种群管理采取预防性方法，在确定总可捕捞量时优先考虑环境因素。事实上，许多国际文书都鼓励各国对其沿海水域的渔业管理采取预防性方法。[26]同时，另一方面，有学者指出，给予沿海国的自由裁量权可能转向另一个方向，这样"可以根据具体情况，合法地使经济和社会目标得到比环境目标更高的权重"。[27]虽然这是事实，但也必须记住，各国始终都受到防止"过度开发"这一整体目标的约束，[28]因此这是对沿海国自由裁量权的最终限制。这可能是事实，但也有人指出，"由于措辞含糊，缺乏具体或未限定的义务，即使有可能，也很难查明是否违反了任何义务"。[29]确保遵守这些规定的另一个挑战是，沿海国在确定《海洋法公约》第十五部分的强制争端解决制度中，将沿海国确定总可捕捞量时行使自由裁量权的争端问题排除在外。[30]这并不是说总可捕捞量的确定可以免于审查。此类决定可以适用《海洋法公约》附件五中的调解程序。[31]

170

在种群具有跨界性质的情况下，确定总可捕捞量的决定及其分配的决定往往也可能成为沿海国之间的合作主题。合作可直接在有关国家之间进行或通过某种机制框架进行。[32]在任何一种情况下，相关国家约定的安排都应符合《海洋法公约》的规定。

在这种情况下，目标种群的状况并非必须考虑的唯一因素。《海洋法公约》明确规定，在确定总可捕捞量时，还应考虑"与所捕捞鱼种有关联或依赖该鱼种而生存的物种所受的影响"。[33]在这种情况下，"物种"可以被广义

26　参见 Code of Conduct on Responsible Fisheries, para. 6.5。参见下文对 the Code of Conduct 的讨论。

27　A Proelss and K Houghton, 'Protecting Marine Species', in R Rayfuse (ed.), *Research Handbook on International Marine Environmental Law* (Edward Elgar 2016) 235.

28　UNCLOS, Article 61(2).

29　Barnes (n24) 239.

30　UNCLOS, Article 297(3)(a).

31　Ibid, Article 297(3)(b).

32　对于沿海国协商中出现的问题和挑战以及不同的协调办法，参见 Porebech, 'The "Lost Mackerel" of the North East Atlantic—The Flawed System of Trilateral and Bilateral Decision-Making' (2013) 28 *IJMCL* 343–373。通过常设机构进行双边合作的主要案例参见挪威 – 俄罗斯渔业委员会，其由 1975 Agreement on Co-operation in the Fishing Industry (EIF 11 April 1975) 所设立。

33　UNCLOS, Article 61(4).

地解释为与目标种群生活在同一海洋环境中的任何其他动物或植物群。[34]这可以解释为支持对渔业采取生态系统方法，[35]下文中的后续发展将对这一结论予以巩固。[36]

这些详细规定仅适用于专属经济区内的渔业。《海洋法公约》在保护和管理领海内鱼类种群或大陆架定居物种方面的规范性较差。没有明确规定要求沿海国对这些海域的鱼类种群确定总可捕捞量或防止过度捕捞。但是，这并不意味着各国在这方面没有义务。特别需要记住的是，第十二部分中的一般原则和规则同样适用于渔业。第194条第5款显然与这方面相关，因为它要求各国采取"保护和保全稀有或脆弱生态系统的措施"。

171

总的来说，《海洋法公约》只提供了渔业管制的一般框架，并未详细规定沿海国必须采取哪些保护措施。此类措施将取决于种群的状况和上文讨论的其他因素。但是，《海洋法公约》确实要求沿海国考虑到"任何普遍建议的国际最低标准，不论是次区域、区域或全球性的"。[37]这一参照适用规则虽然没有要求严格遵守这些标准，但却鼓励沿海国在制定保护和管理措施时遵循最佳做法。"任何普遍建议的国际最低标准"的参考范围很广，足以涵盖国际层面采用的各种文书，因此，沿海国必须超越《海洋法公约》，以确定如何履行其管辖范围内管理和养护鱼类种群的义务。特别是，这一参照适用规则将涵盖联合国粮食及农业组织（Food and Agriculture Organization，以下简称"FAO"）渔业委员会采用的若干文书，包括《负责任渔业行为守则》（the Code of Conduct for Responsible Fisheries）和相关的《国际行动计划》（International Plans of Action），这些文书涉及鲨鱼、海鸟、捕捞能力以及非法、未报告和无管制的（Illegal, Unreported and Unregulated，以下简称"IUU"）渔业捕捞活动，下文将对上述文书进行更详细的分析。沿海国还应考虑区域或次区域渔业机构通过的相关标

34　《牛津英语词典》指出，除其他外，将物种定义为"一组或一类动物或植物……"。

35　关于渔业部门的生态系统管理，参见 J Morishita, 'What Is the Ecosystem Approach to Fisheries Management?' (2008) 32 *MP* 19–26。然而 Barnes (n24) 244 持有不同观点。

36　经指出，渔业生态系统方法的概念本身就是"一种不断发展的做法"，"今天的渔业管理比十年前具备了更多的生态系统方法要素，但十年后的要素将更多"；FAO, *Fisheries Management—Marine Protected Areas and Fisheries*, FAO Technical Guidelines for Responsible Fisheries No. 4 (2011) 26。

37　UNCLOS, Article 61(3).

准。就当前的目标而言，值得注意的是，这些文书已将更广泛的环境考虑因素引入渔业管理的法律框架，根据这一参照适用规则，《海洋法公约》必须考虑到这些因素。相关的国际标准还可包括渔业领域以外机构通过的文书。例如，CBD 或 CMS 缔约方会议的决定[38]可能与制定保护和管理措施有关。[39]最后，区域海洋组织的工作也可能与此相关，因为这些组织负责保护生物多样性，它们可以通过与保护可能需要保护的生境或物种免受捕捞作业影响有关的决定。[40]

沿海国为履行其义务可能采用的标准类型包括捕捞作业许可证、物种配额、规定捕捞季节和区域、渔具规格和尺寸限制。[41]各国还越来越多地指定禁止捕捞的海洋保护区，[42]研究表明，这些保护区可以为鱼类提供产卵和觅食的栖息地，从而为邻近渔业带来巨大利益，这些鱼类随后可以扩散到允许捕鱼的区域。[43]CBD 的缔约方会议鼓励各国在 2020 年之前，通过保护区系统或其他有效的区域保护措施来保护至少 10% 的沿海和海域，因此，管理机构未来可能会更多地使用这一工具。[44]

沿海国还被赋予在其管辖范围内保护和管理鱼类种群方面的执法权。它们在领海的执法管辖权似乎是不受限制的，因为根据定义，任何从事捕鱼活动的船只都不属于无害通过。[45]相比之下，沿海国在专属经济区内执行渔业法律和法规受到更严格的要求。起草者认为，这种限制对于维持沿海国和船旗国权利和义务的平衡至关重要。因此，任何因违反专属经济区内渔业法律而被捕的船只，只要支付合理的保证金以确保船长和船员出席审判，就有权迅速获释。[46]国际海洋法法庭认为，这种保证金只能是金钱性质的，因此沿

172

38　参见 CMS COP Resolutions 6.2 (2000)，7.2 (2002)，8.14 (2005)，9.18 (2008)，and 10.14 (2011) on bycatch。

39　参见第 3 章。

40　Ibid.

41　指示性清单参见 UNCLOS, Article 62(4)。

42　参见 PJS Jones, *Governing Marine Protected Areas* (Routledge 2014) 31–32。另参见 FAO, *Fisheries Management—Marine Protected Areas and Fisheries*, FAO Technical Guidelines for Responsible Fisheries No. 4 (2011) 28–29，指出有不同类型的海洋保护区。

43　参见 NOAA, 'Do "No-Take" Marine Reserves Benefit Adjacent Fisheries?' *MPA Science Brief*。<www.mpa.gov>。

44　参见第 3 章。

45　UNCLOS, Article 19(2)(i).

46　UNCLOS, Article 73(2).

海国不能要求被释放的船只携带监测设备，以确保其不继续从事非法捕捞活动。[47]此外，沿海国只能采取"必要"的强制执行措施，国际海洋法法庭对这一要求进行了严格的解释。[48]实际上，渔业执法是国家可以排除在《海洋法公约》项下强制争端解决之外的另一类问题，[49]这表明公约起草者认为沿海国在这方面享有充分的自由裁量权。[50]

7.2.2 国家管辖范围以外的渔业制度

公海对所有国家开放，这些国家受到所谓"公海自由"的约束，这种自由传统上包括捕鱼自由。[51]因此，所有国家都有权让其国民在公海内进行捕鱼。但是，这种自由并非不受限制，行使这种自由必须遵守《海洋法公约》和其他适用的国际法规则所规定的条件。[52]

如同在国家管辖范围内捕鱼一样，《海洋法公约》强调促进保护公海生物资源的重要性，并要求各国采取保护措施促进相关种群的MSY，要考虑的其他因素包括"种群的相互依存"和"与所捕捞鱼种有关联或依赖该鱼种而生存的鱼种所受的影响"。[53]第十二部分中的一般性原则也对这些规则进行了补充，进一步强调必须"保护和保全海洋环境"[54]并采取措施保护"稀有

47　参见 *The Volga Case (2002)*。然而，安德森（Anderson）法官和临时法官希勒（Shearer）持不同意见，后者敦促对案文进行"自由和有目的的解释"，允许"措施……被许多沿海国认为有必要……以阻止……掠夺海洋生物资源"；Dissenting Opinion of Judge ad hoc Shearer, para. 17。

48　参见 *The M/V 'Virginia Gl Case* (2014) para. 257。然而，霍夫曼（Hoffman）副庭长与钱德拉塞卡拉·拉奥（Chandrasekhara Rao）法官、马罗塔·兰赫尔（Marotta Rangel）、卡特卡（Kateka）、高之国（Gao），和布盖泰亚（Bougeutaia）法官联合反对意见批评了法庭采取的做法，他们在意见中认为，只有在"在行使权力方面存在明显错误或权力行使明显是任意的，或者如果是基于不存在的或明显错误的事实行使权力"的情况下，法庭才应认定没有必要采取一项措施。(para. 54)。另参见 J Harrison, 'Safeguards against Excessive Enforcement Measures in the Exclusive Economic Zone', in H Ringbom (ed.), *Jurisdiction over Ships* (Brill 2015) 217–248。

49　UNCLOS, Article 298(1)(b).

50　AE Boyle, 'Problems of Compulsory Jurisdiction and the Settlement of Disputes Relating to Straddling Fish Stocks' (1999) 14 *IJMCL* 1, 11.

51　UNCLOS, Article 87(1)(e).

52　Ibid, Article 116.

53　Ibid, Article 119.

54　Ibid, Article 192.

或脆弱的生态系统"。[55] 这与专属经济区内渔业制度的目标是相对应的，呼吁总体上以生态系统方法解决渔业管理问题。

船旗国在公海渔业管理方面发挥主导作用。船旗国应对在公海上从事捕捞的国民采取保护措施。在这种情况下，船旗国应考虑与沿海国所必须考虑到的一系列"普遍建议的国际最低标准"的类似安排。此外，各国必须就保护和管理公海生物资源进行合作，各国有望就保护和管理措施进行谈判，或是合作建立和参加区域渔业管理组织（Regional Fisheries Management Organizations，以下简称"RFMO"）或类似安排。[56] 正如下文将要讨论的那样，RFMO 实际上已经成为国际渔业规制的主要推动力之一。

船旗国在公海执行保护和管理措施时拥有排他性权力是一项基本规则。[57]《海洋法公约》强调，"每个国家应对悬挂该国旗帜的船舶有效地行使行政、技术及社会事项上的管辖和控制"，[58] 国际海洋法法庭确认，与渔船有关的行政和技术问题均适用此义务。[59] 此外，各国还应采取措施，确保其国民（包括船只所有人和经营人）遵守公海保护和管理措施。[60] 法庭解释说，《海洋法公约》规定船旗国在这方面有勤勉义务，[61] 因此船旗国必须"采取适当手段尽最大努力，并尽可能促成这种结果"。[62] 一国是否采取了合理措施应视具体情况而定，不过可以从相关判例法[63] 或其他国际指南中获得进一步的指导。[64] 尤其是，船旗国必须通过必要的立法，并采用"强制措施来监测和确保这些法律和条例得到执行"，并且"用于参与［非法、未报告和无管制

174

55 UNCLOS, Article 194(5).

56 Ibid, Article 118.

57 Ibid, Article 92(1).

58 Ibid, Article 94.

59 *Request for an Advisory Opinion Submitted by the Sub-Regional Fisheries Commission (2015)* para. 119.

60 参见 International Plan of Action to Prevent, Deter and Eliminate Illegal, Unreported and Unregulated Fishing (IPOA-IUU Fishing) (2001), para. 18; FAO Voluntary Guidelines on Flag State Performance (Flag State Guidelines) (2014) para. 2(e)。

61 FAO Voluntary Guidelines on Flag State Performance (Flag State Guidelines) (2014), para. 127.

62 Ibid, para. 128, 参考 *Responsibilities and Obligations of States Sponsoring Persons and Entities with respect to activities in the Area (2011)* para. 110. 但需注意，法庭警告说，"担保国与承包方之间的关系不能完全与船旗国与悬挂其国旗的船只之间的关系相提并论……"。

63 参见 *Pulp Mills on the River Uruguay (2010)* para. 101 ff。

64 详见下文关于 Code of Conduct 和相关文书的讨论。

的〕捕捞活动的制裁措施必须足以制止违法行为，并剥夺违法者通过其IUU捕捞活动获得的利益"。[65]这些义务的解释不仅限于对渔船进行控制的范围，还包括与捕捞有关的活动，例如从事渔获物转运或向渔船提供食物、燃料或其他供应品的船只。[66]

未经船旗国的同意，其他国家就不可能对涉嫌在公海进行IUU捕捞活动的渔船行使管辖权。在"塞加"号 [M/V Saiga(No.2)] 一案中，几内亚主张它能够对一艘渔船辅助船行使管辖权，因为此船只与船旗国之间没有真正的联系，但没有成功。就这一点来说，国际海洋法法庭认为，《海洋法公约》中没有任何条款"允许一国在发现证据表明某一船旗国对某一船舶缺乏适当管辖和控制时，拒绝承认该船舶悬挂该船旗国国旗的权利"。[67]因此，法庭再次确认船旗国的主导作用，以及必须通过合作机制而不是直接对船只采取行动，来解决船只遵守国际规则和标准的问题。这是国际公海渔业制度的一个主要弱点，特别是正如一项研究指出，"公海上的IUU捕捞活动与悬挂通常所谓开放登记旗帜的渔船之间存在明确且令人信服的联系"。[68]因此，在这种情况下，如果各国要确保有效执行保护和管理措施，就需要进一步的国际合作。即使假定船旗国愿意并能够对其船只行使管辖权，合作仍然是有必要的，因为没有一个国家能够有效地管理整个海洋。卫星监视和船只监测系统等现代技术在某种程度上可以有所帮助，[69]但是此类技术对于一些国家来说可能太昂贵而无法负担。[70]在这方面，有许多国际文书强调必须向发展中国家提供财政和技术援助，以协助它们履行其国际义务。[71]此外，各国还制定了分担公海执法成本或建立补充遵约制度的机制，例如对IUU捕捞船只采取

175

65　*Request for an Advisory Opinion Submitted by the Sub-Regional Fisheries Commission* (2015) para. 138.

66　参见 IPOA-IUU Fishing, para. 48。另参见 Report of the Reconvened United Nations Fish Stocks Agreement Review Conference (2016), Annex, Section C, para. 8。审查会议讨论了禁止在公海上转运的问题，因为这种转运有可能破坏打击非法、无管制和未报告的捕捞活动的努力。因此，禁止在公海上转运。最终的建议没有提出完全禁止。

67　*The M/V Saiga Case (No. 2)* (1999) para. 82.

68　High Seas Task Force, *Closing the Net: Stopping Illegal Fishing on the High Seas,* Final Report (2006) 36.

69　参见 *The Economist,* 'Combating Illegal Fishing', 24 January 2015；*The Times,* 'Hi-Tech Salvation for Easter Island's Fish', 14 September 2015。

70　High Seas Task Force (n70) 25–26.

71　UN Fish Stocks Agreement, Articles 24–25；Code of Conduct on Responsible Fisheries, Article 5.

港口国措施。这种合作通常是通过RFMO或其他安排进行的，下文将对这种做法进行讨论。

7.3 保护和管理海洋生物资源法律框架的全球发展

7.3.1 《鱼类种群协定》（The Fish Stocks Agreement）

虽然《海洋法公约》在促进国际渔业法的全球共识方面迈出了重要一步，但它并没有解决与这一主题相关的所有问题。特别是，跨界鱼类种群和高度洄游鱼类种群的管理制度仍然是"未竟事业"的一部分，[72]《海洋法公约》仅仅是指出了沿海国和船旗国有义务在这个问题上进行合作。[73]《海洋法公约》并未涉及此类合作应当遵循哪些原则，以及各国如未能达成协议会发生什么情况。考虑到跨界种群和高度洄游种群的重要性，并鉴于缔结《海洋法公约》后此类种群持续减少，1992年里约环境与发展会议就这一问题进行了讨论，会上商定谈判一项执行协定，以详细阐述《海洋法公约》的基本规定。[74]1995年8月《鱼类种群协定》[75]获得通过且目前已有85个缔约方。[76]

《鱼类种群协定》是一份独立性文书，[77]但其目的是提供"有效执行《海洋法公约》的相关条款"。[78]《鱼类种群协定》强调，必须"在《海洋法公约》范围内并以符合它的方式"解释和应用《鱼类种群协定》。[79]因此，有人认为，"《鱼类种群协定》和《海洋法公约》在根本上是相互关联的，因为一方可以

72　B Kwiatkowska, 'The High Seas Fisheries Regime: At a Point of No Return?' (1993) 9 *IJMCL* 327, 327.

73　UNCLOS, Articles 63 and 64.

74　Agenda 21, para. 17.45；另参见 UNGA Resolution 47/192, 22 December 1992。

75　该条约名称冗长，即1995 United Nations Agreement for the Implementation of the Provisions of the United Nations Convention on the Law of the Sea of 10 December 1982 Relating to the Conservation and Management of Straddling Fish Stocks and Highly Migratory Fish Stocks (UNFSA) (EIF 11 December 2001).

76　参见联合国海洋事务和海洋法司网站：<http://www.un.org/ depts/los/reference_files/chronological_lists_of_ratifications.htm>。

77　UNFSA, Articles 37–39，该相关条款允许任何国家成为缔约国，无论其是否已是《海洋法公约》的缔约国。

78　UNFSA, Article 2.

79　Ibid, Article 4.

用来指导对另一方的解释"。[80]

176　　国家管辖范围内外管理措施的兼容是《鱼类种群协定》的核心。[81]《鱼类种群协定》并不提倡沿海国措施优先于公海措施，或是公海措施优先于沿海国措施，而是规定了各国在对跨界鱼类种群和高度洄游鱼类种群进行合作保护和管理时应遵循的原则。特别是，《鱼类种群协定》将国际环境法的一些重要原则纳入了有关高度洄游和跨界鱼类种群的法律制度。因此，它被描述为"海洋法和国际环境法之间缺失的一环"。[82]这一对环境的关注焦点部分反映在《鱼类种群协定》的目标中，此目标涉及渔业资源的"长期养护和可持续利用"。[83]此外，虽然《鱼类种群协定》没有取消MSY在计算总可捕捞量方面的作用，[84]但却加大了对可持续性的强调力度。因此，《鱼类种群协定》明确指出，各国应对目标参考点和限制参考点加以区分，后者"旨在将捕捞限制在种群可生产最高持续产量［MSY］的安全生物限度内"。[85]还要求各国"对跨界鱼类种群和高度洄游鱼类种群的养护、管理和开发，应广泛适用预防性方法，以保护海洋生物资源和保全海洋环境"。[86]这种预防性方法的描述与《里约宣言》原则15的措辞有所不同，因为它没有提到将潜在的重大损害作为触发因素。此外，《鱼类种群协定》接下来对预防性方法进行了阐明，这不仅是一项消极义务，即不以科学不确定性作为不采取行动的理由，同时还是一项积极义务，即"在资料不明确、不可靠或不充足时应更为慎重"，[87]并鼓励各国制定针对特定种群的参考点。[88]尽管如此，其措辞仍然取决于随后与某一特定鱼类种群有关的协定或决定的进一步操作。

80　D Freestone and AG Oude Elferink, 'Flexibility and Innovation in the Law of the Sea', in AG Oude Elerink (ed.), *Stability and Change in the Law of the Sea* (Martinus Nijhoff 2005) 20. 关于两项文书之间的关系另参见 D Anderson, 'The Straddling Stocks Agreement of 1995—an Initial Assessment', 468; Barnes (n24) 249; J Harrison, *Making the Law of the Sea* (CUP 2011) 108。

81　参见UNFSA, Article 7. 另参见 MW Lodge and SN Nandan, 'Some Suggestions towards Better Implementation of the United Nations Agreement on Straddling Fish Stocks and Highly Migratory Fish Stocks of 1995' (2005) 20 *IJMCL* 345, 351。

82　Proelss and Houghton (n27) 240.

83　UNFSA, Article 2.

84　Ibid, Article 5(b).

85　Ibid, Article II, para. 2.

86　Ibid, Article 6(1).

87　Ibid, Article 6(2).

88　Ibid, Article 6(3)(b) and 6(4).

《鱼类种群协定》环保议程的另一个方面是要求沿海国和在公海捕鱼的国家"评估捕鱼、其他人类活动及环境因素对目标种群和属于同一生态系统物种的影响"，并且"保护海洋环境中的生物多样性"。[89]换言之，与《海洋法公约》相比，《鱼类种群协定》以更明确的方式促进了渔业管理的生态系统方法。

《鱼类种群协定》第10条c款还要求各国"制定和适用一切普遍建议的关于负责任进行捕鱼作业的最低国际标准"。这项规定通过将其他国际文书作为行动基准，确立了比《海洋法公约》中同等规定更为有力的参照适用规则。尤其是，它似乎将《负责任渔业行为守则》(Code on Conduct on Responsible Fisheries，以下简称《行为守则》)作为目标，该守则与《鱼类种群协定》几乎同时通过，将在下文中进行更详细讨论。

与《海洋法公约》一样，《鱼类种群协定》鼓励捕捞国之间通过RFMO或类似安排开展合作，并明确列出了此类机构在这方面应履行的职能。[90]实际上，RFMO有望执行《鱼类种群协定》列出的关于特定鱼类种群管理的一般原则。第8条第3款非常明确地赋予了这些机构的中心作用，该条规定"在公海捕捞这些种群的国家和有关沿海国均应履行其合作义务，成为这种组织的成员或安排的参与方，或同意适用这种组织或安排所订立的养护和管理措施"。第17条进一步强调了RFMO的重要性，其中规定：

> 不属于某个分区域或区域渔业管理组织的成员或某个分区域或区域渔业管理安排的参与方，且未另外表示同意适用该组织或安排订立的养护和管理措施的国家并不免除根据《公约》和本协定对有关跨界鱼类种群和高度洄游鱼类种群的养护和管理给予合作的义务。

该条还规定："这种国家不得授权悬挂其国旗的船只从事捕捞受该组织或安排所订立的养护和管理措施管制的跨界鱼类种群或高度洄游鱼类种群。"换言之，只要RFMO或其他安排遵守《鱼类种群协定》中有关参与和透明度的义务，它们就拥有管制捕捞跨界鱼类种群和高度洄游鱼类种群的条件的

177

89　UNFSA, Article 5.
90　Ibid, Articles 8–14.

专属权。[91] 由于这一规定，博伊尔（Boyle）得出结论，"《鱼类种群协定》中规定的公海捕捞自由与《海洋法公约》第116～117条中的传统概念大不相同"。[92]

实际上，《鱼类种群协定》某些方面可能产生的影响不局限于高度洄游和跨界鱼类种群。联合国大会多次呼吁各国也根据《鱼类种群协定》[93] 所载的一般原则，对离散的公海鱼类种群采取养护和管理措施，在实践中，离散鱼类种群的管理"已经与跨界鱼类种群没有任何显著差异"。[94] 这表明，《鱼类种群协定》的影响已超出了其正式适用范围。

《鱼类种群协定》还因为强调必须特别注意发展中国家的需要而显得重要。它特别鼓励缔约方通过提供资金和技术援助与发展中国家合作，以期提高它们的能力，尤其是改进保护措施的监测、控制、监督、遵守和执行。[95] 这些规定至关重要，因为有效的渔业管制需要所有参与资源开发的国家来实施。

7.3.2 FAO通过的渔业文书

FAO成立于1945年，作为政府间组织，其任务是"收集、分析、阐明和传播关于营养、粮食和农业的情况"。[96]《FAO章程》中的"农业"一词被定义为包括渔业和水产养殖业。[97]《海洋法公约》缔结后，FAO通过谈判具有法律约束力的条约和不具约束力的文书来处理渔业管制面临的一些悬而未决

91　UNFSA, Articles 11–12.

92　AE Boyle, 'Further Development of the 1982 Convention on the Law of the Sea', in D Freestone et al (eds), *The Law of the Sea: Progress and Prospects* (OUP 2006) 47；另参见 W Edeson, 'Towards the Long-Term Sustainable Use: Some Recent Developments in the Legal Regime of Fisheries', in AE Boyle and D Freestone (eds), *International Law and Sustainable Development* (OUP 1999) 173。

93　参见 UNGA Resolution 69/109 (2014), para. 33：吁请各国单独或酌情通过次区域和区域渔业管理组织和安排，对公海离散鱼类种群拥有管辖权，采取必要措施，确保根据《海洋法公约》并按照《负责任渔业行为守则》和《鱼类种群协定》规定的一般原则，长期养护、管理和可持续利用这些鱼类种群。

94　Y Takei, *Filling Regulatory Gaps in High Seas Fisheries* (Brill 2013) 261. 另参见 T Henriksen et al, *Law and Politics in Ocean Governance: The UN Fish Stocks Agreement and Regional Fisheries Management Regimes* (Martinus Nijhoff 2006) 210；Lodge and Nandan (n83) 371。

95　UNFSA, Article 25(3).

96　参见 1945 Constitution of the Food and Agriculture Organization of the United Nations (FAO Constitution) (EIF 16 October 1945), Article I(1)。

97　Ibid.

的问题，在制定渔业养护和管理的法律框架方面发挥了重要作用。[98]

FAO在渔业领域最重要的文书可能是1995年通过的《行为守则》。鉴于《行为守则》与《鱼类种群协定》是同时出现的，因此《行为守则》毫无意外地反映了类似的环境理念，但其适用范围更广，因为《行为守则》不仅适用于跨界鱼类种群和高度洄游鱼类种群，而且适用于所有捕鱼活动，无论是在国家管辖范围内还是在国家管辖范围以外。《行为守则》的范围很广，涵盖了渔业的各个方面，包括捕捞、加工和贸易。[99]《行为守则》旨在为制定负责任渔业的国家和国际政策确立原则和标准。它不仅针对各国政府，而且也针对对渔业捕捞活动感兴趣的其他行为体，例如RFMO和参与鱼类捕捞和加工的私营公司。[100]

《行为守则》第6条规定了负责任捕鱼的总原则。第6条第1款规定了首要原则：

> 各国和水生生物资源使用者应当保护水生生态系统。捕捞权利也包括了以负责任的方式从事捕捞的义务，以便有效地保护和管理水生生物资源。

179

从这一声明中可以看出，与渔业有关的环境问题是《行为守则》中负责任渔业概念的核心。第6条还规定了其他核心环境原则，包括生态系统方法、[101]预防方法[102]和沿海地区综合管理。[103]《行为守则》中关于采取保护和管理措施的规定也反映了环境考量的中心性。在这方面，《行为守则》通过规定"渔业资源的长期持续利用是保护和管理的首要目标"与《鱼类种群协定》相互呼应。[104]《行为守则》还指出，各项措施不仅应解决目标鱼种捕捞的可持续性问题，而且还应确保"保存水生生境和生态系统，保护濒危品种"，并"通过各种措施，其中包括在切实可行的情况下研究和使用有选择性的，

98　关于粮农组织内部处理渔业问题的体制安排的更多信息参见 Harrison (n82) 204–208。

99　Code of Conduct for Responsible Fisheries (Code of Conduct) (1995) Article 1.3.

100　Ibid, Article 1.2.

101　Ibid, Articles 6.6 and 6.8.

102　Ibid, Article 6.5.

103　Ibid, Article 6.9.

104　Ibid, Article 7.2.1.

无害环境和效益高的渔具和技术，把污染、浪费、丢弃物、遗失和丢弃的渔具的捕获、鱼类和非鱼类非目标品种的捕获、对与之联系的或对其依赖的物种的影响减至最低限度"。[105]FAO通过其渔业委员会或其他论坛定期重申其中许多内容。因此，2001年《关于海洋生态系统负责任渔业的雷克雅未克宣言》（Reykjavik Declaration on Responsible Fisheries in the Marine Ecosystem）强调了持续努力在渔业管理中考虑生态系统的必要性，并将有效执行《行为守则》作为这些努力的重心，将其描述为"加强和建立渔业管理体系的共同和一致指南"。[106]

《行为守则》从未想要成为独立性文书，通过旨在帮助各国实施《行为守则》的附加文件的谈判，其中的许多原则得到了进一步发展。这些原则中包括关于鲨鱼、海鸟、捕捞能力[107]和IUU捕捞[108]的国际行动计划。一般而言，国际行动计划以《行为守则》的规定为基础，更详细地说明了各国实现《行为守则》的目标应采取的各类措施。FAO还通过了其他与渔业有关的文书，就各国可采取的最佳做法为其提供指导，包括《关于副渔获物管理和减少丢弃物的国际准则》[109]和《公海深海渔业管理国际准则》。[110]制定通用准则以协助各国执行《行为守则》的工作正在进行中，FAO目前正在制定渔具标记指南，以解决日益严重的丢失、遗弃或抛弃的渔具的"幽灵网捕捞"问题。[111]

FAO选择以不具约束力文书的形式来拟订这些文书，所有这些文件都明确确认这些文书是自愿性质的。[112]这些文书的语言进一步反映了它们不具约束力的地位，文书中始终使用"应"（should）一词。但是，这些文件在促进

105　Code of Conduct for Responsible Fisheries (Code of Conduct) (1995), Article 7.2.2.

106　参见2001 Reykjavik Declaration on Responsible Fisheries in the Marine Ecosystem, para. 1：<ftp://ftp.fao.org/fi/DOCUMENT/reykjavik/y2198t00_dec.pdf>。相关讨论参见EJ Molenaar, 'Ecosystem-based Fisheries Management, Commercial Fisheries, Marine Mammals and the 2001 Reykjavik Declaration in the Context of International Law' (2001) 17 *IJMCL* 561–595。

107　由渔业委员会于1998年2月通过：<http://www.fao.org/fishery/code/ipoa/en>。

108　由渔业委员会于2001年3月通过：<http://www.fao.org/fishery/code/ipoa/en>。

109　由渔业委员会于2011年2月通过：<http://www.fao.org/docrep/015/ba0022t/ba0022t00.pdf>。

110　由渔业委员会于2008年8月通过：<ftp://ftp.fao.org/docrep/fao/011/i0816t/i0816t.pdf>。

111　参见FAO Press Release, 'New Technologies Boost Efforts to Cut Down on Environmentally Harmful "Ghost Fishing"', 21 April 2016。

112　Code of Conduct, Article 1.1. 另参见IPOA-Seabirds, para. 8; IPOA-Sharks, para. 10; IPOA-Capacity, para. 4; IPOA-IUU Fishing, para. 4。

《海洋法公约》或《鱼类种群协定》等其他具有约束力文书所载的目标方面发挥了作用。在这方面，有人认为"《行为守则》的大部分内容可被视为规定了保护和管理鱼类种群的一般原则"，这些原则可以通过提供"国际社会和个别国家在起草旨在解决各种渔业问题的法律文书时的参考框架"，来影响法律的未来发展。[113] 此外，不具约束力的文书可以与载有参照适用规则的具有约束力的条约相互作用。因此，就《海洋法公约》第61条和第119条而言，《行为守则》可被称为"普遍建议的国际最低标准"，这意味着各国在采取管理措施时有义务考虑《行为守则》。另外，正如上文所述，《鱼类种群协定》要求缔约方"制定和适用一切普遍建议的关于负责任进行捕鱼作业的最低国际标准"；[114] 毫无疑问，这一条款的起草者显然牢记着《行为守则》。一些人认为，这一条款规定了必须遵守《行为守则》和其他"普遍建议的国际最低标准"。[115] 这种论点是有问题的，因为《行为守则》的大部分内容并非是以要求采取特定行为方针或行为的规则或标准形式起草的。然而，有人可能仍然认为，在设计渔业管理和保护措施时，必须考虑其中所载的原则，因而其可以产生规范性的影响。

　　并非FAO通过的所有文书都采取了不具约束力的准则形式。FAO还通过了这一领域的两项重要条约：1993年《促进公海渔船遵守国际养护和管理措施的协定》（Agreement to Promote Compliance with International Conservation and Management Measures by Fishing Vessels on the High Seas，以下简称《挂旗协定》）和2009年《预防、阻止和消除非法、未报告和无管制的捕捞活动港口国措施协定》（Agreement on Port State Measures to Prevent, Deter and Eliminate Illegal, Unreported and Unregulated, Fishing，以下简称《港口国措施协定》）。这些文书都与《行为守则》有关。《挂旗协定》承认，该协定将"成为《行为守则》的组成部分"，[116] 主要是为了使《行为守则》第8条2款中有关船旗国责任的规定具有更强有力的法律形式。《挂旗协

181

113　Harrison (n82) 219.

114　UNFSA, Article 10(c).

115　参见 P Birnie, AE Boyle, and C Redgwell, *International Law and the Environment* (3rd edn: OUP 2009) 739。

116　参见 1995 Agreement to Promote Compliance with International Conservation and Management Measures by Fishing Vessels on the High Seas (Compliance Agreement) (EIF 24 April 2003), preamble。

定》强调了船旗国责任的重要性，并规定缔约方有"采取必要措施，确保悬挂其国旗的渔船不会从事任何破坏国际保护和管理措施有效性的活动"的广泛义务。[117]在这方面，《挂旗协定》与《鱼类种群协定》的规定相呼应，强调所有国家（不论是否为 RFMO 的缔约方）都应确保国际约定的管理措施得到尊重。《挂旗协定》还对换船旗问题进行了规范，规定各国不得对之前被发现破坏国际保护和管理措施的船只进行登记。[118]《港口国措施协定》在序言部分回顾了《行为守则》的内容，并制定了与《行为守则》第8条第3款港口国措施相关的基本规定，规定了详细义务，确保港口国不得为违反适用保护和管理标准而捕捞的鱼类上岸提供便利。[119]《港口国措施协定》特别要求港口国对进入其港口进行管制，如果有证据表明有船只从事 IUU 捕捞活动，则不得使用港口设施登陆、转运、包装和加工鱼类，以及获得补充燃料和维修等其他港口服务。作为条约文书，《鱼类种群协定》和《港口国措施协定》只有在各国同意接受约束的情况下才具有强制性。此外，由于它们都是作为全球性文书设计的，因此需要广泛参与才能发挥效力。然而，在撰写本书时，这两项条约都没有得到实质性支持。《挂旗协定》只有40个缔约方，[120]而《港口国措施协定》才刚刚生效。[121]这证明了依靠条约文书来制定法律框架存在一些缺点。但是，这些文书中所载的原则也通过区域一级的集体行动得到了执行，这就是我们现在将要探讨的问题。

182

117　Compliance Agreement, Article III(1)(a).

118　Ibid, Article III(5).《挂旗协定》还推动建立获准在公海捕鱼的渔船的全球记录，以便更易获得履行这一义务所需信息；参见 Article VI. 关于建立全球记录的挑战，参见 G Lugten, 'Current Legal Developments Food and Agriculture Organization' (2008) 23 *IJMCL* 761–767。

119　参见 2009 Agreement on Port State Measures to Prevent, Deter and Eliminate Illegal, Unreported and Unregulated Fishing (Port State Measures Agreement) (EIF 5 June 2016)；参见 DJ Doulman and J Swan, *A Guide to the Background and Implementation of the 2009 FAO Agreement on Port State Measures to Prevent, Deter and Eliminate Illegal, Unreported and Unregulated Fishing*, FAO Fisheries and Aquaculture Circular No. 1074 (2012); E Witbooi, 'Illegal, Unreported and Unregulated Fishing on the High Seas: The Port State Measures Agreement in Context' (2014) 29 *IJMCL* 290–320。

120　参见 <http://www.fao.org/fileadmin/user_upload/legal/docs/012s–e.pdf>。

121　参见 FAO Press Release, 'Ground-Breaking Illegal Fishing Accord Soon to Enter into Force', 16 May 2016: <http://www.fao.org/news/story/en/item/414494/icode/>。

7.4 区域机构在保护和管理海洋生物资源方面的作用

7.4.1 区域渔业组织的形式和职能

上文讨论的许多文书都要求通过渔业国之间的合作来实现其目标。这种合作可以直接在国家之间进行,[122]也可以通过国际机构进行。在实践中,为了实现鱼类种群的保护和可持续利用,特别是在公海、跨界或高度洄游鱼类种群方面,区域机构一直走在国际合作的最前沿。《海洋法公约》鼓励各国在制定管理和保护措施时与区域机构合作,[123]《鱼类种群协定》、[124]《行为守则》[125]和《IUU 捕捞的国际行动计划》(International Plan of Action on IUU Fishing)[126]重申了这一核心作用。

国际法对组织或安排可能采取的形式给予相当大的灵活性。具体机构的确切任务和权力将取决于其组成文书。尽管如此,这些机构应履行的主要职能包括:[127]

- ·总可捕捞量分配;
- ·采取保护和管理措施;
- ·关于收集、报告、核实和交换数据的标准的协定;
- ·促进、实施和宣传相关鱼类种群的科学研究;
- ·编制并发布统计数据;
- ·建立适当的机制,以便有效地监测、控制、监督和执行保护和管理措施;
- ·监测和促进对约定规则、标准和机制的遵守。

目前大约有 40 个区域机构参与了海洋渔业的管理,其中一些机构的重点是国家管辖范围内的鱼类种群,另一些机构的任务范围更广,还包括公海

183

122　丘吉尔（Churchill）对"双边主义"和"地区主义制度"作了区分;参见 RR Churchill, 'The Barents Sea Loophole Agreement: A "Coastal State" Solution to a Straddling Stock Problem' (1999) 14 *IJCML* 467, 482。另参见 OS Stokke, 'Conclusions', in OS Stokke (ed.), *Governing High Seas Fisheries: The Interplay of Global and Regional Regimes* (OUP 2001)330–331。

123　参见 UNCLOS, Articles 61(2), 118。

124　UNFSA, Article 8(1).

125　例如 Code of Conduct, para. 6.12。

126　IPOA-IUU Fishing, paras 78–83.

127　UNFSA, Article 10.

渔业在内。[128] 对于当前的目标而言，后一类机构特别令人感兴趣，因为它们提供了一种管理共同资源的手段。就公海鱼类种群来说，一种趋势是建立具有监管职能的机构，这些机构能够就总可捕捞量的分配以及其他保护和管理措施做出具有约束力的决定。[129] 这些机构的确切形式各不相同，但其中大多数都涉及设立正式 RFMO，其组成包括作为主要决策机构的委员会或类似机构，并得到若干职能委员会和一个秘书处的支持。这些机构的会议通常每年或每两年举行一次，这意味着各国能够根据特定种群的状况随时间调整措施。

RFMO 的主要职能之一是采取对缔约方具有约束力的养护和管理措施。RFMO 在行使其管制权力时可采取的措施类型包括：管制渔具、限制渔获量和总可捕捞量、设立禁渔期和保护区以及管制总体捕捞作业。[130]

虽然 RFMO 的决议通常一经通过即具有约束力，无须有关缔约方进一步同意，但大多数捕鱼条约也允许各国通过登记反对意见来规避适用的措施，以规避这些对它们不利的决议。[131] 因此，决策程序会确保各国不会受到违背其意愿的约束。即使一项措施获得了一致通过，依然可以应用这种退出程序（opt-out procedure）。[132] 在实践中，反对程序（objection procedure）得到广泛应用，对 RFMO 通过的措施产生了阻碍作用。[133] 基于此，一些设立 RFMO 的条约试图限制成员通过使用退出程序来逃避管制。

《东南大西洋渔业资源保护和管理公约》（Convention on the Conservation

128　参见 <http://www.fao.org/fishery/rfb/search/en>。

129　参见 J Swan, *Decision-making in Regional Fisheries Bodies or Arrangements: The Evolving Role of RFBs and International Agreement on Decision-Making Processes*, FAO Fisheries Circular No. 995 (2004) 10。

130　参见 1980 Convention on Future Multilateral Cooperation in North-East Atlantic Fisheries (NEAFC Convention) (EIF 17 March 1982), Article 7。

131　参见 NEAFC Convention, Article 12(2)。

132　参见 2001 Convention on the Conservation and Management of Fishery Resources in the South East Atlantic Ocean (SEAFO Convention) (EIF 6 April 2013), Articles 17(1) and 23; 1980 Convention on the Conservation of Antarctic Marine Living Resources (CCAMLR Convention) (EIF 7 April 1982), Article 9(6)。在这方面，需注意协商一致的概念，而不是一致同意，意味着缔约方愿意同意一项决定，即使它们不积极支持该决定。从这个角度来看，共识决定的选择退出程序的存在是有道理的。

133　参见 D Diz, *Fisheries Management in Areas beyond National Jurisdiction: The Impact of Ecosystem Based Law-Making* (Martinus Nijhoff 2013) 128。

and Management of Fishery Resources in the South East Atlantic Ocean，以下简称"SEAFO公约"）就是一个很好的例子，该公约要求成员"书面解释其反对理由"，并鼓励缔约方在"适当的"情况下提供替代管制措施。[134]《南太平洋公海渔业资源养护和管理公约》（Convention on the Conservation and Management of High Seas Fishery Resources in the South Pacific Ocean，以下简称《南太平洋公约》）更进一步，[135]对沿海国提出反对的能力规定了三项重大限制。第一，《南太平洋公约》明确规定，"对某一反对意见唯一可接受的理由应为，该决定在形式上或事实上对该委员会成员造成不公正的歧视，或该决定与本公约规定或1982年公约（《海洋法公约》）或1995年协定（《鱼类种群协定》）所反映的其他相关国际法不符"。[136]因此，这项规定限制了成员提出反对理由的自由裁量权。第二，《南太平洋公约》还规定，在提出反对意见时，缔约国必须向执行秘书通报"与其反对的决定具有同等效果的替代措施，并在同一日期实施"。[137]换言之，成员国不能完全逃避管制，它们必须采取一些措施，力求促进《南太平洋公约》的目标的实现。第三，反对程序包含一种机制，即任何反对意见都由审查小组自动审议，该小组将决定是否允许反对，如果允许，拟议的替代措施效果是否相当。[138]这一程序进一步限制了滥用反对程序的可能性。

这一创新程序于2013年被首次引用，[139]以处理俄罗斯对CMM 1.01号决定提出的反对意见，该决定规定了竹荚鱼（更常见的名称是"智利竹荚鱼"或"马荚鱼"）的养护和管理措施。[140]俄罗斯反对这项措施，称其具有歧视性，因为它将俄罗斯排除在总可捕捞量的份额分配之外。俄罗斯还指称，这

184

134　SEAFO Convention，Article 23(1)(d).

135　另参见 the 2000 Convention on the Conservation and Management of Highly Migratory Fish Stocks in the Western and Central Pacific Ocean (WCPFC Convention) (EIF 19 June 2004)，Article 20。

136　参见 2009 Convention on the Conservation and Management of High Seas Fishery Resources in the South Pacific Ocean (SPRFMO Convention) (EIF 24 August 2012)，Article 17(2)(c)。类似地可参见 2012 Convention on the Conservation and Management of High Seas Fisheries Resources in the North Pacific Ocean (NPFC Convention)（尚未生效），Article 9(1)(c)。

137　SPRFMO Convention，Article 17(2)(b)(ii).

138　Ibid, Article 17(5) and Annex II.

139　Findings and Recommendations of the Review Panel, 5 July 2013.

140　详见 A Serdy, 'Implementing Article 28 of the UN Fish Stocks Agreement: The First Review of a Conservation Measure in the South Pacific Regional Fisheries Management Organization' (2016) 47 *ODIL* 1–28。

项决定不符合《南太平洋公约》，因为分配只考虑到一年的渔获量统计数据，而不是按照《南太平洋公约》第21条第1款（a）项所规定的"公约区域的历史产量、过去和当前捕捞方式及实践"。审查小组支持其中一些论点，认为尽管依赖2010年数据来确定总可捕捞量和分配个别成员的渔获量限制可能有一定的理由，但在"书面或口头提交的材料中，没有令人信服的论据来证明未对俄罗斯分配任何渔获量"。[141]根据这一结论，审查小组转向俄罗斯提议的替代措施是否与该决定中的效果相当的问题。审查小组认为，俄罗斯的建议存在问题，因为它可能影响给其他成员的分配。因此，审查小组建议了一项不同的替代措施，允许俄罗斯只有在确定2013年的捕捞总量不会达到所有的总可捕捞量，且只有在达到总可捕捞量限制之前，才可以授权其船只在公约区域捕鱼。审查小组的决定将具有约束力，除非有关国家选择根据《南太平洋公约》发起争端解决程序。[142]这些审查程序进一步说明了国际渔业法日益制度化，它们被誉为"选择退出机制的最佳解决办法"，因为它们提高了决策的有效性。[143]事实上，2016年《鱼类种群协定》审查会议建议RFMO"审查其决策程序"，包括考虑采用程序"确保选择退出后的行为受到规则的限制，以防止选择退出的缔约方破坏养护工作"。[144]然而，这样做将会面临挑战，因为这种变化往往需要对RFMO的组成文书进行修正，该文书本身必须被各方接受才能生效。

7.4.2　RFMO决策中的预防性方法

对渔业管理的历史性批判之一在于对可捕鱼量的决定过于乐观。[145]为解决这一问题，国际社会呼吁将预防性方法纳入决策过程。弗雷斯通（Freestone）认为，《鱼类种群协定》、《行为守则》和许多RFMO的组成文书中所确认的各国保持谨慎的义务是"对渔业传统的管理方法的重大改变，直

141　Findings and Recommendations of the Review Panel (n141) para. 92.

142　SPRFMO Convention, Annex II, para. 10.

143　Diz (n135) 132. 另参见HS Schiffman, *Marine Conservation Agreements: The Law and Policy of Reservations and Vetoes* (Martinus Nijhoff 2008) 200–202。

144　Report of the Reconvened United Nations Fish Stocks Agreement Review Conference (2016), Annex, Section B, para. 5.

145　参见DG Webster, 'The Irony and the Exclusivity of Atlantic Bluefin Tuna Management' (2011) 35 *MP* 249, 249.

到最近，这种方法往往是在管理问题达到危机水平之后才作出反应"。[146]事实上，与其他法律领域将预防性方法单纯地作为一个抽象目标不同，许多渔业条约具体规定了区域渔业组织在这方面必须考虑的因素。例如，《中西部太平洋高度洄游鱼类种群养护和管理公约》要求缔约方考虑到：

> 种群大小和繁殖力的不明确情况、参考点、相对于这种参考点的种群状况、渔捞死亡率的程度和分布、捕鱼活动对非目标和相关或从属种的影响，以及海洋、环境、社会经济现状和预测的情况。[147]

186

它还规定，"委员会成员在资料不明确、不可靠或不充足时应更为慎重"。[148]换言之，要一直保持谨慎，关键问题是决策者必须有多谨慎。即使条约中没有明确列入这种案文，区域渔业协定的缔约方也在实践中认可了预防性方法。[149]

在条约语言中明确承认预防性方法值得欢迎。然而，尽管将制定预防性方法视为一项义务，但缔约方在决定谨慎程度是否适当方面仍有很大的自由裁量权。正如麦克多尔曼（McDorman）所指出的那样，"虽然将预防作为决策的原则性方法或'规则'的想法有时也会被提出，但在RFMO的背景下，预防性方法被更好地理解为试图处理科学信息和不确定性的一种方式，以及

146 D Freestone, 'International Fisheries Law Since Rio: The Continued Rise of the Precautionary Principle' in A Boyle and D Freestone (eds), *International Law and Sustainable Development* (OUP 1999) 160. 然而，正如海伊（Hey）所论，与影响海洋环境的其他活动相比，预防性方法在渔业方面需要更长的时间才能被接受。参见 E Hey, 'The Interplay between Multilateral Environmental and Fisheries Law: A Struggle to Sustainably Regulate Economic Activity' (2011) 54 *JYIL* 190, 192–195。

147 WCPFC Convention, Article 6(1).

148 Ibid, Article 6(2) (emphasis added). 其他条约中的类似条款，参见 SPRFMO Convention, Article 3(2)；SEAFO Convention, Article 7；1978 Convention on Future Multilateral Cooperation in North-West Atlantic Fisheries, as amended (NAFO Convention) (EIF 1 January 1979), Article III(c)；1949 Agreement for the Establishment of a General Fisheries Commission for the Mediterranean, as amended (GFCM Agreement) (EIF 20 February 1952), Article III(2)。

149 参见 NAFO Resolution 2/99 to Guide Implementation of the Precautionary Approach within NAFO (1999)；2005 Declaration on the Interpretation and Implementation of the Convention on the Future Multilateral Cooperation in North-East Atlantic Fisheries, para. 2(b)；ICCAT Resolution 15–12 Concerning the Use of a Precautionary Approach in Implementing ICCAT Conservation and Management Measures (2015)；IOTC Resolution 12/01 on the Implementation of the Precautionary Approach (2008)。

作为决策中要考虑的一个因素"。[150]即使是促进建立预防性参考点的程序，也不一定导致在超过参考点时采取预防性方法，因为必须作出积极的决定限制捕捞。[151]管理制度的政治性在许多案例中得以体现，在这些案例中，决策机构没有采纳科学机构提出的预防性方法的建议，而是规定了更高的捕捞配额（quotas）。[152]

7.4.3　RFMO的环境任务和对公海有害捕捞技术的监管

近年来，RFMO实践中最重要的发展之一是将关键的环境原则纳入其决策过程，从而采取了旨在保护海洋生态系统的更广泛的措施。这一趋势的部分原因是国际社会日益关注生物多样性的保护，[153]要求各国采取的措施不仅限于渔获量的可持续性，还包括对海洋生态系统的更广泛影响。这些考虑是CBD等主要生物多样性公约的核心，该文书的缔约方将可持续渔业列入其议程，鼓励在渔业管理中执行和改进生态系统方法。[154]这些关切也被《鱼类种群协定》和《行为守则》等上述全球性渔业文书纳入主流。不过，关键的检验标准是，RFMO实际采取的监管措施是否涉及这些问题。

现在大多数现代渔业协定都提到RFMO需要考虑到捕鱼对海洋环境的更广泛影响。[155]这一政策目标反映在《行为守则》中，2002年约翰内斯堡的可持续发展问题世界首脑会议的参加国鼓励将生态系统方法纳入渔业管理。[156]事实上，即使在创始条约中没有明确提及，RFMO的做法也表明了采取生态系统方法的必要。[157]

渔业的生态系统方法包括在确定总可捕捞量水平及养护和管理措施

150　TL McDorman, 'Implementing Existing Tools: Turning Words into Actions—Decision-Making Processes of Regional Fisheries Management Organizations' (2005) 20 *IJMCL* 428, 436.

151　参见UNFSA, Annex II。

152　参见Stokke (n124) 336–338的论述，其结论"实际的表现相当混杂"。

153　参见第3章。

154　参见CBD COP Decision XI/18A (2012), para. 2。

155　例如CCAMLR, Article 3；SEAFO Convention, Articles 3(c)–(f)；SPRFMO Convention, Article 3(2)(b)；WCPFC Convention, Article 5(d)–(f)。参见Diz (n135) 117–157。

156　World Summit on Sustainable Development Plan of Implementation (2002), para. 30(d).

157　参见ICCAT Resolution 15–11, Concerning the Application of an Ecosystems Approach to Fisheries Management (2000)；CCSBT Recommendation to Mitigate the Impact on Ecologically Related Species of Fishing for Southern Bluefin Tuna (2011).

时，考虑到目标物种与更广泛生态系统之间的关系。这看似简单，但真正的生态系统渔业管理方法具有挑战性，部分原因是"建立鱼类种群相互作用的模型并提出切实可行的管理建议的科学依据仍处于起步阶段"。[158]因此，目前必须将生态系统方法理解为一种期望，而不是渔业领域的一项严格义务，因为各国只能根据现有的最佳科学证据采取行动。[159]然而，RFMO在确保进行必要的研究方面可发挥至关重要的作用。例如，为了协助执行任务，尽量减少南极海洋生态系统发生变化的风险，南极海洋生物资源养护委员会（Commission on the Conservation of Antarctic Marine Living Resources，以下简称"CCAMLR"）设立了一个生态系统监测项目，以便定期从指定地点网络收集数据。这些信息随后可用于制定养护和管理措施。[160]

尽管面临信息挑战，但许多RFMO已采取的措施反映出生态系统方法的基本应用。例如，一些RFMO已经对扩大或新的渔业活动的影响进行事先评估，以确定对目标种群或更广泛生态系统的影响。[161]为限制捕捞对海洋生物多样性的影响，还有一种广泛的做法是对现有的渔业采取缓解措施（mitigation measures），但这些措施很大程度上是被动的，而非生态系统模型的产物。事实上，RFMO采取的措施主要针对受威胁的物种，可被视为各国履行《海洋法公约》第十二部分规定的一般义务，即"保护和保全稀有或脆弱的生态系统"的一种方式。[162]这方面的例子包括逐步禁用高度破坏性的捕鱼方法，例如

188

---

158 Stokke (n124) 340.

159 参见 M Vierros et al, 'Ecosystem Approach and Ocean Management', in S Arico (ed.), *Ocean Sustainability in the 21st Century*（CUP 2015）128。其中评论，"实施中的实际困难，包括适当信息的可用性及缺乏分析和科学工具来支持这一进程"。

160 实际上，将这一信息纳入相关的养护和管理措施需花费时间；参见 C Redgwell, 'Protection of Ecosystems under International Law: Lessons from Antarctica', in AE Boyle and D Freestone (eds), *International Law and Sustainable Development*（OUP 1999）224；另参见 A Fabra and V Gascon, 'The Convention on the Conservation of Antarctic Marine Living Resources (CCAMLR) and the Ecosystem Approach' (2008) 23 *IJMCL* 567–598。

161 例如 CCAMLR Conservation Measure 21–02 (2015), para. 6(ii)；NAFO Conservation and Enforcement Measures 2016, Article 16。另参见 NPFC Convention, Article 3(h)；SEAFO Convention, Article 10(4)(e)；SPRFMO Convention, Article 22。

162 UNCLOS, Article 194(5). 为响应FAO的倡议还采取了许多措施，如 IPOA-Sharks and IPOA-Seabirds，详见上文。

大型中上层流网，[163] 或有关副渔获相关鱼类的规则和标准：例如，要求释放作为副渔获物捕获的活体标本。[164] 其他措施还处理了渔业对海鸟和海龟的附带影响。[165] 尽管 RFMO 在其监管区内采取措施保护海洋生物多样性免受捕捞活动影响方面取得了进展，但无疑还需要做更多的工作。CMS 缔约国强调，副渔获物是对该条约所列移栖物种的主要威胁，并敦促各国通过 RFMO 改善缓解措施。[166] 在这方面，CMS 的缔约方会议已承诺进一步收集关于副渔获物的数据，积极确定减少副渔获物的最佳做法，并改善与 FAO 的协调，以解决这一问题。[167] 在这方面，CMS 的参与很重要，因为它不仅从渔业监管的参与者视角来处理这一问题，而且考虑到与促进广泛保护海洋生物多样性有关的行为体的意见。

　　另一个与 RFMO 在渔业监管中实行更强有力的生态系统办法的最新例子是努力保护深海栖息地免受渔具造成的损害。自 21 世纪初以来，国际社会通过联合国大会、FAO 和其他主管国际组织采取行动，越来越重视深海捕捞作业，特别是底层捕捞对脆弱海洋生态系统（vulnerable marine ecosystems，VMEs）的潜在影响。[168]《公海深海渔业管理国际准则》（International Guidelines on Management of Deep-Sea Fisheries in the High Seas，以下简称《准则》）[169] 强调各国必须防止对脆弱海洋生态系统造成

189

163　参见 SPRFMO CMM 1.02, prohibiting the use of large-scale pelagic driftnets and deep-water gillnets in the Convention Area (2013); CCAMLR Resolution 7/IX on Driftnet Fishing in the Convention Area (1990)。

164　参见 ICCAT Recommendation on Porbeagle Caught in Association with ICCAT Fisheries (2015); IOTC Resolution 12/09 on the Conservation of Thresher Sharks Caught in Association with Fisheries in the IOTC Area of Competence (2008); Recommendation GFCM/36/2012/2 on mitigation of incidental catches of cetaceans in the GFCM area (2012), para. 2(b)。

165　参见 E Gilman and T Moth-Poulsen, *Review of Measures Taken by Intergovernmental Organizations to Address Sea Turtle and Seabird Interactions in Marine Capture Fisheries*, FAO Fisheries Circular No. 1025, Document FIIT/FIMF/C1025(En) (2007)。

166　CMS COP Resolution 9.14 (2008) paras 3 and 4.

167　Ibid.

168　参见 *Report on the Work of the United Nations Open-Ended Informal Consultative Process on Oceans and Law of the Sea at Its First Meeting*, Document A/55/274 (2000), para. 73。

169　参见 2009 International Guidelines on the Management of Deep-Sea Fisheries in the High Seas, paras 22 and 26。

重大不利影响，并为各国如何界定脆弱海洋生态系统提供指导。[170]《准则》指出，如果生态系统表现出以下一些特点，则应归类为脆弱生态系统：独特性或稀缺性、功能重要性、脆弱性、增长速度低、补充率低或结构复杂性。[171]《准则》接着列举了脆弱海洋生态系统的实例，例如海山、热液喷口、冷渗漏和冷水珊瑚，但《准则》明确指出，必须在特定区域逐案适用标准。[172]《准则》还提供了确定是否可能发生重大不利影响的标准，包括特定地点的影响强度或严重程度、相对于受影响生境类型的可用性而言所影响的空间范围、生态系统对影响的敏感性或脆弱性、生态系统功能可能因影响而改变的程度、生态系统的恢复能力和恢复速度。[173]在信息未知或不确定的情况下，《准则》敦促采取预防性方法。[174]《准则》还提出了各国和（或）RFMO应采取的一系列措施，以监管深海渔业。虽然清单一般不具规范性（non-prescriptive），但《准则》提出了最低限度的保护，包括关闭已知出现脆弱海洋生态系统的地区，减少现有渔业的作业，以便能够收集信息，评估渔业的影响，并避免扩大目前捕捞活动的空间范围，直到获得更多信息。[175]所采取的任何措施都应基于预防性方法，[176]《准则》鼓励制订渔业管理计划，以确保捕鱼作业的长期可持续性。[177]

2006年，联合国大会呼吁各国和RFMO，除其他外，认定脆弱海洋生态系统，并确定底层捕捞是否可能对这些生态系统和深海鱼类种群的长期可持续性造成重大不利影响。在可能产生此类影响的情况下，呼吁各国和RFMO关闭此类区域，禁止底层捕捞，直至可采取养护和管理措施，防止产生重大不利影响。[178]几个RFMO根据该决议采取了养护和管理措施，包括指

170　2009 International Guidelines on the Management of Deep-Sea Fisheries in the High Seas, paras 14–16.

171　Ibid, para. 42.

172　Ibid, Annex.

173　Ibid, para. 18.

174　Ibid, para. 20.

175　Ibid, para. 63.

176　Ibid, para. 65.

177　Ibid, para. 75.

178　UNGA Resolution 61/105 (2006), para. 83.

定已确认为脆弱海洋生态系统的封闭区，[179]以及应对遭遇议定书（encounter protocols），其中要求个别渔船在拖带渔具时，如果发现一定数量的脆弱海洋生态系统指标物，如珊瑚物种、深海海绵或栖息在泥里的底栖物种时，应停止捕捞，并转移到其他地点。[180]此类遭遇还必须向相关RFMO的船旗国或秘书处报告，并应采取措施，包括在进一步调查之前暂时关闭区域，以保护脆弱海洋生态系统。[181]RFMO还限制将深海捕捞活动扩展到新区域，除非对脆弱海洋生态系统的影响进行了评估。例如，SEAFO公约要求所谓的试探性捕鱼（exploratory fishing）的提议必须附有对已知和预期影响的"初步评估"，[182]而这种活动必须经科学委员会评估并经委员会核准才能进行。[183]其中许多措施是根据RFMO保护生物多样性不受捕捞活动影响的固有权力采取的，但最近在南太平洋和北太平洋设立的组织已根据国际准则和联合国大会相关决议获得保护脆弱海洋生态系统的明确权力。[184]尽管国际社会花了一些时间来响应联合国大会的呼吁，[185]但这个例子表明，RFMO确实有灵活的权力来处理捕鱼对海洋环境造成的新威胁。这也表明，来自各种机构的无约束力的文书的积累，可促进保护生物多样性免受捕捞活动影响的有约束力的措施的出现。

在将生物多样性和生态系统考虑因素纳入其养护和管理措施方面，CCAMLR也许走得最远。该机构不仅制定了关于尽量减少特定捕捞方法对

---

179 参见 Resolution GFCM/37/2013/1 on Area-Based Management of Fisheries；SEAFO Conservation Measure 29/14 on Bottom Fishing Activities and Vulnerable Marine Ecosystems in the SEAFO Convention Area，Article 5；NEAFC Recommendation 19/2014 on the Protection of Vulnerable Marine Ecosystems in the NEAFC Regulatory Area，Article 5；NAFO Conservation and Enforcement Measures 2016，Articles 15–24；SEAFO Conservation Measure 30/15 on Bottom Fishing Activities and Vulnerable Marine Ecosystems in the SEAFO Convention Area (2015)，Article 5。

180 参见 NEAFC Recommendation 19/2014 on the Protection of Vulnerable Marine Ecosystems in the NEAFC Regulatory Area，Article 8(1)；SEAFO Conservation Measure 30/15 on Bottom Fishing Activities and Vulnerable Marine Ecosystems in the SEAFO Convention Area (2015)，Article 8。

181 NEAFC Recommendation 19/2014 on the Protection of Vulnerable Marine Ecosystems in the NEAFC Regulatory Area, Article 8(2).

182 SEAFO Conservation Measure 30/15 on Bottom Fishing Activities and Vulnerable Marine Ecosystems in the SEAFO Convention Area (2015), Article 7.

183 Ibid, Article 6(4).

184 SPRFMO Convention, Article 20(1)(d); NPFC Convention, Articles 3(e), 7(1)(e).

185 参见雷弗斯（R Rayfuse）的评论意见，'Regional Fisheries Management Organizations', in D Rothwell et al (eds), *Oxford Handbook on the Law of the Sea* (OUP 2015) 458–459。

海洋环境影响的规定，[186]而且还通过了在CCAMLR区域建立一般海洋保护区
的程序。该举措规定了划定海洋保护区，以保护具有代表性的海洋生态系统
和生物多样性、关键生态系统过程、易受人类活动影响的区域以及有助于保
持对气候变化适应力的区域。[187]迄今已建立两个海洋保护区，一个在南奥克
尼群岛（South Orkney Islands）[188]以南地区，另一个在罗斯海（Ross Sea）。[189]
这两个海洋保护区的保护水平不同，表明海洋保护区是复杂谈判的产物。[190]
禁止在南奥克尼群岛南部大陆架海洋保护区内进行商业捕鱼，同时禁止从渔
船上排放或倾倒任何废物。相比之下，在罗斯海海洋保护区的部分地区仍允
许进行一些捕捞活动，但要遵守较低的渔获量水平以及与标记和释放每吨所
获特定数量的鱼类有关的规定。[191]两个海洋保护区的共同之处是，强调在海
洋保护区进行科学研究，以增进对南极生态系统的了解。

　　CCAMLR海洋保护区系统与发展具有代表性的海洋保护区网络的国际
目标直接相关，第3章对此进行了讨论。它表明RFMO可以在实现这一目标
中发挥作用。罗斯海海洋保护区被赋予了特殊的意义，因为它是世界上最
大的海洋保护区。在认定之时，其覆盖面积为600000平方英里。[192]同时，还
必须指出CCAMLR已明确承认其海洋保护区管理计划只有在积极与能够管
理可能影响这些领域的其他有关活动的其他国际组织接触的情况下才能实

186　参见CCAMLR Conservation Measure 22–04, Interim Prohibition on Deep-Sea Gillnetting (2010);
　　　CCAMLR Conservation Measure 22–05, Restrictions on the Use of Bottom Trawling Gear In The
　　　High-Seas Areas of the Convention Area (2008); CCAMLR Conservation Measure 22–09, Protection
　　　of Registered, Vulnerable Marine Ecosystems in Subareas, Divisions, Small-Scale Research Units
　　　or Management Areas Open to Bottom Fishing (2012); CCAMLR Conservation Measure 25–02,
　　　Minimisation of the Incidental Mortality of Seabirds in the Course of Longline Fishing or Longline Fishing
　　　Research in the Convention Area (2015); CCAMLR Conservation Measure 25–03, Minimisation of the
　　　Incidental Mortality of Seabirds and Marine Mammals in the Course of Trawl Fishing in the Convention
　　　Area; CCAMLR Conservation Measure 26–01, General Environmental Protection during Fishing (2015).

187　CCAMLR Conservation Measure 91/04 (2011), para. 2.

188　CCAMLR Conservation Measure 91/03 (2009).

189　CCAMLR Conservation Measure 91/05 (2016).

190　该措施仍允许根据CCAMLR Conservation Measure 24–01 (2013) 进行研究性捕捞。

191　罗斯海海洋保护区实际上由三个区域组成：一个禁止所有商业捕鱼的一般保护区、一个允许
　　　受管制捕鱼的特别研究区，以及一个磷虾研究区。然而，指定海洋保护区的决定也规定了对
　　　渔场的重新分配，以便海洋保护区以外的地区开放捕鱼。

192　参见BBC News, 'World's Largest Marine Protected Area Declared in Antarctica', 28 October
　　　2016: http://www.bbc.co.uk/news/science–environment–37789594。

现。[193]这是一个重要的主题，我们将在第10章中接着讨论。

7.4.4　合作监测、监视和控制公海捕鱼

RFMO 的另一个重要职能和安排是"建立适当的合作机制，以有效监测、控制、监督和执行"。[194]一些RFMO已制定程序，允许共同检查在有关区域捕鱼的船只。[195]这些执行办法很重要，因为它们解决了上文所讨论的船旗国在公海上的专属管辖权的缺点问题，因此可以"视为《海洋法公约》第92条第1款的例外"。[196]

《鱼类种群协定》在促进这方面的合作上也发挥了重要作用，因为它规定：

> 在分区域或区域渔业管理组织或安排所包括的任何公海区，作为这种组织的成员或安排的参与方的缔约国可通过经本国正式授权的检查员根据第2款登临和检查悬挂本协定另一缔约国国旗的渔船，不论另一缔约国是否为组织或安排的成员或参与方，以确保该组织或安排为养护和管理跨界鱼类种群和高度洄游鱼类种群所订立的措施获得遵守。[197]

这种检查船只的权利源自《鱼类种群协定》本身，而另一艘船只的船旗国不必是RFMO的成员国，也属于本规定的范围。由此，有人说"《鱼类种群协定》为船旗国在公海的专属管辖权提供了一个例外"。[198]然而，检查员的作用仅限于收集证据和向船旗国报告。检查国本身不能扣押船只并提起司法诉讼。因此，仍有必要确保船旗国采取充分行动，对违反行为采取后续行动，有人建议，RFMO应制定调查涉嫌违反行为的准则以及统一的制裁制

193　CCAMLR Conservation Measure 91/04 (2011) para. 10.

194　UNFSA, Article 10(h).

195　详见 R Rayfuse, *Non-Flag State Enforcement in High Seas Fisheries* (Martinus Nijhoff 2004) 137–322；D Guilfoyle, *Shipping Interdiction and the Law of the Sea* (CUP 2009) 97–158。

196　MA Palma-Robles, 'Fisheries Enforcement and other Concepts', in R Warner and S Kaye (eds), *Routledge Handbook of Maritime Regulation and Enforcement* (Routledge 2015) 148.

197　UNFSA, Article 21(1).

198　NEAFC Performance Review Panel Report (2014) 88.

度，以确保所有船旗国都采取同等行动。[199]

海上检查并不是执行国际养护和管理措施的唯一手段。事实上，海上检查的实用性和效率有时会受到质疑，特别是考虑到必须监管的广阔区域。[200]为此，《行为守则》和《IUU捕捞的国际行动计划》都鼓励广泛利用与渔船有关的一系列额外监测、控制和监视活动。特别是，渔船监测计划和观察员方案被广泛用于加强渔业执法，[201]几个RFMO已授权在其控制区内获准捕鱼的所有渔船使用这些技术。[202]这些措施可提供额外的证据来源，以查明违反养护和管理措施的行为何时发生。

RFMO面临的重大挑战之一是确保悬挂既非RFMO成员也非《鱼类种群协定》缔约国的国旗的船只遵守养护和管理措施。此类船只可能以不公平的优势营运，从而破坏约定的养护和管理措施。正是出于这一原因，这种活动被归类为无管制的捕捞活动，[203]并成为处理非法捕捞活动的若干国际文书的规制目标。许多区域条约规定，缔约方有义务"直接或通过［区域渔业管理组织］采取符合国际法的措施……以阻止非本公约缔约国的船只进行破坏［区域渔业管理组织］所通过的养护和管理措施的效力的捕捞活动"。[204]除其他外，这类规定被用作编制悬挂非缔约方旗帜、涉嫌进行IUU活动的船只名单的依据。[205]例如，根据促进非缔约方船只遵守CCAMLR养护措施的计划，CCAMLR负责查明"其船只在公约区内从事IUU活动，并可能破坏CCAMLR养护措施效力的非缔约方，并将制定此类船只的名单"。[206]如果

---

199 NEAFC Performance Review Panel Report (2014), 93–94.

200 例如CCAMLR业绩审查小组指出，1997年至2007年，根据该条约只进行了110次海上视察，因此对10艘被视察船只实施了制裁。审查小组认为，"目前实施的检查制度远非有效（或具有成本效益的）［监测、监督和控制］工具"；Chapter 4, CCAMLR Performance Review Report (2008), para. 37。

201 Palma-Robles (n198) 153–154.

202 参见 Guilfoyle (n197) 97–169。

203 这类活动被视为无管制捕鱼活动，参见IPOA-IUU Fishing, para. 1.2。

204 SEAFO Convention, Article 22(3). 另参见 WCPF Convention, Article 32(4)；NPFC Convention, Article 20(4)。

205 参见 IATTC Resolution C–05–07 (2005), IOTC Resolution 15/04 (2015)；SP区域渔业管理组织 Decision CMM 1.04, WCPFC Conservation and Management Measure 2010–06。

206 CCAMLR Conservation Measure 10–07(2007), para. 2.其他区域也有类似情况：NAFO Conservation and Enforcement Measures (2016), Articles 48–55；ICCAT Recommendation 98–11，即关于禁止被确定犯有严重侵权行为的非缔约方的船只上岸和转运（1999）。

一缔约方看到一艘非缔约方船只在公约区域内捕鱼，该船只将被推定为从事 IUU 活动，该缔约方必须通知 CCAMLR 秘书处、其他缔约方和船旗国。[207] 船旗国的专属管辖权将阻止在海上检查该船只，除非船旗国是《鱼类种群协定》的缔约国，但船旗国将被要求"采取行动，阻止该船只从事任何有损于 CCAMLR 养护措施效力的活动，并要求船旗国向 CCAMLR 报告它对有关船只采取的措施"。[208] 如果船旗国未采取行动，该船将被列入 IUU 活动清单，不得在缔约方水域内捕鱼或进入缔约方港口，除非该船抵达港口时接受检查。[209] 后一项措施凭借港口国使用其对港口的主权为自愿进入其港口的船舶规定条件的能力。[210] 鉴于渔船最终必须让其捕获物上陆，近年来国际社会越来越认识到使用港口国措施的潜力。《IUU 捕捞国际行动计划》认可并鼓励港口国的作用，[211] 港口国的权力在 2009 年 FAO 的《港口国措施协定》得到了澄清。[212] 该协定的优势在于，它将有关检查和控制涉嫌违反区域养护和管理措施进行非法捕捞活动的渔船的义务扩大到协定的所有缔约方，而不仅仅是 RFMO 的其他成员。正是需要这种形式的更广泛合作，才能避免出现跳港现象，即从事 IUU 活动的船只会寻求进入一个不属于 RFMO 计划的港口。[213] 各国只有在成为该协定缔约国的情况下才有义务行使港口国措施，虽然许多国家已单方面选择行使这种权力，因为根据习惯国际法，它们拥有限制进入其港口的主权权利。[214] 与此同时，必须认识到"没有一个 RFMO 计划能够规定港口国强制执行"，这意味着"在所有情况下，起诉和制裁权都被留给船旗国"。[215] 此协定并没有改变这种情况，因为它的重点是拒绝进入港口或取消

194

---

207 CCAMLR Conservation Measure 10−07(2007), para. 6.

208 Ibid, para. 8.

209 Ibid, para. 22.

210 参见 L de la Fayette, 'Access to Ports in International Law' (1996) 11 *IJMCL* 1。

211 IPOA IUU Fishing, paras 52−64.

212 参见 J Swan 在 'Port State Measures—from Residual Port State Jurisdiction to Global Standards' (2016) 31 *IJMCL* 395−421 中的论述。

213 参见 R Rayfuse, 'The Role of Port States', in R Warner and S Kaye (eds), *Routledge Handbook of Maritime Regulation and Enforcement* (Routledge 2015) 80−81。

214 参见 Palma-Robles (n198) 152。

215 Rayfuse (n215) 80.

港口服务。[216]因此，目前，渔业执法的国际法律框架缺乏相当于《海洋法公约》第218条针对船舶污染的港口国域外管辖权。[217]然而，各国试图解决该问题的方法之一是，要求船只的船长（master）做出声明，说明正在上岸的鱼是根据有关条例捕获的，而根据港口国的法律，做出虚假陈述本身即构成刑事犯罪。[218]这样，在一国境内作出的虚假陈述就成为起诉的触发因素，从而绕过港口国管辖权的限制。在各种情况下引入所谓的二次违法行为被认为是港口国日益流行的战略，目的是打击海上非法行为。[219]

7.5　海洋生物资源特别养护制度

7.5.1　溯河产卵与降河产卵物种

195

一些海洋资源因其特殊性质而在国际法中得到特殊对待。溯河洄游与降河洄游鱼类皆属于此类。

溯河鱼类（溯河产卵鱼类）指那些"平时生活于海中，繁殖季节迁徙至淡水流域"的鱼类。[220]截至目前，商业上最重要的溯河鱼类是鲑鱼，同时还有鲱鱼、鲑鱼、条纹鲈鱼、胡瓜鱼和鲟鱼。溯河鱼类是养护和管理方面的一个特别问题，因为它们出生于一个国家的河流和湖泊，然后移徙到海洋，在那里度过大部分成年生活。为了繁殖，这些鱼会溯河洄游至它们出生的河流。由此可见，养护和管理溯河鱼类的大部分相关费用由鱼源国承担。出于这一原因，《海洋法公约》第66条为确定哪些国家可参与溯河鱼类种群的捕捞活动建立了一个特别框架。第66条规定，"捕捞溯河产卵种群的渔业活动，应只在专属经济区外部界限向陆一面的水域中进行，但这项规定引起鱼

---

216 《港口国措施协定》第18条第3款含糊地规定，"除本条第1款和第2款规定的措施外，本协定的任何内容均不妨碍一缔约方采取符合国际法的措施，包括船舶船旗国已明确要求或已同意的措施"。因此，如果船旗国同意，这一表述允许采取执法行动，并为法律的进一步发展敞开大门。

217 参见第6章。

218 参见 United Kingdom Sea Fish (Conservation) Act 1967, s. 7。

219 H Ringbom, 'Vessel-Source Pollution', in R Rayfuse (ed.), *Research Handbook on International Marine Environmental Law* (Edward Elgar 2016) 129.

220 GS Myers, 'Usage of Anadromous, Catadromous and Allied Terms for Migratory Fishes' (1949) *Copeia* 89, 94.

源国以外的国家经济失调的情形除外"。[221] 因此，一般规则是，不得在公海捕捞溯河鱼类，因此，第66条是《海洋法公约》第116条所载公海捕鱼自由的一个重要例外。

如果在某些情况下，一国基于对其国民的经济影响而希望继续在公海捕鱼，则从第66条来看，这似乎须得到鱼源国的同意。在这方面，《海洋法公约》规定，"关于在专属经济区外部界限以外进行的这种捕捞，有关国家应保持协商，以期就这种捕捞的条款和条件达成协议，并适当顾及鱼源国对这些种群加以养护的要求和需要"。[222] 此外，在公海上进行的任何捕捞活动都必须遵守鱼源国制定的管制措施和总可捕捞量。[223]

在实践中，很少在公海上捕捞溯河鱼类。《北太平洋溯河鱼类种群养护公约》(Convention for the Conservation of Anadromous Stocks in the North Pacific Ocean) 和《北大西洋鲑鱼公约》(North Atlantic Salmon Convention) 均禁止在公海捕捞此类物种。[224]《太平洋溯河鱼类公约》不仅处理直接捕捞溯河鱼类的问题，而且还规范附带捕捞溯河鱼类的问题，规定"应尽可能减少附带捕捞溯河鱼类"。[225] 其附件就各国应如何尽量减少附带捕获溯河鱼类提供了指导，北太平洋溯河鱼类委员会有权建议采取额外措施，以避免或减少在公海上附带捕获溯河鱼类。[226]

还有一项特别制度规制了降河鱼类（降河产卵鱼类）问题，这项制度规定哪些国家可参与捕捞活动。降河鱼类大部分时间在淡水中生活，但会迁移到海洋中繁殖；最典型的降河鱼类是淡水鳗，其种类遍布全球。[227] 由于其生命周期的特殊性，管理降河洄游鱼类的责任落在这些鱼类在其水域中度过

---

221 UNCLOS, Article 66 (3)(a).

222 Ibid, Article 66 (3)(a).

223 Ibid, Article 66(2).

224 参见1992 Convention for the Conservation of Anadromous Stocks in the North Pacific Ocean (Anadromous Stocks Convention) (EIF 16 February 1993), Article III (1)(a); 1982 Convention for the Conservation of Salmon in the North Atlantic Ocean (Salmon Convention) (EIF 1 October 1983), Article 2 (1)。

225 Anadromous Stocks Convention, Article III (1)(b).

226 Ibid, Article IX (12).

227 MH Nordquist et al (eds.), *United Nations Convention on the Law of the Sea 1982: A Commentary—Vol. II* (Martinus Nijhoff 1993) 681. 淡水鳗属于鱼类中的鳗科，包括19个物种和6个亚种。

"其生命周期的大部分"的沿海国。与溯河鱼类一样,《海洋法公约》限制在公海捕捞降河鱼类,规定"捕捞降河产卵鱼种,应只在专属经济区外部界限向陆一面的水域中进行"。[228]这一禁令的目的是防止捕获年幼降河鱼类。[229]诚然,《海洋法公约》不容许有任何例外,因此,对降河鱼类的规制甚至比对溯河鱼类的规制更为严格。

《海洋法公约》还要求对降河鱼类通过的水域拥有管辖权的国家之间进行合作。为此,第67条第3款要求这些国家与东道国合作,"这种协议应确保这些鱼种的合理管理,并考虑到第1款所述国家在维持这些鱼种方面所负的责任"。学者海伊认为,虽然合理管理的概念要求在利益方面实现与在养护和管理其他海洋生物资源方面的合作类似的平衡,但根本区别在于"特别考虑〔降河洄游鱼类〕大部分生命周期所在水域的国家的利益"。[230]同时这也不意味东道国能完全阻止其他国家的捕捞活动。因此,即使没有与东道国达成协议,其他沿海国也将有权捕捞降河鱼类,但有义务避免损害东道国为合理管理所做出的努力。[231]

7.5.2　海洋哺乳动物

197

海洋哺乳动物属于受益于《海洋法公约》特别养护制度的另一类海洋生物资源。海洋哺乳动物大约有120种,包括许多种类的鲸鱼、海豚、鼠海豚、海豹和海象。海洋哺乳动物之所以被挑出来特别对待,是因为它们特别容易被捕获并受到其他人类干扰的不利影响,它们的高度洄游性质,以及它们从经济、原住民使用(aboriginal use)和保护角度可带来的效益。[232]

《海洋法公约》第65条和第120条将海洋哺乳动物排除在最优利用海洋生物资源的正常规则之外。换言之,沿海国没有义务为海洋哺乳动物制定总

228　UNCLOS, Article 67(2).

229　Y Tanaka, *The International Law of the Sea* (CUP 2012) 234.

230　E Hey, *The Regime for the Exploitation of Transboundary Marine Fisheries Resources* (Martinus Nijhoff 1989), 67–8.

231　参见 Tanaka (n231), 234。

232　PW Birnie, 'Marine Mammals: Exploiting the Ambiguities of Article 65 of the Convention on the Law of the Sea and Related Provisions: Practice under the International Convention for the Regulation of Whaling', in D Freestone et al (eds.), *The Law of the Sea: Progress and Prospects* (OUP 2006) 264.

可捕捞量或与他国分享过剩资源。相反，各国如果愿意，可以对海洋哺乳动物采取保护主义态度。尽管如此，《海洋法公约》继续"普遍将海洋哺乳动物视为可收获的生物资源"，尽管其重点是"更注重保护而非利用"，[233]但它没有达到要求保护海洋哺乳动物的程度。

在实践中，关于许多海洋哺乳动物的地位，一直存在着重大的紧张关系，各国对它们需要多少保护有不同的看法。这一领域最早的一些协议涉及海豹和海獭，因为它们被大量捕捉来获取其皮毛。[234]在20世纪后期，鲸类动物已经主导了国际上的关注。[235]

根据《国际捕鲸管制公约》（International Convention for the Regulation of Whaling，ICRW）成立的国际捕鲸委员会（International Whaling Commission，以下简称"IWC"）是当前与鲸类动物有关的主要组织。[236]该公约旨在通过各种细则来限制捕鲸活动，包括指定保护物种、限制捕鲸方式。这些细则载于一个附表中，该附表是条约的组成部分，[237]但IWC可通过默示修正程序对其进行修正。尽管某些支持捕鲸的国家反对采用默示修正程序，但该程序已逐步限制了缔约方的捕鲸能力。久而久之，委员会开始限制面临最大捕捞风险的特殊鲸类。且通过了旨在在印度洋[238]和南大洋[239]建立鲸类保护区的修正案。但在1982年，IWC通过了所谓的商业捕鲸禁令，自此，捕鲸管制出现转折。[240]当时，几乎所有缔约方接受了该禁令。挪威是少数表示反对的国家之一，并继续开展商业捕鲸活动。[241]冰岛也声称对商业捕鲸禁令有所保留，其

198

233　Proelss and Houghton (n27) 237.

234　参见 Bering Fur Seals Arbitration (1893) 263–276；1911 Convention between the United States, Great Britain, Russia and Japan for the Preservation and Protection of Fur Seals (EIF 14 December 1911)。参见 S Barrett, *Environment & Statecraft* (OUP 2003) 19–48。

235　参见 1931 Convention on the Regulation of Whaling (EIF 16 January 1935); 1937 International Agreement for the Regulation of Whaling (EIF 7 May 1938)。

236　参见 1946 International Convention for the Regulation of Whaling (ICRW) (EIF 10 November 1948)。

237　ICRW Article I.

238　Ibid, Schedule, para. 7(a).

239　Ibid, Schedule, para. 7(b). 日本已就小须鲸（Minke whales）问题向南大洋保护区提出了例外，但在"南极捕鲸"（*Whaling in the Antarctic*）案（2014）第233段，日本在保护区内捕杀长须鲸的行为被认定违反了《国际捕鲸管制公约》的条款。

240　ICRW Schedule, para. 10(e).

241　日本、秘鲁和苏联也提出反对。日本和秘鲁的反对意见后来被撤回。俄罗斯一直未撤销其例外规定，尽管俄目前没有进行商业捕鲸。

在退出IWC后于2002年重新加入IWC。[242]禁令的确切性质受到了质疑。相关案文规定，"在1986年沿海季和1985/1986年远洋季及其后，商业捕鲸的捕捞限额应为0"，并明确预见了后期的决议审查事项。[243]因此，一些国家认为，商业捕鲸禁令的目的是使种群恢复，以再次开展商业捕鲸活动。[244]相反，有人辩称，禁令的通过预示着捕鲸保护新方法的出现，即"禁止捕捞所有鲸类，无论该鲸类是稳定的还是濒危的，而这显然与捕鲸业互不相容"。[245]为此目的，反对捕鲸的国家坚持认为，IWC的作用已发生演变，它已不仅仅是最初单纯的捕鲸管制机构，更是为子孙后代谋福利的鲸类养护机构。[246]IWC的某些发展态势确实体现了其对鲸类养护的日益重视。例如，2003年，IWC成立养护委员会，负责制定养护议程，并向IWC提出建议。[247]IWC开始考虑捕鲸之外对鲸类动物有所影响的其他因素，包括化学污染、噪声污染、副渔获物和生境退化。养护委员会当前的工作包括研究撞船事件[248]和海洋垃圾对鲸类的影响。至今，IWC似乎没有权力就这些问题采取约束措施。[249]此外，尽管IWC已有此类发展，但《国际捕鲸管制公约》的目的和宗旨并没有正式变更，例如有序开展工业捕鲸，[250]亦未明确禁止捕鲸。事实上，目前已采取一些措施来恢复商业捕鲸，尤其是在1994年通过的修正管理程序，即在确定捕

199

242　参见 A Gillespie, 'Iceland's Reservation at the International Whaling Commission' (2003) 14 *EJIL* 977。

243　ICRW, Schedule, para. 10(e).

244　在这方面，ICRW序言部分提及，《国际捕鲸管制公约》的宗旨是"规定适当养护鲸鱼种群，从而使捕鲸业的有序发展成为可能"。序言还指出，"捕鲸作业应限于那些最能维持捕捞的物种，以便为现在数量枯竭的某些鲸鱼物种的恢复提供一个间隔"。

245　A D'Amato and SK Chopra, 'Whales: Their Emerging Right to Life' (1991) 85 *AJIL* 21, 45. 事实上，该文作者还认为，这种保护主义的做法也涵盖了有权享有生命的鲸鱼幼体；Ibid, 49。

246　参见 the Memorial of Australia in the Case concerning Whaling in the Antarctic, para. 2.99: "国际捕鲸委员会目前致力于对鲸类的保护"; United Kingdom Department for Environment, Food and Rural Affairs, *The International Whaling Commission—the Way Forward*, 5, 提到"除土著居民有限的自给捕鲸外，英国政府反对一切捕鲸"。另参见 MJ Bowman, 'Normalizing the International Convention for the Regulation of Whaling' (2008) 29(3) *MJIL* 293; Proelss and Houghton (n27) 243。

247　IWC Resolution 2003-1.

248　参见第6章关于IWC在促进就此问题开展国际合作方面所发挥的作用。

249　HM Dotinga and AG Oude Elferink, 'Acoustic Pollution in the Oceans: The Search for Legal Standards' (2000) 31 *ODIL* 151, 168.

250　参见 *Whaling in the Antarctic* (2014) para. 56。

捞限额时考虑科学不确定性，从而克服现有程序的缺陷。[251]但是，这项修正管理程序仅涉及捕捞限额的设定程序，且在各国就执法的随附修正管理方案达成一致意见之前，不能付诸实施。[252]目前，IWC成员尚未对此达成协议。[253]

IWC的机构政治（institutional politics）可能阻碍成员国对商业捕鲸禁令的解除达成任何一致意见，但《国际捕鲸管制公约》允许另外两种捕鲸方式。

第一，关于原住民捕鲸有特殊规定。人们早就认识到，偏远的小型沿海社群需要依靠捕猎海洋哺乳动物来维持生计，因此应容忍（tolerate）此类捕捞。[254]不同于1931年制定的《捕鲸管制公约》（1931 Convention on the Regulation of Whaling），当前的国际制度并未将原住民捕鲸排除在外。相反，IWC将定期为所谓的原住民捕鲸设定捕捞限额。[255]目前，IWC已对以下鲸类设定了捕捞限额：白令海、楚科奇海和波弗特海鲸群中的弓头鲸（bowhead whales from the Bering–Chukchi–Beaufort Seas stock）；北太平洋东部鲸群中的灰鲸（grey whales from the Eastern stock in the North Pacific）；西格陵兰中部鲸群中的小须鲸和西格陵兰鲸群中的长须鲸（minke whales from the West Greenland and Central stocks and fin whales from the West Greenland stock）；西格陵兰摄食集群中的弓头鲸和座头鲸（bowhead whales and humpback whales from the West Greenland feeding aggregation）；以及被圣文森特和格林纳丁斯的贝基人捕获的座头鲸（humpback whales taken by the Bequians of St. Vincent and the Grenadines）。[256]一直以来，人们对"原住民捕鲸"这一概念的解释都较为狭义。尽管日本和挪威的沿海社区有着悠久的捕鲸传统，但均被排除在

251　参见IWC Resolution 1994–5。

252　参见A Gillespie, 'The Search for a New Compliance Mechanism within the IWC' (2003) 34 *ODIL* 349。

253　关于关键问题的讨论参见M Fitzmaurice, *Whaling and International Law* (CUP 2015) 82–87。

254　参见Article 8 of the Regulations proposed by the Arbitral Tribunal in the *Bering Fur Seals Arbitration* (1893) 263。

255　参见A Gillespie, 'Aboriginal Subsistence Whaling: A Critique of the Inter-Relationship between International law and the International Whaling Commission' (2001) 12 *CJILP* 77；J Firestone and J Lilley, 'An Endangered Species: Aboriginal Whaling and the Right to Self-Determination and Cultural Heritage in a National and International Context' (2004) 34 *ELR* 10763。

256　ICRW Schedule, para. 13(b).

这种例外的捕鲸活动之外。[257] 此外，尽管在原则上允许原住民开展捕鲸活动，但他们仍须遵守有关捕鲸方式和捕鲸用途的规定。IWC 已明确表示，在确定原住民捕鲸的捕捞限额时，"应优先考虑此类自给性捕鲸不会增加个别鲸群的灭绝风险"，[258] 因此，应根据科学委员会的建议确定捕捞限额。而且，原住民不得攻击、捕捞或捕杀鲸鱼幼崽或有幼崽的鲸鱼，[259] 并明确规定，"这些鲸鱼的肉和产品只能用于当地消费"。[260] 实践中，IWC 是否有权设定原住民的捕捞限额，存在争议，[261] IWC 已同意审查其对原住民自给性捕鲸的处理方式，希望在确保原住民权利的前提下，[262] 商定一种更加一致、长久的处理办法。[263] 对此，必须在原住民社群的社会需要和鲸类种群的生态问题之间取得平衡。

第二，《国际捕鲸管制公约》第8条规定，应继续允许"以科学研究为目的的捕鲸活动"。鉴于其授予个别缔约国进行科学捕鲸的特别许可证，这已成为一种备受争议的例外情况。《国际捕鲸管制公约》要求科学捕鲸的缔约方"应将所有发出的上述的特别许可证迅速通知委员会"。[264] 初看之下，这似乎是审查例外行使情况的事后报告程序，但随着《国际捕鲸管制公约》附表中细则的发展，在某种程度上，该义务的性质已发生改变，通过规定要求"缔约国政府在科学捕鲸许可证签发之前向IWC秘书提供此类许可证，以便科学委员会有足够时间对此进行审查与评论"。[265] 虽然科学委员会的意见不具约束力，但开展科学捕鲸活动的缔约方仍应考虑这些意见。[266] 国际法院也已明确指出，

200

---

257 参见 C Pinon Carlane, 'Saving the Whales in the New Millennium: International Institutions, Recent Developments and the Future of International Whaling Policies' (2005) *VELJ* 1, 11。另参见 Japanese Proposed Schedule Amendment to Permit the Catching of Minke Whales from the Okhotsk Sea-West Pacific Stock by Small-Type Whaling Vessels, Document IWC/64/9 (2012).

258 IWC Resolution 1994–4, para. 4.

259 ICRW Schedule, para. 13(a)(4).

260 Ibid, para. 13(b).

261 详见 Fitzmaurice (n255) 234–275。

262 IWC Resolution 2014–1, para. a.

263 参见 Report of the IWC Expert Workshop on Aboriginal Subsistence Whaling, Document IWC/66/ASW Rep01 (2015) 12 and 17。

264 ICRW Article VIII(1).

265 Ibid, Schedule, para. 30.

266 *Case Concerning Whaling in the Antarctic* (2014) para. 47.

关于是否允许科学捕鲸的决定应接受司法审查，即"根据方案所述的科学目标，审查其设计和执行因素的合理性"。[267]国际法院还表示，以下因素均需接受合理性审查：

201   关于使用致命方法的决定；方案中使用致命取样的规模；选择样本量的方法；目标样本量与实际取样量之间的比较；方案的时间框架；方案的科学产出；以及方案活动与相关研究项目的协调程度。[268]

国际法院特别指出，任何科学捕鲸活动均不得对目标鲸群的种群生存造成威胁。[269]因此，这种特殊的捕鲸方式仍应考虑环境因素。

IWC并非规制养护和管理鲸类动物的唯一机构。许多其他机构也已采取措施，呼吁人类保护鲸类动物，这足以体现国际社会对鲸类动物的重视程度。这方面的重要文书是CMS，旨在为此类物种迁徙范围内的众多国家提供合作框架。该公约附录一中详细列明的许多鲸类物种，[270]因此得到了及时保护。根据规定，划定范围里涉及的国家应禁止捕捞和"试图捕捞"附录一列明的鲸类物种，以保护并酌情恢复这些物种的栖息地，防止、减少或控制可能阻碍物种迁移或可能导致物种濒危的其他活动。[271]这包括CMS缔约方会议决议第6.2条所确认的义务，即避免附录一中的鲸类物种被误捕。[272]与此同时，有关原住民捕鲸和科学研究，CMS和《国际捕鲸管制公约》存在相似的例外情况。[273]因此，CMS对IWC起支持作用且没有冲突。[274]

---

267 *Case Concerning Whaling in the Antarctic* (2014), para. 88.

268 Ibid.

269 参见 *Case Concerning Whaling in the Antarctic* (2014) para. 85。

270 附录一所列物种包括弓头鲸、塞鲸、蓝鲸、南露脊鲸、北露脊鲸、座头鲸、抹香鲸和居维叶喙鲸，此外，几种海豚和鼠海豚也列在附录一中。

271 参见 1979 Convention on Migratory Species (CMS) (EIF 1 November 1983), Article III。参见第3章。

272 CMS Resolution 6.2 (1999), para. 1.

273 参见 CMS, Article III(5)。

274 A Gillespie, 'Forum Shopping in International Environmental Law: The IWC, CITES and the Management of Cetaceans' (2002) 33 *ODIL* 17, 29.

其他区域法规对小型鲸类动物的保护做出了规定。[275] 例如，《养护波罗的海、东北大西洋、爱尔兰海和北海小鲸类协定》（ASCOBANS）[276] 旨在养护北欧水域中的所有小型鲸类动物。缔约方应采取协议附件中列明的管理措施，包括禁止蓄意捕捞和捕杀小型鲸类动物的立法，以及立即释放任何活捉健康动物的义务，防止排放对动物健康具有潜在威胁的物质，鼓励开发或改进降低副渔获物的渔具和捕捞方式，并有效管制严重影响动物食物资源的活动。《关于养护黑海、地中海和毗连大西洋海域鲸目动物的协定》（ACCOBAMS）的缔约方也必须采取类似措施。[277] 这两项协定与捕捞作业（fishing operation）密切相关，事实上，意外捕捞被认为是对小型鲸类动物的最大威胁之一。[278] 鉴于缔约方会议定期会议中制定的具体养护措施，此类物种的保护制度也随之愈加详细。但有人指出，考虑到鲸类动物面临的各种威胁，如果这两项协定不能互相结合，就无法实现各自的目的，它们反而将"发挥最好的刺激作用和论坛作用，以促进和协调其他组织进行科学研究、采取养护措施"。[279]

海洋哺乳动物的保护问题也可通过其他区域机构得到解决。就东北大西洋而言，《保护东北大西洋海洋环境公约》委员会已将蓝鲸、北露脊鲸和弓头鲸确定为受威胁物种或濒临物种，并已采取建议，呼吁缔约方保护处于不同生命阶段的此类物种。[280] 这些措施的实施是为了针对受威胁物种制定监控策略，并在该区域内选择适当的海洋保护区，以便更好地保护这些物种，并

202

---

275 正如丘吉尔认为，这两项协议似乎是根据第4条第4款而不是第4条第3款通过的；参见RR Churchill, 'Sustaining Small Cetaceans: A Preliminary Evaluation of the Ascobans and Accobams Agreements', in AE Boyle and D Freestone (eds), *International Law and Sustainable Development* (OUP 1999) 231。

276 参见1992 Agreement on the Conservation of Small Cetaceans of the Baltic, North East Atlantic, Irish and North Seas (ASCOBANS)。

277 参见1996 Agreement on the Conservation of Cetaceans of the Black Sea, Mediterranean Sea and Contiguous Atlantic Area。ACCOBAMS未限制小型鲸目动物。此外，据指出，"ACCOBAMS与ASCOBANS相比是一份更高级的条约，因为其更为详细精确"；Churchill (n277)。

278 参见Ibid, 227。

279 Ibid, 244. 另参见H Nukamp and A Nollkaemper, 'The Protection of Small Cetaceans in the Face of Uncertainty: An Analysis of the ASCOBANS Agreement' (1997) 9 *GIELR* 281–302。

280 《保护东北大西洋海洋环境公约》委员会关于进一步保护和养护委员会海域第一区弓头鲸的第2013/8号建议；《保护东北大西洋海洋环境公约》委员会关于进一步保护和养护委员会海域北大西洋蓝鲸的第2013/9号建议；《保护东北大西洋海洋环境公约》委员会关于进一步保护和养护委员会海域北露脊鲸的第2013/10号建议。

通过其他有效行动来缓解人为威胁。《地中海生物多样性议定书》[281]和《加勒比海生物多样性议定书》[282]的缔约方也将若干鲸类物种列为需要特别保护的受威胁物种。此外，地中海北部的几个国家还建立了派拉格斯海洋哺乳动物保护区（Pelagos Marine Mammal Sanctuary），共占地96000平方公里。在这个保护区内，所有海洋哺乳动物都能受到保护，包括禁止蓄意捕捞和蓄意干涉。[283]不仅如此，协定还要求各缔约方商讨划船或观鲸等可能间接干扰到该保护区内鲸类动物的活动。但该协定并未对鲸类动物的副渔获物问题做出明确规定，所以在这一点上受到了批评。[284]

虽然区域机构所采取的监管措施为鲸类动物提供了额外保护，但这些措施的明显缺陷在于仅适用于缔约方主权或主权权利之下的水域，或仅适用于缔约方在公海上的船只。与RFMO所采取的养护和管理措施不同，这些区域法规无法限制在公海自由航行且悬挂非缔约方国旗的船只。因此，必须在全球范围内，由IWC等类似机构就海洋哺乳动物的养护事宜制订全面的解决方案。

7.5.3　受贸易影响的濒危海洋物种

《濒危野生动植物种国际贸易公约》（the Convention on International Trade in Endangered Species of Wild Fauna and Flora，以下简称"CITES"）的目的是确保人们在开展野生动植物标本的国际贸易时，不会威胁到它们的生存。该公约为其附录中列明的物种引入了许可贸易制度。一些海洋物种被列明，在未来可能添加其他海洋物种，包括被商业开发的鱼类资源。因此，了解这项拥有182个缔约方的全球条约如何适用于保护海洋物种非常重要。

CITES主要强调国际贸易，因此，其并未涵盖海洋物种的所有捕捞活动。如，国民以国内消费为目的，在本国领海或专属经济区内开展的捕鱼活

281　参见1995《关于地中海特别保护区和生物多样性的议定书》（EIF 1999年12月12日）、《议定书》第11条和第12条以及《议定书》的各项建议，包括《保护地中海鲸目动物行动计划》。

282　参见1990 Protocol concerning Specially Protected Areas and Wildlife (SPAW Protocol) (EIF 18 June 2000), Article 11(1)(b) and Annex II。

283　参见1999 Accord relative a la creation en Mediterranee d'un Sanctuaire pour les Mammiferes Marins (EIF 21 February 2002)。2001年，派拉格斯保护区在《关于地中海特别保护区和生物多样性的议定书》中得到承认。

284　参见T Scovazzi, 'The Mediterranean Marine Mammals Sanctuary' (2001) 16 *IJMCL* 132, 134–136。

动就没有被包括在内。但是，该公约确实包含在某个国家捕捞然后出口到另一国的海洋物种，且包含"从海上引进"贸易，[285] 即"从不属任何国家管辖的海域中取得的任何物种标本输入某个国家"。[286] 换言之，公海上的捕鱼活动也被包含在内。[287] 因此，CITES可用来管制某些海洋物种交易。

CITES并非禁止买卖公约附录中列明的物种。相反，其所涉及的贸易管制取决于国际贸易对特定物种造成的威胁程度。从本质上说，物种保护分为两大等级。

第一，CITES附录一中所列明的物种将受到"特别严格的管理"，只有在特殊情况下才能进行买卖。[288] 具体而言，就是不得以任何商业目的买卖这些物种。[289] 此外，根据CITES的缔约方会议第5.10号决议的规定，缔约方可在国家立法中尽可能广泛地界定"商业目的"，以确保该制度的有效性。

第二，CITES允许买卖附录二中的物种，但必须得到出口国的授权，而且只有在证明出口不会对物种的生存造成损害时，才能予以授权，[290] 并且应由独立的科学机构做出无害鉴定。[291] 该体制旨在确保贸易以可持续的方式进行。在适当情况下，某些物种可在不同的附录中移动，且如果物种受到不同的威胁，则可列出在地理位置上有所区别的物种种群。[292] 缔约方会议应根据专业技术委员会的建议来决定是否应该纳入某一物种。此类决定应以现有的最佳科学信息为基础，尽管缔约方会议的会议指南明确表示：

> 在采取预防性方法的情况下，如果无法确定某一物种的状况，或无法确定贸易对物种养护的影响，那么缔约方在开展各种活动时应以物种

---

285 参见 1973 Convention on International Trade in Endangered Species of Wild Fauna and Flora (CITES) (EIF 1 July 1975), Article 1(c)。

286 CITES, Article 1(e).

287 参见 CITES COP Resolution 14.6 (2007)，据此，缔约各方同意，"不受任何国家管辖的海洋环境"系指"如《海洋法公约》所反映的，受一国主权或主权权利约束的区域以外的那些海洋区域"。

288 CITES, Article 2(1).

289 Ibid, Article 3.

290 Ibid, Article 4.

291 参见 CITES COP Resolution 10.3 on the Designation and Role of Scientific Authorities (1997); CITES COP Resolution 16.7 on Non-Detriment Findings (2013).

292 CITES, Article 1(a).

养护为基础，并在审议附录一或附录二的修改建议时，根据物种的预期风险采取相应措施。[293]

尽管这一规定的措辞看似一种义务，但有关国家在做决定时所需的谨慎程度仍由其自身来决定。

与其他制度一样，缔约方可对列入的物种做出保留。例如，一些国家在列入鲸鱼和海马等物种时就有所保留。[294]但是，CITES非常明确地指出，提出保留意见的国家将被视为非缔约方，[295]并明确禁止与非缔约方进行贸易往来，除非非缔约方能够提供实质符合公约要求的类似文件。[296]由于CITES包含欧盟在内的182个缔约方，反对的成员进行贸易的可能性可能会受到严重的制约。[297]

近年来，越来越多的海洋物种被列入CITES，包括鲟鱼、鲨鱼、鳐鱼、鲸鱼、海豚、海豹、海龟、海螺、海马和珊瑚。[298]其中许多物种都备受争议：有人质疑将这些物种列入公约的科学依据，有人担忧CITES与其他有权规范渔业活动的国际机构之间的关系。但是，正如学者杨（Young）的观点，CITES可以发挥补充作用，即辅助其他渔业机构，共同对过度捕捞采取一致的应对措施。[299]事实上，CITES本身就很提倡此类合作，要求秘书处"与具有［海洋物种］管制职能的政府间组织进行协商，以获得这些组织可能提供的科学数据，并与这些组织执行的任何养护措施进行协调"。[300]为了完成这项任务，CITES缔约方会议已与FAO达成协议：在特设专家顾问团评估是否应将水生生物列入CITES时，FAO应定期与CITES缔约方会议进行磋商。[301]尽管最终仍由CITES缔约方会议来确定物种名单，但这项协议可确保CITES

293　CITES COP Resolution 9.24 (rev. COP16) (1994).

294　参见日本、冰岛、挪威、帕劳，以及圣文森特和格林纳丁斯作出的与多种鲸类有关的保留。另参见印度尼西亚、日本、挪威、韩国和帕劳作出的与多种海马有关的保留。

295　CITES, Article 15(3).

296　Ibid, Article 10.

297　然而，正如谷吉斯伯格（Guggisberg）所指出的，就公海捕捞供国内消费而言，一项保留将使这项活动合法化：*The Use CITES for Commercially-Exploited Fish Species*（Springer 2016）386。

298　参见 C Wold, 'Natural Resources Management and Conservation：Trade in Endangered Species' (2002) 13 *YIEL* 389。

299　M Young, *Saving Fish, Trading Fish* (CUP 2013) 146–154.

300　CITES, Article XV(2)(b).

301　参见 <http://www.fao.org/fishery/topic/16340/en>。

缔约方会议在列名过程中考虑渔业专家的意见。[302]不仅如此，在保护鲸类动物方面，CITES还与IWC保持着密切合作，不仅在政策上与IWC保持一致，还鼓励缔约方遵守《国际捕鲸管制公约》的规定。[303]但其与RFMO的此类合作仍有较大空间。例如，邀请RFMO对附录二中的物种进行无损害调查，[304]将CITES项下的认证计划与RFMO制定的捕捞文件联系起来，[305]但由于有人反对将商业鱼种列入清单，所以目前尚未采取这些措施。[306]尽管人们对CITES是否能够弥补RFMO的覆盖范围持有怀疑态度，但其确实能够支持此类组织为促进可持续捕捞而采取的各种措施。[307]事实上，现已发现，即使是威胁将一种物种列入CITES清单，有时也会促使相关的RFMO采取更为严格的行动。[308]

7.6　结论

206

《海洋法公约》有关渔业养护和管理的基本法律框架因其"规范性缺陷"而备受批评，[309]但其他法规已对该公约作出补充，这在很大程度上弥补了这些缺陷。因此，有关海洋物种保护的现代法律属于"跨领域的多面体系，其将海洋法与国际环境和经济法联系起来"，[310]本章所述的一系列文书均可说明这一点。

302　要求FAO同意的建议没有成功；参见Young (n 301) 169中的讨论。

303　参见CITES COP Resolution 11.4 (2000)。

304　谷吉斯伯格认为，"区域渔业管理组织在作出'非致危性判定'(non-detriment findings)的程序和合法性判定的过程中可发挥关键作用"(n299) 392。

305　Young (n301) 177.

306　参见L Little and MA Orellana, 'Can CITES Play a Role in Solving the Problems of IUU Fishing? The Trouble with Patagonian Toothfish' (2004) 16 *CJIELP* 21。

307　参见Guggisberg (n299) 382；Proelss and Houghton (n27) 249；ACJ Vincent et al, 'The Role of CITES in the Conservation of Marine Fishes Subject to International Trade' (2014) 15 *Fish & Fisheries* 563。

308　Guggisberg (n299) 387；JP Heffernan, 'Dealing with Mediterranean Bluefin Tuna: A Study in International Environmental Management' (2014) 50 *MP* 81, 86.

309　RR Churchill, 'Fisheries and Their Impact on the Marine Environment: UNCLOS and Beyond', in MC Ribeiro (ed.), *30 Years after the Signature of the United Nations Convention on the Law of the Sea: The Protection of the Environment and the Future of the Law of the Sea* (Coimbra Editora 2014) 31；Barnes (n24).

310　Proelss and Houghton (n27) 230.

毫无疑问，现代国际渔业法在发展过程中承认国际环境法的一般原则，包括预防性方法和生态系统方法。这些原则在全球议定的众多文书中得到重申。有证据表明，这些原则正被纳入RFMO的组成文书和捕鱼国的国家法律。更大的挑战在于落实这些原则。

各国在应对养护和管理跨境、高度洄游、跨界和个别公海鱼群及相关鱼类和依赖物种的挑战时，主要采取区域或次区域措施。自《海洋法公约》和《鱼类种群协定》生效以来，RFMO网络已得到完善，尽管目前仍然存在一些差距，[311]且需要进一步合作以填补差距。虽然RFMO已在全球范围内采取措施，但有效的公海渔业养护与管理仍将面临若干挑战。

为应对捕鱼活动造成的环境影响而强化法律制度无疑取得了部分进展，[312]但首要挑战依然是确保RFMO能够真正采取预防性方法和生态系统方法。如果各国想在捕鱼过程中不削弱更加广泛的生态服务系统，则应首先了解更多有关渔业和鱼类生存环境的信息。因此，生态系统监控策略至关重要，[313]可与同区域内的其他机构，例如区域海洋机构，进行有益合作。[314]将这些信息用于渔业管理也很重要。历史证明，RFMO在制定管理措施时往往没有采纳科学建议，这是一个亟待解决的问题。为确保这些信息得到最佳利用，在这方面对RFMO的业绩进行某种形式的外部监督是非常可取的。然而，RFMO属于自治机构，所以这样的改革并不容易。目前主要通过自愿审查来加强监督，且已取得部分进展，[315]但有人认为，需要做出更多的努力以保障对RFMO业绩进行"持续监督和定期审查"。[316]RFMO之间应加强交流，以分享各自采取的最佳措施。在不触及渔业分配敏感问题的前提下，这种有

311　参见Oslo Declaration Concerning the Prevention of Unregulated High Seas Fishing in the Central Arctic Ocean, 16 July 2015。更多论证参见EJ Molenaar, 'International Regulation of Central Arctic Ocean Fisheries', in M Nordquist et al (eds), *Challenges of the Changing Arctic. Continental Shelf, Navigation, and Fisheries* (Brill 2016) 429–463；Y Takei, *Filling Regulatory Gaps in High Seas Fisheries* (Brill 2008) 245–257。

312　参见Edeson (n94) 6165。

313　参见Vierros et al (n161) 134。

314　参见第10章。

315　对绩效评估的评论，参见EJ Molenaar, 'Addressing Regulatory Gaps in High Seas Fisheries' (2005) 20 *IJMCL* 533, 551–556。

316　Lodge and Nandan (n83) 373. 另参见Report of the Reconvened United Nations Fish Stocks Agreement Review Conference (2016), Annex, Section B, para. 2。

关养护与管理措施的分享交流尤为有效。[317]联合国大会审查保护脆弱海洋生态系统的区域行动的过程表明，对保护海洋环境具有广泛兴趣的国际机构可以对RFMO施加政治压力，要求这些组织在决策时考虑到环境因素。这种互动可为定期对渔业养护与管理进行集中监督提供一个范式。

公海渔业养护面临的第二个关键挑战是执法问题。尽管目前各国均已基本实施了RFMO的措施，但由于船旗国在公海上对船舶的专属管辖权，持续为IUU捕捞船只提供庇护。有些船舶为了逃避执法而换用不同的旗帜，这种更换船旗的现象更是加剧了"搭便车"问题。为此目的，FAO颁布的《遵守协定》（FAO Compliance Agreement）并不像它所希望的那样成功，为控制这一问题而建立的全球渔船记录亦未取得进展。但FAO为强化船旗国的职能，拟定了《船旗国效能自愿性指导方针》（Voluntary Guidelines for Flag State Performance），该方针虽然没有约束力，但其"以相关国际法规则为基础"，[318]旨在对各国应采取何种措施履行《联合国海洋法公约》及其他具有约束力法规中的勤勉义务提供指导。此外，该方针还鼓励船旗国对各自的业绩进行定期评估。[319]虽然《船旗国效能自愿性指导方针》这一备选方案只可能吸引那些具有良好记录的国家，但其建议各国建立自我评估的国际机制。[320]同时，FAO可能会根据国际海事组织的执行计划制订类似的审查方案。[321]如果方案足够透明，[322]这一进展将具有积极影响，因为方案不仅强调了船旗国的良好行为，也突出了船旗国有待改进的方面。[323]

除了加强船旗国的作用外，港口国监督和贸易认证计划也显示出应对IUU捕捞的前景。虽然RFMO自身能做的有限，但它们再次在这方面走在了前列。如果能够实现广泛参与，《港口国措施协定》的生效可能有助于激发各国对该问题的全球响应。或者，RFMO之间可通过更好的合作来解决这一问题，且此类组织已对此采取了一定措施。例如，由金枪鱼RFMO制定被禁

208

---

317 Stokke (n124) 345–348.

318 Flag State Guidelines, para. 1.

319 Ibid, para. 44.

320 Ibid, para. 45(d).

321 参见第6章。

322 参见第6章国际海事组织相关机制。

323 准则本身鼓励船旗国"公开［自我评估］的结果"；Flag State Guidelines, para. 45(b)。

船只的协调清单。[324]还可通过区域组织或全球环境条约机构等其他国际机构来支持RFMO所采取的各项措施。有人指出，我们最终不仅要建立适当的规章制度，还要针对捕捞量和补贴制定相关的国际规则，以应对过度捕捞的经济动机。[325]但这可能需要WTO等国际经济组织的参与。[326]

　　理论上，国家管辖范围内的渔业管理是一个相对简单的问题，因为沿海国对其领海和专属经济区内的所有捕捞活动都有主权权利，并可对此类活动采取强制措施。实践中则面临巨大的挑战，由于鱼群经常在国家管辖范围内外来回游动，所以各国需要采取某种形式的合作。此外，由于缺乏经济和技术能力，许多发展中国家难以在其管辖范围内执行渔业法律与法规。[327]解决这一问题需要开展国际合作和建立强有力的全球制度框架来保证遵约。虽然各种法规文书都强调向发展中国家提供更多的技术支持和经济援助，但若要取得实际进展，就必须付诸行动。

324　参见 <http://www.tuna-org.org/vesselneg.htm>。

325　特别地，参见 Hey (n148) 211–213。

326　参见 WTO, Doha Ministerial Declaration, Document WT/MIN(01)/DEC/1 (2001), para. 28。

327　参见 G Hosch et al, 'The 1995 FAO Code of Conduct for Responsible Fisheries: Adopting, Implementing or Scoring Results?' (2011) 35 *MP* 189–200。

8 国家管辖范围内外海底活动的环境规制

8.1 引言

现代科技加快了人类对海洋的利用，尤其是对海床及其资源的利用。正 209
如一位学者所言："新的技术手段，例如固定以及移动技术，为当代以及未
来的海洋开发利用开辟了一个全新的前景。"[1]大陆架海床为经济活动提供了
诸多机会，如矿物开采和能源生产等。然而，对海床的利用可能会对海洋中
一些富饶而又脆弱的海洋生态系统造成严重影响。

海底开发活动始于第二次世界大战以后。在当时，大规模的海上石油和
天然气钻探初步具备了技术可行性。如今，全世界消耗的石油总量的近三分
之一来自大陆架，[2]而且不断有新的油田被勘探发现。然而，随着石油和天然
气的开采延伸到更深或更远的海域，对离岸活动所造成的环境影响的担忧也
在不断增加。[3]一些活动团体反对将石油和天然气的勘探和开发活动进一步扩
展到生态系统比较脆弱且相对原始的环境中去，例如北极；[4]它们还列举了过
去发生的种种负面事件，如1979年的"伊克斯托克1号"（Ixtoc I）油井井
喷事件和2010年的"深水地平线"（Deepwater Horizon）平台泄漏事件，以
此来呼吁加强对石油和天然气行业的监管。[5]然而，除了上述灾难性事故对海
洋环境造成了破坏，与离岸工业活动相关的常规操作也会给海洋带来环境风

1　DM Johnston, 'The Environmental Law of the Sea: Historical Development', in DM Johnston (ed.), *The Environmental Law of the Sea* (IUCN 1981) 37.

2　J Rochette, *Towards an International Regulation of Offshore Oil Exploitation*, IDDRI Working Paper No. 15, (2012) 5. 另参见 Global Ocean Commission, *From Decline to Recovery—A Rescue Package for the Global Ocean*, Summary Report (2014) 35。

3　Rochette (n2) 5.

4　参见 <http://www.greenpeace.org/international/en/campaigns/climate-change/arctic- impacts/The-dangers-of-Arctic-oil>。

5　参见 <http://www.foe.org/news/archives/2013-05-bp-greenwashes-as-climate-dangers- grow>。

险。例如，钻探过程中会广泛使用化学品和产生其他污染物质。此外，钻井也会产生废弃的切割物和采油废水，如果管理不当，上述产物就会对周围的海洋环境造成污染。[6]

石油和天然气钻探只是人类在海底进行的诸多活动之一。此外，人们还在海底开挖沙子和砾石等材料并将其用于陆地建筑或沿海地区的填海造地。[7]与此同时，人们还发现海底藏有宝贵的矿产资源，例如，南非和纳米比亚沿海水域已经开采出了钻石，以及人们甚至还在深海平原和大洋中脊深处发现了宝贵的金属资源。[8]基于此，人们认为很多沿海国家的管辖范围内外都可以发现海底矿物集聚区。然而，对矿产资源的开采不可避免地会对广泛的海洋环境构成实质性的威胁。影响和干扰不仅来自对海底生境的直接破坏，也来自沉积物羽流、噪声和光线的污染等。在某些深度的海洋区域，人类活动给海洋环境带来的风险可能会更大，因为那里的生态系统具有高压、黑暗和低温的特点，而且区域性物种的生长速度慢且繁殖能力低。脆弱海洋生态系统应被给予特别关注，包括海山、热液喷口和冷水珊瑚等。人类活动对此类生态系统的重大破坏可能是不可逆转的。

除资源开采以外，海底设施还被用于其他目的。其中，发展最快的活动领域是海洋可再生能源领域，它涉及结构、平台和装置在海洋中的放置，以便从波浪、潮汐或风力能源中生成电能。[9]虽然这些设施在减少温室气体排放方面有一定的环境效益，但其建设和运行仍然会造成一定的环境影响。目前，可再生能源基础设施所造成的确切影响在很大程度上仍有不确定性，但有人指出，"此类基础设施潜在的影响包括噪声源对生物的吸引、回避、暂

6　参见 A de Mestrel, 'The Prevention of Pollution of the Marine Environment Arising from Offshore Mining and Drilling' (1979) 20 *HILJ* 469, 474–475；P Harris et al, 'Chapter 21: Offshore Hydrocarbon Industries', in *Global Ocean Assessment* (United Nations 2016) 10–13。

7　参见 The Economist, 'Asia's Mania for "Reclaiming" Land from the Sea Spawns Mounting Problems', 28 February 2015：<http://www.economist.com/news/asia/21645221–asias–mania–reclaiming–land––sea–spawns–mounting–problems–such–quantities–sand>。

8　参见 PA Rona, 'The Changing Vision of Marine Minerals' (2008) 33 *OGR* 618。

9　相关技术概述参见 D Leary and M Esteban, 'Climate Change and Renewable Energy from the Ocean and Tides: Calming the Sea of Regulatory Uncertainty' (1009) 24 *IJMCL* 617–651。另参见 GW Boehlert and AB Gill, 'Environmental and Ecological Effects of Ocean Renewable Energy Development: A Current Synthesis' (2010) 23 *Oceanography* 68–81。

时性听觉损伤和永久性物理伤害"。[10]从更广泛的角度来看，此类开发活动还可能影响海洋物种，使其离开产卵或觅食地，并增加其碰撞或被缠绕的风险。[11]

本章将讨论沿海国家管辖范围内外的海底活动的规制。首先讨论在国家管辖范围内规制海底活动的相关法律框架。在这一海域内，沿海国作为拥有规制权的主要行为体发挥着核心作用。然而，为了确保沿海国采取足够的行动来保护海洋环境，区域和全球规则业已形成。基于此，本章将关注可以适用的主要条约和其他文书。由于迄今为止石油和天然气行业引发了最多的关注，因此本章将特别关注涉及石油和天然气行业的规则和标准的制定。其次，本章将对国家管辖范围以外的海底活动的规制进行讨论。国际海底被公认为全人类的共同财产，这意味着该领域的监管建立在一个集中的监管框架之上，该框架赋予一个代表整个国际社会行事的全球性机构以重要的立法和执法权力。因此，国际社会出现了一个精细化的、旨在寻求深海海底矿产资源开发机会与国家管辖范围以外的海洋环境的保护需求之间平衡的法律制度。

8.2 沿海国关于海底活动和设施的权利与义务

8.2.1 沿海国对海床的权利与义务的延伸

《海洋法公约》在巩固和扩大沿海国对其领土附属的海床和水域的专属权利方面发挥着重要作用。在该公约谈判之时，沿海国对大陆架上资源享有专属权利已经是国际习惯法的一部分。[12]《海洋法公约》还规定，沿海国对

---

10 J Newwell and D Howell, *A Review of Offshore Wind Farm Related Underwater Noise Sources*, Report No. 544 R 0308, (2004) ii. 另参见 Report of the Expert Workshop on Underwater Noise and its Impact on Marine and Coastal Biodiversity, Document UNEP/ CBD/MCB/EM/2014/1/2 (2014).

11 参见 Marine Scotland, 'Strategic Assessment of Collision Risk of Scottish Offshore Windfarms to Migrating Birds' (2014) 5 *Scottish Marine and Freshwater Science* 12; Marine Scotland, *Population Consequences of Displacement from Proposed Offshore Wind Energy Development for Seabirds Breeding at Scottish SPAs*, Final Report (2014); Natural Environment Research Council, *Wave and Tidal Consenting Position Paper Series: Marine Mammal Impacts* (2013).

12 *North Sea Continental Shelf Cases* (1969) 3.

从领海基线起200海里内的海底和生物及非生物资源的开发享有主权权利。[13]
《海洋法公约》所赋予的权力允许沿海国对近海活动进行管理，包括开发各
种形式的海底资源以及"在该区内从事经济性开发，如利用海水、海流和风
力发电等其他活动"。[14]在200海里之外，沿海国对海底资源的主权权利可以
延伸到大陆边外缘，而《海洋法公约》为划定沿海国管辖权的确切界限规定
了复杂的程序。[15]

212   在分配资源权利的同时，国际法还规定了沿海国要以尊重海洋环境的方
式管理这些资源。《海洋法公约》第194条要求采取的：

> 措施……应包括旨在在最大可能范围内尽量减少下列污染的措
> 施……来自在用于勘探或开发海床和底土的自然资源的设施装置的污染，
> 特别是为了防止意外事件和处理紧急情况，促请海上操作安全，以及规
> 定这些设施或装置的设计、建造、装备、操作和人员配备的措施。[16]

《海洋法公约》第208条进一步发展了上述义务，即沿海国有义务"制
定法律和规章，以防止、减少和控制来自受其管辖的海底活动或与此种活动
有关的对海洋环境的污染以及来自……在其管辖下的人工岛屿、设施和结
构对海洋环境的污染"。[17]《海洋法公约》并没有明确定义海底活动，但此类
义务范围的广泛性意味着可以动态地对公约进行解释，以便涵盖出现的对海
底的新用途，此类义务涵盖的活动当然也包括石油和天然气钻探、海底采矿
以及可再生能源装置或结构的建设与运营等。事实上，第208条在起草过程
中还进行了修订，它不仅适用于海底活动本身，也适用于"与海底活动有关
的"污染。[18]这一措辞扩大了沿海国的权利和义务，同时也涵盖了其他相关

---

13   UNCLOS, Article 56(1)(a).

14   Ibid, Article 56(1)(a).

15   Ibid, Article 76(1).关于划定200海里以外外大陆架的进程参见 B Magnusson, *The Continental Shelf beyond 200 Nautical Miles: Delineation, Delimitation and Dispute Settlement* (Brill 2015)。

16   UNCLOS, Article 194(3)(c). 另参见 Article 194(3)(d)，该条款呼吁对在海洋环境内操作的其他设施和装置的污染采取类似措施。

17   Ibid, Article 208(1).

18   参见 M Nordquist et al (eds), *United Nations Convention on the Law of the Sea 1982: A Commentary—Vol. IV* (Martinus Nijhoff 1991) 143。

活动，如等待加工处理和装运的资源的储存。

对海底活动进行规制是一项勤勉义务，它要求各国对其管辖范围内的海底活动进行监督、管理和控制。《海洋法公约》明确规定，必须"在最大可能范围内尽量"减少此类活动的污染，[19] 尽管关于勤勉义务的确切要求将取决于活动性质及其对海洋环境的潜在影响，以及沿海各国的能力。为了遵守勤勉义务的规定，沿海国必须至少建立一个规管框架，对可能有害的海底活动进行事先审批，并允许沿海国制定相应的要求以确保对海洋环境的损害降到最低。就《海洋法公约》第206条而言，大多数海底活动也符合"计划中的活动"的标准，因此，这就要求沿海国"在实际可行的范围内"对"这种活动对海洋环境的可能影响"作出评估。在这方面，环境影响评估不仅要考虑污染自身带来的影响，还要考虑对海洋物种和生境的其他影响，如对海床的物理伤害或对重要物种产卵地、繁殖地或觅食地的干扰等。环境影响评估过程中所收集的信息将有助于沿海国制定适当的监管对策，并采取适当的缓解措施。

在生态系统稀有和脆弱的地方，沿海国的义务要求可能会更加严格。对此，《海洋法公约》要求各国采取特别措施来保护这种生境，[20] 这一义务在保护海底生物群落方面尤为重要。对于特别脆弱的海底群落，这一要求可能需要划定海洋保护区，从而禁止或最大限度上限制人类的海底活动。然而，沿海国遵守上述义务要求首先需要确定其所辖水域内的相关海洋生态系统。对此，在区域和全球层面缔结的保护生物多样性的条约可以帮助沿海国家确定拟考虑的因素或需要保护的特定物种或生境。[21] 然而，这项任务需要大量资源支持，尤其对发展中国家而言，要想实现高水平的环境保护就需要大量的财政和技术援助。

鉴于诸多新型海底活动如海底采矿或可再生能源发电等对环境造成的影响具有不确定性，履行勤勉义务需要沿海各国采取预防性方法。[22] 虽然一个国家可以援引预防性方法原则来证明禁止某项活动是合理的，但如果能够证明该活动不会对环境造成重大损害，采取预防性方法并不必然要求某个国家

213

---

19 UNCLOS, Article 194(3)(c).

20 UNCLOS, Article 194(5).

21 参见第3章。

22 参见 World Bank, *Precautionary Management of Deep Sea Mining Potential in Pacific Island Countries* (2016)。

必须禁止某项活动。[23] 目前，一种更为温和的预防性方法已表明，沿海国可以暂时先批准一些小规模的活动，并不断审查这些活动的影响，以便进一步收集信息并采取相应措施来尽量减少其所造成的任何损害。国际海洋法法庭在各国履行《海洋法公约》义务的情况下也强调了"严格且持续监测"大陆架活动的重要性。[24] 如果在监测过程中发现任何未预见的影响，沿海国需要基于其勤勉义务来采取额外的规管措施。这种规管技术被称为"调查、部署和监测政策"，旨在"使那些潜在影响不明确的新技术能够随时间以一种降低其不确定性的方式进行部署，同时使其活动水平与风险等级相对应"。[25] 据此，如果规管机构在监测过程中发现某活动存在重大的环境影响，监管者可以行使修改或撤销活动许可证的权利。这种规管技术可适用于诸多海底活动，尤其是针对新技术的监管，因为其与海洋环境的相互作用难以预测。例如，吉莱斯皮（Gillespie）认为，针对来自海底设施的海洋噪声采取预防性方法规管可能需要实施一些临时性管理措施，包括部署监测和观察员以确定特定活动是否会产生实质性有害影响。他的结论是"在某些区域，如果噪声可能会对栖息在海洋环境中的动物产生重大影响，则应消除噪声源或暂停此类活动"。[26]

8.2.2　区域性与全球性规则的协调

就海底活动而言，沿海国的义务范围可能会受到全球性或区域性规则或标准的影响。《海洋法公约》明确鼓励各国"尽力在适当的区域一级协调其在这方面的政策"，[27] 并对此"制订全球性和区域性规则、标准和建议的办法及程序"。[28] 此外，各国应确保其国内法的效力"不低于"上述规则、标准和建议本身的效力。[29] 这一参照适用规则的运作方式似乎与关于防止船舶和倾倒物造成污染的条款中的参照适用规则类似，上述参照适用规则也要求制

23　在深海海底采矿方面，世界银行建议，"需要采取健全的预防办法，不排除'不开发'的选项……"，Ibid, 11。

24　*Dispute Concerning Delimitation of the Maritime Boundary between Ghana and Cote d'Ivoire in the Atlantic Ocean* (2015) dispositif, para. 1(c).

25　参见 Scottish Government, *Survey, Deploy and Monitor Licensing Policy Guidance* (2016).

26　A Gillespie, 'The Precautionary Approach in the Twenty-First Century: A Case Study of Noise Pollution in the Ocean' (2007) 22 *IJMCL* 61, 85.

27　UNCLOS, Article 208(4).

28　Ibid, Article 208(5).

29　Ibid, Article 208(3). 另参见 Ibid, Article 214。

定一个所有国家都必须遵守的国际最低标准。[30]鉴于此，该做法被誉为具有"重大实践意义"。[31]然而，与在其他情况下引入国际最低标准的参照适用规则相比，该运作模式还存在一些关键的不同之处。

首先，不存在一个国际机构负责对离岸活动进行监管。《海洋法公约》以复数形式提到了"主管国际组织"，从而相当于承认了不同机构都有可能处理这一问题。由于该条款可能涉及的活动具有多样性，因此主管监管机构的范围也理所当然地具有一定的广泛性。事实上，我们可以预期不同的国际机构针对不同的海洋活动（如石油和天然气、海底采矿以及海上能源生产等）制定了不同的规则或标准。

其次，参照适用规则不仅针对规则和标准，也针对"建议的办法及程序"。换言之，可参照适用的规则既包括有约束力的规范，也包括不具有约束力的规范。一些作者认为，"对［这一条款］的有效解释可以得出的结论是，建议性的做法可以被转化为对缔约方有约束力的规则"。[32]然而，对于上述观点，我们必须慎重考虑，且它在一定程度上还将取决于该条款的起草情况。如果某条款起草时就赋予沿海国广泛的自由裁量权，即便它在此后以参照适用规则的方式被纳入《海洋法公约》框架，该条款仍会继续允许沿海国行使这种自由裁量权。

再次，《海洋法公约》第208条第3款提到的是"国际"规范，而不是海洋航运背景下"普遍接受"的规范或倾废背景下"全球性"的规范。这也是这一参照适用规则与其他此类规则相比最重要的区别之一，并且它进一步引出了何种规范属于参照适用规则的范畴这一问题。该表述易被解释为覆盖了在全球层面被相关国际组织审议通过的文书。然而，"国际"规范还可能包括区域性的规则、标准和建议的办法及程序等。同时，区域性标准要想成为"国际"标准，其必须能在某些地区得到推广。这是在海底活动背景下对参照适用规则的重要理解，因为具体规则、标准和建议的办法及程序的制定主

---

30 参见第5章和第6章。

31 A Yankov, 'The Significance of the 1982 Convention on the Law of the Sea for the Protection of the Marine Environment and the Promotion of Marine Science and Technology —Third Committee Issues', in BH Oxman and AW Koers (eds), *The 1982 Convention on the Law of the Sea* (Law of the Sea Institute 1984) 77.

32 W Van Reenan, 'Rules of Reference in the New Convention on the Law of the Sea' (1981) 12 *NYIL* 3, 17.

要是由区域性机构来参与完成的。下一节将通过对与石油和天然气开发有关的区域监管案例进行研究，进一步阐述区域性立法之间是如何相互促进的。此种区域间的相互促进使得我们能够探讨在区域层面出现的属于第208条第3款参照适用规则范围内的"国际规则、标准和建议的办法及程序"。

8.3 与石油和天然气开发有关的国际规则、标准和建议的办法及程序的制定

8.3.1 全球性机构的立法工作

在制定保护海洋环境免受海底活动影响的国际法律框架时，碳氢化合物的开采一直是各国最为关注的活动。在《海洋法公约》谈判之时，人们就认识到有必要针对上述问题制定相关的规则和标准，尽管在很久之后才制定出更为精细化的法律框架。

联合国环境规划署在20世纪70年代首次尝试起草与近海石油和天然气开发相关的国际标准。当时，该机构被要求为各国编写指导方针，以说明应采取哪些措施来履行保护和维护海洋环境的义务，当时这些义务正在第三次联合国海洋法会议上进行讨论。该指导方针由环境法专家工作组编写，并由联合国环境规划署理事会于1982年通过批准。该指导方针也得到了联合国大会的认可，联大建议"各国政府在制定国家法律或为缔结关于防止在国家管辖范围内的近海采矿和钻探对海洋环境造成污染的国际协定进行谈判时考虑结论中所载准则"。[33]鉴于此，该准则可被视作为达到第208条的目的而建议的相关办法及程序。然而，这些准则对制定超出《海洋法公约》范围的法律框架的贡献有限，因为它们只是重复了《海洋法公约》中的诸多一般性义务，例如要求审批石油和天然气开发作业、事先进行环境影响评估、监测石油和天然气开发作业的影响，以及制订应急计划等。[34]

1992年的里约环境与发展大会承认了相关法律框架存在的差距，并敦促各国：

33　UNGA Resolution 37/217 (1982) para. 6(b).

34　详细参见 Z Gao, *Environmental Regulation of Oil and Gas* (Kluwer Law International 1998) 113–115。

　　各国应该酌情单独、双边或多边地，以及在海事组织和其他有关的分区域、区域或全球性国际组织的范围内，评估处理海洋环境退化所需的进一步措施……关于近海石油和天然气平台，评估关于倾弃、排放和安全的现行管制措施以及评估进一步措施的必要性。[35]

　　但是，在执行这项任务中取得的进展有限。1990年《国际油污防备、反应和合作公约》要求各国确保其管辖范围内的平台在发生溢漏或其他事件时应当具备一个业已批准的应急计划，[36]这与适用于船舶的义务相一致。[37]国际海事组织通过的其他文书也延伸涵盖了石油和天然气设施，包括建筑和设备标准[38]以及与机舱泄水系统、[39]污水、[40]和废物[41]有关的排放标准。这些文书都属于《海洋法公约》第208条规定的国际规则和标准。因此，它们将以参照适用规则的方式被纳入《海洋法公约》框架。然而，目前国际海事组织业已通过的文书并未涵盖油气钻探的所有方面。事实上，MARPOL公约明确排除了任何"由于对海底矿物资源的勘探、开发及与之相关联的近海加工处理所直接引发的有害物质的排放"，[42]而国际海事组织则被认为没有职权管理上述作业造成的污染。[43]此外，国际海事组织似乎也不是解决这一问题的最佳机构，因为钻探石油和天然气所引起的污染问题与航行中的船

217

35　Agenda 21 (1992) para. 17.30(c).

36　参见1990 International Convention on Oil Pollution Preparedness, Response and Cooperation (OPRC Convention) (EIF 13 May 1995), Article 3(2)。

37　参见第6章。

38　国际海事组织通过了《移动式海上钻井装置建造和设备守则》；IMO Assembly Resolution A. 1023(26)(2009) replacing IMO Assembly resolution A.414(XI) (1979)。

39　参见MARPOL Annex I第21条的统一解释，将离岸加工排水、生产废水排放和排水量排除在附件一的范围之外；另参见 Guidelines for the Application of the Revised MARPOL Annex I Requirements to Floating Production, Storage and Offloading Facilities and Floating Storage Units, MEPC Resolution MEPC.139(53) (2005)。

40　MARPOL附件四适用于"从事国际航行的船舶"，即可能适用于一些但非全部海上设施。

41　MARPOL附件五条例5，禁止从固定或浮动平台排放任何垃圾，但某些形式的食物垃圾除外。

42　MARPOL Convention, Article 2(3)(b)(ii).

43　参见C Brown, 'International Environmental Law in the Regulation of Offshore Installations and Seabed Activities: The Case for a South Pacific Regional Protocol' (1998) 17 AM&PLJ 109, 122。

舶所引起的污染问题存在巨大差异。[44] 而目前的症结在于没有其他的全球性机构可以处理上述问题，且在制定预防和管制海底活动污染的协定方面也存在"全球惰性"。[45]

8.3.2　区域性机构的立法工作

如上所述，全球性文书在该领域存在空白。为了填补这一空白，一些区域性海洋机构已经介入其中。《海洋法公约》第208条明确认可了对海底活动进行监管的区域性方法措施，这可能是因为区域内各国间的政治关系更加密切，共同利益更多，它们在区域层面制定的石油和天然气监管规则会更加富有成效。

大多数区域性海洋公约都包含了有关海底活动监管的一般性规定。例如，《保护南太平洋区域自然资源和环境公约》(Convention for the Protection of the Natural Resources and the Environment of the South Pacific Region) 第8条规定"各缔约方应采取一切适当措施以防止、减少和控制公约地区因勘探和开发海床及其底土而直接或间接受到的污染"。此规定相对宽泛，它可以被适用于一系列海底活动，包括但不限于石油和天然气开发。在适用于波罗的海、[46] 东北大西洋、[47] 地中海、[48] 波斯湾、[49] 红海和亚丁湾、[50] 西非和中非海

44　这可能是海事组织秘书处采取的立场，参见 The Working Paper cited by JA Roach, 'International Standards for Offshore Drilling', in MH Nordquist, JN Moore, A Chirhop, and R Long (eds), *The Regulation of Continental Shelf Development* (Martinus Nijhoff 2013) 115。另参见 Y Lyons, 'Transboundary Pollution from Offshore Oil and Gas Activities in the Seas of Southeast Asia', in R Warner and S Marsden (eds), *Transboundary Environmental Governance: Inland, Coastal and Marine Perspectives* (Ashgate 2012) 181。

45　Ibid, 204.

46　参见 1992 Convention on the Protection of the Marine Environment of the Baltic Sea (Helsinki Convention) (EIF 17 January 2000), Article 12(1)。

47　参见 1992 Convention for the Protection of the Marine Environment of the North-East Atlantic (OSPAR Convention) (EIF 25 March 1998), Article 5。《保护东北大西洋海洋环境公约》不同寻常之处在于其要求采取行动防止"近海活动"造成的污染，"近海活动"被界定为"勘探、评估或开采液态和气态碳氢化合物的目的"的活动。换言之，这项规定只适用于石油和天然气开采活动，而不适用于其他形式的海底活动。

48　参见 1995 Convention for the Protection of the Marine Environment and the Coastal Region of the Mediterranean (Barcelona Convention) (EIF 9 July 2004) Article 7。该公约于1995年进行了修正，并增加了"并尽可能消除"一语，将其与早先通过的其他区域海洋条约区分开来。

49　参见 1978 Regional Convention for Cooperation on the Protection of the Marine Environment from Pollution (Kuwait Convention) (EIF 1 July 1979) Article VII。

50　参见 1982 Regional Convention for the Conservation of the Red Sea and Gulf of Aden Environment (EIF 20 August 1985) Article VII。

岸、[51]加勒比海、[52]西印度洋[53]的区域性海洋公约中也有类似规定。这类公约本身只是复述了《海洋法公约》中已有的一般性原则和规则。[54]同时，它们也为区域性海洋机构的进一步行动提供了法律基础。为了进一步构建与石油和天然气活动有关的区域性规则，区域性海洋机构常采取两种做法：一是在区域性框架条约的附件中列入详细的规则和标准；二是针对这一主题开展谈判并制定单独的议定书。

　　东北大西洋的制度可能成为上述第一种做法落地实施的最佳案例。《保护东北大西洋海洋环境公约》的附件三涵盖了与预防和消除近海污染源有关的实质性规则，且该附件是公约的一个组成部分，[55]因而对所有缔约方都具有约束力。[56]该附件要求对近海污染源的所有排放进行监管。[57]在这方面，公约规定了缔约方应当履行采用BAT和BEP[58]的义务，这反映了公约关于陆源海洋污染的规定。[59]援引此类动态标准意味着随着技术本身在防治污染方面变得更加成熟且有效，相应的要求也将与时俱进。事实上，BAT标准能激励商事主体"发明和应用对他们来说更廉价的技术，只要它们相当于甚至优于BAT"。[60]

　　为补充附件中的具体规则，《保护东北大西洋海洋环境公约》委员会还审议通过了大量决议、建议以及协议等，以赋予与东北大西洋地区海上活动有关的一般性义务更多实质性内容。对此，《保护东北大西洋海洋环境公约》

51　参见1981 Convention for Cooperation in the Protection, Management and Development of the Marine and Coastal Environment of the Atlantic Coast of the West, Central and Southern Africa Region (Abidjan Convention) (EIF 5 August 1984) Article 8。

52　参见1983 Convention for the Protection of the Marine Environment of the Wider Caribbean Region (Cartagena Convention) (EIF 11 October 1986) Article 8。

53　参见2010 Convention for the Protection, Management and Development of the Marine and Coastal Environment of the Western Indian Ocean (Amended Nairobi Convention) (尚未生效) Article 8。

54　参见Brown (n43) 130："《南太平洋区域环境规划公约》（SPREP Convention）对各国在近海设施和海底活动污染方面的一般义务并不比《海洋法公约》第208条的义务更能说明问题。"

55　OSPAR Convention, Article 14(1).

56　不得对《保护东北大西洋海洋环境公约》作出保留；参见Article 28。

57　OSPAR Annex III, Article 4(1).

58　OSPAR Annex III, Article 2.

59　参见第4章BAT和BEP的概念。

60　J Braithwaite and P Drahos, *Global Business Regulation* (CUP 2000) 269.

219　　缔约方已经通过了对石油和天然气活动的环境影响评估进行监测的建议,[61]
以及在近海工业中引入环境管理体系的议题。[62] 2010年墨西哥湾"深水地平
线"平台事件发生后,《保护东北大西洋海洋环境公约》委员会呼吁缔约方
特别重视对极端深度、极端压力或极端气候条件下的钻井活动进行监管。[63]
在监管海底活动方面,各国还必须特别重视公约缔约方所确定的需要特别
保护的海底物种和生境,[64]包括海鳃群落、[65]贻贝床、[66]海草床、[67]礁石、[68]珊瑚
群、[69]碳酸盐丘、[70]深海海绵群。[71]

　　《保护东北大西洋海洋环境公约》还更详细地论述了海上设施的运作,
包括对采出水[72]的处理和如何避免石油泄漏。[73]为了对钻井作业中使用的化学
品进行监管,《保护东北大西洋海洋环境公约》委员会还通过了一个详细的
框架,要求对所有化学品进行预先筛选,并根据其生物累积潜力、生物降解

61　OSPAR Guidelines 2004/11 (2004);另参见OSPAR Agreement 2006/7 on Harmonised Reporting
　　Format to Compile Environmental Monitoring Data and Information Related to Offshore Oil and Gas
　　Activities (2006)。

62　OSPAR Recommendation 2003/5 (2003).

63　参见OSPAR Recommendation 2010/18 on the Prevention of Significant Acute Oil Pollution from
　　Offshore Drilling Activities (2010)。

64　参见第3章。

65　OSPAR Recommendation 2010/11 (2010).

66　OSPAR Recommendation 2013/3 (2013).

67　OSPAR Recommendation 2012/4 (2012).

68　OSPAR Recommendation 2010/8 (2010); Recommendation 2013/2 (2013).

69　OSPAR Recommendation 2010/9 (2010).

70　ORPAR Recommendation 2014/10 (2014).

71　OSPAR Recommendation 2010/10 (2010).

72　OSPAR Recommendation 2001/1 for the Management of Produced Water from Offshore Installations
　　(2001),amended by OSPAR Recommendation 2006/4 and 2011/8;OSPAR Recommendation
　　2012/5 for a risk-based approach to the management of produced water discharges from offshore
　　installations (2012); OSPAR Guidelines 2012/7 in support of Recommendation 2012/5 (2012).

73　OSPAR Recommendation 2010/8 on the Prevention of Significant Acute Oil Pollution from Offshore
　　Drilling Activities (2010).

和急性毒性进行排序。[74]该制度也提倡替代原则，因此，作为许可程序的一部分，它可要求经营者用环境危害较小的物质来替代危害较大的物质。这样做的目的是在2017年1月1日前逐步禁止某些含有被确定为替代对象物质的海上化学品的排放。[75]只有在可以证明"出于技术或安全原因而导致无法替代"的情况下，才允许此类化学品的继续使用。[76]然而，根据预防性方法原则，如果在经营者申请许可时不存在相关的化学品的替代品，管理当局只能给予经营者有限时间内的临时许可，[77]同时还要寻找危害较小的替代品。[78]或者，管理当局可以允许使用某种化学品，但必须符合有关排放量的要求。[79]此外，在退役阶段拆除近海设施也受到《保护东北大西洋海洋环境公约》中与倾废有关的规则以及相关具体建议的约束。[80]

220

专门的近海工业委员会（Offshore Industry Committee）将负责对上述措施的执行情况进行监督。该委员会每年召开一次会议，会上审议各国的履约进展情况并解决执行中出现的问题。[81]近海工业委员会还负责实施《保护东北大西洋海洋环境公约》的近海石油和工业战略（OSPAR Offshore Oil and Gas Industry Strategy），该战略特别要求评估"现有方案和措施满足或将满足［战略］目标的程度……"，并在"必要时"修订现有措施或制定新的措施。[82]这一机制确保了监管框架的动态发展，并考虑到石油和天然气开采过

---

74 OSPAR Decision 2000/2 on a Harmonised Mandatory Control System for the Use and Reduction of the Discharge of Offshore Chemicals (2000) amended by Decision 2005/1; OSPAR Decision 2000/3 on the Use of Organic-Phase Drilling Fluids and the Discharge of OPF-Contaminated Cuttings (2000); OSPAR Recommendation 2005/2 on Environmental Goals for the Discharge by the Offshore Industry of Chemicals that Are, or Contain Added Substances, listed in the OSPAR 2004 List of Chemicals for Priority Action (2005); OSPAR Recommendation 2006/3 on Environmental Goals for the Discharge by the Offshore Industry of Chemicals that Are, or which Contain Substances Identified as Candidates for Substitution (2006); OSPAR Recommendation 2010/4 on a Harmonised Pre-Screening Scheme for Offshore Chemicals (2010).

75 参见 OSPAR Offshore Oil and Gas Industry Strategy (2010) para. 1.3(b)。

76 Ibid.

77 最多三年。

78 OSPAR Decision 2000/2 (2000) Appendix 1, para. 12.

79 Ibid, para. 9.

80 参见 OSPAR Decision 98/3.海洋倾废的更多信息详见第5章。

81 参见 <http://www.ospar.org/work-areas/oic>。

82 OSPAR Offshore Oil and Gas Industry Strategy (2010) para. 3.2(b)-(c).

程中出现的新风险和新挑战。《保护东北大西洋海洋环境公约》委员会的议事规则意味着该监管框架在制定时具有公开性和透明性，行业及民间的社会机构可以作为观察员参与审议。[83]同时，上述规则和标准还须遵守《保护东北大西洋海洋环境公约》规定的一般性遵约程序，因此该程序构成了对规则和标准的另一重审查。[84]

波罗的海地区也采取了类似的做法。《赫尔辛基公约》第12条对此做出了相对宽泛的规定：

> 每个缔约国应采取一切措施以防止因勘探或开发其海床及底土或在其上进行的任何相关活动而造成波罗的海地区的海洋环境的污染，并确保能够做好充分的准备对这些活动造成的污染事件立即采取应对措施［……］

《赫尔辛基公约》附件六规定了更确切的措施，包括采用BAT和BEP等的要求。[85]这些规定是条约的组成部分，因此，它们对《赫尔辛基公约》的所有缔约方都具有约束力。赫尔辛基委员会还审议通过了与近海产业监管相关的进一步行动建议。[86]

221　　其他地区则采取了另一种不同的方法和措施，区域性海洋机构通过谈判制定针对石油和天然气活动的单独议定书来应对海洋环境威胁。《科威特海洋环境保护地区合作公约》的缔约方于1989年率先就一项关于近海活动的区域性附加议定书进行谈判，以便为公约第7条规定的采取"适当措施"的义务赋予更多实质性内容。[87]《科威特议定书》于1990年2月17日

83　OSPAR Commission Rules of Procedure, OSPAR Agreement 13–02 (2013) Rule 23.

84　关于该公约监管机制的讨论，参见第4章。

85　Helsinki Convention, Annex VI, Regulation 2.

86　如HELCOM Recommendation 14/9: Removal of Abandoned and Disused Offshore United (1993)；HELCOM Recommendation 18/2: Restriction of Discharges and Monitoring for Exploration and Exploitation of the Sea-Bed and Its Subsoil (superseding Recommendation 9/5) (1997)；HELCOM Recommendation 19/7: Measures in order to Combat Pollution from Offshore Units (superseding Recommendation 10/10) (1998).

87　开发和保护巴林、伊朗、伊拉克、科威特、阿曼、卡塔尔、沙特阿拉伯和阿拉伯联合酋长国海洋环境和沿海地区的行动计划第24.1段呼吁制定关于特定活动的更详细的规则，包括打击勘探和开发大陆架、海底及其底土所造成的污染的规则，作为采取进一步行动的领域之一。

生效，且该公约的所有缔约方都已加入该议定书。[88]该议定书适用于"为勘探石油或天然气或为开发这些资源而使用的"近海设施，[89]以及包括"现时停泊并用于临时储存石油的任何油轮……以及处理、储存或再控制原油流动的任何平台"[90]和"通过管道向岸上运输原油的任何设施"在内的附带性活动所造成的污染。[91]值得注意的是，该议定书的内容还扩展涵盖了建立平台之前的地震勘探作业，[92]以及与海上设施相连的管道的选址和运行。[93]这说明该议定书对"海底活动"的定义采取广义解释。议定书重申各国有义务采取"一切适当的措施……以防止、减少和控制海上作业所造成的污染"，但又具体规定了缔约方必须遵守的特定规则或标准。

首先，缔约方在为其管辖范围内的近海活动颁发许可证之前必须进行环境影响评估。[94]对此，区域性组织发布了环境影响评估指南，[95]提供了通常需要进行环境影响评估的活动的指示性清单，并就评估和环境说明的范围提出了建议。然而，在如何进行环境影响评估以及是否批准某项活动方面，这些准则仍然给各国留下了很大的自由裁量权。

其次，议定书要求缔约方在对海上设施进行监管时要"考虑现有的和经济上可行的最佳技术"。[96]这一标准类似于《保护东北大西洋海洋环境公约》和《赫尔辛基公约》中的BAT标准。议定书还提到基于"良好的油田或其他相关的行业实践"，经营者应当使用减少污染的设备以及进行培训，[97]这一点借鉴了某些国家监管体系所使用的概念，即要求经营者遵守

88　参见 <http://ropme.org/home.clx>。

89　参见 1989 Protocol concerning Marine Pollution Resulting from Exploration and Exploitation of the Continental Shelf (Kuwait Protocol) (EIF 17 February 1990) Article I(13)。

90　Ibid, Article I(12).

91　Ibid, Article I(13).

92　Ibid, Article XI(2). 另参见 Guidelines on the Conduct of Seismic Operations Adopted by the Seventh Meeting of ROPME Council on 21 February 1990。

93　Kuwait Protocol, Article XIII(1).

94　Ibid, Articles III and IV.

95　这些准则于1990年2月21日由ROPME理事会第七次会议通过。参见 <http://www.memac-rsa.org/forms_and_downloads>。

96　Kuwait Protocol, Article II.

97　Ibid, Article VII(1) and (5).

222　"在进行该勘探或该作业（视情况而定）时被普遍接受为良好的且安全的所有方法和程序"。[98] 在实践中，这与《保护东北大西洋海洋环境公约》和《赫尔辛基公约》中的 BEP 标准相似。

再次，该议定书针对海上设施排放的石油、[99] 其他工业产品、[100] 垃圾[101] 和污水[102] 等问题做出具体规定，并制定了该地区所有设施必须遵守的最低标准。同样，经营者必须制订化学品使用计划，而各国必须根据区域性组织制定的准则来管理化学品的使用和储存。[103] 准则虽然允许在无法立即获得批准所需的所有相关数据的情况下临时批准化学品的使用，但也明确规定，"除非有证据或者至少有初步证据表明有关化学品及其相关化合物不会对海洋环境产生重大不利影响，否则不应给予临时批准"。[104] 这表明议定书要求对化学品的管理采取预防性方法。

最后，各国要定期对装置进行检查并确保对安全设备进行检测。[105]

继《科威特公约》树立典范后，《巴塞罗那公约》的缔约方也于 1994 年缔结了《保护地中海免受因勘探和开发大陆架、海底及其底土而造成的污染议定书》（Protocol for the Protection of the Mediterranean Sea against Pollution resulting from Exploration and Exploitation of the Continental Shelf and the Seabed and Its Subsoil，以下简称《近海议定书》）。[106] 该议定书的内容与《科威特议定书》非常相似，例如，涵盖了相似的活动范围，包含了与环境影响评估、[107]

98　Australian Petroleum Act, s. 5(1).

99　Kuwait Protocol, Article IX. 为减少可能对海洋环境造成污染的泄漏风险，对排放管道有特殊要求；参见 Article XIII。

100　另参见 Guidelines on Disposal of Drill Cuttings on the Sea-Bed: <http://www.memac-rsa.org/forms_and_downloads>。

101　Kuwait Protocol, Article X.

102　Ibid, Article X.

103　Ibid, Article XI；另参见 Guidelines on the Use and Storage of Chemicals in Offshore Operations: <http://www.memac-rsa.org/forms_and_downloads>。

104　Guidelines on the Use and Storage of Chemicals in Offshore Operations, para. 5.3.

105　Kuwait Protocol, Article VII(2) and (3).

106　参见 M Gavouneli, Pollution from Offshore Installations (Springer 1995) 43-44。

107　参见 1994 Protocol for the Protection of the Mediterranean Sea against Pollution Resulting from Exploration and Exploitation of the Continental Shelf and the Seabed and Its Subsoil (Mediterranean Offshore Protocol) (EIF 24 March 2011) Article 4(2); Annex IV of the Protocol contains requirements for an EIA.

应急计划、[108]设施安全、[109]石油和含油水体的排放、[110]污水[111]以及垃圾[112]有关
的义务。但是该议定书的一个不同之处在于其对化学品排放的管理方式。对
此，《近海议定书》规定禁止排放附件一所规定的有害或有毒物质，针对附
件二所规定的有害或有毒物质，要有特别许可证才可以排放，此外，所有其
他物质的排放只需要有一般许可证即可。[113]《巴塞罗那公约》也没有明确提及
BAT或BEP。然而，在实践中，缔约方成立了《巴塞罗那公约》近海石油和
天然气小组。作为一个技术性机构，该小组"在其成员之间交流最佳做法、
知识和经验，以协助缔约方实现议定书第23条第1款规定的目标"。[114]该小组
的工作将得到专家小组的支持，其中一个小组将专注于环境问题，包括环境
影响评估和监测，有害或有毒物质的使用、排放和处置以及特别保护区的预
防措施等。[115]该小组每年召开一次会议并举办专家论坛以审议议定书所含的承
诺的进展情况。公约强调，该小组必须以公开和透明的方式运行以确保由
此产生的监管框架的完整性和合法性。[116]该小组的工作还必须考虑到适用于
地中海地区的其他法律文书，如关于地中海特别保护区和生物多样性的议定
书。此外，该议定书也可能为某些海底物种和生境提供特别保护。[117]

　　《近海议定书》最大的弊端可能在于其适用范围的有限性。该议定书于
2011年3月生效，但是截至2016年12月31日，《巴塞罗那公约》的22个缔

223

108　Mediterranean Offshore Protocol, Article 16, 同时提及1976年《关于在紧急情况下合作防止石
　　　油和其他有害物质污染地中海的议定书》（EIF 1978年2月12日）。后一项文书随后得到修
　　　正，其名称改为2002年《关于合作防止船舶造成污染并在紧急情况下防治地中海污染的议
　　　定书》（EIF 2004年3月17日）。

109　Mediterranean Offshore Protocol, Article 15.

110　Ibid, Article 10.

111　Ibid, Article 11.

112　Ibid, Article 12.

113　Ibid, Article 9.

114　Barcelona COP Decision IG.21/8: Follow-Up Actions Regarding the Offshore Protocol Action Plan
　　　(2014) Annex, para. 2.

115　参见Barcelona COP Decision IG.22/3: Mediterranean Offshore Action Plan (2016) Annex,
　　　specific objective 2。

116　Ibid.

117　参见A List of Endangered or Threatened Species; Action Plan for the Conservation of Habitats
　　　and Species Associated with Seamounts, Underwater Caves and Canyons, Aphotic Hard Beds and
　　　Chemo-Synthetic Phenomena in the Mediterranean Sea。另参见第3章。

约方中只有7个国家接受了《近海议定书》。[118]这在很大程度上限制了条约的有效性，也说明了在拥有诸多不同国家的地区商定区域性规则的难度比较大。《巴塞罗那公约》的缔约方已经认识到这一点，它们强调"所有缔约方应认识到批准《近海议定书》的重要性，以防止、减少、打击和控制在议定书所涉地区开展活动所造成的污染，特别是要确保针对此目的而使用环境上有效和经济上适当的最佳可用技术"，并敦促"所有尚未加入的缔约方尽早批准《近海议定书》"。[119]

224　　　　并非所有地区对石油和天然气监管的回应都采取了具有法律约束力的文书形式。北极国家在北极理事会的主持下，特别是通过其海洋环境保护工作组（Protection of the Marine Environment Working Group）和其他相关机构，就环境问题开展了非正式合作。这些机构已经通过了一些与防止近海石油和天然气活动污染有关的法律文书，其中包括2004年《北极地区精炼石油和石油产品转移准则》（Guidelines on the Transfer of Refined Oil and Oil Products in the Arctic）、2004年《北极海岸线清理评估技术手册》（Arctic Shoreline Clean-up Assent Technique Manual）、2008年《北极地区紧急情况预防、准备和应对指南》（Arctic Guide for Emergency Prevention, Preparedness and Response）、2009年《北极地区石油和天然气活动的影响和潜在影响评估》（Assessment effects and Potential effects of oil and Gas Activities in the Arctic）以及2009年《北极地区近海石油和天然气准则》（Arctic Offshore Oil and Gas Guidelines）。[120]其中最后一份文书包含了与保护海洋环境免受石油和天然气活动影响有关的一般性原则，以及与环境影响评估、监测、环境管理系统和操作方法有关的建议的做法和程序。上述准则不仅适用于钻井作业，也适用于管道的安装和运行。[121]此外，其遵循了上述所列一些文书的方法，鼓励使

118　参见UNEP网站：http://web.unep.org/unepmap/who-we-are/legal-framework/ status-signatures-and-ratifications。

119　Barcelona COP Decision IG.20/12, Action Plan to implement the Protocol of the Barcelona Convention concerning the Protection of the Mediterranean Sea Against Pollution Resulting from Exploration and Exploitation of the Continental Shelf and the Seabed and Its Subsoil (2012). 另参见 Barcelona COP Decision IG.22/3: Mediterranean Offshore Action Plan (2016) Annex, specific objective 1。

120　第一批订出的指南于1997年通过，并已定期检查。

121　Arctic Offshore Oil and Gas Guidelines, 37.

用BAT和BEP，[122] 并明确地交叉引用了《保护东北大西洋海洋环境公约》中相关术语的定义，[123] 从而为立法的交叉融合树立了典范。事实上，该准则还参考了一系列其他事项的国际标准，包括行业标准等，这些标准都被认为是最佳做法。[124] 但是，该准则明确指出它们不具有约束力，[125] 而且大部分条款都以劝告性的语言进行表述。尽管如此，该准则仍然可以提供重要的良好实践的经验来源，以帮助各国履行《海洋法公约》规定的勤勉义务，而且它们还有助于构建"国际规则、标准和建议的办法及程序"，这将在下文展开论述。

　　总而言之，这些区域性机构能够制定法律，说明它们在制定保护海洋环境的法律框架方面可以发挥重要作用。诚然，并非所有进行石油和天然气开发的地区都采用了实质性的规则或标准来规范开发活动。[126] 在石油和天然气的主要产区如黑海、[127] 西非、[128] 东非、[129] 加勒比海、东亚海域[130] 和拉丁美洲海域就可以看到明显的差异。然而，这并不意味着这些地区的沿海国家不受具体规则或标准的约束。可以说，"国际规则、标准和建议的办法及程序"是基于现有的区域性公约的共同实践而产生的，这些法律文书根据《海洋法公约》第208条第3款的参照适用规则对其他国家具有约束力。而遵循BAT和BEP的要求就是一个典型例子，如上所述，多数区域层面所审议通过的公约

122　Arctic Offshore Oil and Gas Guidelines，7. 另参见 Arctic Offshore Oil and Gas Guidelines, 36。

123　Ibid, Annex B.

124　例如，Ibid, 24 (reference to OSPAR Guidelines for Environmental Monitoring of Oil and Gas Activities), 26 (Management System Recommendations from American Petroleum Institute and the International Organization for Standardization), 34 (OECD Test for Biodegradability in Seawater), and 37 (Det Norske Veritas and American Petroleum Institute Recommended Practices for Offshore Pipelines)。

125　Arctic Offshore Oil and Gas Guidelines，4.

126　C Redgwell, 'Mind the Gap in the GAIRS: The Role of Other Instruments in LOSC Regime Implementation in the Offshore Energy Sector' (2014) 29 *IJMCL* 600, 603.

127　参见 N Oral, Regional Cooperation and Protection of the Marine Environment in International Law (Martinus Nijhoff 2013) 257；N Oral, 'Integrated Coastal Zone Management and Marine Spatial Planning for Hydrocarbon Activities in the Black Sea' (2008) 23 *IJMCL* 453–476。

128　《阿比让公约》缔约方正在谈判一项关于石油和天然气工业环境规范和标准的议定书；参见 <http://abidjanconvention.org/media/documents/press_speech/Closing%20story%20-%20experts%20segment.pdf>。

129　据报道，这是海上钻井增长的区域之一，参见 Global Ocean Commission (n2) 35。2015年6月，《内罗毕公约》缔约方同意根据最佳做法制定关于石油和天然气环境管理的准则，参见 Nairobi COP Decision CP8/7。

130　关于本区域相关法律文书的审查参见 Lyons (n44)。

都有这项要求。参与制定这些法律文书的国家可以说足以代表国际社会的一个重要部分，包括来自北美、欧洲、北非和中东的发达国家和发展中国家，这就使 BAT 和 BEP 标准被视为符合第 208 条第 3 款中规定的"国际规则和标准"。事实上，有证据表明，其他地区的国家已经接受其本国经营者在其领土上开展海底活动时应遵循 BAT 和 BEP 的规定。例如，科特迪瓦和加纳在大陆架存在争议的地区开展石油活动的争端中，加纳被指控其未能采取足够措施保护海洋环境不受其管辖范围内的石油和天然气勘探和开发活动所造成的损害，但是加纳明确以"采取国际最佳做法，以尽量减少对海洋环境的损害风险"为理由进行辩护。[131] 这个例子说明了《海洋法公约》中的参照适用规则在其他地区制定精细化规则之前，可以发挥填补国际法律框架空白的作用。

8.4　国家管辖范围以外的海底活动

8.4.1　国际海底管理局和对国家管辖范围以外的海底活动的管理

大陆边缘之外的"区域"（Area）[132] 有着丰富的资源，包括散落在起伏的深海平原上的多金属结核，以及附着在海山和深海海脊上的多金属硫化物和富钴结壳等。这些海底资源可以提供重要的有价金属，如镍、铜、钴、锌、铅、金和锰等。[133] 开发上述资源需要遵守《海洋法公约》第十一部分所规定的特殊制度。

与作为共同财产向所有国家开放的公海不同，"区域"内的资源"属于全人类"，[134] 而且"任何国家或自然人或法人，除按照第十一部分外，不应对'区域'矿物主张、取得或行使权利"。[135] 换言之，"区域"内的矿产资源已被指定为人类共同继承财产，因此这些资源处于集中控制和集中管理下。[136]

131　参见 Dispute Concerning Delimitation of the Maritime Boundary between Ghana and Cote d'Ivoire in the Atlantic Ocean (2015) Written Statement of Ghana on the Request for Provisional Measures, 23 March 2015, para. 83。加纳具体说明了其执行的"国际管理体系标准 ISO 14001、世界银行的国际金融公司绩效标准和 MARPOL 要求"。

132　UNCLOS, Article 1(1).

133　参见 Rona (n8) 618。

134　UNCLOS, Article 137(2).

135　Ibid, Article 137(3).

136　Ibid, Article 136.

《海洋法公约》任何缔约方实体只能在国际海底管理局（International Seabed
Authority）的控制下在"区域"内进行矿物开采。国际海底管理局是根据
《海洋法公约》而设立的管理"区域"内开采活动的国际机构，主要负责监
管海底采矿的所有方面，包括探矿、勘探、开发和加工海洋矿物，直至将资
源装运到船上并运往陆地。[137]

　　国际海底管理局的主要任务是对国家管辖范围以外的海底资源的开发
活动进行管理。[138]这似乎主要是一个经济目标，然而，《海洋法公约》明确指
出，这项任务必须在可持续发展目标的大背景下进行。可持续发展这一概念
并没有被明确纳入《海洋法公约》第十一部分，尽管其在《海洋法公约》的
部分条款中有所体现。首先，国际海底管理局被要求确保"对'区域'资源
进行有秩序、安全和合理的管理"。[139]在不同情况下，合理管理的概念被解
释为"一方面是缔约方将〔资源〕用于经济和商业活动的权利和需求，另一
方面是保护其免受此类活动可能造成的环境损害的义务，两者之间要保持平
衡"。[140]这一措辞说明国际海底管理局在制定和适用海底资源开发监管有关的
制度时应力求实现这种平衡。事实上，国际海底管理局被明确授予监管海底
采矿造成的环境影响的任务。为此，《海洋法公约》要求"应对'区域'内
活动采取必要措施，以确保切实保护海洋环境，不受这种活动可能产生的有
害影响"。[141]为推进这一目标，国际海底管理局被授权通过制定规则和条例
以"防止、减少和控制……对海洋环境的污染和其他危害"，"防止干扰海洋
环境的生态平衡"，以及"保护和养护'区域'内的自然资源，并防止对海
洋环境中的动植物的损害"。[142]在执行这一任务时，国际海底管理局要特别注
意"钻探、挖泥、挖凿、废物处置等活动，以及建造和操作或维修与这种活
动有关的设施、管道和其他装置所产生的有害影响"。[143]虽然1994年的《关于
执行〈联合国海洋法公约〉第十一部分的协定》（1994 Agreement relating to

227

137　*Responsibilities and Obligations of States Sponsoring Persons and Entities with Respect to
　　Activities in the Area*（2011），paras 95–6.

138　UNCLOS, Article 150.

139　Ibid, Article 150(b).

140　*Pulp Mills on the River Uruguay* (2010) para. 175。

141　UNCLOS, Article 145.

142　Ibid, Article 145.

143　Ibid, Article 145. 另参见 Annex III, Article 17(2)(g)。

the Implementation of Part XI of the United Nations Convention on the Law）修改
了公约中与海底采矿有关的某些条款，[144]但并没有直接改变海洋环境保护的
法律框架。该协定的序言也强调了"公约对保护和保全海洋环境的重要性以
及……对全球环境的日益关切"，[145]这也是国际海底管理局开始执行监管任务
时须优先考虑的问题。

国际海底管理局于1994年11月16日《海洋法公约》生效时正式成立，
目前已审议通过与多金属结核、[146]多金属硫化物、[147]富钴结壳[148]有关的探矿和
勘探规章。这些规章对国际海底管理局的所有成员都具有约束力，使得一些
国家无法选择退出其不同意的规则。[149]此外，这些规章还直接适用于通过与
国际海底管理局签订合同在"区域"内开展采矿活动的实体。这意味着所有
合约方都需要遵守同一标准，而国际海底管理局也能够确保对海底采矿的有
效监管。下面将结合海底采矿的三个主要阶段——探矿（prospecting）、勘
探（exploration）和开发（exploitation），讨论国际海底管理局如何将环境因
素纳入监管框架。

8.4.2　探矿和海洋环境的保护

探矿是任何在"区域"进行的开采活动的最初阶段，即"在不享有任何
专属权利的情况下，在'区域'内探寻多金属结核矿床，包括估计多金属结
核矿床的成分、大小和分布情况及其经济价值"。[150]探矿的最终目的是确定

144　参见 J Harrison, *Making the Law of the Sea* (CUP 2011) 86–99。

145　参见 1994 Agreement relating to the Implementation of Part XI of the United Nations Convention
　　on the Law of the Sea of 10 December 1982 (EIF 28 July 1996), preamble。

146　Decision of the Assembly on the Regulations for Exploration and Exploitation for Polymetallic
　　Nodules in the Area (Nodules Regulations), Document ISBA/6/A/18 (2000), as amended by
　　Document ISBA/19/A/9 (2013) and Document ISBA/20/A/9 (2014).

147　Decision of the Assembly of the International Seabed Authority Relating to the Regulations on
　　Prospecting and Exploration for Polymetallic Sulphides in the Area (Sulphides Regulations),
　　Document ISBA/16/A/12/Rev.1 (2010), as amended by Document ISBA/20/A/10 (2014).

148　Decision of the Assembly of the International Seabed Authority Relating to the Regulations
　　on Prospecting and Exploration for Cobalt-Rich Ferromanganese Crusts in the Area (Crusts
　　Regulations), Document ISBA/18/A/11 (2012).

149　然而，担保国可能会设立更高的标准，见下。

150　Nodules Regulations, Regulation 1(3)(e); Sulphides Regulations, Regulation 1(3)(e); Crusts
　　Regulations, Regulation 1(3)(e).

"区域"的某些值得勘探和开发的部分。若不存在与所要探矿的资源有关的　　₂₂₈
勘探和开发合同，则探矿者可在"区域"的任意部分进行探矿。[151]此外，探
矿者出于检测的目的可以回收"合理数量的矿物"，[152]因此，探矿活动可能
对海洋环境有一定的干扰，但其仍属于国际海底管理局管辖范围内的最良性
的活动，几乎不会对监管构成挑战。

尽管探矿不需要得到任何事先的授权，但这并不意味着探矿者无须承担
任何义务。实际上，探矿者须将其探矿的意图告知国际海底管理局，并书面
承诺其将遵守公约和管理局颁布的相关规则、规章和程序。[153]此外，国际海
底管理局颁布的条例明确规定不得以可能损害海洋环境的方式进行探矿。探
矿者应根据《里约宣言》的原则15规定采取预防性方法。[154]探矿者不能以缺
乏相关知识为借口掩盖其勘探活动对海洋环境造成的重大损害。因此，探矿
者应当审慎决定采取何种活动。有理由认为，探矿者可能要对他们在活动过
程中造成的任何损害负责，尽管《公约》没有明确涉及这个问题，而且在追
究探矿者的责任方面可能存在挑战。[155]

8.4.3 关于勘探对环境的影响的规定

尽管任何实体都有权进行矿产资源的勘探，但只有国际海底管理局批准
和授权的实体才有权进行更精细化的深海海底的矿产勘探或商业开发。[156]在
本书撰写之际，有26家承包者从事勘探活动，[157]其勘探活动涉及：

> 以专属权利在"区域"内探寻多金属结核矿床，分析这些矿床，使

151　Nodules Regulations，Regulation 2(3)；Sulphides Regulations，Regulation 2(3)；Crusts
　　　Regulations，Regulation 2(4)。

152　Nodules Regulations，Regulation 2(4)；Sulphides Regulations，Regulation 2(4)；Crusts
　　　Regulations，Regulation 2(5)。

153　UNCLOS，Annex III，Article 2. 另参见 Nodules Regulations，Regulation 3；Sulphides
　　　Regulations，Regulation 3；Crusts Regulations，Regulation 3。

154　Nodules Regulations，Regulation 2(2)；Sulphides Regulations，Regulation 2(2)；Nodules
　　　Regulations，Regulation 2(2)。

155　参见 J Harrison，'Resources of the International Seabed Area'，in E Morgera and K Kulovesi (eds)，
　　　Research Handbook on International Law and Natural Resources (Edward Elgar 2016) 404–405。

156　UNCLOS，Article 153(3)。

157　承包者名单参见 <https://www.isa.org.jm/deep–seabed–minerals– contractors>。

229

用和测试采集系统和设备、加工设施及运输系统，以及对开发时必须考虑的环境、技术、经济、商业和其他有关因素进行研究。[158]

尽管以上活动将在有限的规模内进行，以最小化勘探活动造成的影响，但这种比探矿更加密集的活动会对海洋环境构成更大的风险。所以，基于环境保护方面的考量是勘探合同审批程序以及监管制度的重要组成部分。

在申请批准之前，申请者必须提交"关于提议的勘探活动可能对海洋环境造成的影响的初步评估"，[159]这些信息将作为申请程序的一部分加以考虑。要求提供的信息似乎不足以对拟议活动进行全面的环境影响评估。尽管如此，申请者进行的初步评估必须足以让他们提出"为防止、减少和控制对海洋环境的污染和其他危害以及可能造成的影响而提议的措施"。[160]这些要求确保环境保护从一开始就成为项目设计的组成部分，但似乎不会对项目的批准造成重大障碍。申请者面临的挑战之一是深海生态系统的高度不确定性以及任何在此类环境中进行的勘探所产生的影响。故申请人应采取预防性方法（如下文所述），这也是整个监管体系不可或缺的一部分。因此，申请人必须在初步评估中明确表明如何应对各种不确定性。

审批申请一经通过，[161]国际海底管理局将与申请人签订正式的勘探合同。除了多金属结核勘探规章中规定的标准条款外，每份合同中都包含一个由申请人与管理局双方协商确定的详细工作计划。[162]合同义务以及协商一致的工作计划明确了经营者应当遵循的环境标准。但是，合同内容要以该规章规定的一般环境义务为依据。

在基本层面上，承包者有责任尽可能"采取必要措施，防止、减少和

158　Nodules Regulations, Regulation 1(3)(b)；Sulphides Regulations, Regulation 1(3)(b)；Crusts Regulations, Regulation 1(3)(c).

159　Nodules Regulations, Regulation 18(c)；Sulphides Regulations, Regulation 20(1)(c)；Crusts Regulations, Regulation 20(1)(c).

160　Nodules Regulations, Regulation 18(d) Sulphides Regulations, Regulation 20(1)(d)；Crusts Regulations, Regulation 20(1)(d).

161　关于程序批准的讨论见 Harrison (n155) 400–404。

162　Nodules Regulations, Regulations 18(a) and 23(1)；Sulphides Regulations, Regulations 20(1)(a) and 25(1)；Crusts Regulations, Regulations 20(1)(a) and 25(1).

控制'区域'内活动对海洋环境造成的污染和其他危害"。[163] "尽可能"这一
表述说明此类义务为勤勉义务。此外，还需要考虑勘探活动对脆弱海洋生态
系统的影响。[164] 虽然规则没有对此给出定义，但列举了海底热液喷口、[165] 海底
山脉和冷水珊瑚[166] 等例子。此外，委员会预计将制定相关的程序以确定拟议
的勘探活动是否会严重影响脆弱海洋生态系统。[167] 上述举措有利于进一步完
善这一脆弱海洋生态系统概念。再者，在使用脆弱海洋生态系统一词的其他
制度（如深海捕捞制度）中，还有统一该词定义的空间。[168] 该指南还必须提
供更多关于"严重有害影响"的含义的信息，这是规章中未定义的术语。然
而，该术语是至关重要的概念，因为如果无法防止这种影响，似乎就可以阻
止某项活动的进行。[169] 采取预防性方法是对承包者的另一个要求。[170] 尽管没有
明确规定承包者需要采取何种防范措施，但采取预防性方法被认为是一项强
制性且有约束力的义务，[171] 目前尚不清楚需要承包者在这方面采取何种行动。
如第1章所述，预防性方法可以以若干不同的方式实施，即使是勘探规章中
的预防性方法原则似乎也没有规定一套特定的措施，尽管这一原则可以用来
解释承包者承担的更具体的义务。

　　就更加实质性的义务而言，承包者首先需要将BEP应用到他们的活动
中。这是一种从其他区域性制度中借鉴而来的用于保护海洋环境的监管技

230

163　Nodules Regulations，Regulation 31(5)；Sulphides Regulations，Regulation 33(5)；Crusts Regulations，Regulation 33(5).

164　Crusts Regulations，Regulation 33(4)；Nodules Regulations，Regulation 31(4)；Sulphides Regulations，Regulation 33(4).

165　Sulphides Regulations，Regulation 33(4).

166　Crusts Regulations，Regulation 33(4).

167　Crusts Regulations，Regulation 33(4)；Nodules Regulations，Regulation 31(4)；Sulphides Regulations，Regulation 33(4).

168　参见第7章，另参见 LA Levin et al，'Defining "Serious Harm" to the Marine Environment in the context of Deep-Seabed Mining' (2016) 74 *Marine Policy* 245，248，表明其他标准被纳入考虑范围。

169　Crusts Regulations，Regulation 33(4)；Nodules Regulations，Regulation 31(4)；Sulphides Regulations，Regulation 33(4).

170　Crusts Regulations，Regulation 33(2) and (5)；Sulphides Regulations，Regulation 33(2) and (5). 这一规定最初没有纳入勘探规章，但后来在2013年通过的修正案的第31条第2款和第5款中增加了这一规定。

171　*Responsibilities and Obligations of States Sponsoring Persons and Entities with Respect to Activities in the Area* (2011) para. 127.

术，[172]其优势在于确保所需的保护水平能随着知识和技术的发展而不断发展。《"区域"内多金属硫化物探矿和勘探规章》（Sulphides Regulations）[173]和《"区域"内富钴铁锰结壳探矿和勘探规章》（Crusts Regulations）[174]明确包含了BEP所规定的义务，此外2013年通过修正案将其添加到《"区域"内多金属结核探矿和勘探规章》（Nodules Regulations，以下简称《多金属结核规章》）中。[175]基于最初的《多金属结核规章》而签订的合同未明确提及BEP这一概念，但是海底争端分庭（Seabed Disputes Chamber）在2012年的咨询意见中表示"《多金属结核规章》应根据法律的发展进行解释"，[176]以及BEP这一标准可以被"加入"（read into）原《多金属结核规章》中。上述解释也可以被建立在"采取必要措施预防、减少和控制'区域'活动对海洋环境造成的污染和其他危害"的一般性勤勉义务之上。[177]

此外，相关法规还要求承包者在特定活动开始前对其进行全面的环境影响评估。[178]这些规定属于特别法（lex specialis）范畴，用于代替《海洋法公约》第206条中关于环境影响评估的一般规定，以便在"区域"开展相应的活动。[179]尽管如此，第206条仍可适用于第十一部分规定的监管制度之外的计划活动，例如在该"区域"进行与资源勘探无关的海洋科学研究。[180]

作为环境影响评估的先决条件，承包者应收集与环境相关的基线数据以评估其活动可能产生的影响。[181]环境基线数据的收集是与管理局商定的单项工

172　参见第4章，另见前文。

173　Sulphides Regulations，Regulation 33(2).

174　Crusts Regulations，Regulation 33(2).

175　Nodules Regulations，Regulation 31(2) and (5).

176　*Responsibilities and Obligations of States Sponsoring Persons and Entities with respect to activities in the Area* (2011) para. 137.

177　Nodules Regulations，Regulation 31(2) of the original regulations.

178　Nodules Regulations，Annex IV，para. 5.2(a)；Sulphides Regulations，Annex IV，para. 5.2(a)；Nodules Regulations，Annex IV，para. 5.2(a).

179　参见 *Responsibilities and Obligations of States Sponsoring Persons and Entities with Respect to Activities in the Area* (2011) para. 150。其中，海底争端分庭认为，"承包者和担保国在环境影响评估方面的义务超出了《多金属结核规章》具体规定的适用范围"，因为关于环境影响评估的一般国际法规则也适用。

180　参见 Report of the Secretary-General, Issues Associated with the Conduct of Marine Scientific Research in Exploration Areas, Document ISBA/22/C/3 (2016) paras 11–13.

181　Nodules Regulations，Regulation 32(1)；Sulphides Regulations，Regulation 34(1)；Crusts Regulations，Regulation 34(1).

作计划的关键部分。法律和技术委员会已制定了指导方针，明确了必须收集的信息的性质。[182]承包者在收集数据的过程中应尽量使用BAT。[183]承包者必须每年向管理局报告其环境监测计划的结果，[184]并由法律和技术委员会审查。[185]该程序能有效确保承包者和管理局收集必要的信息并履行其他相应的环境义务。

并非所有与勘探相关的活动都需要进行环境影响评估。国际海底管理局并未为环境影响评估建立一个抽象的标准，[186]而是制定了一份需要事先进行环境影响评估的活动清单。[187]作为环境影响评估过程的一部分，法律和技术委员会还为承包者提供的信息提供了指导。[188]它明确指出，承包者不仅应针对受采矿直接影响的区域进行环境影响评估，还应针对受近底羽流、排放羽流的影响以及受到矿物运输过程中释放的物质等影响的广泛区域，区域范围具体取决于使用何种技术方法进行评估。[189]该指南建议采用保全参照区（Preservation Reference Zones，PRZ）和影响参照区（Impact Reference Zones，IRZ）来确定相关影响。[190]法律和技术委员会表示，它将为承包者就建立保全参照区和影响参照区提供额外的指导方针，以采取一致的预防性方法并确保环境影响评估的结果具有可靠性。[191]总体而言，该指南强调了对环境影响评估采取预防性方法和生态系统方法的必要性，同时也考虑到与海洋环境有关的所有潜在

232

---

182 Recommendations for the Guidance of Contractors for the Assessment of the Possible Environmental Impacts Arising from Exploration for Marine Minerals in the Area, Document ISBA/19/LTC/8 (2013) paras 13–16.

183 Ibid, para. 14.

184 Nodules Regulations, Regulation 32(2); Sulphides Regulations, Regulation 34(2); Crusts Regulations, Regulation 34(2).

185 UNCLOS, Article 165(2)(h).

186 Recommendations for the Guidance of Contractors for the Assessment of the Possible Environmental Impacts Arising From Exploration for Marine Minerals in the Area (Environmental Recommendations), Document ISBA/19/LTC/8 (2013) para. 19. 该建议预计将于2017年进行审查。

187 Ibid, para. 18.

188 Environmental Recommendations, paras 29–30. 另参见 International Seabed Authority, *Environmental Management Needs for Exploration and Exploitation of Deep Sea Minerals*, ISA Technical Study No. 10 (2012) 16–28。

189 Environmental Recommendations, para. 22.

190 Ibid, Annex, para. 53.

191 Report on the work of the Legal and Technical Commission at its session in 2016, Document ISBA/22/C/17 (2016) para. 30.

危害。尽管法律和技术委员会的建议在本质上不具有法律约束力，但承包者必须慎重对待，因为该委员会还同时负责确保承包者履行相关义务。[192]实际上，标准合同条款也强调承包者必须尽可能地遵守法律和技术委员会的相关建议。[193]

承包者必须提前至少一年向国际海底管理局提供环境影响评估的有关信息，[194]从而国际海底管理局可在授予许可之前对针对特定活动的环境影响评估进行事先审查。

上述规则是针对勘探期间特定的活动而言的，例如侵入式采样技术、测试采掘或收集系统和设备的测试等。[195]然而，承包者须谨记，勘探并非一个孤立的过程，勘探的目的在于收集信息，从而为承包者的开发工作做好准备。因此，严格适用环境影响评估规则对于确保今后开发制度建立在可靠数据和对深海海底采矿对海洋环境的潜在影响的适当了解的基础上至关重要。由于制定与勘探活动有关的详细工作计划以及开展环境影响评估都要求承包者在决定开发之前能有效地收集一定的勘探信息，因此它们可以被视为落实预防性方法的要求。

8.4.4　监管开发活动对环境的影响

勘探阶段结束后，承包者将开始进行深海矿物的开发。[196]与上述讨论的准备阶段的两类活动不同，开发预计会对海洋环境产生"严重的……甚至可能是永久性的"影响。[197]当然，对环境的确切影响将在很大程度上取决于所开采资源的性质、它们的精确位置以及所采用的技术。[198]因此，开发合同

192　参见 J Harrison, *Making the Law of the Sea* (CUP 2011) 141。

193　Nodules Regulations, Annex IV, para. 13.2(e)；Sulphides Regulations, Annex IV, para. 13.2(e)；Crusts Regulations, Annex IV, para. 13.2(e).

194　Environmental Recommendations, para. 20；另参见 Annex, para. 52。法律与技术委员会指出，2016年已收到第一份通知；Report on the work of the Legal and Technical Commission at its session in 2016, Document ISBA/22/ C/17 (2016) para. 21。

195　Environmental Recommendations, para. 19.

196　2016年，国际海底管理局延长了六个承包者的勘探合同，条件是"申请者应在五年延长期结束时做好开采准备"。Report on the work of the Legal and Technical Commission at its session in 2016, Document ISBA/22/C/17 (2016) para. 16.

197　World Bank (n22) 28. 另参见 Levin et al (n168) 245–259。

198　Ibid, 29.

的批准程序为国际海底管理局提供了一个重要契机，使其得以制定和采取完备的措施来保护海洋环境。在撰写本书之际，国际海底管理局刚开始着手制定相关法规来规范授权程序以及其他相关要求，包括承包者应尽的环境义务。[199]故本书只能对可能适用的监管制度作出推测。尽管如此，如果国际海底管理局要履行《海洋法公约》第145条规定的环境要求，则需具备一些关键要素。

勘探机制的若干特征可能会影响未来的开发政策。例如，开发政策很可能建立在勘探法规中已有的一般原则，特别是预防性方法之上。正如环境法规早期草案所示，"根本问题……不是是否应当适用预防性方法，而是如何适用"。[200]正如本书通篇所论，不存在将预防性方法作为一项规则来应用的默认方式，而是将其作为一项指导原则来制定更具体的规则[201]或随后对其进行解释和应用。因此，将由开采制度的起草者确定其希望采取何种程度的预防措施。针对这一问题，国际海底管理局提议在首版"规章草案"（Draft Regulations）中要求申请人在提出申请时明确说明他们如何理解并适用预防性方法。[202]"规章草案"还预见到，如果与某项勘探活动有关的数据或信息具有不确定性或不足之处，那么委员会在评估拟议工作计划是否能有效地保护环境时，这将成为考虑的一个重要因素。[203]国际海底管理局也会考虑采用分阶段开发的方法，即首先授权承包者进行小规模的作业。在承包者能够证明其活动影响较小的情况下，国际海底管理局才允许他们进行大规模的活动。

监管制度可能会延续对环境评估的要求。在申请进行商业开发的许可时，承包者会被要求提交完整的环境评估和环境管理计划，且该计划须能够反映BEP，并提出监测和管理环境影响的措施。[204]该体系被寄希望于借鉴在勘探阶段评估影响所取得的经验。其中，国际海底管理局面临的一个关键挑战是其本身必须能够有效地管理环境影响评估的过程。因此，与供各国评估其管辖范围内的活动的总体框架相比，（国家管辖范围外的）监管规则和条

234

---

199 World Bank (n22) 28. 另参见 Levin et al (n168) 245–259。

200 Ibid, para. 7.18.

201 国际海底管理局称之为"指导价值"（guiding value）。Ibid, para. 7.19。

202 参见 Draft Regulation 32(1)(r)。

203 Draft Regulation 41(p).

204 International Seabed Authority, *Developing a Regulatory Framework for Mineral Exploitation in the Area* (2015) 12–13.

例必须更加详尽。

早期的"规章草案"明确指出，所有采矿活动都需要进行环境影响评估，因此无须进行筛选阶段的工作。[205]"规章草案"还具体规定了承包者必须准备和评估的信息，并将其作为范围界定和评估过程的一部分。提议阶段截止之时，环境说明将作为整个开发合同申请的一部分，与环境管理计划一起提交给国际海底管理局进行审议。为确保这一程序的可信度，"规章草案"在正式提交审批之前，还要在若干重要阶段接受外部审查。首先，国际海底管理局本身可能会在该过程的多个阶段要求承包者提供更多的信息。[206]因此有关规定建议"应该提高法律和技术委员会和秘书处的专业知识水平……"，以便它们能够处理申请中包含的复杂信息，[207]甚至建议国际海底管理局成立一个专门的环境委员会来负责这项工作。[208]其次，"规章草案"也要求应当由管理局批准的适格专家作出相应的报告以核验环境管理计划。[209]此外，国际海底管理局还要求具有适当资质的专家就环境范围界定报告的内容、[210]拟议的环境管理体系[211]或总体工作计划[212]提出额外意见。再次，"规章草案"规定在决策前向利益攸关方进行公布和磋商。[213]实际上，国际海底管理局已经注意到"通过允许公众适当地获取信息、提高公共意识以及鼓励公众参与来促进环境决策的透明度"的重要性。对此，明确认可公众的参与表明了《里约宣言》原则10对保护海洋环境的法律框架产生了一定的影响。[214]然而，关键问题是如何确定利益攸关方，这对一项旨在促进全人类福祉的制度来说是一个挑战。注册参与某些会议的现有观察员，包括国际绿色和平组织和世界自然基金会在内的环保组织，都可以被视为利益攸关方。然而，有

205 International Seabed Authority (n202) 33.

206 参见 Ibid, Draft Regulations 20(3) and 33(2)。

207 International Seabed Authority, Periodic Review of the International Seabed Authority pursuant to UNCLOS Article 154: Interim Report, Document ISBA/22/A/CRP.3(1) (2016) 27.

208 Ibid, 65.

209 Ibid, Draft Regulation 29(2)(f).

210 Ibid, Draft Regulation 20(4).

211 Ibid, Draft Regulation 28(4).

212 Ibid, Draft Regulation 33(3).

213 Ibid, Draft Regulations 20(5) and 36.

214 Ibid, para. 4.1(c).

人建议应让更广泛的主体参与到审查过程中来。[215]

基于预防性方法原则，为了对海底采矿进行适当管理，监测活动显得至关重要。尽管在任何情况下都需要根据《海洋法公约》第204条进行监测，但是构建适用于深海海底采矿的更详细的框架并将其作为开发规章的一部分十分有益。对此，具体的要求之一可能是建立保全参照区和影响参照区[216]，以便承包者能够监控其活动对周围环境的持续影响。然而，精确定位保全参照区也是一个挑战。正如迈克尔·洛奇（Michael Lodge）所指出的，"位于承包者开发区内的保全参照区可能无法实现确保其具有生物种群的代表性和稳定性的目标"，国际海底管理局"需要重新考虑如何在实践中实施［有关开发规章和保全参照区］的规定"。[217]

此外，承包者须采用环境管理体系来指导他们的经营。如上所述，这反映了石油和天然气经营者们基于相关国际条约所承担的义务。国际海底管理局可指定承包者应使用某种特定的环境管理体系（例如ISO 14001），或者可由承包者自行确定适当的环境管理体系，但须经国际海底管理局的批准。[218]新的开发制度还应解决采矿活动结束后场地的恢复问题。[219]国际海底管理局需要考虑承包者将承担哪些具体的义务，包括活动结束后的监测。如果承包者无法履行场地恢复的承诺，其需要承担某种形式的保证金。[220]

显而易见，环境因素将是国际海底管理局在确定开发活动的规模、位置和强度时所要考虑的一个关键因素。鉴于任何工作计划都必须获得批准，国

236

---

215 Co-Chair's Report, Griffith Law School and the International Seabed Authority Workshop on Environmental Assessment and Management for Exploitation of Minerals in the Area (2016) para. 27.

216 该定义为"不得进行采矿以确保海底生物群具有代表性和稳定的区域"，以便评估"海洋环境生物多样性的任何变化"；例如 Nodules Regulations, Regulation 31(6)；Sulphides Regulations, Regulation 33(6)；Crusts Regulations, Regulation 33(6)。另参见 Clarion-Clipperton Environmental Management Plan, Document ISBA/17/LTC/7 (2011), para. 41(c) and (d)。

217 M Lodge, 'Some Legal and Policy Considerations Relating to the Establishment of a Representative Network of Protected Areas in the Clarion-Clipperton Zone' (2011) 26 *IJMCL* 463, 467.

218 参见 Clarion-Clipperton Environmental Management Plan, para. 41(a)。

219 International Seabed Authority, Developing a Regulatory Framework for Mineral Exploitation in the Area (2015) 14："关闭计划被视为一项动态计划，需要定期审查和更新，必须预见到在任何工作计划到期之前可能关闭一个开采区"；另参见 Clarion-Clipperton Environment Management Plan, para. 41(f)。

220 International Seabed Authority, *Developing a Regulatory Framework for Mineral Exploitation in the Area* (2015) 15；International Seabed Authority (n202) Draft Regulations 31–2 and 65–6.

际海底管理局对哪些活动可以进行以及哪些不可以进行有着很大的控制权。因此，如果承包者能够确保以不对海洋环境产生严重有害影响的方式管理海底采矿活动，理事会可以根据法律和技术委员会的建议授权其进行开发。如果国际海底管理局最终认为开采活动对环境威胁太大，其可以否决拟议的活动，并且现存的开发规章也表明在风险管理不充分的情况下，开采活动不应"被授权进行"。[221] 这一选择体现了平衡环境保护与经济发展的需要，这也是管理局所面临的核心挑战。由于在深海环境下减少开采活动的环境影响存在诸多困难，有人提议采用生物多样性补偿的方法，即在可替代地点建立保护区作为承包者履行其环境义务的一种手段。[222] 实际上，《海洋法公约》规定理事会有权力"在有重要证据证明海洋环境有受严重损害之虞的情形下，不准由承包者或企业部开发某些区域"。[223] 这意味着不仅需要考虑拟议开发区域内的海洋生态系统，而且还需要考虑"区域内和国家管辖范围内的开发区域与海洋保护区以及脆弱海洋生态系统的接近程度"。[224] 为此，国际海底管理局须与沿海国以及其他国际机构合作，以确保在这方面协调其环境措施。[225]

8.4.5　环境紧急情况

在靠近稀有和脆弱生态系统的深海中开采矿物，本身就是一项高风险的工作。《海洋法公约》和上述开发规章明确规定了在可能严重危害海洋环境的紧急情况下应当采取的措施。[226] 根据开发规章，所有承包者必须向国际海底管理局秘书长提交应急计划书，以说明在发生环境紧急情况时将采取哪些措施。[227] 如果承包者在"区域"内的活动对海洋环境已经造成或可能造

221　Nodules Regulations, Regulation 31(4); Sulphides Regulations, Regulation 33(4); Crusts Regulations, Regulation 33(4).

222　参见 D Johnson and MA Ferreira, 'Current Legal Developments: ISA Areas of Particular Environmental Interest in the Clarion-Clipperton Fracture Zone' (2015) 30 *IJMCL* 559, 565。

223　UNCLOS, Article 162(2)(x).

224　International Seabed Authority, *Developing a Regulatory Framework for Mineral Exploitation in the Area* (2015), 16.

225　这一点被国际海底管理局承认；参见 Report on the Work of the Legal and Technical Commission at Its Session in 2016, Document ISBA/22/C/17 (2016) para. 27。关于机构间合作问题详见第10章。

226　参见 UNCLOS, Article 162(w)。

227　Nodules Regulations, Annex IV, para. 6.1; Sulphides Regulations, Annex IV, para. 6.1; Crusts Regulations, Annex IV, para. 6.1.

成严重的损害，其必须立即警告在附近作业的其他承包者和航运人员。[228]此外，承包者必须将此事件告知国际海底管理局秘书长，包括受影响区域的坐标，承包者为防止、遏制或尽量减少对海洋环境的任何损害而采取的任何措施的说明以及秘书长合理要求的任何补充信息。[229]另外，国际海底管理局秘书长必须通知管理局的有关机关。[230]管理局理事会应考虑法律和技术委员会的建议，并且可在合理且必要时发布紧急命令，以防止、遏制和尽量减少对海洋环境的严重损害。[231]此外，开发规章还允许国际海底管理局秘书长立即采取措施防止、遏制或尽量减少损害。[232]这项制度层面的创新可防止在应对环境紧急情况时出现任何潜在的延误。但是秘书长采取的任何措施都是临时性的，其有效期最长为九十天或直到理事会决定采取何种措施为止，两者相比以较短者为准。如果承包者不遵守理事会的命令，理事会可自行采取实际措施保护海洋环境，[233]承包者必须偿还国际海底管理局为了应对污染紧急情况采取措施而发生的任何费用，这也符合污染者付费原则（polluter pays principle）。[234]鉴于开发活动的强度逐渐增大，上述规定的作用凸显，且极有可能被纳入开发规章之中。

8.4.6 深海海底保护区 238

迄今为止，提交给国际海底管理局的大多数申请都与东中太平洋的克拉里昂－克利珀顿区（Clarion-Clipperton Zone in the Eastern Central Pacific

---

228 Nodules Regulations, Annex IV, para. 6.1; Sulphides Regulations, Annex IV, para. 6.1; Crusts Regulations, Annex IV, para. 6.1.

229 Ibid, para. 6.2.

230 Nodules Regulations, Regulation 33(2); Sulphides Regulations, Regulation 35(2); Crusts Regulations, Regulation 35(2).

231 Nodules Regulations, Regulation 33(6); Sulphides Regulations, Regulation 35(6); Crusts Regulations, Regulation 35(6).

232 Nodules Regulations, Regulation 33(3); Sulphides Regulations, Regulation 35(3); Crusts Regulations, Regulation 35(3).

233 Nodules Regulations, Regulation 33(7); Sulphides Regulations, Regulation 35(7); Crusts Regulations, Regulation 35(7).

234 Nodules Regulations, Annex IV, para. 6.4; Sulphides Regulations, Annex IV, para. 6.4; Crusts Regulations, Annex IV, para. 6.4.《规章》还要求承包者提供财政和技术能力保证，以迅速执行紧急命令；Nodules Regulations, Regulation 33(8); Sulphides Regulations, Regulation 35(8); Crusts Regulations, Regulation 35(8).

Ocean）有关。该地区多海山、海脊和深海平原，被认为是最有开采前景的多金属结核矿床以及其他矿产资源的所在地。作为确保对该区域的资源进行"主动和负责任的管理"的一种手段，国际海底管理局决定为克拉里昂－克利珀顿区制订一项环境管理计划（ environmental management plan，EMP）。该计划以一项旨在分析克拉里昂－克利珀顿区物种分布的专门研究项目，[235] 以及国际海底管理局组织的研讨会所收集的信息为基础。[236] 事实上，制订环境管理计划的过程涉及[237]广泛的利益相关者。它将独立的科学证据纳入决策过程，并被视为海洋环境保护"伙伴关系方法"（partnership approach）的典范。[238]

环境管理计划的愿景是"可持续开发克拉里昂－克利珀顿区，保护具有代表性和独特性的海洋生境和物种"，[239]并提出了一系列目标来帮助实现这一愿景。在这些目标中，国际海底管理局希望"以对环境负责的方式促进海底矿产资源的开发"，以及"保护具有代表性和独特性的海洋生态系统"。[240]为了达成后一目标，环境管理计划引入了特殊环境利益区（Areas of Particular Environmental Interest，APEIs）这一概念，这是海洋保护区的一种形式，即不允许在海洋保护区内进行采矿。[241]事实上，环境管理计划明确指出，其目的是"促进实现可持续发展问题世界首脑会议执行计划规定的管理目标和指标，包括根据国际法和现有的最佳科学信息[开发]海洋保护区以及在2012

235　参见 <http://www.isa.org.jm/files/documents/EN/efund/Kaplan.pdf>。

236　参见 Summary outcomes of a workshop to design marine protected areas for seamounts and the abyssal nodule province in Pacific high seas, held at the University of Hawaii from 23 to 26 October 2007, Document ISBA/14/LTC/2*(2008)。另参见 <http:// www.isa.org.jm/international–workshop–establishment–regional—environmental–management– plan–clarion–clipperton–zone>。

237　对该过程的描述，参见 LM Wedding et al, 'From Principles to Practice: A Spatial Approach to Systematic Conservation Planning in the Deep Sea' (2013) 280 Proceedings of the Royal Society 1684。

238　参见 M Lodge et al, 'Seabed Mining: International Seabed Authority Environmental Management Plan for the Clarion-Clipperton Zone—A Partnership Approach' (2014) 49 MP 66–72。

239　Environmental Management Plan for the Clarion-Clipperton Zone (EMP), Document ISBA/17/LTC/7, 13 July 2011, para. 32.

240　Ibid, para. 35(a) and (e).

241　Ibid, para. 35(c).

年之前建立有代表性的网络"。[242]针对克拉里昂-克利珀顿区的环境管理计划划 239
定了九个特殊环境利益区，涵盖了一系列深海海底生境。[243]理事会在2012年7
月的会议上临时批准了该环境管理计划。根据该决定，"为期五年……或直到
法律和技术委员会或理事会进一步审查，任何涉及具有特殊环境利益区的勘探
或开发工作计划不得被批准"。[244]这个决定在一些方面比较有趣。首先，它明确
地将预防性方法作为保护这些地区的理由。[245]其次，该决定体现了对《海洋法
公约》第145条的建设性应用，即尽管该条款并未明确允许划定保护区，但是
此类措施仍可视为管理局诸多环境管理职权中的一项。[246]

与此同时，有学者指出区域划定的临时性质使这些措施"很容易受到削
弱，特别是在要求迅速开始开发的商业压力增加的情况下"。[247]此外，目前
情况下，特殊环境利益区所受到的保护也仅仅使其免于海底采矿带来的环境
威胁。上述地区如果想免受其他活动的威胁，例如拖网捕捞或其他来源的污
染，国际海底管理局有必要与负责监管此类活动的其他国际组织进行合作。
环境管理计划对此有明确规定，[248]该计划提出了如何最好地协调多方问题，
相关举措将在本书后面的部分展开论述。[249]

目前的环境管理计划仅限于克拉里昂-克利珀顿区，而在"区域"内的
采矿可能发生在海底的其他部分。为此，联合国大会鼓励国际海底管理局

---

242 Decision of the Council Relating to an Environmental Management Plan of the Clarion-Clipperton Zone, Document ISBA/18/C/22 (2012). 2016年进行的一项审查建议再增加两个环境特别关注的区域；参见 Report on the Work of the Legal and Technical Commission at Its Session in 2016, Document ISBA/22/C/17 (2016) para.27。

243 Decision of the Council Relating to an Environmental Management Plan of the Clarion-Clipperton Zone, Document ISBA/18/C/22 (2012).

244 Ibid, para. 5. 这项禁令的有效期为五年。分析参见 Lodge (n217)。

245 Decision of the Council Relating to an Environmental Management Plan for the Clarion-Clipperton Zone, Document ISBA/18/C/22 (2012) para. 2. 洛奇（Lodge）在文中指出，"在目前尚未进行任何环境影响评估的情况下，没有证据表明APEIs中的采矿活动可能对海洋环境造成严重损害"，Lodge (n217) 466。

246 参见 Lodge (n217) 468，注意到根据第162条，理事会拥有广泛的权力制定"管理局就管理局职权范围内的任何问题或事项采取的具体政策"，根据第145条，保护环境属于这一任务范围。

247 A Jaeckel, 'An Environmental Management Strategy for the International Seabed Authority? The Legal Basis' (2015) 30 *IJMCL* 93, 96.

248 EMP para. 12："管理局认识到，需要与许多其他与保护海洋环境有关的国际组织和进程进行协商。"

249 参见第10章。

"考虑在国际海底区域其他区……制定并核可环境管理计划",[250]理事会已要求法律和技术委员会就这一问题开展工作。[251]对此,国际海底管理局面对的主要挑战是关于其他海底区域的科学信息相对缺乏,这表明在制定海底采矿制度方面科学和法律监管需要携手并进。然而,克拉里昂-克利珀顿区环境管理计划的发展为其他海底"区域"部分提供了一个典范。[252]这项任务具有一定的紧迫性,因为这种计划最好在给予任何授权之前制订,从而确保最重要的地区不被开发,而不需要与既得利益者妥协。

240

8.4.7　海底采矿法的执行

除了建立一个中央机制框架来拟订有关国家管辖范围外海底活动的国际规则之外,《海洋法公约》还建立了一个集中的执行机制。理事会的正式职责是"就国际海底管理局职权范围内所有问题和事项监督和协调第十一部分规定的实施,并提请大会注意不遵守规定的情势"。[253]公约要求设立一个监督机构,其作用是"视察'区域'内的活动,以确定国际海底管理局的规则、规章和程序,以及同管理局订立的任何合同的条款和条件是否得到遵守"。[254]确切地说,该机构的性质以及视察的频率将取决于开采制度的谈判进程。[255]可以明确的是,国际海底管理局一旦发现违规行为,将有权对其进行制裁。国际海底管理局通过的规章的显著特点是它可通过《海洋法公约》建立的专门争端解决机制依法对承包者进行强制执行。这种制度提供了一种可能避免船旗国在航运和渔业制度中执法不严所遇到问题的手段。

此外,有关规定明确赋予了国际海底管理局对未遵守公约或条例规定的承包者采取措施的权力。[256]管理局可执行的处罚措施包括暂停或终止合同以

250　UNGA Resolution 68/70 (2013) para. 51.

251　Decision of the Council of the International Seabed Authority Relating to the Summary Report of the Chair of the Legal and Technical Commission, Document ISBA/22/C/28 (2016) para. 12.

252　参见 Lodge et al (n238) 72。

253　UNCLOS, Article 162(2)(a).

254　Ibid, Article 162(2)(z).

255　International Seabed Authority, Developing a Regulatory Framework for Mineral Exploitation in the Area (2016) Annex, Draft Regulation 54.

256　UNCLOS, Article 187(c).

及"与违反情形的严重程度相对应的罚款"。[257]管理局可根据事实评估对承包者采取上述措施。但是，有关合规性的争议将提交给国际海洋法法庭下的海底争端分庭或其他具有约束力的商业仲裁机构。[258]因此，这些机制可以对管理局的合规决定进行独立的司法审查。实际上，如果承包者未能遵守规定，管理局也可以对其提起法律诉讼。此类诉讼可能产生对承包者具有约束力的裁决，并且可通过缔约国的国家法院强制执行。

如果承包者的主体是《海洋法公约》的缔约国，那么其可能会面临额外的处罚。《海洋法公约》明确规定，对于任何"一再严重"地违反第十一部分的规定或国际海底管理局规则和条例的缔约国，"大会可根据理事会的建议暂停该国行使成员的权利和特权"。[259]此类权利包括管理局内的投票权以及进行勘探或开发活动的权利。

与海洋环境保护领域的其他案例相比，上述遵约机制尤其稳健。它们包括一个可以开展调查和提起诉讼的独立机构，以及能被适用且具有约束力的处罚机制。深海海底采矿的遵约制度尚未在实践中进行检验，尽管有证据表明许多承包者未能履行其提供环境基线报告的义务。[260]相反，"迄今为止采取的遵约措施仅限于理事会的决定和决议，以敦促承包者更好地遵守合同要求"。[261]这表明国际海底管理局不会自动开始使用其全部的执法权力，而是有选择性地使用。然而，该执法计划的成功还取决于管理局是否拥有可以用于视察"区域"内活动的有效的人力和财政资源。

241

---

257 UNCLOS, Annex III, Article 18(1)–(2). "在承包者有合理机会穷尽根据第十一部分第五节可以利用的司法补救办法之前"，不得施加这种处罚；UNCLOS, Annex III, Article 18(3)。在考虑现有承包者申请进一步勘探或开采合同时，也可考虑遵守情况，参见 UNCLOS, Annex III, Article 10 and Part XI Agreement, Section 1, para. 13。

258 UNCLOS, Articles 187(c) and 188(2)(a)；其中，禁止商事仲裁庭就对《海洋法公约》的任何问题的解释作出裁决，它必须将任何此类问题提交海底争端分庭。

259 Ibid, Article 185.

260 参见 International Seabed Authority, *Periodic Review of the Implementation of Plans of Work of the Commission during the Nineteenth Session of the International Seabed Authority*, Document ISBA/19/C/14 (2013) para. 2(c)。

261 M Lodge, 'Protecting the Marine Environment of the Deep Seabed', in R Rayfuse (ed.), *Research Handbook on International Marine Environmental Law* (Edward Elgar 2015) 160.

8.4.8 担保国在监管国家管辖范围以外海底采矿方面的作用

国际海底管理局在制定适用于"区域"内所有海底活动的统一法规方面发挥着主导作用，以确保所有经营者都符合环境保护的普遍标准。但是，在某些情况下，担保国（sponsoring state）采取的行动可能会提高这些保护标准的要求。

非国家实体若想在"区域"内开展海底活动，其每项申请都必须得到一个《海洋法公约》缔约国的支持。[262] 担保国的作用是协助国际海底管理局执行其任务并确保其国民开展的活动符合第十一部分和其他相关条例。[263] 然而，担保国也有其他的监管职能。《海洋法公约》附件三第21条第3款明确规定，"任何缔约国不得以不符合第十一部分的条件强加于承包者。但缔约国对其担保的承包者，或对悬挂其旗帜的船舶适用比管理局依据本附件第17条第2款（f）项在其规则、规章和程序中所规定者更为严格的有关环境或其他的法律和规章，不应视为与第十一部分不符。"《海洋法公约》第209条也确认了这一点，该条规定各国适用于在"区域"内开展活动的国民的法律和条例不应低于国际海底管理局通过的国际规则、规章和程序。[264] 该参考适用规则确立了最低标准，但并不妨碍各国对其经营者采用更严格的标准。

如果担保国决定对被担保者采用在"区域"内开展活动的国民所适用的规章，这些规章明确规定它们也必须采取预防性方法。[265] 虽然这与管理局的义务相同，但显然担保国可以决定对其本国国民更严格地适用这一原则。然而，如果承包者未能履行保护海洋环境的义务，担保国显然不会对此承担补充责任。[266]

除了为其管辖和控制下的经营者提供环境标准的补充来源外，担保国在确保其国民遵守其环境承诺方面也发挥着关键作用，包括确保承包者作出的任何保证都在国内法上具有效力。[267] 所有的担保国对此都负有相同的责任，

---

262 UNCLOS, Article 153(2)(b).

263 Ibid, Article 139(1).

264 Ibid, Article 209(2).

265 Nodules Regulations, Regulation 31(2)；Crusts Regulations, Regulation 33(2)；Sulphides Regulations, Regulation 33(2).

266 *Responsibilities and Obligations of States Sponsoring Persons and Entities with Respect to Activities in the Area* (2011) para. 204.

267 UNCLOS, Article 235(2). 另参见 Annex III, Article 4(4)。

共同但有区别的责任原则在这方面不适用。正如海底争端分庭所言：

> 发展中和发达担保国享有同等的待遇能够防止设在发达国家的商业企业在发展中国家设立公司、获得国籍以及获得担保以期受到较轻的监管和控制。如果担保国也存在"方便国"的现象，这将不利于与保护海洋环境有关的最高标准的统一适用，危及"区域"内开发活动的安全发展以及危害人类共同继承财产的保护。[268]

这一论断旨在维护第十一部分所载制度的完整性以及该制度促进保护和保全深海脆弱海洋环境的能力。

8.5　结论

许多活动可以在海床上进行，对此可以适用的确切法律制度在很大程度上取决于活动的地点和性质。本章试图概述相关法律框架以及可能参与制定监管机制的各种机构。

一方面，与国家管辖范围内的海底活动相关的法律制度高度碎片化，且以《海洋法公约》的一般程序和实体规则为基础，并辅以与特定类型的海底活动有关的全球性和区域性规则。在此方面，石油和天然气开采引发的关注最多，部分原因是该领域发生了诸多严重的事件。在国家管辖范围内许多监管具有区域性的特点，这也就意味着在不同活动的地点，所适用的规则或标准会有所不同。[269]然而，可以说一些基本规则，如采用BAT和BEP，已经成为国际规则和标准，因此将根据《海洋法公约》第208条的参照适用规则适用于所有国家。[270]尽管如此，这些基本规则本身可能不足以确保强有力的环境保护，因此，各国应采取进一步行动，通过谈判其他文书来填补该制度的

243

268　*Responsibilities and Obligations of States Sponsoring Persons and Entities with Respect to Activities in the Area* (2011) para.159.

269　参见 S Vinogradov, 'The Impact of the Deepwater Horizon: The Evolving International Legal Regime for Offshore Accidental Pollution Prevention, Preparedness and Response' (2013) 44 *ODIL* 335–362。

270　参见IMO内部对全球性文书提案漫长讨论：R Pereira, 'Pollution from Seabed Activities', in D Attard et al (eds), *The IMLI Manual of International Maritime Law: Vol. III* (OUP 2016) 134–135。

空白。一些评论家建议制定一部监管海底活动的全球性条约，但是国际社会恐怕没有足够的政治意愿来推动这一举措。然而，现有的协定可能会给其他地区协商新的规则或标准提供一个范本。[271]此外，区域性的努力可以得到全球性政策框架的有益补充，以在区域之间分享最佳做法并为有需要的区域提供技术和财政支持。这种机制的运作方式与第4章中讨论的《保护海洋环境免受陆上活动污染全球行动纲领》相类似。在不存在其他与之相关的全球论坛的情况下，联合国环境规划署处于一个理想的位置，可以在该问题上发挥带头作用，从而巩固其早先在该领域的努力成果。

244

海底矿产资源的开采也可以在国家管辖范围内进行。对于国际海底管理局通过的相关国际规则和标准，它们可以基于《海洋法公约》第208条适用于沿海国家海区内的开采活动。[272]然而，在国家管辖范围内可能发现的矿物资源范围要广得多，目前没有相关国际规则或标准。因此各国仅受《海洋法公约》第十二部分（海洋环境的保护与保全）中的基本规则的约束，除非各国达成共同标准。

国家管辖范围内的可再生能源发电是增长最快的近海产业之一，上述情况也适用于该活动。虽然这项活动不涉及对海底资源的直接开发，但它可能会给海底和周围的海洋生态系统带来一些物理影响，由此引发的另一个关键问题是由可再生能源装置引起的水下噪声的扩散。CBD缔约方会议是呼吁特别注意海洋环境噪声污染的组织之一，[273]它认识到该问题是"存在需要进一步研究的重大问题"。[274]在获得此类研究结果之前，缔约方会议鼓励各国"采取适当措施，以避免、减少和缓解人为水下噪声对海洋和沿海生物多样性的可能的重大负面影响"，包括"酌情对于对声音敏感物种可能具有重大不利影响的活动进行影响评估"以及"酌情进行监测"。[275]目前关于此类主题的具体国际规则或国际标准很少，只能由沿海国基于《海洋法公约》规定的勤勉义务在国内进行立法。然而，随着这些活动变得更加突出，我们期待国际社会的关注度会增加。在促进合作方面，区域性海洋机构是一种理想的论

271　参见 Oral (n127) 257；Vinogradov (n269) 352。

272　参见 Levin et al (n168) 246。

273　另参见 UNGA Resolution 60/30，para. 84；ACCOBAMS Resolution 2.16。

274　CBD COP Decision XII/23，para. 3(g)。

275　CBD COP Decision XII/23，para. 3(g)。

坛，它们提供了既定的体制框架并通过这些框架就适当的规则或标准达成一致。[276]有迹象表明，实践正在朝这个方向发展。此外，与保护生物多样性有关的条约也在促进监管方面发挥作用。[277]

在国家管辖范围以外的区域，深海海底采矿监管制度是国际法律体系中相对罕见的集中决策的例子。国际海底管理局不仅有权通过适用于"区域"内所有采矿活动的规则和规章，而且还有可以直接针对承包者执行上述规则和规章。毫无疑问，迄今为止保护海洋环境是管理局工作的核心内容，尽管这一目标是否得到足够的重视还存在争议。有证据表明，国际海底管理局已利用其立法权将环境考虑因素纳入其决策过程的所有阶段，并积极主动地确定值得保护且免受任何形式干扰的海底区域。国际海底管理局的工作进展令人瞩目，但其在海底采矿监管方面仍面临相当大的挑战。设计一个能够在经济发展和环境保护之间取得适当平衡的开发体系是国际海底管理局面临的最为艰巨的任务。国际海底管理局承认，"此领域任重道远……包括制定对保全参照区和影响参照区造成严重损害的阈值，制定可行的环境目标和指标以及采用预防性风险管理框架"。[278]只有将海洋保护区体系与适应性管理过程相结合，才有可能催生一个可以促进深海海底资源可持续利用的框架。开发制度的起草过程为国际社会提供了一个机会，确保生态环境保护从一开始就成为适用于国家管辖范围以外区域今后商业采矿业务的管理框架的基础。然而，同样重要的是该框架也需要具有一定灵活性，随着有关采矿对深海环境影响的信息不断丰富，该框架可获得相应的发展。

245

276　参见 OSPAR Agreement 2008-03: Guidance on Environmental Considerations for Offshore Wind Farm Development (2008); HELCOM Recommendation 34E-1, Safeguarding Important Bird Habitats and Migration Routes in the Baltic Sea from Negative Effects of Wind and Wave Energy Production at Sea (2013)。

277　参见 Convention on Migratory Species, Renewable Energy Technologies and Migratory Species: Guidelines for Sustainable Development, Document UNEP/CMS/ScC18/ Doc.10.2.2 (2014)。

278　International Seabed Authority, Developing a Regulatory Framework for Mineral Exploitation in the Area (2015) 27.

9 应对气候变化和海洋酸化对海洋环境的影响

9.1 引言

国际社会已经认识到，"气候变化是贯穿各领域的问题，是持久存在的危机，气候变化的负面影响范围大，十分严重，波及所有国家……威胁国家的延续和生存"。[1] 如今，人们普遍认为，气候变化是由以人类为中心的活动造成的，特别是温室气体的排放，而温室气体主要来自化石燃料的燃烧和土地用途的改变。[2] 这一现象最明显的影响是大气温度的上升，从而导致全球范围内极端天气事件的发生，如干旱和洪水。然而，除陆地生物以外，气候变化给海洋环境也带来了诸多问题。

气候变化对海洋最直接的影响将是海水水温升高。相关研究已经证实海水已在变暖，正如政府间气候变化专门委员会（Intergovernmental Panel on Climate Change，以下简称"IPCC"）所释，"几乎可以肯定的是，1971年至2010年，上层海洋（0～700米）已经发生变暖，并且海水变暖很可能在19世纪70年代至1971年之间就已开始发生"。[3] 此外，IPCC还报告，有证据表明，海面700米以下正在储存越来越多的能量。[4] 海水变暖对海洋生态系统产生了严重的影响，例如影响了许多鱼类物种的产卵、分布和数量。[5] 海洋变暖

---

1 UNGA Resolution 66/288 (2012) Annex, para. 25.

2 Intergovernmental Panel on Climate Change (IPCC), *Summary for Policymakers, Contribution of Working Group I to the Fifth Assessment Report of the Intergovernmental Panel on Climate Change* (2013) 12.

3 Ibid, 4.

4 Ibid, 5.

5 M Allsopp et al, *State of the World's Oceans* (Springer 2009) 159; J Bijma et al, 'Climate Change and the Oceans—What Does the Future hold?' (2013) *MPB* 3. IPCC, *Summary for Policymakers, Contribution of Working Group II to the Fifth Assessment Report of the Intergovernmental Panel on Climate Change* (2014) 6.

的另一个影响是珊瑚白化（coral bleaching），这个过程与珊瑚自身和生活在其组织中的虫黄藻（zooxanthellae）之间的相互作用有关。随着水域变暖，珊瑚会排出虫黄藻，因此，它们会变成白色。这种白化不一定是永久性的，随着时间的推移，珊瑚可能得以恢复。然而，海水温度上升的幅度越大，珊瑚白化的范围就越广，破坏性也随之增大。[6] 最终，严重的白化事件会导致珊瑚的大规模死亡，这会对以珊瑚为食以及受珊瑚保护的其他海洋物种产生间接影响。[7] 据报道，2016年世界上最大的珊瑚礁生态系统——澳大利亚大堡礁至少有35%的珊瑚礁被珊瑚白化所破坏。[8]

247

　　由人类活动造成的碳排放增加所产生的另一个影响是海洋酸化。海洋酸化和气候变化是截然不同的，尽管它们都有共同的原因，即大气中二氧化碳排放量的增加。一些二氧化碳被水体吸收，导致水的酸度增加，表现为pH值下降。[9] 有人认为，"海洋已经吸收了人为排放的二氧化碳总量的30%左右"，[10] 据估计，在1750年至2011年海洋吸收了125个至185个单位的碳排放量（GtC）。[11] 随着海洋继续吸收二氧化碳，海洋酸化趋势预计将贯穿整个21世纪。[12] 一项研究预测，"如果二氧化碳排放不受控制，到21世纪末，海洋的平均pH值可能会下降到7.8以下，这远远低于近期地质历史上其他任何时期的pH值范围"。[13] 对许多用碳酸钙构筑外壳或其他结构的海洋生物而言，上述预测如果实现将对其产生严重的影响。[14] 海水酸度的增加会侵蚀上述生物的外壳以及其他结构，这意味着"当可用来建造外壳的碳酸盐离子减少

6　Allsopp et al (n 5) 163；另参见Bijma et al (n5) 4。

7　EJ Goodwin, *International Environmental Law and the Conservation of Coral Reefs* (Routledge 2011) 6.

8　BBC News, Great Barrier Reef: Bleaching Kills 35% of Area's Coral, 30 May 2016. <http://www.bbc.co.uk/news/world–australia–36410767>.

9　据报道，在此期间，海洋表层水的pH值降低了0.1；IPCC, Summary for Policymakers, Contribution of Working Group II to the Fifth Assessment Report of the Intergovernmental Panel on Climate Change (n5) 8。

10　IPCC, Summary for Policymakers, Contribution of Working Group I to the Fifth Assessment Report of the Intergovernmental Panel on Climate Change (n2) 7.

11　Ibid, 7–8.

12　Ibid, 19.

13　SR Cooley and JT Mathis, 'Addressing Ocean Acidification as Part of Sustainable Ocean Development', in A Chircop et al (eds), *Ocean Yearbook 27* (Brill 2013) 33.

14　Allsopp (n5) 177.

时，钙化生物就会开始溶解"。[15]珊瑚，以及某些甲壳类动物、棘皮动物和软体动物都是这一过程的主要受害者。目前，海洋酸化的严重程度因地而异，有些地区，如亚北极太平洋（sub-Arctic Pacific）和北极西部海洋是海洋酸化的热点地区。[16]然而，也有研究预测，按照目前的酸化速度，从长远来看21世纪末全球海洋将无法支持珊瑚礁的生长。[17]这也将严重影响其他以钙化生物为食的物种，因此它们必须寻找其他食物来源。[18]此外，越来越多的证据表明，海洋酸化也会对海洋物种造成其他的影响，如"繁殖潜力下降、生长减慢或抗病能力减弱"等。[19]现阶段，我们仍不确定海洋酸化将会对生态系统造成何种确切的后果，进一步的研究仍在进行之中。[20]但是，"由于［海洋酸化］，物种的丰富度和组成可能会发生变化，所有营养级的生态系统功能可能会受到影响，以及海洋化学特性也可能会发生相应的变化"，[21]因此这显然是一个适合采用预防性方法的领域。正如弗里斯通（Freestone）所言，"即便不考虑气候变化的其他影响，海洋酸化本身就是各国同意减少二氧化碳排放的一个主要原因"。[22]

　　各国表示"严重关切气候变化和海洋酸化对海洋环境和海洋生物多样性的当前和预计的不利影响，并强调解决这些问题的紧迫性"，[23]它们呼吁"支持应对海洋酸化和气候变化对海洋和沿海生态系统和资源影响的举措"，包括采取措施"防止海洋进一步酸化，以及加强海洋生态系统和生计依赖于这

15　Cooley and Mathis (n13) 34.

16　JT Mathis et al, 'Chapter 5：Sea-Air Interactions', in *Global Oceans Assessment* (UN 2016) 19；另参见 *Report on the Work of the United Nations Open-Ended Informal Consultative Process on Oceans and the Law of the Sea at Its Fourteenth Meeting* (Fourteenth ICP Report)，Document A/68/159 (2013) para. 19。

17　KL Rickie et al, 'Risks to Coral Reefs from Ocean Carbonate Chemistry Changes in Recent Earth System Model Projections' (2013) 8 *ERL* 034003.

18　Allsopp (n5) 179.

19　Ibid；另参见 Bijma et al (n5) 4。《生物多样性公约》缔约国已表达了对该问题的国际关切，参见 CBD COP Decision X/29 (2010) paras 64–65。

20　Cooley and Mathis (n13) 36–7；另参见 Scientific Synthesis of the Impacts of Ocean Acidification on Marine Biodiversity，CBD Technical Series No. 46 (2009) 10。

21　Mathis et al (n16) 20.

22　D Freestone, 'Climate Change and the Oceans' (2009) 4 *CCLR* 383, 383.

23　UNGA Resolution 68/70 (2013) preamble；另参见 UNGA Resolution 69/245 (2014) preamble。

些生态系统的社区的回弹力"。[24] 所有保护海洋环境的国际制度都应当考虑到这种跨领域的威胁。然而，这一议题将会引发更加复杂的科学、政策以及法律问题。气候变化被描述为一个"超级抗解"的问题，因为它牵涉不同的利益，且世界缺乏一个适当的全球政府体系来应对此类全球性规模的挑战。[25] 因此，我们有必要采取多方面的法律对策。[26]

　　本章将先概述为了应对气候变化本身而建立的国际法律制度，即《联合国气候变化框架公约》（United Nations Framework Convention on Climate Change，以下简称"UNFCCC"）及其他相关文书。随后，本章将分析其与海洋环境保护领域的其他法律文书的关系。本章将首先分析《海洋法公约》和UNFCCC之间的关系。其次，本章将衡量其他法律文书对应对气候变化和海洋酸化影响的贡献。所有条约机制都会面临气候变化问题，但本章将重点讨论国际海事组织在解决船舶温室气体排放问题方面的作用，此外，本章也关注倾废制度在监管海上碳捕获和碳封存以及为气候目的而进行的地球工程方面的作用。

9.2　国际气候变化机制

9.2.1　UNFCCC

249

　　20世纪80年代，随着与地球变暖有关的科学证据不断涌现，在联合国的主持下，国际社会开始了关于规制温室气体排放的国际条约的谈判，并于1992年缔结了UNFCCC，该公约至今仍然是应对气候变化问题的主要法律文书之一。顾名思义，UNFCCC并未对温室气体排放进行详细规管，而且在UNFCCC生效后的20年里，气候变化的规管框架已经发生了重大变化。尤为重要的是，2015年12月通过的《巴黎协定》（The Paris Agreement）为国

24　UNGA Resolution 66/288 (2012) Annex, para. 166. Reiterated in UNGA Resolution 68/70 (2013) para. 154; UNGA Resolution 69/245 (2014) para. 167.

25　参见 R Lazarus, 'Super Wicked Problems and Climate Change: Restraining the Present to Liberate the Future' (2009) 94 *CLR* 1153。

26　参见 AE Boyle, 'Climate Change and International Law—A Post-Kyoto Perspective' (2012) 42 *EP&L* 333–343。

际气候规管开启了新的阶段。《巴黎协定》是UNFCCC的执行协定，[27] 该协定至今有效。因此，要理解这一新的法律安排的重要性，也就有必要先理解UNFCCC所确立的框架以及了解在该公约框架下产生的一些重要的发展。

UNFCCC的目标是：

> 将大气中的温室气体浓度稳定在防止对气候系统受到危险的人为干扰的水平上。这一水平应当在足以使生态系统能够自然地适应气候变化、确保粮食生产免受威胁并使经济发展能够可持续地进行的时间范围内实现。[28]

这一目标承认某种程度的气候变化是不可避免的，但需要采取行动以确保将气候变化的影响降到最低。在此基础上，UNFCCC的缔约方已经认识到，"要求大幅削减全球温室气体排放量"，并承诺"将全球平均气温的上升幅度控制在较工业化前水平的2℃以下"。[29] 然而，UNFCCC也认识到，与气候变化有关的争论中还牵涉一些其他目标，因此在决定如何应对气候变化的威胁时，必须对这些目标进行协调。上述不同的目标在UNFCCC的原则中也有所体现，这些原则强调任何措施不仅要追求减轻气候变化的影响这一根本目标，而且还要以促进公平的方式进行，考虑到发展中国家的具体需要和特殊情况，遵循预防性方法，并与支持性且开放的国际经济体系相适应。[30] 如何平衡上述不同的利益是UNFCCC缔约方面临的最大挑战之一。

250 虽然UNFCCC是一个框架公约，但它并非没有义务性规定。例如，UNFCCC的所有缔约方都必须"编制、定期更新、公布并……向缔约方会议提供关于《蒙特利尔议定书》（Montreal Protocol）未予管制的所有温室气

27　参见2015 Paris Agreement on Climate Change (EIF 4 November 2016) Articles 2, 18–24。

28　参见1992 United Nations Framework Convention on Climate Change (UNFCCC) (EIF 21 March 1994) Article 2。

29　UNFCCC COP Decision 1/CP.16 (2011) para. 4. 缔约方未能商定确定减排目标的其他方法，例如对大气中CO_2的浓度（以百万分之几计）设定限制；因此，缔约方未能就确定减排目标的其他方法达成一致意见。参见D Bodansky, 'The Copenhagen Climate Accord' (2010) 14 *ASIL Insights* 3。另参见下方讨论的《巴黎协定》。

30　UNFCCC, Article 3.

体的各种源的人为排放和各种汇的清除的国家清单"，[31]以及"制订、执行、公布和经常地更新国家的以及在适当情况下区域的计划，其中包含从《蒙特利尔议定书》未予管制的所有温室气体的源的人为排放和汇的清除来着手减缓气候变化的措施，以及便利充分地适应气候变化的措施"。[32]

UNFCCC还认可共同但有区别的责任这一原则，明确要求发达国家"率先对付气候变化及其不利影响"。[33]在国际气候变化制度方面，共同但有区别的责任原则产生的一个重要结果是对发达国家赋予了额外的义务。因此，除了上述的一般义务外，UNFCCC附件一中所列的发达国家缔约方还被要求"制定国家政策和采取相应的措施，通过限制其人为的温室气体排放以及保护和增强其温室气体库和汇，减缓气候变化"。[34]另外，共同但有区别的责任原则则要求附件二所列的发达国家缔约方为发展中国家提供"新的和额外的资金"，以采取减缓气候变化和适应的措施。[35]事实上，UNFCCC明确认识到：

> 发展中国家缔约方能在多大程度上有效履行其在本公约下的承诺，将取决于发达国家缔约方对其在本公约下所承担的有关资金和技术转让的承诺的有效履行，并充分考虑到经济和社会发展及消除贫穷是发展中国家缔约方的首要和压倒一切的优先事项。[36]

UNFCCC于1994年3月21日生效，目前该公约有196个缔约方（包括欧盟在内）。由于该公约是一个框架性公约，因此各缔约方需要继续讨论为了履行条约义务需要采取哪些措施，而且它们还采取了一些额外的措施来发展其国际法下的义务。对此，UNFCCC建立了一个国际机构，即缔约方会议，它为在科技知识发展演变的背景下讨论和审查法律框架提供了一个论坛。[37]该机构在制定有关气候变化的国际法律框架方面发挥了主导作用。

---

31 UNFCCC, Article 4(1)(a).

32 Ibid, Article 4(1)(b).

33 Ibid, Article 3(1).

34 Ibid, Article 4(2)(a).

35 Ibid, Article 4(3).

36 Ibid, Article 4(7).

37 Ibid, Article 7.

9.2.2 《京都议定书》

251　　作为一个框架性条约，UNFCCC需要具体的协议或文书的补充，从而使其发挥实效。首先是1997年通过的《京都议定书》(The Kyoto Protocol)，该议定书为附件一中的国家限制其温室气体人为排放的义务增添了更多的内容。该议定书也对发达国家缔约方提出了具体的减排目标，[38]该目标涉及六种主要的温室气体，即二氧化碳、甲烷、氧化亚氮、氢氟碳化物、全氟化碳和六氟化硫。[39]由于《京都议定书》将框架公约所涉的制度"从[一个]承诺和审查制度转变为具有约束力的目标和时间表"，[40]因此其被认为是气候变化国际法律制度的一个重要发展。

　　《京都议定书》最终于2005年生效，但是一些重要的发达国家仍未加入该议定书，尤其是美国。然而，不可否认该议定书已经产生了一些效果。《京都议定书》规定的第一个减排阶段于2012年结束，大多数缔约方都在这一时期内实现了其减排目标。[41]同时，人们也普遍认识到，实现《京都议定书》下的目标与实现UNFCCC的总体目标所需的条件相差甚远。

　　《京都议定书》的许多缔约方同意从2013年1月1日起至2020年12月31日为第二个承诺期。[42]然而，包括加拿大、日本、新西兰和俄罗斯在内的一些国家拒绝参加第二轮谈判，这些国家认为，仅靠发达国家的行动不足以应对气候变化，因此所有国家都必须采取一些行动。因此，在谈判修订《京都议定书》的同时，UNFCCC的缔约方也想在气候变化的国际法律制度方面有更大的发展。

38　参见 1997 Kyoto Protocol (EIF 16 February 2005), Annex B。

39　Kyoto Protocol, Annex A.

40　D Bodansky and E Diringer, The Evolution of Multilateral Regimes: Implications for Climate Change, Pew Center on Global Climate Change Occasional Papers (2010) 14.

41　该分析参见 Boyle (n26) 334–335。加拿大于2011年退出该议定书；参见退约函。<http://unfccc.int/files/kyoto_protocol/background/application/pdf/ canada.pdf.pdf>.

42　Amendment to the Kyoto Protocol pursuant to its Article 3, para. 9 (the Doha Amendment), Decision 1/CMP8 (2013).

9.2.3 《巴黎协定》

在2005年召开的第十一届UNFCCC缔约方会议（COP 11）上，缔约方首次试探性地启动了有关实施UNFCCC所需的进一步行动的讨论。[43]经过几次尝试，缔约方最终同意"启动一个进程……拟订一项《公约》之下对所有缔约方适用的议定书、另一法律文书或某种有法律约束力的议定结果"。[44]德班加强行动平台问题特设工作组（Ad Hoc Working Group on the Durban Platform for Enhanced Action）负责按时完成这项任务，以迎接定于2015年举行的第二十一届缔约方会议。经过漫长且困难的谈判，《巴黎协定》于2015年12月12日获得通过，该协定为国际气候变化制度开辟了新的方向。

《巴黎协定》将"把全球平均气温升幅控制在工业化前水平以上低于2℃之内"这一目标写入法律文本，同时努力寻求将温度升高控制在1.5℃以内。[45]为此，缔约方同意"尽快达到温室气体排放的全球峰值"。[46]谈判各方普遍认为，只有所有国家都采取行动减少温室气体的排放，上述目标才得以实现。虽然《巴黎协定》仍然承认共同但有区别的责任这一原则，但该协定规定所有缔约方都有义务"编制、通报并保持它计划实现的连续国家自主贡献（nationally determined contributions）"。[47]因此，《巴黎协定》是从《京都议定书》的"目标和时间表方法"退步到了一种"承诺和审查系统"。可以说，这是让发展中国家加入所必须付出的代价。《巴黎协定》仍然承认发达国家应该通过"整个经济范围的绝对减排目标"发挥带头作用，但与以前的文书有很大不同，它接着提到，"发展中国家缔约方应当继续加强它们的减缓（气候变化的）努力，鼓励它们根据不同的国情，逐渐转向全经济范围减排或限排目标"。[48]虽然以上条文在措辞上没有规定具有法律约束力的义务，[49]但它明确提出了对发展中国家逐步实现减少温室气体排放的期望。该协议

252

43　参见 UNFCCC COP Decision 1/CP.11 (2005)。

44　UNFCCC COP Decision 1/CP17 (2011) para. 2.

45　Paris Agreement, Article 2(1).

46　Ibid, Article 4(1).

47　Ibid, Article 4(2).

48　Ibid, Article 4(4).

49　参见 L Rajamani的阐释：'The 2015 Paris Agreement: Interplay between Hard, Soft and Non-Obligation' (2016) 28 *JEL* 337, 355。

的进一步规定还涉及为了帮助发展中国家实现这一过渡需要对其提供财政支持[50]和技术转让。[51]

《巴黎协定》于2016年春季开放签署，并于2016年11月4日生效。[52]尽管缔约方还需要采取措施来设计该协定下的报告和审查程序，但《巴黎协定》的生效确是一个重大的成就。此外，《巴黎协定》本身显然并不能解决气候变化的问题，其有效性将取决于各国所做承诺的水平。许多国家在巴黎缔约方会议之前就已经做出了承诺，尽管这些承诺还未达到实现《巴黎协定》目标所需的程度。[53]《巴黎协定》预测随着时间的推移，各国将会增加其承诺。[54]在某种程度上，新制度依赖于各国在这方面的诚意。报告程序将要求各缔约方提供一系列信息，以确保其承诺的透明度，并明确要求它们说明"缔约方何以认为其国家自主贡献就本国国情而言公平而有力度，以及该国家自主贡献如何能为实现《公约》第二条的目标作出贡献"。[55]上述信息将成为一方与其他缔约方对话的基础。此外，该协定另一个重要方面是其建立了审查机制，以监督实现 UNFCCC 目标的进展。[56]审查程序的严格性及其说服各国采取更多措施来减少排放的能力，将最终成为新制度面临的考验。

9.2.4　国际气候变化制度与海洋

有观点批评，虽然海洋问题对缓解气候变化的作用重大且气候变化也对海洋环境影响重大，但 UNFCCC 进程没有充分强调海洋问题。[57]此外，在国际层面上也缺乏对海洋酸化的关注。[58]事实上，针对后一个方面，如下文所述，这两个制度可能存在分歧。

50　Paris Agreement, Article 9.

51　Ibid, Article 10.

52　参见 UNFCCC 网站：<http://unfccc.int/paris_agreement/items/9444.php>。在作者撰写本书时，已有134个 UNFCCC 缔约方批准了该协定。

53　UNFCCC COP Decision 1/CP.21 (2015) para. 17.据估计，截至2016年4月20日的承诺将导致2100年预期升温3.5℃；参见 <https:// www.climateinteractive.org/analysis/deeper–earlier–emissions–cuts–needed–to–reach–paris– goals/>。

54　Paris Agreement, Article 4(3).

55　UNFCCC COP Decision 1/CP.21 (2015) para. 27.

56　Paris Agreement, Article 13.

57　Freestone (n22) 383. 另参见 G Galland, E Harrould-Kolieb, D Herr, 'The Ocean and Climate Policy' (2012) 12 *CP* 764, 770。

58　参见 Fourteenth ICP Report (n16) para. 60。

迄今为止，UNFCCC 和《京都议定书》下现行规管方法的一个特点是，各国具有广泛的自由裁量权来决定应当减少哪些温室气体排放以实现其目标。《京都议定书》的目标是以"温室气体的其人为二氧化碳当量排放总量"来表示的。[59] 因此，各国可以在其减排计划中选择目标种类气体的排放量。在实践中，有人提出，"（国家）有明显的经济动机来减少比二氧化碳具有更强变暖效应的［非二氧化碳温室气体］"。[60] 换言之，如果各国可以通过其他方式实现减排，就不必专注于减少二氧化碳。事实上，正如史蒂芬斯（Stephens）所言，"只要其他［温室气体］相应地减少，各国……甚至可以增加二氧化碳的排放"。[61] 这种方法对于减缓全球变暖或许是有意义的。但是，如上所述，二氧化碳是海洋酸化的主要原因，因此，解决海洋酸化问题的唯一途径是减少二氧化碳的排放。为了纠正这种情况，一些评论家认为有必要采取"嵌套式"[62]减排方法，即在现有的整体温室气体减排目标的基础上，单独制定二氧化碳的减排目标。[63] 鉴于"缓解海洋酸化和气候变化的解决方案密切相关"，有充分理由认为 UNFCCC 是能恰当地应对海洋酸化这一问题的机制。[64] 事实上，由于 UNFCCC 已经在应对日益增长的二氧化碳排放的威胁，为此建立一个新的机制毫无意义。[65]

在《巴黎协定》的谈判过程中，上述问题未得到详细阐释，《巴黎协定》更关心的是达成所有国家都应通过减排来应对气候变化的妥协。《巴黎协定》在其序言中确实承认有必要"确保包括海洋在内的所有生态系统的完整性"，尽管该文本本身并没有为缔约方确立达到此目的的义务。然而，通过

254

59　Kyoto Protocol, Article 3(1).

60　ER Harrould-Kolieb and D Herr, 'Ocean Acidification and Climate Change: Synergies and Challenges of Addressing both under the UNFCCC' (2012) 12 *CP* 378, 384.

61　T Stephens, 'Warming Waters and Souring Seas', in D Rothwell et al (eds), *Oxford Handbook on the Law of the Sea* (OUP 2015) 786.

62　Cooley and Mathis (n13) 31. 其提到："决策者必须注重减少二氧化碳，而不仅仅是减少甲烷等其他温室气体，因为这些气体可能更容易管理，而且在《清洁发展机制》等文件中也得到同样的重视。"Ibid, 45. 另参见 DEJ Currie and K Wowk, 'Climate Change and CO_2 in the Oceans and Global Oceans Governance' (2009) 4 *CCLR* 387, 392。

63　Harrould-Kolieb and Herr (n60) 382–384.

64　Ibid, 381.

65　例如 R Baird et al, 'Ocean Acidification: A Litmus Test for International Law' (2009) *CCLR* 459. 更谨慎的方法则另参见 Goodwin (n7) 255–256。另参见 RE Kim, 'Is a New Multilateral Environmental Agreement on Ocean Acidification Necessary?' (2012) 21 *RECIEL* 243–358。

《巴黎协定》设立的国家自主贡献引入这种变化可能并不困难，因为它不需要改变条约文本，而是需要各缔约方在提交国家自主贡献时决定应当解决哪些问题。一项研究结论明确指出，需要"努力游说来尝试和引导在 UNFCCC 支持下的谈判或国家行动，以实现二氧化碳排放的实质性减少目标"。[66]最终，与应对气候变化相同，各国必须正视解决海洋酸化这一问题的政治重要性。目前，围绕海洋酸化及其影响缺乏明确的科学证据，这也是达成某种共识的障碍，因此，国际社会普遍认为开展进一步的研究至关重要。[67]但是时间紧迫，我们不能等待科学证据明确后，再采取措施应对这一威胁。对此，我们需要采取预防性方法，而不应该把缺乏科学确定性作为不采取措施的借口。预防性方法被明确地列在 UNFCCC 的原则中，[68]而且该原则在《巴黎协定》的制定中也依然相关。然而，它需要各国采取积极行动来落实这一原则。2016 年 UNFCCC 缔约方会议上，22 个国家签署了《"因为海洋……"宣言》，该宣言要求 IPCC 进一步研究海洋与气候之间的关系，并在公约下就一项有关海洋的行动计划展开谈判。[69]我们将在下一节中分析，基于《海洋法公约》可以采取哪些法律手段，以推进这一议程。

9.3 《海洋法公约》对解决气候变化和海洋酸化问题的意义

9.3.1 气候变化和海洋酸化是对海洋环境的污染

在《海洋法公约》谈判之时，人们并未意识到人类对化石燃料的依赖会给全球环境带来危害。因此，《海洋法公约》中没有提到气候变化问题。然而，这并不意味着《海洋法公约》对各国应如何应对这一全球挑战没有影响。首先，各国在其他论坛上制定与气候变化和海洋酸化有关的解决方案时必须考虑到《海洋法公约》建立的管辖框架。其次，如果不能通过其他制度

---

66 Goodwin (n7) 259.

67 UNGA Resolution 64/71 (2009) para. 133；UNGA Resolution 66/288 (2012) Annex，para. 166；UNGA Resolution 68/70 (2014) paras 153–156.

68 UNFCCC, Article 3(3).

69 参见 <http://www.iddri.org/Themes/Oceans–et–zones–cotieres/Because–the–Ocean– Declaration–sur–le–Climat–et–les–Oceans>。

框架找到解决方案,《海洋法公约》也会在规制气候变化和海洋酸化对海洋环境的影响方面发挥补充作用。

虽然《海洋法公约》没有明确提及气候变化或海洋酸化,但各国一致认为其为所有与保护和维护海洋环境有关的活动提供了法律框架,包括气候变化和海洋酸化对海洋环境的影响。[70]由于《海洋法公约》对海洋环境污染的定义相对宽泛,[71]毫无疑问,《海洋法公约》中关于保护海洋环境的规定也适用于气候变化和海洋酸化。[72]首先,气候变化导致的海水变暖可被视为海洋污染,因为它涉及向海洋环境引入"造成或可能造成……有害影响"的"能量"。[73]其次,水体对二氧化碳的吸收是造成海洋酸化的根本原因,也可算作污染,因为它涉及向海洋环境引入一种"造成或可能造成……有害影响"的物质。[74]因此,各国有义务应对与气候变化和海洋酸化相关的海洋环境危害。那么,根据《海洋法公约》,各国需要怎样应对这些威胁?

《海洋法公约》第212条第1款要求各国"为防止、减少和控制……污染,应制定适用于在其主权下的上空和悬挂其旗帜的船只或在其国内登记的船只或飞机的法律和规章"。[75]显然,这项规定涉及范围很广,它既包括一国主权领土内所有活动产生的空气污染,也包括在世界任何地方拥有该国国籍的船舶和飞机产生的空气污染。该公约的所有缔约方都应通过立法来控制这些污染源,并采取"其他可能必要的措施,以防止、减少和控制这种污染"。[76]《海洋法公约》第212条第3款还指出,有必要就这一问题谈判并制定更具体的文书,该条规定,"各国特别应通过主管国际组织或外交会议采取行动,尽力制订全球性和区域性规则、标准和建议的办法及程序,以防止、减少和控制这种污染"。

因此,我们必须根据与此类问题有关的其他可适用的国际规则来解释

---

70 参见 Fourteenth ICP Report (n16) para. 9。

71 参见第2章。

72 A Boyle, 'Law of the Sea Perspectives on Climate Change' (2012) 27 *IJMCL* 831, 832. 另参见 Stephens (n61) 783。

73 UNCLOS, Article 1(4).

74 UNCLOS, Article 1(4).

75 UNCLOS, Article 212(1).

76 UNCLOS, Article 212(2).《海洋法公约》第222条进一步要求各国执行根据第212条第1款通过的任何国家规则和条例。

《海洋法公约》。当法院和法庭在解释第212条时，为确定《海洋法公约》要求各国采取的措施，会遵从UNFCCC等所确定的标准。[77]换言之，是否遵守UNFCCC制度将是衡量各国是否遵守《海洋法公约》第212条规定义务的一个指标。[78]因此，《巴黎协定》下的温度目标、确定国家自主贡献的过程以及评估过程是《海洋法公约》制度的重要参考内容。但这并不意味着《海洋法公约》在所有方面都服从于UNFCCC。在一些情况下，《海洋法公约》可以对UNFCCC进程起到重要补充作用。

第一，《海洋法公约》为所有缔约方规定了处理这些海洋污染源的法律义务，无论这些国家是否是UNFCCC或《巴黎协定》的缔约方。因此，第212条为应对气候变化和海洋酸化的行动或措施提供了独立的法律依据，它可以填补监管框架的空白，即一国不是《巴黎协定》的缔约方并不能免除其采取措施应对包括海洋变暖在内的气候变化的义务，这种义务也来源于《海洋法公约》。

第二，如果《巴黎协定》第14条规定的全球评估工作未能取得进展，《海洋法公约》可以提供一个余留机制来处理有关减缓气候变化措施的争端。由于全球评估工作的模式尚待确定，目前我们还不完全明确全球评估工作将采取何种形式。[79]然而，这个过程似乎是一个政治过程，因为它将由缔约方会议以"促进性"（facilitative）的方式进行。由于UNFCCC制度非常强调共识，[80]这一进程有可能会停滞不前。就其本身而言，UNFCCC和《巴黎协定》都没有为解决争端提供强有力的程序保障。[81]相比之下，《海洋法公约》第十五部分规定的强制争端解决的适用意味着，如果各国不能就"国际努力是否足以实现全球目标"达成一致，各国就可以求助于司法机制。当然，法院或法庭只能处理有关法律或事实问题的分歧。第212条的规定本质上也具有

---

77 Boyle (n72) 836. 其他条约承诺也可能是相关的，例如1979 Framework Convention on Long-Range Transboundary Air Pollution (EIF, 16 March 1983) 及其议定书。

78 参见Goodwin (n7) 253，citing RE Jacobs, 'Treading Deep Waters: Substantive Law Issues in Tuvalu's Threat to Sue the United States in the International Court of Justice' (2005) 14 *PRL&PJ* 103。

79 参见UNFCCC COP Decision 1/CP.21 (2015) paras 100–102。

80 参见Adoption of Rules of Procedure, Document FCCC/CP/1996/2 (1996)。

81 UNFCCC需要缔约方同意，然后才能将索赔提交司法机构（国际法院或仲裁）解决。《巴黎协定》第15条规定了一个"促进性、……非敌对性和非惩罚性"的遵约程序。

一定的模糊性，因此，法院或法庭不太可能准确地确定应当采取什么步骤来减排，它们当然也不会介入对该问题的责任分配等复杂问题，毕竟该问题是所有国家共同造成的。[82] 然而，法院或法庭能够判断某一国家在 UNFCCC 制度内外，根据自己的法律或政治承诺，是否采取了足够的行动。[83] 即使是这样一个简单的决定也会产生重要的影响。正如桑兹（Sands）所说，"像［国际法院］这样的机构，就法律要求什么或不要求什么，或就科学证据要求什么或不要求什么，作出明确的声明，本身就可以促使态度和行为的改变"。[84] 至少，有关此类问题的诉讼将要求各国在公共论坛上证明其对气候变化的立场，并解释它们为什么不准备采取更紧急的行动，并对这些理由进行独立审查。

　　第三，最重要的是，《海洋法公约》可以确保各国将应对海洋酸化作为其更广泛的气候变化减缓措施的一部分。与 UNFCCC 制度不同，《海洋法公约》第 212 条要求各国证明它们已经采取了足够的措施来解决二氧化碳排放问题，因为它是一种涉及将物质引入海洋环境而造成的有害影响的独特的海洋污染源。虽然法院或法庭不愿意明确说明各国必须达到何种程度的二氧化碳减排目标，但可以肯定的是，如果一国将其温室气体减排目标完全或主要集中在其他温室气体上，而不解决二氧化碳排放的问题，该国就会违反《海洋法公约》的规定。《海洋法公约》要求各国采取合理措施解决二氧化碳排放问题，以控制海洋酸化这一海洋污染形式。

　　CBD 的缔约方会议也明确强调了各方采取具体行动解决海洋酸化这一问题的必要性，它还就海洋酸化对生物多样性的影响[85]提出了一份综合报告，并确定了解决海洋酸化的实际对策。[86] 文件强调，"只有通过紧急且迅速地减少全球二氧化碳排放量，才能避免对海洋生态系统的重大损害"，因此其

258

82　参见 Goodwin (n7) 253。

83　例如，参见 *Urgenda Foundation v The State of the Netherlands* (2015)。

84　P Sands, 'Climate Change and the Rule of Law: Adjudicating the Future in International Law' (2016) 28 *JEL* 19, 26.

85　参见 CBD Secretariat, *An Updated Synthesis of the Impacts of Ocean Acidification on Marine Biodiversity*, CBD Technical Series No. 75 (2014)。

86　参见 *Addressing Adverse Impacts of Human Activities on Marine and Coastal Biodiversity, including Coral Bleaching, Ocean Acidification*, Fisheries and Underwater Noise—Note by the Executive Secretary, Document UNEP/CBD/SBSTTA/16/6 (2012), Annex III, taken note of by CBD COP Decision XI/18 (2012) para. 24。

鼓励缔约方通过相关机构朝着这个方向采取措施。[87]基于此，对《海洋法公约》和CBD的解释都进一步支持这样的结论：各国必须解决其二氧化碳排放问题。

最后，我们认为气候变化和海洋酸化的影响使各国更有必要根据《海洋法公约》第194条第5款采取行动，该条要求各国采取"保护和保全稀有或脆弱的生态系统，以及衰竭、受威胁或有灭绝危险的物种和其他形式的海洋生物的生存环境，而有必要的措施"。毫无疑问，一些海洋生态系统已经受到了气候变化和海洋酸化的威胁，因此第194条第5款有可能得以适用。珊瑚礁是在这方面受到威胁最为明显的生态系统，[88]但气候变化和海洋酸化的影响可能更加广泛。为了加强海洋生态系统应对气候变化和海洋酸化的复原力，建立海洋保护区被认为是一项重要的缓解措施。[89]建立海洋保护区将需要确定受威胁的物种和生境，并采取相应的保护措施。CBD缔约方明确指出划定海洋保护区是适应气候变化的重要战略，他们要求"选择需要加以保护以确保生物多样性的适应能力的区域"，[90]他们还强调"海洋和沿海生态系统的作用和潜力，如珊瑚礁和河口，以及潮汐盐沼、红树林和海草等生态环境"，它们与缓解和适应气候变化有关。[91]尽管这些决定不具有法律约束力，但它们为各国解释《海洋法公约》第194条第5款中的一般义务以及在这方面哪些类型的措施可以满足勤勉义务标准提供了相应的指导。

259　9.4　缓解和适应气候变化的领域性方法

除了与气候变化有关的常规制度之外，特定的领域性制度也可以用来

---

87 *Addressing Adverse Impacts of Human Activities on Marine and Coastal Biodiversity, including Coral Bleaching, Ocean Acidification*, Fisheries and Underwater Noise—Note by the Executive Secretary, Document UNEP/CBD/SBSTTA/16/6 (2012), Annex III, taken note of by CBD COP Decision XI/18 (2012), paras 2–3.

88 《生物多样性公约》的工作突出了保护珊瑚礁的问题；参见CBD COP Decision VI/3 (2002)；CBD COP Decision VII/5 (2004) Appendix I；CBD COP Decision X/ 2 (2010), Annex, Target 10；CBD COP Decision XI/18A (2012), paras 9–14；CBD COP Decision XII/23 (2014), paras 11–16。

89 Fourteenth ICP Report (n16) paras 16, 27.

90 CBD COP Decision X/29 (2010) para. 7. 另参见 para. 8(d)，该部分呼吁继续努力，提高沿海和海洋生态系统的复原力，特别地，通过海洋保护区实现全球目标。

91 Ibid, para. 8(a).

应对气候变化问题。面对海水变暖和海洋酸化，许多生态系统都显示了其脆弱性，因此各国明确认识到了"为了增强海洋生态系统对海洋酸化的适应能力，减少其他因素对海洋环境的影响是十分有必要的，这些因素包括污染、海岸侵蚀、破坏性捕鱼和过度捕捞等"。[92] 通过将气候变化和海洋酸化问题纳入海洋环境政策和决策的其他领域，我们才有可能实现这个目标。为此，UNFCCC第4条就明确指出，缔约方需要"在它们有关的社会、经济和环境政策及行动中，在可行的范围内将气候变化考虑进去"[93] 由于《海洋法公约》的大多数缔约方也是UNFCCC的缔约方，在解释《海洋法公约》时这一条款可被视为一项国际法的相关规则，因此，在解释和拟订有关保护海洋环境的其他法律文书时，应将这一条款考虑在内。[94]

在根据现有国际文书采取行动时，许多机构不得不将气候变化和海洋酸化的影响纳入其决策过程。例如，区域性海洋机构可以在这方面发挥作用。虽然大多区域性海洋公约主要是在气候变化出现在国际议程上之前被起草的，但是许多区域性海洋机构已经在着手处理该问题。联合国环境规划署的《2008—2012年区域海洋方案全球战略方向》（Global Strategic Directions for Regional Seas Programmes 2008–2012）强调了制定区域性气候变化适应战略的重要性，[95] 而且这项指令已经被许多地区所执行。例如，《地中海海洋和沿海地区区域气候变化适应框架》（Regional Climate Change Adaptation Framework for the Mediterranean Marine and Coastal Areas）强调，除其他外，有必要确定生物多样性热点地区面临的风险，以便尽早采取适应措施。[96] 在区域性海洋条约促进海洋保护区网络发展的前提下，[97] 作为指定新保护区的一个相关因素，适应气候变化应被考虑在内。

渔业机构也可在这一进程中发挥作用。的确，自2008年以来，联合国大会已敦促"各国直接或通过适当的次区域、区域或全球组织或安排，加紧努力评估和酌情处理全球气候变化对长期维持鱼类种群及其生境的影

92　Fourteenth ICP Report (n16) para. 15.

93　UNFCCC, Article 4(1)(f).

94　参见1969 Vienna Convention on the Law of Treaties (VCLT) (EIF, 27 January 1980) Article 31(3)(c)。

95　Document UNEP(DEPI)/RS.9/6 (2007) para. 6.

96　参见Barcelona Convention COP Decision IG.22/6 (2016), Annex, paras 32–33。

97　参见第3章。

响"。[98]一些 RFMO 已经响应这一要求，增加了研究气候变化对鱼类资源影 260
响的资源投入。[99]这些信息在解决这一问题上是必不可少的。因此，RFMO
的这一举措是受到欢迎的。同时，大多数 RFMO 有义务对渔业管理采取预
防性方法，因此，缺乏信息本身不能成为推迟将气候因素纳入决策过程的
借口。

其他机构可能需要制定新的规则或标准，从而在其职责范围内应对气
候变化或海洋酸化的影响。以下部分将探讨两个关键案例，其中领域性制度
制定了旨在应对气候变化或相关问题的影响的新规范。首先，该部分将要探
讨通过国际海事组织控制航运业的排放。其次，该部分将探讨倾废制度的发
展，这些发展试图处理通过隔离二氧化碳来缓解气候变化的技术应用中的
问题。

9.4.1 减少航运业的排放

总体而言，交通运输过程中产生的温室气体排放对气候变化有重大影响。
据估计，国际航运过程中的温室气体排放约占全球温室气体排放量的2.1%，[100]
但预计排放量将在今后35年内增加50%至250%。[101]然而，国际社会在哪些机
构应该负责解决这个问题以及在国际航运方面必须采取哪些措施等方面存在
一些关键矛盾。此外，全球航运的跨国性，也给监管带来了挑战。

国际海运和航空运输的排放显然属于 UNFCCC 制度的范围，而且也是
第一届 UNFCCC 缔约方会议要求各缔约方报告的问题之一。[102]科学和技术
咨询附属机构（Subsidiary Body on Scientific and Technical Advice）还被要求
"就有关公约履行问题的技术方面，诸如国际油舱燃料排放的分配和控制或

98　UNGA Resolution 63/112 (2008) para. 3.

99　例如 CCAMLR Resolution 30/XXVIII (2009)；CCAMLR Resolution 91/04(2011) para. 2(vi)；相
　　关讨论，参见 R Rayfuse, 'Climate Change and the Law of the Sea', in R Rayfuse and S Scott
　　(eds), *International Law in the Era of Climate Change* (Edward Elgar 2012) 159–160；R Rayfuse,
　　'Regional Fisheries Management Organizations', in D Rothwell et al (eds), *Oxford Handbook on
　　the Law of the Sea* (OUP 2015) 459–461.

100　IMO, Third Greenhouse Gas Study 2014 (2015).

101　参见 UNFCCC Press Release, 'Experts Say Shipping, Aviation Emissions Must Peak Soon to
　　Achieve Paris Goals', 18 May 2016。

102　UNFCCC COP Decision 2/CP.1 (1995) Annex III, para. 2.

全球升温潜能值（global-warming potentials）的使用为缔约方提供指导"。[103]然而，航运业的全球性质在很大程度上使得我们很难将船用燃料的排放定额分配给某一特定国家。因而大会最后决定，国际海事组织作为联合国负责航运监管的专门机构应负责关于这一专题的讨论，以期制定与此相关的国际标准。[104]为此，《京都议定书》明确规定："附件一所列缔约方应……同……国际海事组织一起谋求限制或削减……船舶用燃油产生的《蒙特利尔议定书》未予管制的温室气体的排放。"[105]在《巴黎协定》下，这一做法很有可能被继续沿用。因此，我们必须依靠国际海事组织来决定各国必须采取何种措施以减少船舶的温室气体排放。

在《京都议定书》缔结后不久，国际海事组织就开始处理船舶温室气体排放的问题。[106]然而，直到2003年，国际海事组织大会才通过了关于该议题的第一个重要决议。在这项决议中，国际海事组织大会强调了海事组织在与UNFCCC合作应对船舶温室气体排放方面的突出作用[107]，并敦促"海洋环境保护委员会确定并制定必要的机制，以实现限制或减少国际航运的［温室气体］排放"。[108]应特别指出，该决议要求建立一个温室气体排放基准，并制定方法以温室气体排放指数来衡量船舶的效率。[109]在这些措施的基础上，国际海事组织能够考虑进一步的技术、操作和基于市场的措施来处理温室气体排放问题。[110]随后，各方同意，通过对MARPOL公约附件六的修正以引入包含技术和操作标准的新法规。

2011年7月，海保会六十二届会议上通过了有关船舶能源效率的新法规。国际海事组织通常以协商一致的方式运作，而这项"历史性"的[111]修正

103　UNFCCC COP Decision 6/CP.1 (1995) Annex I, para. A.5(e).

104　参见 Y Shi, 'Greenhouse Gas Emissions from International Shipping: The Response from China's Shipping Industry to the Regulatory Initiatives of the International Maritime Organization' (2014) 29 *IJMCL* 77, 79–80。

105　Kyoto Protocol, Article 2(2).

106　参见 1997 Air Pollution Conference, *Resolution 8—CO₂ Emissions from Ships*。

107　IMO Assembly Resolution A.23/Res.963 (2003) para. 1.

108　Ibid, para. 1.

109　Ibid, para. 2.

110　Report of the Fifty-Fifth Session of the Marine Environment Protection Committee, Document MEPC.555/23 (2006) Annex 9.

111　S Kopela, 'Climate Change, Regime Interaction, and the Principle of Common but Differentiated Responsibility: The Experience of the International Maritime Organization' (2014) 24 *YIEL* 70, 70.

案却以罕见的投票方式得以通过，而其通常是协商一致通过的，这显示出这些措施的争议性。[112]然而实际上，只有极少数国家行使了反对该修正案的权利，[113]这项修正案于2013年1月1日正式生效。

262 　　新的能源效率条例最重要的任务是引入有约束力的义务，从而限制新建造的船舶的温室气体排放。[114]符合该计划的船舶必须达到基于船舶能效设计指数（Energy Efficiency Design Index，以下简称"EEDI"）的特定目标。每艘船必须根据规定中包含的公式计算其各自的能源效率目标。虽然法规规定了船舶所需的EEDI，但如何达到这些目标则由造船厂和船东自己决定。EEDI设定的能源效率目标的严格程度因船的大小和类型而各不相同。[115]最初的EEDI适用于散装货船、天然气船、油轮、集装箱船、杂货船、冷藏货船和组合船，[116]后来，该技术已扩展到液化天然气运输船、滚装船、滚装货船、滚装客船和采用非常规推进装置的巡航客船。[117]另外，破冰船、海上平台等部分船舶是完全不受EEDI约束的。[118]

　　EEDI的要求也是循序渐进的，以便随着时间的推移提高能效目标。[119]该规定的应用分为四个阶段，[120]减少温室气体排放的比率逐阶段增加。此类法规背后的假设是，随着时间的推移，技术会不断改进，从而逐步降低船舶的排放量。在附件六中，相关缔约方有义务为此目的而促进技术的发展。[121]然

---

112 更详尽的起草历史参见 J Harrison, 'Recent Developments and Continuing Challenges in the Regulation of Greenhouse Gas Emissions from International Shipping' (2013) *Ocean Yearbook 27*, 359。

113 巴西和芬兰是仅有的两个正式反对的国家，其理由基本上与法律实质无关。

114 此责任适用于建造合约于2013年1月1日或之后订立的船舶；或在没有建造合约的情况下，于2013年7月1日或之后铺设龙骨或处于类似建造阶段；或于2015年7月1日或之后交付；MARPOL Annex VI, Regulation 2.3。

115 Ibid, Regulation 21.2. 另参见 Guidelines on the method of calculation of the attained Energy Efficiency Design Index (EEDI) for New Ships, Resolution MEPC.212(63) (2012); Guidelines for the Calculation of Reference Lines for Use with the Energy Efficiency Design Index (EEDI), Resolution MEPC.215(63) (2012)。

116 参见 MARPOL Annex VI 表1，Regulation 21。

117 参见 Amendments to MARPOL Annex VI adopted by MEPC at its Sixty-Sixth Session; Resolution MEPC.25(66) (2014)。

118 参见 Ibid and MEPC.1/Circ.795 (2014)。

119 MARPOL Annex VI, Regulation 21.2.

120 第"零"阶段从2023年1月至2014年12月31日；第一阶段从2015年1月1日至2019年12月31日；第二阶段从2020年1月1日至2024年12月31日；第三阶段将于2025年1月1日开始。

121 MARPOL Annex VI, Regulation 23.2. 这里还涉及转让技术义务，该点将在下文讨论。

而，如果这一假设被证明并不正确，那么条例中内置的"安全阀"允许改变条例内容。[122]同样，如果技术允许并有足够的政治意愿，缔约方也可以提高减排效率。这样一来，相较上文讨论的《巴黎协定》的灵活性，航运制度的发展也有相似之处。

　　谈判中出现的一个问题是，新条例是否应适用于发展中国家。如上所述，UNFCCC和《京都议定书》要求发达国家带头解决温室气体排放问题，一些国家认为，国际海事组织应遵循UNFCCC规定的共同但有区别的责任原则，因此，温室气体减排目标应该只适用于在发达国家建造的船舶。[123]但这一建议遭到了国际海事组织大多数成员国的抵制，理由是航运条例通常都建立在非歧视原则的基础上。同时，会议商定，一些国家可能需要更多的时间来逐步实施EEDI的要求。因此，条例中规定了一个例外，即允许各国在最长四年的时间里，"对400总吨及以上的船舶免除适用第20条和第21条的要求"。[124]虽然基于发展中国家行政部门的同意，该规定予以通过，[125]但条例也没有阻止发达国家适用这一例外。在2012年3月召开的海保会第六十三届会议上，利用豁免权的国家在豁免权到期后是应适用第一阶段的减排目标，还是受适用于所有其他国家的目标约束成为一个问题。海保会倾向于后一种观点，并指出第19/4条规定的豁免只适用于在豁免期内建造的个别船舶，而不适用"推迟四年实施EEDI要求的一般豁免"[126]虽然该解释明显限制了豁免的效用，但这一解释似乎符合该条款的一般含义和精神。[127]

　　为了帮助发展中国家遵守EEDI要求，新的法规包含了转让能源效率相关技术的要求，尽管有些措辞并不明确。[128]海保会重视这一问题，并通过了一项关于财政资金和技术援助的决议。该决议设立了一个促进船舶技术转让的特设专家工作组，其任务是编制一份船舶能效技术清单，明确可能的资

122　MARPOL Annex VI, Regulation 21.6.

123　参见 *Report of the 61st Meeting of the Marine Environment Protection Committee*, Document MEPC 61/24 (2010) para. 5.46. 进一步讨论，参见 Harrison (n112) and Kopela (n111)。

124　MARPOL Annex VI, Regulation 19.4.

125　参见 the original proposal from Singapore, Document MEPC 61/24 (2010) para. 54.7。

126　Report of the Sixty-Third Session of the Marine Environment Protection Committee, Document MEPC 63/23 (2012) para. 4.27.

127　实际上，这种放弃在实践中并未得到广泛认同；参见 Shi (n104) 26; Kopela (n111) 80。

128　MARPOL Annex VI, Regulation 23.

助来源，并制定一项转让资金和技术的示范协定。[129]为进一步实现这一目标，国际海事组织还与联合国开发计划署和全球环境基金合作开展一个全球海洋能源效率伙伴项目，目的是协助发展中国家建立技术和业务能力。[130]上述措施补充了在UNFCCC框架内为减缓和适应气候变化而促进技术转让和资金援助所需采取的措施。

在限制航运排放方面，尽管EEDI依旧存在一定的局限性，但其仍可被视为一项重要的进展。谈判代表认为，为了满足新的目标，要求现有船舶的船东承担改造船舶的费用是不合理的。因而，只有当现有船只进行接近于新建的大规模改造时，这些义务才会被强加给它们。[131]这一结果反映了成本效益分析在制定国际标准中的作用。在实践中，由于许多旧船可以不受任何限制继续排放大量的温室气体，这就大大影响了EEDI的有效性。

作为能源效率一揽子计划的一部分，其他法规确实解决了这一问题，尽管解决的程度有限。因此，所有总吨达400吨或以上的船舶在国际航行时，都必须在船上保持特定的船舶能效管理计划（Ship Energy Efficiency Management Plan，以下简称"SEEMP"）。[132]SEEMP的总体目标是"监测船舶和船队在一段时间内的能源效率表现，以及明确在寻求优化船舶性能时需要考虑的一些选项"。[133]尽管制定SEEMP这一方案是强制性的，但船东在决定对其船舶采取何种能效措施（如果有的话）方面仍具有很大程度的自由裁量权。事实上，海保会在2012年3月通过的指南中明确指出，"关于目标的设定是自愿的"，"没有必要向公众宣布目标和结果，公司和船舶都不需要接受外部检查"。[134]在这一计划下，采取节能措施的唯一原因在于船东通过节能

---

129 Promotion of Technical Cooperation and Transfer of Technology relating to the Improvement of Energy Efficiency of Ships, Resolution MEPC .229(65) (2013) para. 2.

130 IMO Briefing, Funding Agreed for Global Maritime Energy Efficiency Partnerships Project (GloMEEP), 27 July 2014.

131 Ibid, Regulation 20.1，主要转换的定义见条例2.3。海保会第六十三届会议一致认为，有必要对这一用语作出统一解释，并请国际船级社协会拟订一份统一解释草案，提交至第六十四届会议。

132 MARPOL Annex VI, Regulation 22.1.

133 *Guidelines for the Development of a Ship Energy Efficiency Management Plan (SEEMP)*, Resolution MEPC .213(63) (2012) para. 1.2.

134 Ibid, para. 4.1.7.

可以获得的经济收益，而不是法规中的规定性要求。[135]

鉴于上述差距，许多国家和一些行业代表[136]坚决认为，国际社会仍需努力尤其是填补目前在现有船舶方面的空白。对此，国际海事组织成员国有若干可供选择的办法。

其中一项是针对航运业制定更加具体的技术和操作标准。这可以通过加强现有的法规来实现，比如对SEEMP提出更严格的要求，从而要求船舶提高能源效率。[137]上述措施可能无法为现有船舶设定目标，但它们会要求船东证明会逐渐提高船舶的能源效率。这也有点类似于《巴黎协定》中为各国所采用的承诺和审查制度。另外，与新造船相比，尽管针对旧船只设定标准，可能会花更久的时间，经历更长的阶段，以及最终设定更低的标准，但是国际海事组织可以为所有船舶制定强制性的效率标准。[138]

另一项是采用适用于所有船舶的市场化措施，为船东减少排放提供更大的经济激励。目前国际海事组织正在讨论的基于市场的措施主要有两种，即设立国际航运温室气体基金（international greenhouse gas fund for shipping）和制定海运排放权交易制度（maritime emissions trading scheme，以下简称"ETS"），这两种措施都有很多具体形式。国际航运温室气体基金的运作方式是对购买船用燃料征税，这样一来，价格的增加将激励船东通过减少燃料消耗来提高运营效率。尽管这项基金的收入可以用来购买其他部门的抵消排放信用，但建立这样一个基金本身并不能保证减少排放。此外，该方案的好处是，由于燃油税在一定时期内是固定的，因此可确保对于各个船东而言

135　尽管如此，鉴于燃料是船舶经营者最大的成本，这些收益可能很大。正是出于这个原因，国际海运局表示，"进一步和戏剧性地减少二氧化碳……仍然是一个开明的自我利益问题"，International Chamber of Shipping, *2016 Annual Review* (2016) 12。

136　参见 *The Case for further Measures to Tackle the Climate Impacts of Shipping, Submitted by the Clean Shipping Coalition*, Document MEPC 67/5/9 (2014)；International Chamber of Shipping, Annual Review 2016 (2016) 8。

137　参见 *Proposed Elements for Enhancing Implementation Requirements for SEEMP and SEEMP Guidelines, Submitted by the World Wide Fund for Nature and the Clean Shipping Coalition*, IMO Document MEPC 64/4/33 (2012)。另参见 *Report of the 64th Meeting of the Marine Environment Protection Committee*, Document MEPC 64/23 (2012) para. 4.97。

138　参见 *Proposal of the United States to Enhance Energy Efficiency in International Shipping*, Document MEPC/65/4/19 (2013)。

遵守规定的成本是可以预测的。[139] 相比之下，ETS也将通过增加船舶的运营成本来运作，但船东必须使用排放额度来抵消他们的排放，而不是支付固定的税款。因而，能源效率更高的船只比能源效率更低的船只交出的信用额度更少。由于信用额度的价格会因供求关系而波动，船东的履约成本会难以预测。[140] 与此同时，通过限制分配给航运业的信用额，ETS理论上可以限制航运业的净排放量。[141] 在一些有关ETS的提案中，船东能够从其他现有的排放交易计划中购买额外的信用额度，这将增加航运业的灵活度，但这可能会增加其排放量，因此这种额外的信用额度只能通过其他部门的减排来实现。[142]

上述两种以市场为基础的措施都已经过总体上的审查，并且已经确定它们有可能提供可观的环境和成本效益。[143] 但在本章撰写时，各方对以市场为基础的措施的讨论已经暂停，[144] 而似乎更倾向于采用额外的能源效率标准的方法。因而，为给这些标准提供信息，国际海事组织成员国纷纷被要求收集相关数据。[145] 与此同时，一些国家认为，制定更多的标准可能为时过早，优先事项应该是执行现有的标准以及向发展中国家提供技术援助。[146] 事实上，在谈判中，对共同但有区别的责任这一原则的质疑持续出现，这表明在以协商一致且有效的方式对气候变化进行规制的场合，存在一些先天性的困难。对此，我们或许只能期望谈判取得渐进式的进展，以便"建立各方对彼此和制度本身的信任，这可以随着时间的推移促进更有力的努力，最终演变成更有约束力的承诺"。[147] 重要的是，海保会一方面继续促进对话，另一方面

139　*Report of the 59th Meeting of the Marine Environment Protection Committee*, Document MEPC 59/24 (2009), para. 6.67.4.

140　Ibid, para. 6.67.4.

141　Ibid, para. 6.67.1.

142　替代方案以及如何使用由此产生的收入将进一步讨论，参见 J Harrison, 'Pollution from or through the Marine Environment', in D Attard (ed.), *The IMLI Manual on Maritime Law: Vol. III* (OUP 2016) 187–188。

143　参见 IMO, *Second IMO Greenhouse Gas Study* (2009) paras 6.129–.130。

144　*Report of the 65th Meeting of the Marine Environment Protection Committee*, Document MEPC 65/22 (2013) para. 5.1.

145　MEPC2016年会议商定了收集船舶排放数据的强制性制度；参见 IMO Briefing, 'Organization Agrees Mandatory System for Collecting Ships' Fuel Consumption Data', 22 April 2016。

146　参见 *Report of the 66th Meeting of the Marine Environment Protection Committee*, Document MEPC 66/21 (2014) paras 4.1.2.6 and 4.1.2.7。

147　参见 Bodansky and Diringer (n40) 18。

也与更广泛的UNFCCC制度进行互动，以确保国际海事组织内的任何谈判结果都能与更广泛的气候变化国际法律框架相一致。[148] 为此，国际航运商会提议采用"国际海事组织对国际航运的预期自主减排贡献"（Intended IMO Determined Contribution to CO$_2$ Reduction for International Shipping），这将反映《巴黎协定》要求的国家自主贡献，并表明国际海事组织正在认真履行其职责。[149] 总而言之，上述例子显示，在逐步实现一个总体目标的前提下，国际层面的环境监管具有灵活性和渐进性。就气候变化而言，最大的问题是我们能否及时达到这一目标。

除了加强航运业能源效率的管理之外，还有一个问题是航运业是否应该采取其他与气候变化有关的措施。黑碳（black carbon），俗称烟尘，是由于化石燃料的不完全燃烧而从船上排放出来的，因而对黑碳的监管是一个值得思考的问题。黑碳对气候变化的影响主要表现为两种方式。首先，黑碳本身从阳光中吸收热量，对周围的空气产生升温效应。有研究结果认为，解决黑碳问题可能是减缓气候变化的最快方法之一。[150] 其次，当黑碳沉积在雪或冰上时，雪或冰面的反射率会降低，从而地面的热量相应地增加。这将会导致冰雪融化，引发海平面上升以及带来其他后果。因此，极地环境特别容易受到黑碳的暖化影响。[151] 海保会已经关注到了这一问题，[152] 并已就黑碳的定义达成了一致，[153] 这一定义有助于对这个问题进行深入探究。[154] 但是，到目前为止，国际海事组织成员国一直不愿意采取集体控制措施。[155] 在某种程度上，这一问题与关于航运业应采取何种措施来处理气候变化这一相对广泛的争论是联系在一起的，显然，黑碳问题不应分散各国的注意力，各国的中心任务

267

148　另参见Kopela (n111) 96–101。

149　参见Document MEPC 69/7/1 (2016)。

150　参见L Boone, 'Reducing Air Pollution from Marine Vessels to Mitigate Arctic Warming: Is It Time to Target Black Carbon?' (2012) 1 *CCLR* 13, 14, 基于，除其他外，UNEP/ WMO, *Integrated Assessment of Black Carbon and Tropospheric Ozone: Summary for Decision-Makers* (2011)。

151　对北极应给予特别关注，参见Arctic Council, Marine Shipping Assessment Report (2009) 140。

152　参见Report of the MEPC at its Sixtieth Session, Document MEPC 60/22 (2010) paras 4.94–4.95。

153　Report of the MEPC at its Sixty-Eighth Session, Document MEPC 68/21 (2015) para. 3.26.

154　参见Report of the MEPC at its Sixty-Second Session, Document MEPC 62/24 (2011) para. 4.20, 该报告采纳了推动应对该问题的工作计划。

155　Ibid, para. 3.29.

应该是减少二氧化碳排放。然而，也有人认为，"［黑碳］排放控制措施的真正价值在于其对二氧化碳相关措施的支持和补充作用"。[156]此外，为了确保国际应对措施的协调性和全面性，我们必须在国际层面对黑碳采取有效行动。[157]

9.4.2　根据倾废制度捕获和封存二氧化碳

为了应对日益变化的气候条件，减少温室气体排放并不是唯一途径。除此之外，无论是在排放阶段还是在后续阶段，如何将大气中的二氧化碳封存也备受关注。人工碳封存主要是通过碳捕获和封存技术（carbon capture and storage，以下简称"CCS"）来实现的。理论上，二氧化碳可以直接从大型工业设施（如发电站）的排放中被捕获，并可以被运输储存。实际上，IPCC碳排放核算方法已经表明，二氧化碳捕获和封存很可能是短期内实现UNFCCC稳定化目标的重要手段。[158]

268

关于海洋对二氧化碳的封存，有两种主要的封存方案。一是简单地将二氧化碳泵入海洋深处，由于在那里二氧化碳比海水密度大，因而其会简单地悬浮在海洋之中且可能会持续存在几个世纪。但是，这种活动本身也对海洋环境构成危险，因为海洋已经含有过量的来自其他来源的二氧化碳，从而会产生广泛的海洋酸化风险。在这种情况下，再向深海注入额外的二氧化碳会使情况变得更糟。因此，更具可行性的CCS做法是将二氧化碳泵入海下地质构造，如枯竭的海上油气田或含盐含水层。这项工作的风险似乎较小，但仍需全面评估。

倾废的定义涵盖了从船舶或设施上向海床倾倒二氧化碳，该措施属于1972年《伦敦公约》及其1996年议定书中规定的制度的规制范围。[159]根据《伦敦公约》，一国在进行了环境影响评估且与"由于地理处境可能受倾倒不利影响"的其他国家进行协商的前提下，可以向海底倾倒二氧化碳。[160]如果

156　Boone (n150) 20.

157　参见Report of the MEPC at its Sixty-Third Session, Document MEPC 63/23 (2012) para. 19.5。

158　参见B Metz et al (eds), IPCC *Special Report on Carbon Dioxide Capture and Storage* (CUP 2005)。

159　参见第5章。

160　UNCLOS, Article 210(5).

海下地质构造具有跨界性质，就可能需要征得其他国家的允许。[161]《伦敦议定书》的情况更为复杂，如第5章所述，该议定书对倾废采取了更严格的预防性方法。因此，该议定书禁止倾倒没有在附件一明确列出的一切材料。在这种情况下，倾废仍需根据风险评估获得事先批准。换言之，除非基于议定书附件的明确授权，否则对《伦敦议定书》缔约国来说，近海CCS就是非法的。为了避免这种情况的出现，该议定书在2006年生效时进行了修订，即允许在海底地质构造中进行人工碳封存。[162]通过修正案的决议明确承认有必要减少大气中二氧化碳的浓度，因此指出"捕获和封存二氧化碳是一项重要的临时性解决办法"。[163]与此同时，该决议还意识到气候变化对海洋的影响，包括海洋酸化。此外，决议还清楚地将海底地质构造中的CCS与深海中的二氧化碳封存相区分，决议明确只适用于前者。

因此，该修正案允许倾倒"二氧化碳捕获过程获得的用于封存的二氧化碳流"，但附加了以下条件：

> ……二氧化碳流仅可在符合下列条件时考虑倾倒：
> 1. 处置位于海床下的地质构造中；并且
> 2. 被考虑倾倒物中包含绝对数量的二氧化碳。其中可含有原始材料伴生的和捕获及封存过程中使用的其他物质；并且
> 3. 没有为处置的目的增加其他废物或其他物质。

269

在对议定书进行修正的同时，缔约国还通过了一个风险评估和管理框架，以协助各国进行风险评估，这仍然是议定书规定的与倾倒材料有关的一项义务。[164]因此，如果某物质对海洋环境有明显的危险或危害，其就不应被

161　参见 Specific Guidelines for the Assessment of Carbon Dioxide for Disposal into Sub-Seabed Geological Formations, Document LC 34/15 (2012), para. 1.10。

162　Resolution LP1(1) on the Amendment to include CO₂ Sequestration in Sub-Seabed Geological Formations in Annex I to the London Protocol (2006).

163　Ibid, preamble.

164　Specific Guidelines for the Assessment of Carbon Dioxide for Disposal into Sub-Seabed Geological Formations, Document LC 34/15 (2012) Annex 8.

倾倒。[165]此外，为发现任何潜在的泄漏，各国也应当对倾废场址进行长期监测，以防意外情况发生，并可采取缓解行动。[166]由此可见，缔约国在制定了CCS规则的同时也制定了一个法律框架，以期最大限度地减少这种活动对海洋环境的威胁。上述方法也得到了一些区域性制度的支持，这些制度对倾废行为采取了正面清单的方法。因此，《保护东北大西洋海洋环境公约》已被修正，其允许将二氧化碳捕获过程产生的二氧化碳流倾倒，以供封存之用。[167]

《伦敦议定书》于2009年通过一项附加修正案，允许出口用于倾废目的的二氧化碳。[168]由于议定书第6条禁止缔约方允许"向其他国家出口废物或其他物质以在海上倾倒或焚化"，这项修正案很有必要。但是鉴于许多国家并不具有相应的国内储存设施，人们认为，要想有效地实施这项新的制度，这些二氧化碳就可能需要出口。[169]该修正案使二氧化碳流得以出口，前提是出口国和进口国之间达成协议并根据《伦敦议定书》的规定分配许可的责任。缔约各国已通过了有关修正案的执行的进一步指导方针，以确保缔约国尽可能严格地遵守这些规定。[170]与附件一允许二氧化碳海底封存的修正案不同，对第6条的修正需要三分之二缔约国的批准才能生效。[171]截至本章撰写时，该修正案尚未得到充分支持，这意味着议定书不允许出口以储存为目的的二氧化碳。各国可以达成一项缔约国间（inter partes）的协定，以碳封存为目的运输二氧化碳，但这种做法的合法性将由第6条规定中出口禁令的性质决定。正如朗勒特（Langlet）所言，《伦敦议定书》可以被认为是一个依赖于各方的条约，"因此其权利和义务安排不能被降格至任意两方之间相互

270

165　然而，这并未使所有学者都满意，参见 R Rayfuse, 'Climate Change and the Law of the Sea', in R Rayfuse (ed.), *International Law in the Era of Climate Change* (Edward Elgar 2012) 169；P Verlaan, 'Geo-Engineering, the Law of the Sea and Climate Change' (2009) 4 *CCLR* 446, 457。

166　Risk Assessment and Management Framework for CO_2 Sequestration in Sub-Seabed Geological Structures, Document LC/SG–CO_2 1/7 (2006) Annex 3, para. 7.5.

167　OSPAR Convention, Annex III, Article 3.

168　Resolution LP.3(4) on the Amendment to Article 6 of the London Protocol (2009).

169　参见 D Langlet, 'Exporting CO_2 for Sub-Seabed Storage: The Non-Effective Amendment to the London Dumping Protocol and Its Implications' (2015) 30 *IJMCL* 395–417。

170　还通过了一套关于出口用于海底处置的二氧化碳的指南；Guidance on the Implementation of Article 6.2 on the Export of CO_2 Streams for Disposal in Sub-Seabed Geological Formations for the Purpose of Sequestration, Document LC35/15, Annex 6。

171　参见 1996 London Dumping Protocol (LDP) (EIF, 24 March 2006), Article 21(3)。

的权利和义务"，[172] 因此，对议定书的任何修改将因此"影响其他缔约国享受其在条约下的权利"。[173] 这种情况表明了在某些情况下适用条约文书的困难，特别是在确保条约不断更新时。在修正案生效之前，缔约国有可能已经开始出口二氧化碳。在没有重大反对意见的情况下，这种做法只要能够证明得到了缔约国的整体支持，就足以可以被视为修改条约。[174] 然而，由于海底封存问题仍然存在诸多争议，尚不清楚是否会出现这种反对意见。

9.4.3 海洋地球工程和海洋环境保护

另一种形式的人工碳封存是地球工程活动，其目的是通过加速自然发生的过程来增加二氧化碳的吸收。与海洋环境最相关的活动是海洋施肥，即在海水中加入铁或其他营养物质，如尿素或磷，以刺激自然生物如浮游植物对碳的吸收。虽然向海洋施肥能减少大气中的二氧化碳量，但它也可能对海洋环境产生潜在的影响。事实上，与上面讨论的CCS相比，这种活动的潜在风险似乎要大得多。海洋施肥的有效性并不确定，仅是一种推测，而且可能对海洋中的其他物种产生难以预测的副作用。[175] 正是基于上述原因，为确保对海洋施肥有适当的管理，相关国际机构已经在着手处理这个问题。

该议题的主要推动者是CBD缔约方会议，会议于2008年通过了一项决议，该决议：

> 要求各缔约方并促请其他国家政府按照预防性方法，确保在有足够科学基础证明其活动合理性之前，不进行海洋肥化活动，包括评估相关风险，为这些活动建立全球、透明和有效的控制和管理机制；在沿海水域进行的小规模科学研究活动除外。[176]

271

172　Langlet (n169) 414.

173　VCLT, Article 41(1)(b)(i).

174　参见 *South West Africa Advisory Opinion* (1971) para. 22。另参见 A Aust, *Modern Treaty Law and Practice* (2nd edn, CUP 2007) 243；J Harrison, *Making the Law of the Sea* (CUP 2011) 96。

175　参见 Scientific Synthesis of the Impacts of Ocean Fertilization on Marine Biodiversity, CBD Technical Series No. 45 (2009)；RM Warner, 'Marine Snow Storms: Assessing the Environmental Risks of Ocean Fertilization' (2009) 3 *CCLR* 426–436。

176　CBD COP Decision IX/16C (2008). 另参见 CBD COP Decision X/33 (2010) paras 8(w) and (x)。

　　CBD缔约方会议还强调，现有的国际法对地球工程也有一定的影响，例如强调"应用预防性方法以及习惯国际法，包括避免造成重大跨界损害的义务和进行对有环境影响危险状况的环境影响评估的义务"，但其也指出，这些规定"仍然是形成全球规管的不完整基础"。[177] 当然，《海洋法公约》的一般规定也是与其相关的，包括防止、减少和控制任何来源的海洋环境污染的义务。[178]

　　《伦敦公约》和《伦敦议定书》的缔约国也讨论过上述问题，正是通过这些方式，人们试图按照CBD缔约方会议的要求，为海洋施肥和其他海洋地球工程技术建立一个全球性、透明、有效的控制和监管机制。与CBD缔约方会议一样，这些条约的缔约国也指出，"关于海洋施肥的有效性和潜在环境影响的知识目前是缺乏的，因而合法的科学研究以外的活动，目前还不足以被证明是合理的"。[179] 然而，与其他缔约国会议通过的决议不同，《伦敦公约》的缔约国也试图制定与地球工程活动有关的特定规则，设法在保护海洋环境与收集进一步资料以更清楚地评估所构成的威胁之间取得平衡。

　　《伦敦公约》和《伦敦议定书》缔约国采取的第一个步骤是通过决议，对相关文书中与海洋施肥有关的现有规定作出解释。协商会议于2008年通过一项决议，该决议确认"《伦敦公约》和议定书的适用范围包括海洋施肥活动"。[180] 这个结论并不像看上去那样直接易懂，因为海洋施肥的目的不一定是"处置"（disposal），而"处置"是倾废定义的核心部分。[181] 但是，必须记住，如果有悖于《伦敦公约》的目标，倾废的定义也包括"物质的放置"。因此，通过确定"海洋施肥活动［合法的科学研究除外］……应被视为违反《伦敦公约》和《伦敦议定书》的目标"，[182] 缔约国将为地球工程目的而放置铁或其他材料的行为也纳入倾废制度的范围。这也表明，根据《伦敦公约》，上述行为需要事先得到授权，而根据《伦敦议定书》此行为则被直接禁止。该决议第8段简明地总结了缔约国对地球工程的总体立场，即"根据

177　CBD COP Decision XI/20 (2012) para. 11; CBD COP Decision XIII/4 (2016).

178　参见第2章。

179　Resolution LC-LP.1 on the Regulation of Ocean Fertilization (2008).

180　Ibid, para. 1.

181　参见第5章。

182　Resolution LC-LP.1 on the Regulation of Ocean Fertilization (2008), para. 8.

目前的知识状况，不应允许合法科学研究以外的海洋施肥活动"。[183]各国还认为，用于科学的地球工程在被允许之前，应事先得到缔约国的批准。[184]为此，2010年通过的另一项决议包括一个涉及海洋施肥的科学研究的评估框架，该框架要求主管部门对活动进行事先风险评估和监测。[185]

这些解释性和非约束性文书是在倾废制度的背景下为管理地球工程而采取的第一步。随后，缔约国就制定与海洋地球工程活动有关的更详细的法律框架进行了谈判。2013年10月，缔约国通过了《伦敦议定书》的修正案，为该议定书项下的地球工程活动的授权建立了新的制度。该修正案引入了一个新的条款，根据该条款，"缔约方不得允许从附件四所列的海洋地球工程活动的船只、飞机、平台或其他海上人造构筑物向海洋中放置物质，除非该清单规定该活动或某一活动的子类别可以根据许可证获得授权"。[186]目前，只有铁施肥被列入附件四，将来活动的种类可能增加。这一规定将地球工程从《伦敦议定书》第4条规定的与倾废有关的一般性的程序框架中移除，取而代之的是一个更具体的规定。然而，这两种制度之间有许多相似之处。进行地球工程活动仍须取得许可证，而许可证只可在"经评估，确定拟议活动对海洋环境造成的污染已在切实可行范围内尽可能避免或减少到最低限度"后才被发放。[187]评估还必须按照《伦敦议定书》缔约国制定的评估框架来进行。[188]

由于涉及对《伦敦议定书》新条款的通过，该修正案实际需要各国批准才能生效。因此，新制度还需要一段时间才能开始运作。[189]与此同时，该决议还确认现有决议将继续适用于地球工程。[190]即使在修正案生效后，现有决 273

183　Resolution LC–LP.1 on the Regulation of Ocean Fertilization (2008), para. 8.

184　Ibid, para. 7.

185　Resolution LC–LP.2 on the Assessment Framework for Scientific Research Involving Ocean Fertilization (2010).

186　LDP Article 6bis, introduced by Resolution LP4(8) (2013) Annex.

187　LDP Article 6bis(2).

188　一般评估框架载于其《伦敦议定书》新的附件五。还设想将为每一种特定类型的地球工程活动制定具体的评估框架，该决议确认，2010年通过的涉及海洋施肥的现有科学研究评估框架是为此目的制定的相关具体评估框架；Resolution LP.4(8) (2013) para. 3。

189　2016年缔约方会议召开之前，只有英国批准了该修正案。德国和韩国在会上宣布其正在批准。参见 Report of the Thirty-Eighth Consultative Meeting, Document LC 38/16 (2015) paras 5.3–5.5。

190　Resolution LP.4(8) (2013) para. 2.

议仍将适用于附件四未列明的地球工程活动。

各国对地球工程的做法提供了对环境规制采取预防性方法的例子。尽管地球工程的影响存在不确定性，但各国已决定对这一问题采取谨慎的态度。同时，新的监管制度允许对地球工程及其对海洋环境的影响进行深入研究，从而使各国能够在未来长期内填补科学知识的空白。因此，如果某项研究的结果没有显示出任何重大风险，就不能排除该项研究会在未来的某个阶段提供另一种碳封存手段。有趣的是，该决议声明，"不应将海洋施肥和其他类型的海洋地球工程视为减少二氧化碳排放的缓解措施的替代措施"。[191]这就承认了碳封存在应对气候变化的国际努力中只能发挥次要作用，因而重中之重是各国通过国际谈判在减少温室气体排放方面取得进展。

9.5 结论

毫无疑问，全球海洋将受到气候变化和海洋酸化的影响。因此，为应对气候变化而通过的国际规则也与保护海洋环境有关。本章对最新发展以及监管框架各部分的配合方式进行了分析。

《巴黎协定》的缔结是国际气候变化谈判的一个重大突破，它有望提供一个新的法律基础，并可以为评价各国的未来行为提供依据。然而，该协定只是这一进程中的第一步，它仍需要进一步的谈判，既要就报告和审查程序的确切细节进行谈判，也要通过各国以适当的目标水平确定其国家自主贡献，未来几年将是决定新协定成功与否的关键。

与此同时，为了保护海洋环境，还必须在更广泛的国际法律制度范围内适用《巴黎协定》。海洋不仅受到气候变化的威胁，还受到海洋酸化的威胁。关于这一问题的科学证据越来越多，人们对如果各国不采取行动控制二氧化碳排放将会对珊瑚礁等海洋生态系统的生存产生的影响表示严重关切，但《巴黎协定》中没有任何规定要求各国应对气候变化对海洋环境的影响。基于此，《海洋法公约》与UNFCCC最为相关。《海洋法公约》要求各

274

---

191 Resolution LP4(8) (2013) preamble。该观点在文献中得到支持，参见Cooley and Mathis (n13) 40。另参见UNEP, *Blue Carbon* (2009) 65："新的（原文）创新的短期解决方案，包括地球工程方案，如海洋施肥或将二氧化碳泵入深海，引发了严重的生态、经济、政治和伦理挑战，有许多未知变量和高风险的潜在副作用。"

国对属于该公约义务范围内的海洋环境污染和海洋酸化采取行动。因此，各国为了履行《海洋法公约》项下的义务必须对海洋酸化采取具体行动。此外，UNFCCC 和《巴黎协定》必须根据《海洋法公约》中的一般性义务来解读。[192] 其中一个措施是在《巴黎协定》的报告程序中明确要求各国解释它们采取了哪些措施来应对海洋酸化。另一项措施则是在 UNFCCC 缔约方会议下设立一个海洋工作组，以确保该问题继续被列入国际议程。该工作组可以监督在其他机构进行的谈判，并就如何处理温室气体排放对海洋的影响提出建议。

本章还表明，为了应对气候变化的威胁，除了 UNFCCC 规定了必须采取的行动以外，其他国际机构也可以在这方面发挥作用。包括区域海洋机构、RFMO、国际海事组织和涉及倾废的条约缔约国等。为了将与气候变化相关的科学技术的发展考虑在内，上述相关的制度也必须保证能以足够灵活的方式继续发展。此外，这些制度必须在 UNFCCC 的大框架内进行合作，从而确保行动的一致性和有效性。[193]

192　参见 International Law Association, Declaration of Legal Principles relating to Climate Change, Resolution 2/2014 (2014) Annex, Draft Article 10(3)(c)："各国和主管国际组织应以符合海洋法相关文书规定的权利和义务的方式，制定和执行与气候变化有关的国际规则以及国家和地区政策和措施。"

193　参见 MA Young, 'Climate Change Law and Regime Interaction' (2011) 2 *CCLR* 147–157。

10 面向国际层面的海洋综合管理

10.1 引言

　　本书到这里，已经介绍了海洋环境保护的国际法律框架是如何以渐进的方式发展起来的，即主要是通过特定领域（例如航运、海底采矿、捕鱼以及倾废等）的专门机构获得发展。这种专门化在立法层面有一定的好处，尤其是能够让那些对该主题有直接兴趣和专业知识的行为体参与进来。[1]与此同时，由各领域机构来立法也产生了一定的弊端，尤其是在海洋环境保护方面，因为有大量的机构参与制定适用于单一空间的规则和标准。第一，诸多机构仅关注某一类有限的活动，这就会导致它们忽视人类海上活动产生的累积或互动效应。[2]对于需要对若干活动进行规制的环境问题，规制过程的分散可能会导致一些保护缺位。对于旨在保护特定生境或生态系统的措施来说，情况尤其如此，但针对有多个污染源的问题，如海洋塑料污染，上述情况也会出现。[3]第二，每个机构都有自己的成员和决策结构，并按照自己的价值观运作，这就会导致不同的机构对同一个问题产生不同的理解。[4]在最坏的情况

1　参见 G Hafner, 'Pros and Cons Ensuing from Fragmentation of International Law' (2004) 25 *MJIL* 849, 858–859; FL Kirgis, 'Specialized Law-Making', in CC Joyner (ed.), *The United Nations and International Law* (CUP 1997) 65–94。

2　UNEP, *An Assessment of Assessments: Summary for Decision Makers* (2009) 16.

3　参见 *Oceans and the Law of the Sea: Report of the Secretary-General*, Document A/ 71/74 (2016) para. 74。

4　参见 M Koskenniemi and P Leino, 'Fragmentation of International Law? Post-Modern Anxieties' (2002) 15 *LJIL* 553, 578; K Raustiala, 'Institutional Proliferation and the International Legal Order', in JL Dunoff and MA Pollack (eds), *Interdisciplinary Perspectives on International Law and International Relations* (CUP 2013) 293。更一般地，参见 EM van Bueren et al, 'Dealing with Wicked Problems in Networks: Analyzing an Environmental Debate from a Network Perspective' (2003) 13 *JPART* 193, 196。

下，这可能会导致适用法律的冲突。即使两套措施在理论上是兼容的，但是 不同方法之间的任何矛盾都有可能在对国家的要求上造成不确定性。

正如CBD的科学、技术和工艺咨询附属机构（Subsidiary Body on Scientific, Technical and Technological Advice, SBSTTA）所指，"目前管理海洋和沿海资源的领域性方法通常被证明不能保护海洋和沿海生物多样性"。[5] 为了克服这种碎片化的现象，国际社会需要采取更具综合性的方法来保护海洋。国际社会已经认识到，"根据国际法，加强并改善国家、政府间组织、区域科学研究及咨询机构以及管理部门之间的双边及多边协调与合作"是成功的生态系统方法的一个关键因素，[6]也是实现一致且有效的全球海洋治理的手段。[7]然而，实现这一目标对于一个去中心化的法律体系来说是一个巨大的挑战，在这个体系中，国际机构被确立为自主行为体。

本章将探讨可以采取哪些措施来改善参与海洋环境保护的国际机构之间的合作和协调。为此，本章将重点关注如何通过建立网络和促进更多的机构互动，使参与制定保护海洋环境的规则和标准的机构更好地整合决策过程。[8] 目前有许多策略可供选择，从简单的信息共享到协调价值观和原则以及采取联合措施或共同管理等。[9]本章将立足于海洋环境保护领域的新兴实践。因此，本章将关注国际机构已经形成了哪些不同类型的网络机制，以及如何

5　参见CBD SBSTTA Recommendation I/8 (1995) Annex, para. 6。

6　Report of the Informal Consultative Process at its Seventh Meeting (ICP 7 Report), Document A/61/156 (2006) para. 7(f).

7　参见UNGA Resolution 66/231 (2011) para. 235。另参见ICP 7 Report, para. 5(b); Commission on Sustainable Development, *Oceans and Seas*, Decision 7/1 (1999) para. 37。相关文献，参见R Rayfuse and R Warner, 'Securing a Sustainable Future for the Oceans beyond National Jurisdiction: The Legal Basis for an Integrated Cross-Sectoral Regime for High Seas Governance for the 21st Century' (2008) 23 *IJMCL* 399, 413; G Ulfstein, 'The Marine Environment and International Environmental Governance', in MH Nordquist, JN Moore, and S Mahmoudi (eds), *The Stockholm Declaration and the Law of the Marine Environment* (Kluwer International 2003) 104; Y Tanaka 'Zonal and Integrated Management Approaches to Ocean Governance' (2004) 19 *IJMCL* 483–514。

8　这些战略基于网络管理的一般文献，参见ER Alexander, *How Organizations Act Together: Interorganizational Coordination in Theory and Practice* (Gordon and Breach 1995); T Borzel, 'Organizing Babylon—On the Different Concepts of Policy Networks' (1998) 76 *PA* 253–273; van Bueren et al (n 4) 193; R Keast et al, 'Getting the Right Mix: Unpacking Integration Meanings and Strategies' (2007) 10 *IPMJ* 9–33; S Hovik and GS Hanssen, 'The Impact of Network Management and Complexity on Multi-Level Coordination' (2015) 93 *PA* 506–523。

9　Hovik and Hanssen (n8) 508; Keast et al (n8).

更广泛地调整和应用这些机制。首先，本章将探讨少数任务重叠的机构之间的特别安排。尽管目前这种"自下而上"方法的范围和目标都很有限，但它是迄今为止国际上最常见的合作和协调形式。其次，本章将探讨那些能够就海洋环境保护鼓励对话的全球性措施。在迄今为止的实践中，这种"自上而下"的努力是由联合国大会引领的，它们为合作和协调引入了一些集中化的程序。最后，本章将关注可以采取哪些措施来加强这一体系，以更好地促进国际层面的海洋综合管理，包括评估更激进的提案，此类提案要求引入集中化的程序以期在全球层面管理共同空间。

10.2　海洋环境保护机构间特别合作与协调

在国际关系中不存在制度化的等级制（institutional hierarchy），大多数国际层面的机构合作都是在各机构间平等进行的，而且这些机构已经认识到它们的目标存在重叠。[10]许多政府间组织的章程明确要求该组织与其他"可能具有共同关注的事项"[11]或"负有相关责任"的其他组织进行合作。[12]此类规定为促进各机构之间为保护海洋环境而进行的合作提供了法律依据。即使是不具有法人地位的非正式机构，如缔约方会议，也经常被明确赋予与其他机构进行合作的权力。例如，CBD 缔约方会议负责"通过秘书处，与处理本公约所涉事项的各公约的执行机构进行接触，以期与它们建立适当的合作形式"。[13]在没有明确授权的情况下，根据国际组织法中的默示权力理论（doctrine of implied powers），国际机构有必要与其他机构开展合作，[14]因此，它是所有国际机构都拥有的属性。[15]

10　参见 J Harrison, *Making the Law of the Sea* (CUP 2011) 242。

11　例如，the Convention on the International Maritime Organization (IMO Convention) (EIF 17 March 1958) Article 60。

12　例如，1945 Constitution of the Food and Agriculture Organization of the United Nations (FAO Constitution) (EIF 16 October 1945), Article XIII(1)。

13　参见 1992 Convention on Biological Diversity (CBD) (EIF 29 December 1993) Article 23(4)(h)。

14　许多区域机构没有与其他机构合作的明确权力，但这并没有阻止其这样做。关于默示权力，参见 *Reparations for Injuries Suffered in the Service of the United Nations* (1949)。

15　这将包括非正式的制度安排，参见 RR Churchill and G Ulfstein, 'Autonomous Institutional Arrangements in Multilateral Environmental Agreements: A Little-Noticed Phenomenon in International Law' (2000) 94 *AJIL* 623–659。

在这种普遍权力基础上的合作可以采取一些不同的形式。最基本形式的合作可能只是信息交流和相互参会。[16]传统上，这是以往国际机构之间进行合作的主要形式，同时它也仍然反映了国际机构间缔结的关系协定的一个关键点。[17]尽管很基础，此类活动仍然非常重要，因为它们扩大了一个机构通常可以获得的信息范围，这也是生态系统方法的一个重要结果。然而，上述义务并不必然导致有关机构采取行动，因此，人们认识到这种"消极协调"[18]存在局限，它不能保证实际行为的改变。

一种更具前景的合作形式则涉及国际机构积极展开对话，并发展共同的价值观和为了解决某类问题采取一致的策略。[19]这不仅是可取的，而且从生态系统方法的角度来看，这种形式的合作和协调可以说是必要的。因为只有通过协调行动，才能为物种和生境提供有效的保护。在实践中，有一些证据表明国际机构已经开始参与此类活动。

这种合作在相近领域内运行的机构之间更为常见。全球生物多样性条约之间的紧密合作和协调就说明了这一点。CBD、CITES 和 CMS 的缔约方会议分别强调需要加强各自活动之间的协同作用，[20]它们的秘书处之间还达成了一个谅解备忘录网络，以促进合作和协调。[21]这些机构还试图通过建立生物多样性联络小组（Biodiversity Liaison Group，BLG）来促进更广泛的协调，该小组由 CBD、CITES、CMS、《拉姆萨尔公约》（Ramsar Convention）、《粮食和农业植物遗传资源国际条约》（International Treaty on Plant Genetic Resources for Food and Agriculture）和《世界遗产公约》（World Heritage Convention）的秘书处参加。[22]该论坛的任务是确定并商定将从加强合作中受

16　参见 Keast et al (n8) 17; Hovik and Hanssen (n8) 508。

17　参见 1999 Agreement of Cooperation between the IMO and the Commission for the Protection of the Marine Environment of the North-East Atlantic (IMO-OSPAR Agreement); 1997 Agreement concerning the Relationship between the UN and the International Seabed Authority (UN-ISA Agreement)。

18　参见 HG Schermers and N Blokker, *International Institutional Law* (4th edn, Martinus Nijhoff 2003) 1705; Harrison, *Making the Law of the Sea* (n10) 249。

19　参见 Keast et al (n8) 19; Hovik and Hanssen (n8) 508。

20　CITES COP Resolution 16.4 (2014); CMS Resolution 11.10 (2014); CBD COP Decision II/ 13 (1995); CBD COP Decision III/21 (1996).

21　参见 1996 CITES-CBD MOU; 1996 CBD-CMS MOU; MOU 2002 CITES-CMS MOU。

22　参见 CBD COP Decision VII/26 (2004)。另参见 Modus Operandi for the Liaison Group of the Biodiversity-Related Conventions <http://www.cbd.int/cooperation/doc/blg-modus-operandi-en.pdf>。

益的跨领域问题。它通过让所有机构进行有组织的对话，寻求"最大限度地提高有效性和效率，避免生物多样性联络小组成员在联合活动中的重复劳动"。[23]一个关键的合作平台是通过调整战略计划和工作方案，参与者共同通过的"生物多样性战略计划"（Strategic Plan for Biodiversity），该计划也被作为所有条约的总体框架。[24]一些机构还通过了联合工作计划[25]并且制定了与执行相关条约有关的联合项目。

当涉及在不同领域工作的机构时，合作和协调的挑战更大。然而，为了实现环境保护的有效协调，进行合作是必要的。[26]事实上，在实践中也有一些特别的跨领域开展合作的例子，例如国际海事组织和联合国粮农组织联合开展工作。这两个机构已经缔结了一项关系协定，要求两个组织通过定期分享信息和派遣观察员参加会议等方式来进行密切合作。[27]更有针对性的特别协调则是通过由两个机构的代表组成的联合委员会进行的。[28]例如，国际海事组织与联合国粮农组织联合成立的IUU捕捞问题联合工作组在2000年至2015年举行了三次会议，讨论努力解决IUU捕捞问题的共同利益关切。[29]该小组的讨论推动了上述两个机构工作的发展。

23　Modus Operandi for the Liaison Group of the Biodiversity-related Conventions, Principle 3.

24　参见Report of the Workshop on Synergies among the Biodiversity-Related Convention, Document UNEP/CBD/SBI/1/INF/21 (2016) para. 12。

25　参见the CBD-Ramsar Joint Work Plan 2011–20. <http://www.ramsar.org/sites/ default/files/ documents/pdf/moc/CBD-Ramsar5thJWP_2011-2020.pdf>。

26　参见JA Ardron et al, 'The Sustainable Use and Conservation of Biodiversity in ABNJ: What Can Be Achieved Using Existing International Agreements?' (2014) 49 *MP* 98–108。

27　参见1965 Agreement on co-operation between the International Maritime Organization and the Food and Agriculture Organization of the United Nations (IMO-FAO Agreement) (EIF 1 December 1965), Articles II, IV, and V。

28　IMO-FAO Agreement, Article III.

29　参见Report of the Joint FAO/IMO Ad Hoc Working Group on Illegal, Unreported and Unregulated (IUU) Fishing and Related Matters, Document FIIT/R627(en) (2000); Report of the Second Session of the Joint FAO/IMO Ad Hoc Working Group on Illegal, Unreported and Unregulated (IUU) Fishing and Related Matters, Document FIRO/R1124(en) (July 2007)。工作组第三次会议于2015年11月举行。

首先，在2007年联合工作组第二届会议之后，[30]丢弃和抛弃渔具的问题被纳入MARPOL公约附件五的审查范围，从而加强了在"垃圾记录簿中记录"渔具损失的义务，[31]并规定渔船有义务向船旗国以及相关的沿海国报告渔具损失。[32]就联合国粮农组织而言，其正努力制定渔具标识的准则，[33]这将有助于执行国际海事组织的标准。因此，这两项举措是相辅相成的。

　　其次，在特别联合工作组讨论后，国际海事组织大会同意修改国际海事组织船舶识别计划（IMO Ship Identification Scheme），使船旗国有可能自愿将该计划适用于100总吨以上的渔船。[34]这项修正案被认为是建立全球渔船记录的步骤之一，同时也是联合国粮农组织的关键目标之一，以期改善对渔业活动的控制。

　　上述例子也说明了联合机构能够促进协调方法的制定。由每个组织的缔约方组成联合工作组的好处是它可以确保讨论在早期阶段就考虑到各国的意见，从而使结果更有可能在进程结束时得到各机构的认可。尽管建立联合机构可以说是任何国际机构的固有权力，这也就意味着这种策略可以被频繁使用，但是只有少数谅解备忘录或关系协定明确提到建立联合机构的可能性。[35]

　　即使在没有关系协议或谅解备忘录的情况下，国际机构也可以进行跨领域合作。例如，尽管国际海事组织与CBD没有正式的联系，但是两个机构密切合作，制定有关压载水的国际规则来管制外来物种入侵，以确保国际海事组织采取的措施与CBD的目标和规定一致。[36]缔约方会议指示CBD执行秘书处与包括国际海事组织在内的其他机构进行合作，以制定关于外来物种的标准化术语，制定评估引进外来物种风险的标准，以及制定报告外来物种

280

30　联合特设工作组第二届会议讨论了这一问题，参见Report of the Second Session of the Joint FAO/IMO Ad Hoc Working Group on Illegal, Unreported and Unregulated (IUU) Fishing and Related Matters, Document FIRO/R1124(en) (July 2007) paras 57–59。另参见G MacFadyen and R Cappel, 'Abandoned, Lost or Otherwise Discarded Fishing Gear', FAO Fisheries and Aquaculture Technical Paper No. 523 (2009)。

31　对条例进行了修订，不仅要求记录丢弃或丢失的情况和原因，还要求记录为防止或尽量减少丢弃或丢失而采取的位置和合理预防措施，参见MARPOL Annex V, Regulation 10.3.4。

32　参见MARPOL Annex V Regulation 10.6。

33　参见FAO Press Release, 'New Technologies Boost Efforts to Cut Down on Environmentally Harmful "Ghost Fishing"', 21 April 2016。

34　参见 IMO Assembly Resolution A. 1078(28) (2013)。

35　参见Agreement between the IMO and the ILO (IMO-ILO Agreement) (1959), Article III(3)。

36　SBSTTA Recommendation I/8 (1995) para. 19 (a).

新入侵的制度。[37]此外，2002 年 CBD 缔约方会议还制定了预防、引进和缓解威胁生态系统、生境和物种的外来物种的指导原则，并与包括国际海事组织在内的国际机构分享，将其作为指导该领域进一步立法活动的典范。此时，《压载水管理公约》正在谈判中，该公约在起草过程中也将考虑到这些准则。因此，《压载水管理公约》序言的最后文本明确提到了 CBD 以及包括指导原则在内的相关缔约方会议的决议。[38]此外，为了确保与 CBD 相兼容，在谈判的最后阶段，《压载水管理公约》得以被修正。[39]CBD 的缔约方已经认识到这两个制度的相互支持性，它们一再表示支持《压载水管理公约》并呼吁缔约方批准该条约。[40]这个例子有力地说明了国际机构之间的沟通是如何促进国际法律制定中的相互支持的。

10.3　区域作为机构间合作与协调的基础

在特定的海洋区域可以找到一些比较有趣的机构间合作与协调的例子。在这些区域，相关机构都在努力制定框架，以促进它们之间的持续互动：南极、东北大西洋、地中海和马尾藻海（Sargasso Sea）等地区是极佳的例证。一些机构试图在区域层面以更系统的方式促进跨领域的合作和协调。

南极洲是国际合作的一个特殊案例，因为它是一个"致力于和平和科学的自然保护区"。[41]冻结对南极洲的主权要求[42]就会使得各国有更多的动力在管制各类活动层面进行合作，并在几个区域机构的主持下对此采取行动。领导这项工作的是《南极条约》缔约方协商会议（Consultative Meeting of the Parties to the Antarctic Treaty，以下简称"ATCM"）及其 1991 年《环境保护议定书》（以下简称《议定书》），它们有权在南极采取环境保护措

37　CBD COP Decision V/8 (2000) para. 14.

38　参见 the statement of the Australian Delegation at the Fifty-First Meeting of the MEPC, Document MEPC51/22 (2004) para. 2.3.

39　参见 Consideration of the Draft International Convention for the Control and Management of Ships' Ballast Water and Sediments——Comments on the Draft Text of the Convention, Document BWM/CONF/28 (2004)。

40　CBD COP Decision VIII/27 (2006) para. 25.

41　参见 1991 Protocol on Environmental Protection to the Antarctic Treaty (1991 Protocol) (EIF 14 January 1998), Article 2。

42　参见 1959 Antarctic Treaty (EIF 23 June 1961), Article 4。

施,[43]包括所谓的南极特别保护区（Antarctic Specially Protected Areas，以下简称"ASPA"）和南极特别管理区（Antarctic Specially Management Areas，以下简称"ASMA"）。[44]然而，指定程序的设计使ATCM只能在与其他相关机构的协调下采取行动。因此，当涉及有关海洋的保护区时，《议定书》规定，"未经南极海洋生物资源保护委员会（Commission for the Conservation of Antarctic Marine Living Resources，以下简称"CCAMLR"）的事先批准，不得将任何海洋区域指定为ASPA或ASMA",[45]作为该区域的相关渔业管理组织，迄今为止，该委员会已经指定了10个具有海洋要素的ASPA和3个具有海洋要素的ASMA。

基于《南极海洋生物资源养护公约》（The Convention For The Conservation Of Antarctic Marine Living Resources，以下简称"CCAMLR公约"）的规定，这两个机构的协调会得到进一步加强，因为该公约规定，不是《南极条约》缔约国的CCAMLR成员将"适当遵守《南极动植物养护议定措施》（Agreed Measures for the Conservation of Antarctic Fauna and Flora）和《南极条约》协商国为履行其保护南极环境免受人类各种有害干扰的职责而建议的其他措施"。[46]这一规定可被视为参考适用规则，因为它要求CCAMLR成员遵守《南极条约》体系下规定的环境措施。虽然CCAMLR公约是在ASPA和ASMA出现之前起草的，但是它足以要求CCAMLR成员遵守这些措施。[47]在实践中，CCAMLR公约已经认识到，"在ASPA和ASMA的潜在渔业收获可能危及在这些地区进行的长期生态系统研究的高科学价值，破坏这些地区管理计划中确立的目标"，因此它采取了一项保护措施，即要求每个CCAMLR成员确保其持证渔船了解所有的包括海洋区域的ASPA和ASMA的位置和管理计划。[48]CCAMLR也有义务与ATCM在其自己采取的保护南极环境的措施

43　参见1991 Protocol，Article 10 (1)(b)。

44　Ibid, Annex V Articles 3–4.

45　参见1991 Protocol，Annex V Article 6 (2). 另参见 ATCM Decision 9 (2005)。

46　CCAMLR Convention, Article V(2).

47　参见 A Brown, 'Some Current Issues facing the Convention on the Conservation of Antarctic Marine Living Resources', in G Triggs and A Riddell (eds), *Antarctica:Legal and Environmental Challenges for the Future* (BIICL 2007) 100；另参见 *CCAMLR Performance Review Panel Report* (2008) Chapter 2, para. 6。

48　CCAMLR Conservation Measure 91–02 (2012).

方面进行合作。[49]这一要求在指定海洋保护区的背景下得到明确承认,《关于建立CCAMLR海洋保护区的总框架》（General Framework for the Establishment of CCAMLR MPAs）规定,"当指定一个新的CCAMLR海洋保护区时,委员会应努力确定南极条约体系的其他要素应⋯⋯采取哪些行动,以支持海洋保护区建立后的具体目标的实现"。[50]总体框架还承认,CCAMLR可能需要与其他相关组织合作。据观察,南极机构可以与国际海事组织合作,对该地区可被指定为特别敏感海域的区域进行有益的合作。[51]

南极洲是一个不同寻常的例子,在该区域制度中,合作从一开始就被纳入机构程序的设计中,但它并不是此类合作实践的唯一例子。作为负责保护和维护东北大西洋海洋环境的区域性海洋机构,《保护东北大西洋海洋环境公约》委员会一直处于与其他任务重叠的机构建立关系的前沿,以便按照其章程的要求,推行生态系统方法。[52]其合作战略的关键工具是与活跃在东北大西洋的其他机构进行谈判并签订谅解备忘录。一个很好的例子是《保护东北大西洋海洋环境公约》委员会和东北大西洋渔业委员会（North-East Atlantic Fisheries Commission,以下简称"NEAFC"）之间的谅解备忘录。谅解备忘录承认两个组织在保护海洋生物资源方面存在共同利益,并承诺,除其他事项外,"共同讨论各自对影响东北大西洋海洋环境和海洋生物资源的人类活动的管理问题,包括在国家管辖范围以外的地区,以及解决这些问题可能采取的行动和措施","对预防性方法或原则的应用理解一致",并"在海洋空间规划和区域管理方面进行合作"。[53]很明显,上述安排预示着随着时间的推移两个机构之间的关系将通过信息交流和协调得以不断发展。谅解备忘录旨在促进两个机构之间对关键概念和原则的共同理解,从而使它们能够采取相互支持的措施。

---

49   CCAMLR Convention, Article XXIII(1).

50   CCAMLR Conservation Measures 91–04 (2011) para. 10.

51   KN Scott and DL Vanderzwaag, 'Polar Oceans and the Law of the Sea', in D Rothwell et al (eds), *Oxford Handbook on the Law of the Sea* (OUP 2015) 750.

52   OSPAR Convention, Article 2(1)(a). 另参见 the North-East Atlantic Environment Strategy, OSPAR Agreement 2010–3 (2010) 2。

53   Memorandum of Understanding between the North-East Atlantic Fisheries Commission and the OSPAR Commission (NEAFC-OSPAR MOU) (2008), paras 1(b)–(d).

　　两个机构已经进行合作的一个议题是通过一个联合研讨会[54]确定具有重要生态或生物学意义的海洋区域。[55]这种合作有可能促使两个机构在东北大西洋的受保护物种和地区方面采取协调和相互支持的措施。在实践中，就指定问题达成一致更加困难，部分原因是不同主体对相关的科学标准存在不同的看法。[56]然而，这些障碍不应被视为合作的全部障碍，国际机构必须坚持不懈，以建立起强大的合作关系所需的信任水平。[57]这两个机构还在海洋塑料方面进行了合作，NEAFC向《保护东北大西洋海洋环境公约》委员会提交了其海洋垃圾倡议，以确保后者与自己的海洋垃圾战略保持一致和协调。[58]

　　《保护东北大西洋海洋环境公约》委员会不仅寻求与其他区域行为体的合作，[59]而且还寻求与那些职责涉及保护东北大西洋海洋环境的全球机构进行合作。为此，《保护东北大西洋海洋环境公约》委员会在1999年与国际海事组织缔结了一份谅解备忘录，尽管该文书除了促进协商、信息交流和建立观察员制度之外，作用有限。[60]相比之下，《保护东北大西洋海洋环境公约》委员会近期和国际海底管理局签署的谅解备忘录体现了一种更积极的合作方式。除了要求就共同关心的问题进行磋商、交流信息和授予观察员地位的一般条款外，[61]谅解备忘录还明确要求两个机构：

284

54　Report of the Joint OSPAR/NEAFC/CBD Scientific Workshop on EBSAs，Document UNEP/CBD/SBSTTA/16/INF/5 (2012).

55　参见第3章。

56　参见 D Freestone et al, 'Can Existing Institutions Protect Biodiversity in Areas Beyond National Jurisdiction? Experiences from Two On-Going Processes' (2014) 49 *MP* 167, 173. 东北大西洋渔业委员会坚持在采取进一步行动之前将工作结果送交国际海洋考察理事会进行同行审查；参见<http://www.ices.dk/sites/pub/Publication%20Reports/Advice/ 2013/Special%20requests/OSPAR–NEAFC%20EBSA%20review.pdf>。

57　参见 Keast et al (n8) 25。

58　参见 *Oceans and the Law of the Sea: Report of the Secretary-General*，Document A/ 71/74 (2016) para. 78。

59　参见 Memorandum of Understanding between the North East Atlantic Salmon Conservation Organization and the OSPAR Commission (OSPAR-NASCO MOU) (2013).《保护东北大西洋海洋环境公约》还商定了与大西洋金枪鱼养护委合作的"准则"；参见 Collaboration with other International Organizations，Document PLE–109A/2015 (2015)。

60　参见 IMO-OSPAR Agreement。

61　Memorandum of Understanding between the OSPAR Commission and the International Seabed Authority (OSPAR-ISA MOU) (2011), Articles 1, 3.

鼓励在国家管辖范围以外的东北大西洋海域进行海洋科学研究，以便在现有最佳科学信息的基础上，按照预防性和生态系统方法，促进正在进行的以下评估：（i）脆弱的深水生境的分布、丰度和状况；（ii）海洋物种的种群状况；以及（iii）旨在保护东北大西洋国家管辖范围以外地区的海洋生物多样性的措施的有效性。[62]

该文书还提及了两个机构要在收集环境数据和信息以及开展合作研究和研讨会等方面开展合作。[63]鉴于深海采矿对环境影响的不确定性，此类活动可以有效地帮助这两个机构以更有效率和效益的方式实现其目标。特别是这两个机构之间的合作可能有利于在位于东北大西洋的"区域"部分建立更多的特殊环境利益区。[64]《保护东北大西洋海洋环境公约》委员会已经在国家管辖范围以外的地区指定了几个海洋保护区，[65]但为了实现对这些地区的全面保护使其免受所有活动的影响，它需要与国际海底管理局积极合作，以禁止在这些地区内或地区附近采矿。

为了超越一系列的双边交流，践行真正的综合性方法，《保护东北大西洋海洋环境公约》委员会和NEAFC试图建立一个更广泛的合作框架，即所谓的东北大西洋特定区域管理的集体安排（Collective Arrangement for the Management of Selected Areas of the North-East Atlantic）。2014年，《保护东北大西洋海洋环境公约》委员会和NEAFC批准了集体安排的初步设计，[66]而其最终目的是包括更广泛的国际机构，[67]而该机制正是在这一点上与上述类型的双边协议不同。[68]上述集体安排已经向国际海事组

62　OSPAR-ISA MOU, Article 2.

63　OSPAR-ISA MOU, Articles 3, 5.

64　参见第8章。

65　参见第3章。

66　OSPAR Commission, Summary Record of OSPAR 2014, Document OSPAR 14/21/1-E (2014) para. 10.17; NEAF Commission, Report of the Thirty-Third Annual Meeting (2014) 14.

67　Aide-Memoire of the First Meeting under the Collective Arrangement, para. 16. Annex to Document ISBA/21/C/9 (2015).

68　相关讨论，参见 S Asmundsson and E Corcoran, *The Process of Forming a Cooperative Mechanism between NEAFC and OSPAR*, UNEP Regional Seas Reports and Studies No. 196 (2015) 16。

285

织[69]和国际海底管理局[70]发出了邀请。此外，该集体安排还会包含其他相关机构，例如国际海洋考察理事会（International Council for the Exploration of the Sea，ICES）、国际大西洋金枪鱼保护委员会（International Commission on the Conservation of Atlantic Tunas，ICCAT）、北大西洋鲑鱼保护组织（North Atlantic Salmon Conservation Organization，NASCO）和北极理事会（Arctic Council）等。该安排不计划产生法律约束力，[71]也不改变个别机构在其职权范围内采取措施的权限。因而，集体安排的目的是促进主管国际机构之间就特定海区的养护和管理进行定期且有针对性的对话，以加强沟通并协调措施。根据集体安排开展的一些活动将与根据双边安排开展的现有合作活动相重叠，如信息交流。[72]然而，集体安排下的对话的不同之处在于它将涉及年度磋商，以审查相关领域的状况和每个机构采取的保护措施。[73]此类对话将基于国际层面达成一致的原则、标准和规范。[74]根据集体安排的最初草案，已在某一附件中列明具体的共同原则，[75]但这些原则在最后的草案中却被删除。因此，参与者将商定可以适用哪些共同原则。事实上，有人认为，集体安排的潜在好处之一是"讨论这两个组织对各种条款和原则的表述方式，以便确保所使用的语言的互通的"。[76]随着时间的推移，各机构可能会对某些相关原则形成统一理解，这将促进各机构之间的协调行动。集体安排还预见，参与者将可合作开展环境影响评估和战略环境评估（strategic environmental assessments，SEA），[77]这将确保上述评估基于更广泛的信息，从而使缔约方能

69　Collective Arrangement between Competence International Organisations on Cooperation and Coordination Regarding Selected Areas in Areas Beyond National Jurisdiction in the North-East Atlantic (Collective Arrangement), Document MEPC 67/10/1 (2014), Annex.

70　Status of Consultations between the International Seabed Authority and the OSPAR Commission, Document ISBA/21/C/9 (2015).

71　参见 D Johnson, 'Can Competent Authorities Cooperate for the Common Good: Towards a Collective Arrangement for the North-East Atlantic', in PA Beckman and AN Vylegzhanin (eds), *Environmental Security in the Arctic Ocean* (Springer 2013) 341。

72　Collective Arrangement, para. 6(a).

73　Ibid, para. 6(d).

74　Ibid, para. 4(a).

75　参见提交给国际海事组织的草案 MEPC 63/INF.3 (2011)。

76　Aide-Memoire of the First Meeting under the Collective Arrangement (Aide-Memoire), Document ISBA/21/C/9 (2015), Annex, para. 5.

77　Collective Arrangement, para. 6(c).

够采取生态系统方法进行决策。[78] 因此，上述安排预示着一个机构可以要求另一个机构提供特定的信息或采取特定的行动。[79] 然而，这并不能改变这样一个事实，即有关机构的政治机关将保留对采取措施保护海洋环境的任何决定的控制权。

地中海地区也出现了类似的制度安排以促进相关机构之间的普遍合作和协调。区域海洋机构和区域渔业机构再次在这些举措中发挥了引领作用。286 地中海渔业总委员会（General Fisheries Commission for the Mediterranean，以下简称"GFCM"）和巴塞罗那公约秘书处（Secretariat of the Barcelona Convention，以下简称"UNEP/MAP"）在谅解备忘录的基础上进行了密切合作，该备忘录于2008年首次签订，并于2012年修订。除了传统的合作活动，如信息交流和相互参会，谅解备忘录还规定了一些不同类型的积极合作，包括合作开展海洋环境的区域性评估，制定协商一致的指标和参考点以及统一确定海洋保护区的标准。谅解备忘录还鼓励两个机构确保在海洋保护区内采用的管理计划"与所追求的目标一致，并尊重两个组织的任务"。[80] 在谅解备忘录的基础上，GFCM通过了第37/2013/1号决议，规定"如果GFCM打算指定一个可能完全或部分位于［地中海重要的特别保护区（Specially Protected Area of Mediterranean Importance，SPAMI）］的［渔业限制区（Fisheries Restricted Area，FRA）］，只有GFCM和UNEP/MAP进行了适当的合作和协调，才能做出这种决定……"。[81] 因此，这一规定表明地中海地区的合作超越了单纯的信息交流，包含了积极努力协调共同立场。然而，这两个机构仍然是自主的，而协调能否成功取决于一个机构是否真正愿意接纳另一个机构的意见。

由于人们已经认识到，"迫切需要在所有［相关］机构之间开始以更具

78　在集体安排的第一次会议上，有学者建议可以进行一次试验，评估拟议的试探性捕捞活动，参见 Aide-Memoire, paras 24–27。

79　Ibid, paras 22–23.

80　参见 Memorandum of Understanding between the UNEP MAP-Barcelona Convention and FAO-GFCM (2012), Annex。

81　Resolution GFCM/37/2013/1 on Area Based Management of Fisheries, Including through the Establishment of Fisheries Restricted Areas (FRAs) in the GFCM Convention Area and Coordination with the UNEP-MAP Initiatives on the Establishment of SPAMIS (2013) para. 4.

组织化的方式进行合作"同时也承认"不同机构各有侧重"，[82] 上述两个机构还试图建立一个更广泛的机构网络，以促进保护地中海海洋环境的生态系统方法的实施。为此，GFCM、UNEP/MAP和《关于养护黑海和地中海鲸目动物的协定》（Agreement on the Conservation of Cetaceans of the Black Sea and Mediterranean，ACCOMBAMS）的缔约方一直在努力制定一项联合战略，以便首先确定保护的优先领域。与东北大西洋不同，目前只有区域性机构在地中海开展活动，这会使协议的达成更加容易，但是这也意味着关键的机构参与者，如国际海事组织，被排除在外。

　　上述举措对分散的国际治理体系构成了明显的挑战。只有当各机构形成允许定期接触和合作的工作惯例时，此类安排才能发挥作用。在实践中，即使是安排会议这样简单的事情也会造成困难，而且随着参与机构的增多，任务也会变得更加复杂。[83] 此外，正如一位参与制定集体安排的评论员所言，"这种性质的综合制度要求主管当局之间的透明度和信任"，而且，"某国际组织的成员国，有责任在其所在的另一国际组织内发挥影响作用"。[84] 换句话说，挑战仍然是能否在不同国际机构的成员中产生足够的政治意愿，以达成共同立场并协调行动。这听起来很简单，但不能忽视每个机构的目标不同以及它们内部可能存在截然不同的政治趋势。事实上，有人指出，机构不仅有不同的法律职能，而且由于其领域偏向和成员构成的差异，它们还形成了不同的机构文化和价值观。因此，合作的关键挑战可能是政治性的，这就要求各国在派出代表进驻国际机构之前确保事先在国内确定明确的优先事项。由于成员的规模不同，在试图协调区域机构与全球机构的做法时，紧张关系可能更加明显。对此，有证据表明国际海事组织和国际海底管理局不愿意加入此类安排，部分原因是它们担心区域行为体的不当影响。[85] 然而，只有在全球机构的共同参与下，才能实现全面的区域海洋综合管理。最后，这类活动还需要资源才能够开展额外的行动。[86] 例如，负责黑海渔业的GFCM与黑海

282

82　*Draft Elements of a Common Strategy among RAC/SPA, GFCM, ACCOBAMS and IUCN- Med, with Collaboration of MedPAN*，Document UNEP(DEPI)/MED WG.408/17 (2015).

83　参见Freestone et al (n56) 172–3。

84　Johnson (n71) 341.

85　参见Relations with Intergovernmental Organizations—Note by the Secretariat, IMO Document A 29/19(c) (2015)。

86　参见J Rochette et al, 'Regional Oceans Governance Mechanisms: A Review' (2015) 60 *MP* 9–19。

委员会达成了类似的合作安排，[87]但它指出，"由于缺乏资源，谅解备忘录的实施受到了阻碍，这也破坏了两个秘书处之间的协调"。[88]这一结论与最近一项研究的建议相吻合，即促进合作和协调的努力"永远不应掩盖首先应加强每个机制本身的基本需要"。[89]

马尾藻海委员会（Sargasso Sea Commission）展示了机构间协调的另一种方法，该委员会是在2014年《关于合作保护马尾藻海的汉密尔顿宣言》（Hamilton Declaration on Collaboration for the Conservation of the Sargasso Sea，以下简称《汉密尔顿宣言》）规定的框架下成立的。[90]马尾藻海是一个独特的全水层海藻生态系统，位于百慕大岛周围的大西洋中。它已被CBD确认为一个具有重要生态或生物学意义的海洋区域。[91]然而，管理马尾藻海的挑战之一是该地区的大部分区域位于国家管辖范围之外。因此，马尾藻海委员会和相关机构旨在提供应对上述挑战的手段。

288　　　　马尾藻海委员会与上面讨论的其他区域性组织有很大的不同，因为它不是一个根据国际条约建立的政府间组织。相反，该委员会是根据百慕大法律设立的，它由"致力于保护公海生态系统的杰出科学家和其他具有国际声誉的人士"以个人身份组成。[92]因此，委员会不能采取管理或其他措施来保护马尾藻海。委员会被视为具有"照管"（stewardship）功能，它将通过收集有关生态系统所面临的确切威胁的信息，并在此基础上鼓励各国政府、国家、区域和国际组织之间进行合作以促进其目标的实现。[93]委员会将下列国际组织列为其工作的主要伙伴：国际海事组织、ICCAT、国际海底管理局、CMS缔约方会议、北大西洋渔业组织（North Atlantic Fisheries Organization，NAFO）、《保护东北大西洋海洋环境公约》委员会、CBD缔约方会议和联合国大会。委员会本身已经争取到了许多国际机构的观察员地位，[94]此外，委员会还将通过

87　Memorandum of Understanding between the Black Sea Commission and FAO-GFCM (2012).

88　GFCM Framework for Cooperation and Arrangements with Party Organizations, Document GFCM：XXXVIII/2014/Inf.19 (2014) 3.

89　Rochette et al (n86) 17.

90　参见2014 Hamilton Declaration on Collaboration for the Conservation of the Sargasso Sea。http://www.sargassoseacommission.org/about-the-commission/hamilton-declaration。

91　参见CBD COP Decision XI/17 (2012)，表1。

92　Ibid, para. 6.

93　Ibid, Annex II.

94　该委员会是国际海底管理局和西北大西洋渔业组织的观察员。

《汉密尔顿宣言》签署者会议开展工作。[95]该会议与相关机构存在重要联系，因为签署者往往是这些机构的成员，因而其能够直接提出有关管理措施的建议。事实上，委员会和《汉密尔顿宣言》的签署方已经在这些组织内采取了一些举措以促进对马尾藻海的进一步保护。所谓的支持者（champions）的出现成为该制度取得成功的一个主要因素。[96]迄今为止，该制度的一项重大成就是将产卵地在马尾藻海的欧洲鳗鱼（European eel）列入CMS附录二，这也意味着分布国现在必须努力缔结保护这一物种的进一步协议。[97]马尾藻海委员会的关键职能之一就是能够在具有相关权限的不同国际机构之间的措施协调中发挥作用，以确保对马尾藻海这一重要的公海生态系统进行全面和一致的保护。正是出于这个原因，该委员会被认为是潜在的"公海治理的新方式"。[98]

这些区域协调机制仍处于初级阶段，它们在实践中如何发展还有待观察。尽管如此，它们已被确定为其他地区建立跨领域合作的可能参考模式，[99]虽然区域差异要求不同区域做出相应的调整。[100]因此，国际社会要求在大型海洋生态系统的地区促进此类一体化，这些地区是由生态而不是政治边界划定的，从而为采取生态系统方法提供适当的基础。[101]然而，为了成功地促进综合管理，许多机构将被要求修改任务规定，纳入生态系统方法，并将其适用范围扩大到所有相关领域，包括国家管辖范围以外的领域。[102]

一个更激进的解决办法是建立综合性区域海洋管理组织，将区域海洋机构和区域渔业机构的职能整合起来。[103]然而，我们必须认识到，不仅不同机

289

95　CBD COP Decision XI/17 (2012), paras 5 and 8；目前包括英国、美国、亚速尔群岛、摩纳哥、百慕大群岛、英属维尔京群岛、巴哈马和加拿大。

96　Freestone et al (n56) 168.

97　关于《保护迁徙野生动物物种公约》，参见第3章。

98　D Freestone and F Bulger, 'The Sargasso Sea Commission: An Innovative Approach to the Conservation of Areas beyond National Jurisdiction' (2016) 30 *Ocean Yearbook* 80, 90.

99　参见Johnson (n71) 341；Freestone et al (n56) 171；Freestone and Bulger (n98) 81。

100　Asmundsson and Corcoran (n68) 30.

101　参见Rochette et al (n86) 12–13；AM Duda and K Sherman, 'A New Imperative for Improving Management of Large Marine Ecosystems' (2002) *O&CM* 797–833。美国国家海洋和大气管理局已确定66个不同的大型海洋生态系统；参见<http://www.lme.noaa.gov/index.php?option=com_content&view=article&id=1&Itemid=112>。

102　Rochette et al (n86) 17.

103　参见Global Ocean Commission, From Decline to Recovery: A Rescue Package for the Oceans Report Summary (2016) 16。

构的任务不同，而且其成员国也不同，例如区域海洋机构由该区域的沿海国组成，而区域渔业机构通常涉及更多与该区域的渔业有利益关系的国家。因此，至少在中短期内，发展上述类型的合作与协调机制似乎是促进海洋区域综合管理的一个更可行的办法。[104]

10.4 促进海洋环境保护合作与协调的全球框架

10.4.1 联合国大会作为主要协调机构的作用

我们现在探讨国际社会采取的全球协调措施，即一种由联合国领导的协调机制。《联合国宪章》明确规定了本组织的协调职能，[105]在实践中，联合国大会在海洋法方面履行了上述职能。

在《海洋法公约》生效之时，联合国大会就承担起监督此公约实施的职责，并要求所有主管国际组织致力于以一种"统一、连贯、协调的方法"在整个联合国体系内执行此公约。[106]联合国大会之所以能够在这方面发挥关键作用，一方面是因为其广泛的机构职能，[107]另一方面也是因为其有众多的成员国，这就使得所有相关国家都可以参与关于合作与协调的讨论。此外，其他机构也可以作为观察员参加联合国大会的会议。[108]上述特点赋予了联合国大会作为海洋法主要协调机构的合法性。[109]

虽然联合国大会活动的重点是执行《海洋法公约》，但其任务显然超出了《海洋法公约》本身的范围，例如包括监督与《海洋法公约》有关的许多其他条约和文书的执行。事实上，联合国大会已经建立了若干机制来巩固它作为主要协调机构的地位。对此，它特别强调保护海洋环境和促进海洋可持续发展的必要性。

290

104　Rochette et al (n86) 18 等回应了这一结论。

105　Charter of the United Nations (UNC) (EIF 24 October 1945), Article 58.

106　UNGA Resolution 49/28 (1994) para. 18.

107　参见 UNC, Article 10。

108　关于被接纳为联合国大会观察员的机构名单，参见 UN Document A/INF/70/5 (2016)。

109　E Morgera, 'Competence or Confidence? The Appropriate Forum to Address Multi-Purpose High Seas Protected Areas' (2007) 16 *RECIEL* 1, 10–11.

10.4.2 海洋环境状况包括社会经济方面问题全球报告和评估经常程序

海洋的综合管理要求通过各种途径了解对海洋环境的所有相关威胁。鉴于海洋的面积广阔，这一任务面临的挑战重大，显然需要负责海洋事务各个方面的所有机构通力合作。海洋环境状况包括社会经济方面问题全球报告和评估经常程序（The Regular Process for Global Reporting and Assessment of the State of the Marine Environment）正是对此提供了一种机制，来帮助收集和传播此类信息，以便作出更好的管理决定。

在2002年可持续发展世界首脑会议（World Summit on Sustainable Development）上，各国同意"在联合国建立一个经常程序，在现有区域评估的基础上，就海洋环境、包括社会经济方面的状况作出全球报告和评估"。[110] 这一经常程序的目的是汇集现有评估并在此基础上加以发展，以便对世界海洋的健康状况提供一个概览。换言之，它不会产生新的科学发现，而是将现有的数据整合成一个连贯的评估。因此，经常程序的总体目标是"通过在全球和跨区域两级提供定期评估和对环境、经济以及社会各方面的综合看法，[111] 增进对海洋的了解以及建立一个向决策者和公众[112]提供科学信息的全球机制"。为此，该流程明确采用了生态系统方法。[113]我们不应低估上述倡议的雄心，因为它涉及数十个国际组织和其他机构，[114]以及许多独立的科学家，并由联合国大会通过专门的委员会进行协调。[115]

第一次全球海洋评估花了十多年时间，并于2015年获得联合国大会的批准。[116]该报告详细介绍了海洋提供的生态系统服务、特定活动对海洋生态系统的影响、主要海洋物种群体和生境的总体状况，并且关键性地全面评估了人类活动对海洋的累积影响。第一份报告旨在确定海洋环境现状的基线，

291

110　Johannesburg Programme for Further Implementation (2002) para. 36(b).

111　参见UNGA Resolution 57/141 (2002) para. 45。

112　Report of the Work of the Ad Hoc Working Group of the Whole to Recommend a Course of Action to the General Assembly on the Regular Process for Global Reporting and Assessment of the State of the Marine Environment, Document A/64/347 (2009) Annex, para. 7.

113　Ibid, para. 10.

114　UNGA Resolution 65/37 (2010) para. 204.

115　Ibid, para. 202.

116　UNGA Resolution 70/235 (2015) para. 266.

这证明了国际机构有能力就一个共同的项目进行合作，但它需要以单一的机构作为核心，以便作出关键决定和确定活动的优先次序。

第一次评估只是这项工作的起点。预计这一程序将每五年重复一次，"在随后的周期中，该程序的范围将扩大到评估（海洋环境的）趋势"。[117]这将使决策者能够评估为保护海洋环境而采取的任何措施，并确定法律和政策方面持续的差距。因此，有人强调，第二轮全球海洋评估应与现有的全球和区域机构密切合作进行，以确保评估结果可用于决策。[118]为了实现这一目标，必须认真管理经常程序，以确保其报告透明且严谨。与IPCC等科学进程一样，此类理解的有效性在很大程度上取决于其程序的公正性和质量，[119]而经常程序也许能够从其他科学机构处理和报告信息的方式中汲取经验。拉奇德（Rached）指出了与IPCC有关的一些重要经验和教训，特别是关于可纳入评估的数据范围，在使用未公开数据时需要进行的审核以及如何正确表达某一话题的不确定性程度以确保建议的可信度。[120]联合国大会作为协调和最终批准评估报告的机构，对其与各机构和专家个人之间的关系也必须加以安排，以便建立信任，同时避免对信息报告的政治干预。对经常程序开启的今后的评估而言，[121]这种保障措施将变得越来越重要，因为其将不再局限于确定环境质量基准，而转向确定需要采取政策行动的关键领域。

10.4.3　海洋法发展的年度审查

联合国大会促进合作与协调的主要机制是每年审查海洋事务和海洋法领域的法律和政策的发展。这一审查过程是在《海洋法公约》生效后不久启动的，

117　Report of the work of the Ad Hoc Working Group of the Whole to Recommend a Course of Action to the General Assembly on the Regular Process for Global Reporting and Assessment of the State of the Marine Environment, Document A/64/347 (2009) Annex, para. 19.

118　参见the Abstract Prepared by the Secretariat of Views on Lessons Learned from the First Cycle of the Regular Process for Global Reporting and Assessment of the State of the Marine Environment (UN 2016) 18–19。

119　DH Rached, 'The Intergovernmental Panel on Climate Change: Holding Science and Policy-Making to Account' (2014) 24 *YIEL* 3, 27.

120　Ibid, 20.

121　Ibid, 23. 另参见S Andresen and JB Skjærseth, 'Science and Technology', in D Bodansky et al (eds), *Oxford Handbook of International Environmental Law* (OUP 2007) 192。

审查范围广泛。[122]实际上，保护海洋环境已成为年度审查的一个中心内容。[123]

审查内容主要有两项。首先，审查包括由联合国秘书长准备的一份"全面报告"，其中既包括《海洋法公约》的执行情况，也包括"关于海洋法方面的发展……同时考虑到有关的科学和技术发展"。[124]此报告由联合国法律事务办公室（UN office of Legal Affairs）下属的联合国海洋事务和海洋法司（UN Division for Ocean Affairs and the Law of the Sea，DOALOS）[125]根据主管国际组织和其他有关机构提供的资料编写。联合国大会强调：

> 秘书长的年度报告汇集了《海洋法公约》执行情况和联合国及其专门机构和其他机构在全球和区域两级海洋事务和海洋法领域开展工作的信息，具有重要作用，因此是大会这个有权审议和审查海洋事务和海洋法方面的发展的全球机构每年进行这一审查的依据。[126]

因此，集中传播此类信息本身就是协调国际机构活动的一个重要起点。[127]

联合国秘书长的报告还为关于海洋政策和海洋法的年度辩论提供了基础，并通过了两项关键性决议：一项关于海洋事务和海洋法，另一项则关于可持续渔业。这两项决议经常涉及海洋环境保护。关于海洋和海洋法的决议一般包括两个相关部分，一方面涉及"海洋环境和海洋资源"，另一方面则涉及"海洋生物多样性"。在上述议题下有诸多问题亟待解决。例如，某一典型决议提到海洋污染和废弃物，包括塑料、持久性有机污染物、重金属、氮基化合物、[128]海洋酸化、气候变化的影响、[129]外来物种入侵、[130]石油泄

293

122　UNGA Resolution 49/28 (1994) para. 12.

123　参见 Oceans and the Law of the Sea-Report of the Secretary-General，Document A/ 70/74/Add.1 (2015)。

124　UNGA Resolution 49/28 (1994) para. 15(a).

125　参见 Secretary-General's Bulletin ST/SG/2008/13 (2008) para. 9.2(c)。DOALOS 两名工作人员介绍了 DOALOS 的历史和作用概况，参见 S Tarassenko and I Tani, 'The Functions and Role of the United Nations Secretariat in Ocean Affairs and the Law of the Sea' (2012) 27 *IJMCL* 683–699。

126　UNGA Resolution 69/245 (2014) para. 310.

127　UNGA Resolution 63/111 (2008) para. 174.

128　UNGA Resolution 69/245 (2014) para. 163.

129　Ibid, para. 165.

130　Ibid, para. 174.

漏、[131]海域富营养化、[132]与海底山脉、热液喷口和冷水珊瑚有关的海洋生物多样性、[133]珊瑚白化[134]以及海洋噪声。[135]同样，可持续渔业决议的核心也是环境问题。除了涉及与目标种群有关的捕捞活动的可持续发展，典型的渔业决议还涉及海洋生态系统中的意外捕获以及负责任渔业等内容，这也表明人们更加关注捕捞活动对海洋环境的影响。[136]

上述文书是联合国大会为了促进全球机构间的协调而采取的主要机制。事实上，这两项决议着重强调协调管理对海洋环境的压力的重要性。例如，2014年关于海洋和海洋法的决议主张采取协调一致的战略来处理海洋污染问题，包括有效地执行相关条约，[137]以及鼓励各国互相合作与协调并采取一切措施消除国家管辖区域内外的海洋生态系统遭受的影响。[138]更重要的是，联合国大会的决议可以被用来应对需要若干国际机构采取行动的具体障碍或挑战。

另外，如第7章所述，联合国大会在鼓励制定保护脆弱海洋生态系统免受深海捕捞损害的措施方面的作用是一个很好的案例。最早在21世纪初，联合国在有关海洋法的讨论中提出了上述问题，[139]联合国大会利用其2002年关于海洋和海洋法的决议鼓励：

> 有关的国际组织，包括联合国粮食及农业组织、国际水文学组织、国际海事组织、国际海底管理局、联合国环境规划署、世界气象组织、生物多样性公约秘书处和联合国秘书处（海洋事务和海洋法司），在区域及分区域渔业组织的帮助下，紧急审议如何在公约框架内以科学方式统

131　UNGA Resolution 69/245 (2014), para. 185.

132　Ibid, para. 195.

133　Ibid, para. 222.

134　Ibid, para. 234.

135　Ibid, para. 237.

136　参见 UNGA Resolution 70/75 (2015), para. 11。

137　UNGA Resolution 69/245 (2014) para. 163.

138　Ibid, para. 200(d).

139　参见 *Report on the Work of the United Nations Open-Ended Informal Consultative Process on Oceans and Law of the Sea at its first meeting*, Document A/55/274 (2000) para. 73; *Report on the Work of the United Nations Open-Ended Informal Consultative Process Established by the General Assembly in Its Resolution 54/33 in order to Facilitate the Annual Review by the Assembly of Developments in Ocean Affairs at Its First Meeting*, Document A/57/80 (2002) para. 20.

筹并改善对海山及一些其他水下地貌的海洋生物多样性所面临的风险的管理。[140]

两年后，联合国大会实质性地提出了关于深海捕捞的问题，并通过了第59/25号决议，吁请：

> 各国各自采取，或通过具有相关权限的区域渔业管理组织和安排采取紧急行动，根据个别具体情况和以科学为依据，包括应用审慎做法，考虑暂时禁止破坏性捕捞法，包括有损于国家管辖范围以外的脆弱海洋生态系统，包括海底山脉、热液喷口和冷水珊瑚的底拖网捕捞法，直至依照国际法的规定制定适当的养护和管理措施。[141]

最重要的是，联合国大会决定根据RFMO提供的资料和联合国秘书长整理的资料，定期审查这些建议。[142]大会于2011年和2016年对上述建议进行了审查，同时还举办了一个由所有相关行动者参加的研讨会，以讨论建议的执行情况。这种积极主动的做法引导RFMO采取了许多措施，来保护国家管辖范围以外地区的脆弱海洋环境免受深海捕捞带来的风险，[143]并持续关注这一问题。这一过程并没有促使各方面迅速采取行动，因此仍然存在一些差距，但它通过持续关注这一问题以及定期监督实际做法的方式无疑改善了局势。

鉴于联合国大会的讨论时间很短，2000年联合国大会决定开启海洋法问题不限成员名额的非正式协商进程（Open-Ended Informal Consultative Process on the Law of the Sea，ICP），[144]为讨论与海洋可持续发展有关的问题提供更多的机会。非正式协商进程每年举行一次，讨论秘书长的报告，目的

140　UNGA Resolution 57/141 (2002) para. 56.

141　UNGA Resolution 59/25 (2004) para. 66；另参见UNGA Resolution 60/31 (2005) para. 72；UNGA Resolution 61/105 (2006) para. 83。

142　参见UNGA Resolution 61/105 (2006) para. 91；UNGA Resolution 64/72 (2009) paras 128–130；UNGA Resolution 69/109 (2014) paras 162–164。

143　参见第7章。

144　UNGA Resolution 5433 (1999) para. 4. ICP最初成立三年，但其任务期限已多次延长，最近一次在UNGA Resolution 69/245 (2014) para. 294。

是为联合国大会关于海洋法的年度辩论提供素材以供其审议。[145]非正式协商进程的形式不同于联合国大会，因为它一般包括受邀专家的一些陈述，然后是全体讨论和辩论。非正式协商进程的一个主要优点是，它允许各国代表以及国际组织和非政府组织更多地参与具体问题的讨论。[146]自成立以来，非正式协商进程讨论了与保护海洋环境有关的若干关键议题，包括海洋污染的经济和社会影响（2000年）、保护海洋环境（2001年）、脆弱的海洋生态系统（2003年）、养护和管理国家管辖范围以外的生物多样性（2004年）、海洋废弃物（2005年）、生态系统方法（2006年）、可持续发展（2011年和2015年）、海洋可再生能源（2012年）、海洋酸化（2013年）和海洋塑料（2016年）。上述讨论使此类问题在联合国大会的决议中日益突出。此外，非正式协商进程的具体任务是"［确定］政府间和机构间应加强协调与合作的领域"。[147]非正式协商进程本身不能直接协调不同机构的立场，而且它也没有改变联合国大会在这方面的作用。[148]因此，非正式协商进程至多提供了一个论坛，明确协同作用以及可能存在的紧张关系，并就需要主管国际组织进一步关注的问题向联合国大会提出建议。[149]联合国大会将非正式协商进程的主要作用描述为"在融合知识，多方利益攸关者交流意见，主管机构协调和提高对各项议题包括新出现的问题的认识……等方面所发挥的主要作用"。[150]后一项职能也许是非正式协商进程最有价值的贡献，因为它允许在关键行为体之间发起对话，从而促使行为体利用现有的合作安排进一步采取行动。

从以上讨论可以看出，联合国大会的年度审查进程在确保广泛且全面讨论包括海洋环境保护在内的关键海洋法问题方面发挥了重要作用。联合国大会也可商定某些优先问题，并建议其他有相关任务的机构单独或合作加以解决。联合国各有关机构和机构秘书处之间形成的联合国海洋网络为政府间合

---

145   CSD Decision 7/1 (1999) para. 41.

146   参见 Harrison (n10) 255。

147   CSD Decision 7/1 (1999) para. 41.

148   CSD Decision 7/1 (1999) para. 40(5).

149   参见 Harrison (n10) 253–257。

150   UNGA Resolution 69/245 (2014) para. 292.

作执行上述商定的优先事项提供了另一个平台。[151]通过上述机制，联合国大会因此采用了所谓的协调战略，即利用其在联合国体系内的关键地位，与众多机构合作，并利用"软影响模式来指导和支持它们的行动"，以实现其总体目标。[152]

联合国体系最大的弱点是联合国大会没有权力维持协调。[153]联合国大会的决议对各国没有约束力，更不用说对决议可能针对的其他自治的政府间组织有约束力了。然而，这并不意味着各机构可以无视联合国大会的决议。尽管大会决议没有约束力，但它们的起草受到各国的高度重视，"为准备决议而进行的谈判会在数周前［开始］，有时提前数月"。[154]事实上，它们的效力并不取决于它们的法律地位，而是取决于各国之间关于应优先处理某一问题的一致同意。协商一致通过的决议就会得到国际社会的认可，因此可能具有重大的政治影响。此外，联合国大会确实有一些工具可以使用，以促进各国协调。基于一些机构与联合国签订的关系协定中所载的承诺，它们有义务对这些决议给予特别考虑。此外，有许多关系协定要求一些组织将联合国提议的项目列入其会议议程。[155]有些关系协定则进一步要求有关组织自动向有关联合国机构提交协调政策和活动建议，并向联合国报告各组织及其成员为落实这些建议而采取的行动。[156]因此，这些关系协定为联合国大会促进对话提供了法律基础，即使它不能左右结果。只有尽可能地利用这些权力并通过新

296

---

151 UN-OCEANS成立于2003年，以取代联合国行政协调委员会海洋和沿海事务小组委员会。联合国海洋网络的任务规定载于联大第68/70号决议，参见J Harrison, 'Actors and Institutions for the Protection of the Marine Environment', in R Rayfuse (ed.), *Research Handbook on the Protection of the Marine Environment* (Edward Elgar 2015) 76–77。

152 参见KW Abbott and S Bernstein, 'The High-Level Political Forum on Sustainable Development: Orchestration by Default and Design' (2015) 6 *GP* 222, 223。

153 参见Harrison (n10) 251。

154 T Treves, 'The General Assembly and the Meeting of States Parties in the Implementation of the LOS Convention', in AG Oude Elferink (ed.), *Stability and Change in the Law of the Sea: The Role of the LOS Convention* (Martinus Nijhoff 2005) 60.

155 例如1959 Agreement between the United Nations and the International Maritime Organization (IMO-UN Relationship Agreement) (EIF 13 January 1959), Article III; 1946 Agreement between the United Nations and the International Labour Organization (ILO-UN Relationship Agreement) (EIF 14 December 1946), Article III。

156 例如IMO-UN Relationship Agreement, Article IV; ILO-UN Relationship Agreement, Article IV; 1946 Agreement between the United Nations and the United Nations Education, Science and Culture Organization (UN-UNESCO Relationship Agreement) (EIF 14 December 1946), Article V。

的关系协定网络进一步扩大这些权力，才能以一种更加综合的办法，促进国际法律框架的发展以保护海洋环境。

10.5　再论国家管辖范围以外区域保护海洋生物多样性保护的合作与协调

国际组织任务存在重叠的各类领域都需要合作，但人们认识到在国家管辖范围以外的领域更需要合作。促进合作与协调是正在进行的新的具有法律约束力的国际文书谈判的一个关键因素，此类文书旨在保护和可持续利用国家管辖范围以外区域的海洋生物多样性。尽管合作与协调不是谈判议程中的一个独立议题，[157] 但它被视为讨论的一个组成部分，尤其是在涉及国家管辖范围以外海洋保护区的问题上。[158] 预计谈判的最终结果"将阐明各类要求，包括应何时划定海洋保护区、划定海洋保护区的决策过程以及拟采取的具体措施以及这样一个海洋保护区的法律效力"。[159] 但是除了这个有关合作和协调的基本协议之外，国际社会还没有就实现它的方式达成明确的共识。筹备委员会主席强调的关键问题包括哪些国家或机构有权就国家管辖范围以外的海洋保护区提出建议，哪些机构有权划定海洋保护区或采取类似的区域性措施，以及某个指定对国际文书的缔约方和第三国具有何种法律效力。[160] 此外，一个关键问题是，新的安排如何与规定在国家管辖范围以外区域采取管理措施的现有文书相互作用。[161]

在一个理想的世界里，人们或许可以重新思考和设计海洋治理制度，以便对海洋环境所面临的问题作出更加一致的反应。对此，有人建议设立一个单一的全球机构，负责海洋环境保护的所有问题。这样一个机构可以为与海

157　参见 UNGA Resolution 69/292 (2015) para. 2。

158　参见研究国家管辖范围以外区域海洋生物多样性的养护和可持续利用相关问题的不限成员名额非正式特设工作组的来文和联合主席的讨论摘要，其第16段表示，"有强调，若启动谈判，任何讨论和由此产生的文书都应侧重于不同机构之间的合作与协作，并确保国家管辖范围以外区域不同活动之间的有效关系，而不是管理这些活动"。

159　D Tladi, 'The Proposed Implementation Agreement: Options for Coherence and Consistency in the Establishment of Protected Areas beyond National Jurisdiction' (2015) 30 *IJMCL* 654, 660.

160　主席关于分组以及议题和问题的指示性建议，以协助筹备委员会第二届会议非正式工作组的进一步讨论。

161　参见 Tladi (n 159) 661。

洋环境有关的所有问题提供一个集中的决策过程，也可以"作为机构协调中心，为区域或领域协定通过的决定和措施提供最佳做法指导和全球认可"。[162] 在政府间的讨论中，也有人提出了这样一种观点，即"全球普遍治理结构仍然是促进国家管辖范围以外海洋生物多样性可持续发展的最佳途径"。[163] 就目前情况来看，国际社会应授权一个新的全球机构负责在国家管辖范围以外的区域划定海洋保护区。首先，这样一个机构可以要求其他主管组织采取管理措施以进一步实现划定给某一特定环境保护区的保护目标。但更激进的建议是，如果认为其他国际组织的响应不足，这个全球机构自身有权采取具有约束力的管理措施。[164] 该协定的缔约方将有义务遵守这类管理措施，但是存在一个问题，即正如在许多条约制度中所见，缔约方是否有权反对这类措施以及可以相应地采取哪些程序来约束退出权。

由于在修订现有组织的法律规定以承认这一计划所固有的体制等级方面存有困难，建立一个统领性的体制框架涉及的环节非常复杂。基于此，国际法委员会在20世纪50年代审议海洋法改革时，驳回了早先提出的由一个机构负责海洋事务所有方面的建议，并认为这是不可行的。[165] 即使在海洋治理挑战如此凸显的今天，国际社会是否已经对此做好准备也尚不清楚。[166] 值得注意的是，目前有关在国家管辖范围以外区域建立更强有力的海洋生物多样性保护框架的讨论明确认为，任何新的文书"不应损害现有有关法律文书和框架以及相关的全球、区域和部门机构"。[167] 因此，任何改革都必须符合现有的任务规定，并以目前的合作措施为基础。

另一项建议则是建立一个程序，对领域性或区域机构划定的海洋保护区

298

---

162 Rayfuse and Warner (n7) 420.

163 Outcome of the Ad Hoc Open-Ended Informal Working Group to Study Issues Relating to the Conservation and Sustainable Use of Marine Biological Diversity beyond Areas of National Jurisdiction, Document A/69/780 (2015) Annex, para. 10.

164 参见IUCN, An International Instrument on Conservation and Sustainable Use of Biodiversity in Areas beyond National Jurisdiction: Matrix of Suggestions (2015) para. 2.3.7 (Suggestion 4)。还有建议可授权一个全球机构在必要的时候采取临时措施（Suggestion 5）或紧急措施（Suggestion 6）。

165 International Law Commission, 'Regime of the High Seas and Regime of the Territorial Sea' (1956 II) YbILC 1, paras 9–18.

166 参见Ulfstein (n7) 107。

167 参见UNGA Resolution 69/292 (2015) para. 3。

以及制定的管理措施给予全球性认可，[168]从而要求新文书的所有缔约方遵守这些措施，即使它们不是该领域或区域协定的缔约方。[169]因此，这一办法将以区域组织保护稀有和脆弱海洋生态系统的现有活动为基础。然而，如上文所述，一些国家担心这样做会赋予它们没有派驻代表的区域海洋机构过多的权力，因此，这种模式必须包括保障措施来明确需要遵守的最低标准和基本程序，并允许在全球对区域行动进行某种形式的监督。

就一个内容不太详尽的计划而言，一个全球机构只负责对需要采取特别保护措施的地区提出建议，对这些地区的海洋环境进行监测，并建议现有机构采取行动。[170]在这种安排下，各国的义务重在在现有机构内进行合作来执行上述建议。这将使现有的一些流程正式化，例如，确定具有重要生态或生物学意义的海洋区域。但是为了保护国家管辖范围以外地区的海洋生物多样性，应当建立一个组织。除了上述义务以外，对此这并不会带来任何额外的权力。此外，该项义务仅具有调节作用，不能保证所有相关行为体都能加入这种组织。

这项新协定的目标必须是更好地保护世界海洋，同时也尊重现有的机构和程序。但是参与协商的国家也面临着艰难的选择，目前尚不清楚该协议需要多长时间才能达成，[171]同时，本章概述的现有进程将继续为促进海洋环境保护方面的合作与协调提供主要手段。

10.6 结论

本章讲述了海洋综合管理在国际层面遇到的挑战。综合管理是生态系统

---

168 参见 E Druel and KM Gjerde, 'Sustaining Marine Life beyond Boundaries: Options for an Implementing Agreement for Marine Biodiversity beyond National Jurisdiction under the United Nations Convention on the Law of the Sea' (2014) 49 *Marine Policy* 90, 93.

169 因此，其与《鱼类种群协定》的做法有相似之处；R Long and MR Chaves, 'Anatomy of a New International Instrument for Marine Biodiversity beyond National Jurisdiction: First Impressions of the Preparatory Process' (2015) 6 *EL* 213, 224. 关于《鱼类种群协定》及其赋予区域渔业管理组织在确定公海养护和管理措施方面的作用的讨论，参见第7章。

170 Ibid.

171 预计筹备委员会将在2017年底之前报告其进展情况，联大应在第七十二届会议（2018年年中）结束前决定是否召开一次政府间会议，审议筹备委员会的建议；ibid, paras 1(a) and 1(k). 会议当然可能会推迟，或者会议本身可能会持续数年。

方法的一个重要组成部分，但由于国际海洋事务体制框架的碎片化和权力分散，其执行工作相当复杂。因此，促进这一目标的实现需要各种全球和区域机构之间的合作与协调。本章讨论了国际社会为应对这一挑战而采用的各种机制，包括采取特别合作办法，并试图为实现更系统化的协调制定一个全球框架。我们不应孤立地分析这些机制，而应认为它们以相辅相成的方式共同运作。

联合国大会是监测现有部门活动以及查明不同文书之间的差异、重叠或冲突的理想场所。联合国大会一直热衷于发挥这一作用。它已经采取了一些重要步骤，以促进不同的机构在收集有关海洋环境所受威胁的信息和讨论应对威胁的政策选择方面展开对话。虽然联合国大会无法提供涉及监管的解决方案，但它可以利用其关系协议网络，积极促进全球层面的合作与协调。这一相当简单的措施使得联合国大会的建议能够开启对话，同时不损害这些现有机构的自主权。在缔结一项新的关于在国家管辖范围以外区域保护和可持续利用海洋生物多样性的且具有法律约束力的文书的同时，还可以建立一个新的全球机构，从而在海洋保护区的保护措施协调方面发挥类似的作用。无论采取何种形式，此类机构都必须实现非常广泛的参与，才能对此发挥实效。

国际社会还可以采取进一步的行动以加强区域层面各机构之间的合作与协调。按照全球生物多样性和可持续发展目标的要求，区域合作可以成为促进海洋保护区代表性网络发展的特别有效手段。[172] 尽管具体实践也凸显了该事业面临的实际挑战，但仍有几种模式可供选择。很明显，要想基于综合性的方法做出决策，没有任何捷径，只有时间、毅力和信任才是实现上述目标所应采取的任一战略的关键要素。[173]

172　参见第3章。

173　参见 Asmundsson and Corcoran (n68) 27–30 中的回应。

11 国际法在拯救海洋中的作用和法律框架未来面临的挑战

11.1 海洋环境保护的国际法律框架的多面性和多层次性

海洋环境保护给国际社会带来了巨大的挑战，这在很大程度上是因为许多海洋生态系统是相互关联的，而且污染源和污染都很容易跨越国界。本书的写作目的是探求各国如何应对这些挑战，尤其是它们如何运用法律制订共同的解决方案来应对海洋所面临的威胁。上述分析最终呈现了如下态势，即出现了一个多方面、多层次的法律框架，众多条约和其他国际文书之间存在着复杂的互动关系。

本书分析的出发点是《海洋法公约》，《海洋法公约》为促进海洋环境保护提供了法律基础。作为一部"海洋宪法"，《海洋法公约》建立了一个总体的法律框架并且规定了一系列的一般原则和规则来要求各国采取某些措施以期保护所有与海洋环境有关的海洋活动。然而，《海洋法公约》只提供了一个基本的规制层级，因为它建立在抽象的勤勉义务和仍需完善的基本程序保障上。同时，《海洋法公约》中的某些规则和标准还需要通过谈判进行细化，从而为各国在防止和减少海洋污染以及更广泛地海洋环境保护方面必须采取的措施提供指导。本书通篇讨论的正是这一规范性发展的过程。

全球性和区域性机构在制定国际规则和国际标准方面发挥了核心作用，这些规则和标准是对《海洋法公约》中海洋环境保护的总体法律框架的补充。

许多机构都参与了对海洋环境的保护。此外，立法的主要形式是通过特定领域的机构，负责管理特定活动，包括其环境影响。其中一些机构在全球层面运作，而其他一些机构则在区域层面运作。在多数情况下，全球性和区域性机构的运行并行不悖，全球性机构负责制定一般性的保护标准，而区域性机构则负责搭建平台，就适用于特定类型国家的更为明确的标准进行谈判。为了增加机构的多样性，一些以促进生物多样性保护为重点的机构应运而生，这些机构试图推动更专业的组织机构向更高水平的环境保护措施发展。

历经沿革，过去20年呈现出来的发展趋势之一是：无论机构成立的宗旨是什么，几乎所有与海洋活动监管有关的机构都将环境因素纳入了主要工作领域。此外，上述机构所处理的环境问题的范围也已超出最初所设定的预防、减少和控制海洋污染，而已经扩大到与保护海洋生态系统有关的诸多方面。尽管有些机构的职权范围中没有明确提及生物多样性，但是如今几乎所有的相关机构都将海洋生物多样性的保护列入议程。保护生物多样性的重要性也反映在最近对《海洋法公约》的解释中，这些解释承认保护海洋生物多样性是《海洋法公约》第十二部分规定的海洋环境保护义务的一部分。

上述趋势的明显表现之一是保护生态系统的关键工具——海洋保护区的出现。在全球层面上，国际社会已认识到需要通过设定一个全球目标来加大当前的保护力度，即在2020年以前全球10%的近海及远海区域都要受到保护。更为重要的是，诸多机构已经响应这一目标，利用海洋保护区或类似的区域性管理工具来保护重要的海洋物种或栖息地，使其免受属于其管理范围的活动的伤害。每个机构都有自己的术语或标准，用于指定保护区域：例如，航运部门的"特别敏感海域"，渔业方面的"脆弱海洋生态系统"，以及与深海采矿有关的"特殊环境利益区"。尽管上述术语看似各不相同，但大多数提法的共同点是超越了《海洋法公约》[1] 中所要求的对"稀有和脆弱的生态系统"或"衰竭、受威胁或有灭绝危险的物种的生存环境"的保护，从而涵盖了更广泛的价值，其中具有代表性是重要的海洋特性或生态系统，特别是生物多样性或生产性生态系统，以及对关键生态系统服务尤为重要的地区。因此，海洋物种和栖息地的保护范围已经得到扩大，这也表明各国对这方面的法律进行了完善。

11.2　国际环境法的一般原则对海洋环境保护的法律框架的影响

不只《海洋法公约》对海洋环境保护的国际法律框架的发展起到了指导性作用，在过去的几十年里，还出现了一些国际环境法的一般原则，这些原则在今天已经成为国际社会保护环境的基础。这方面的主要原则包括预防性

303

1　UNCLOS, Article 194(5).

方法、生态系统方法和参与性方法。上述原则体现了现代环境价值观，为这一领域的立法提供依据。这些原则不仅有助于对《海洋法公约》的解释和适用，从而使得《海洋法公约》与时俱进，而且还可以进一步影响其他文书的谈判进程。因此，本书重点关注上述原则是如何被纳入与海洋环境保护有关的各类条约之中的。

通过对预防性方法展开分析，我们可以明确地看到法律原则的灵活性及其适用形式上的多样性。预防性方法旨在解决对人类活动进行监管过程中的科学不确定性问题，它在现代海洋法中居于核心地位并被大多数领域的文书所认可。然而，本书表明，预防性方法并非只有一种形式，相反，它的适用方式非常多样。以倾废制度为例，《伦敦议定书》以及一些区域性条约禁止所有的倾废行为，除非缔约方一致认为该倾废不会给海洋环境带来重大风险，这表明预防性方法在这方面的适用相对严格。然而，即便在这个领域，也并非所有的国家都接受严格适用预防性方法，而且1972年《伦敦公约》缔约国对这一原则的表述较弱。又如，深海采矿制度同样将采取预防性方法作为一项法定义务，而商业采矿尚未开始，说明仍有机会谨慎对待此原则。然而，这项原则将如何在新出台的开采条例中得到实施仍有待观察。甚至，有人对此提出严重质疑，即在开采活动对深海脆弱海洋生态系统的影响仍然未知的情况下，此类活动目前是否应当获得批准。诚然，在获得更明确的影响证据之前是否应当完全暂停开采活动，这最终是一个政策问题。在其他领域，如航运和渔业，预防性方法的适用则更加细致。参与此类行业规制的机构都主张适用预防性方法，但实践中它们往往被动适用，而非主动适用。

总而言之，上述案例表明，预防性方法的适用并不规定某个特定结果，而是必须具体问题具体分析。此外还表明，"针对预防性［方法］的适用而进行的决策过程是非常复杂的"，它必须考虑到环境、经济和社会等一系列因素。[2] 然而，预防性方法在上述制度中都发挥着重要的作用，因为它确保能够在早期阶段，甚至在有关键性的证据之前，就对潜在的影响展开讨论。即使作出的相关决策的实际内容取决于特定制度的政治性因素，也不应忽视预防性方法在程序性层面的作用。

304

2　Y Tanaka, 'Principles of International Marine Environmental Law', in R. Rayfuse(ed.), *Research Handbook of International Marine Environmental Law* (Edward Elgar 2016)43.

国际环境法中的其他重要原则也与此类似。生态系统方法通常体现在国际法律框架中，但其实际应用的程度因具体条约而异，通常取决于对有关物种或栖息地具体信息的掌握情况。参与性方法的实施则更加零散且多样，许多制度在处理这一问题时有所保留，各国在让公众参与决策的程度上有很大的自由裁量权，其中的一个挑战便是确定与海洋有关的利益攸关方。上述工作在近陆活动中相对容易，但随着制度涉及范围向公海延伸，公众参与变得越来越难。

11.3　海洋环境保护的动态国际法律框架

海洋环境保护的国际法律框架不仅是多方面和多层次的，而且是处于动态发展之中的。法律适应现状的能力在很大程度上与常设性的机构密切相关，这使得各国能够紧追事态发展并随着与环境影响有关的新证据的出现逐步细化规则和标准。事实上，这些机构提供了一个可供协商的平台，并通过接受委托进行研究或向国家提供建议的方式积极鼓励变革。[3]

灵活的立法程序也为这种法律的动态发展提供了支撑。许多应对海洋环境威胁的条约都有默示修正程序，只要国家在特定期限内没有提出反对，修改后的规则或标准将在特定期限届满后生效。上述立法机制在对航运和倾废进行规制的领域中随处可见。类似的立法程序也适用于渔业管理，各国通常将决策权让渡给RFMO，这些组织定期召开会议，讨论并商定适当的且有时限的保护措施。尽管上述措施往往受制于一个国家是否能选择退出，但是通常情况下这些措施对条约的所有缔约方都有约束力，不需要得到进一步的批准。条约中纳入的反对程序反映了国际法强调合意，鉴于"不能强迫任何国家签署"，它们可能是实现更广泛地参与条约所必须付出的代价。[4]同时，一些更与时俱进的文书已经纳入了一些机制，试图限制可以提出反对意见的情形，以加强监管体系，避免更多搭便车者的出现。这类机制在诸如区域渔业

305

3　参见 J Alvarez, *International Organizations as Law-Makers* (OUP 2005)341；J Harrison, 'Actors and Institutions for the Protection of the Marine Environment', in R. Rayfuse (ed.), *Research Handbook on International Marine Environmental Law* (Edward Elgar 2016)68–70。

4　LE Susskind and HA Zakri, *Environmental Diplomacy* (2nd ed, OUP 2015)34；另参见 ET Swaine, 'Reserving' (2006) 31 *YJIL* 307，331.5。

条约和全球化学品条约中都有体现，此外，国际社会也呼吁加强其他条约制度，以使国家更难以通过保留或反对程序来规避某些规则和标准的适用。[5] 即使没有上述限制，也可以利用政治压力来说服各国放弃反对，接受更严格的环境规则或标准，这也是负责监督国际文书实施的国际机构可以发挥的另一项职能。以倾废制度为例，各缔约方召开的会议可以行使这一职能，例如在会期间，提出反对意见的国家要向其他成员国解释其反对意见并说明理由。

确保法律的动态发展的另一种方法是依赖于本身就具有演化性的规范。勤勉义务与之对应，它要求各国采取与风险性质相称的措施。因此，随着对风险的认识和理解的变更，勤勉义务的内涵也会随之改变。另一个促进法律逐步发展的常用方法是规定在进行特定活动时采用 BEP 或 BAT 的义务。此类规范包括在许多涉及国家管辖范围内外的海洋陆源污染和海底活动的条约中。这些规则的作用是要求行为体确保他们的活动符合特定行业的最新标准，从而提供一种能够有效地保护环境的措施。与其他一般规则一样，BAT 和 BEP 条款确实存在固有的模糊性，尽管可以诉诸强制争端解决机制，并且法院和仲裁庭已表明这些规则的内涵可根据客观情况进行确定。另外，国际机构的裁决可起到指导性作用，以解释 BEP 和 BAT 在特定情形下的含义，在区域性海洋条约的条文中也常见这种方法，这可被用来对造成污染的产业应采取的措施提供参考。

11.4   海洋环境保护的国际法律框架面临的持续性挑战

306

尽管在过去的几十年里，海洋环境保护领域进行了大量的立法，但通过对相关的法律文书进行分析可发现某些领域仍面临重要挑战。

毫无疑问，自《海洋法公约》签订以来，国际社会已经制定了大量有关海洋环境保护的法律文书。但是，理想与现实之间仍然存在差距，因此需要采取进一步措施以确保适当的规制框架到位。在一些重要领域，区域性文书已成为主要的规制形式，但并非所有区域都已通过具有法律约束力的规则或标准。例如，前文分析过的渔业、石油、天然气以及陆源海洋污染规制等重

---

5   参见 A Telesetsky, 'After Whaling in the Antarctic: Amending Article VIII to Fix a Broken Treaty Regime' (2015) 30 *IJMCL* 700–726。

点领域就是典型代表。诚然，新的挑战将会继续出现，因此国际社会必须准备好通过谈判订立新的条约来应对。

然而，谈判制定具有法律约束力的规则只是确保对海洋环境进行充分保护的第一步。海洋环境保护的法律框架只有得到所有相关国家的支持才会有效。然而，环境保护对普适性的需求与国际法律体系的分散性特征相矛盾，而国际法律体系依赖于国家的同意。[6] 因此，参与性问题是本书所提及的大多数条约所面临的挑战。国际机构可以通过向准备同意接受条约义务的各国提供信息和支持，从而在促进相关条约内容的适用方面发挥重要作用。此外，法律框架本身也提供了一些措施来克服这一挑战。

在某种程度上，《海洋法公约》所包含的参照适用规则就是为了处理上述问题。例如在航运和倾废领域，基于参照适用规则，《海洋法公约》的所有缔约方都必须遵守国际条约中的许多规则和标准，无论这些国家是否是该条约的缔约方。但是，何种条约可以被参照适用仍然界定不清，国家、国际法院或仲裁庭可以解释参照适用规则具体包含的内容。任何情况下，参照适用规则的存在就相当于向各国保证，它们对某一条约的遵守不会使它们处于不利的一方，因为它们也可要求条约的非缔约方遵守条约。

除参照适用规则以外，一般性规定也可以发挥这种普适性功能。国际法院和仲裁庭曾经强调，《海洋法公约》中的一般性规定，如第192条、194条和206条，是"以……其他适用的国际法规则为参照的"，因而它们利用这种条约解释的技巧来解释《海洋法公约》第十二部分中较为具体的义务。事实上，国际法院和仲裁庭的实践表明，它们采取了灵活的方式来确定哪些规则能够被用来解释《海洋法公约》，这也给《海洋法公约》中的法律制度带来了极大的灵活性。

除《海洋法公约》外，为确保某些规则和标准在条约缔约方以外得到广泛适用，国际社会还建立了其他机制。例如，一些国家利用对其领土的固有管辖权，要求所有入境的船只遵守特定的国际规则或标准，是在这方面使用的一种比较成功的策略。航运领域率先发展了区域性的港口国控制机制，要求停靠在区域内港口的所有船只遵守统一的国际规则和标准。这一策略被认为是为了弥补通常出现的船旗国在这一领域控制不力的情况。在这方面，港

307

6　参见 J Harrison, *Making the Law of the Sea* (CUP 2011) 2。

口国可以要求不达标准的船舶在离港前达到有关适航性的关键标准。在有些情况下，港口国甚至可以在船只进入其港口之前就对违反某些要求的行为提起法律诉讼。最近，渔业领域也采用了类似的策略，区域性和全球性文书要求各国采取港口国措施如拒绝船只进入或使用其设施，以打击 IUU 捕鱼行为。如果这些措施得到足够多的国家的支持，它们会限制获取经济利益的机会，从而对船只的行为产生重大影响。

　　另一重要挑战则涉及海洋环境保护的规则和标准的实施以及执行。虽然规则和标准的制定已被授权给一些全球性和区域性机构，但各国对监测遵约和执行情况保持了更严格的控制。在一些情况下，各国接受了强制性和有约束力的争端解决办法，尤其是《海洋法公约》本身。《海洋法公约》中的争端解决机制为确保各国遵守其海洋环境保护的基本义务提供了一个重要的兜底手段。然而，即使存在着强制争端解决机制，诉讼成本和诉讼时间也使它无法解决所有的遵约问题。不容忽视的是，缺乏能力与缺乏政治意愿一样，都可能成为履约的障碍。[7]或许正是出于这个原因，本书所涉及的诸多条约都制订了正式的争端解决司法程序的替代方案，例如监督执行和遵约的促进机制。这类机制最重要的功能就是收集有关国家整体表现的信息，并明确了为了促进遵约需要该机制进行回应的交叉性问题。当然，它们也可被用于解决个别国家的遵约问题。大多数遵约程序都强调非对抗性，此外它们有时甚至会允许某一国家将自己的情况提交给遵约机构，以便该国在相关规则的遵约方面寻求援助。然而，要想确保国际法律框架的效力，各国必须进一步采取措施加强遵约机制。[8]对此，确保遵约机构的独立性并采用明确且透明的程序来处理遵约问题，是可以采取的关键步骤。某些领域，如航运和渔业，在这方面仍需继续努力。此外，归根结底，只有在机制优先确保提供财政支持或技术援助的情况下，才有可能达到更好遵约效果。因此，国际金融机构甚至私营主体都有可能对此发挥作用。[9]

308

7　参见 RB Mitchell, 'Compliance Theory', in D Bodansky et al (eds), *Oxford Handbook of International Environmental Law* (OUP 2007)909。

8　大量关于遵约机制的文献可供参考；相关概述参考 G Goeteyn and F Maes, 'Compliance Mechanisms in Multilateral Environmental Agreements: An Effective Way to Improve Compliance?' (2011)10 *CJIL* 791–826。

9　参见 Harrison (ed.3)71。

　　本书分析的最后一个挑战是，如何在所涉机构众多的情况下，找到一个海洋环境保护的综合性方法。除非国际机构开始合作以确保其对海洋环境的威胁所适用的规则和标准具有一致性，否则保护整个海洋生态系统的进程将受到制约。因此，加强合作和协商是十分必要的，尤其是在各国想要促进多用途海洋保护区的设立，从而使特定的海洋生态系统或受威胁的物种和栖息地得到保护并免受一系列威胁的情况下。在CBD框架下，为确定具有重要生态或生物学意义的海洋区域而建立的程序在协调各方行动上发挥了重要作用，尽管该程序设计的初衷是作为一个可以描述哪些区域值得保护的纯粹的科学性程序而非规定如何进行管理。然而，上述标准为其他确有规制权力的机构采取相关行动保护某些区域奠定了基础，并且有些地区已经将确定具有重要生态或生物学意义的海洋区域的过程作为促成合作的"催化剂"。近年来，各机构已经建立了一些更复杂的机制以便更紧密地合作，并积极协商为海洋环境保护所应采取的措施。虽然这种合作和协调往往具有临时性，但有迹象表明，各机构正试图使这一过程正式化，本书第10章也提供了一些可在其他地方复制的优秀做法。然而，要想使上述战略发挥作用，首先必须要加强和扩大区域性海洋机构的职能，并将国家管辖范围以外区域的海洋生物多样性的保护纳入其中。为了保护国家管辖范围以外区域的海洋生物多样性应当订立具有法律约束力的协定，对此进行的国际谈判将本段论述的挑战完全置于"聚光灯"下，并为改革现有制度提供了机遇。[10] 目前提出的建议在意图上各不相同，既包括大刀阔斧地进行改革以及实现集中化的决策也包括使现存的机构间合作更加明确精简。本书中的例子表明，利用现有策略进行协商是可能的，因此，阐明重要原则和模式的文书可以实现一些预期结果，同时也能为更多的国家所接受。

　　为海洋环境保护构建的国际法律框架无疑面临着艰巨的挑战。然而，这些挑战并不是不可克服的。本书希望表明，相关的国际规则和程序是可以被逐渐调适以及逐步发展的。为应对上述突出挑战，机构的功能必须得到加强，有迹象表明许多领域也正在加强机构的作用，例如通过制定一些区域性渔业条约或区域性海洋公约的修正案等。事实上，法律框架只有保持动态发

309

10　R. Long and M Rodriguez Chaves, 'Anatomy of a New International Instrument for Marine Biological Diversity beyond National Jurisdiction: First Impressions of the Preparatory Process' (2016)6 *EL* 213, 216.

展，并能够适应新的科技出现，才能充分应对海洋环境面临的威胁。

最后需要指出的问题，也将回到本书第1章所提及的国际法的功能和局限上。虽然本书表明了国际法在制定海洋环境保护的充分措施方面发挥了重要的作用，但显然，单凭国际法并不能实现这一目标。在许多情况下，各国需要将国际法转化为国内法从而保证履行国际层面的义务，并规定其对于对污染或环境损害负有最终责任的行为体的直接适用。此外，还需要实质性的政治意愿来确保缔约方首先同意相关条约，然后为履行国际法义务而将必要的资源投入海洋环境保护。最终，只有当各国认为海洋环境保护是其选民考虑的政治优先事项时，各国才有可能继续采取必要的措施在国际层面上进行合作。

参考文献

Abbott, K. W., and Snidal, D., 'Why States Act through Formal International Organizations' (1998) 42 *Journal of Conflict Resolution* 3.

Abbott, K. W., Keohane, R.O., Moravcsik, A., Slaughter, A.M., et al, 'The Concept of Legalization' (2000) 54 *International Organization* 17.

Abbott, K. W., and Snidal, D., 'Hard and Soft Law in International Governance' (2000) 54 *International Organization* 421.

Abbott K. W., and Bernstein, S., 'The High-Level Political Forum on Sustainable Development: Orchestration by Default and Design' (2015) 6 *Global Policy* 222.

Alexander, E. R., *How Organizations Act Together: Interorganizational Coordination in Theory and Practice* (Gordon and Breach, Amsterdam, 1995).

Allott, P., 'Power Sharing and the Law of the Sea' (1983) 77 *American Journal of International Law* 1.

Allsopp, M., Page, R., Johnston, P., and Santillo, D., *State of the World's Oceans* (Springer, Dordrecht, 2009).

Alter, K. J., 'The Multiplication of International Courts and Tribunals after the End of the Cold War', in C. Romano, K. J. Alter, and C. Avgerou (eds), *Oxford Handbook of International Adjudication* (Oxford University Press, Oxford, 2014) 64.

Alvarez, J., *International Organizations as Law-Makers* (Oxford University Press, Oxford, 2005).

Anderson, D., 'The Straddling Stocks Agreement of 1995 – An Initial Assessment' (1996) 45 *International and Comparative Law Quarterly* 463.

Anderson, D., 'Port States and the Environment', in A. Boyle and D. Freestone (eds), *International Law and Sustainable Development: Past Achievements and Future Challenges* (Oxford University Press, Oxford, 2001) 325.

Andresen, S., and Skjærseth, J. B., 'Science and Technology', in D. Bodansky, J. Brunnée and E. Hey (eds), *Oxford Handbook of International Environmental Law* (Oxford University Press, Oxford, 2007) 182.

Angelo, J. J., 'The International Maritime Organization and Protection of the Marine Environment', in M. H. Nordquist and J. N. Moore (eds), *Current Maritime Issues and the International Maritime Organization* (Martinus Nijhoff Publishers, The Hague, 1999) 105.

Anthony, R. G., Estes, J. A., Ricca, M. A., and Forsman, E. D., 'Bald Eagles and Sea Eagles in the Aleutian Archipelago: Indirect Effects of Trophic Cascades' (2008) 89 *Ecology* 2725.

Attard, D. J., *The Exclusive Economic Zone in International Law* (Oxford University Press, Oxford, 1987).

Aust, A., *Modern Treaty Law and Practice* (2nd edn: Cambridge University Press, Cambridge, 2007).

Bai, J., 'The IMO Polar Code: The Emerging Rules of Arctic Shipping Governance' (2015) 30 *International Journal of Marine and Coastal Law* 674.

Baird, R., Simons, M., and Stephens, T., 'Ocean Acidification: A Litmus Test for International Law' (2009) 3 *Carbon and Climate Law Review* 459.

Balkin, R., 'Ballast Water Management: Regulatory Challenges and Opportunities', in R. Caddell and R. Thomas (eds), *Shipping, Law and the Marine Environment in the 21st Century* (Lawtext Publishing Limited, Witney, 2013) 137.

Bang, H.-S., 'Port State Jurisdiction and Article 218 of the UN Convention on the Law of the Sea' (2009) 40 *Journal of Maritime Law and Commerce* 312.

Barnes, R., 'The Convention on the Law of the Sea: An Effective Framework for Domestic Fisheries Conservation?', in D. Freestone, R. Barnes, and D. Ong (eds), *The Law of the Sea: Progress and Prospects* (Oxford University Press, Oxford, 2006) 233.

Barnes, R., 'Flag States', in D. R. Rothwell, A. Oude Elferink, K. Scott, and T. Stephens (eds), *Oxford Handbook of the Law of the Sea* (Oxford University Press, Oxford, 2015) 304.

Barrett, S., *Environment & Statecraft* (Oxford University Press, Oxford, 2003).

Bateman, S., and White, M., 'Compulsory Pilotage in the Torres Strait: Overcoming Unacceptable Risks to a Sensitive Marine Environment' (2009) 40 *Ocean Development and International Law* 184.

Bax, N., Williamson, A., Aguero, M., Gonzalez, E., et al, 'Marine Invasive Alien Species: A Threat to Global Biodiversity' (2003) 27 *Marine Policy* 313.

Baxter, R. R., 'International Law in "Her Infinite Variety"' (1980) 29 *International and Comparative Law Quarterly* 549.

Beckman, R. C., 'PSSAs and Transit Passage – Australia's Pilotage System in the Torres Strait Challenges the IMO and UNCLOS' (2007) 38 *Ocean Development and International Law* 325.

Bernal, P., Ferreira, B., Inniss, L., Marschoff, E., et al, 'Chapter 54: Overall Assessment of Human Impact on the Oceans', in L. Inniss, A. Simcock, A. Y. Ajawin, A. C. Alcala, et al (eds), *The First Global Integrated Marine Assessment* (United Nations, New York, 2016) .

Bijma, J., Pörtner, H. O., Yesson, C., and Rogers, A. D., 'Climate Change and the Oceans – What Does the Future hold?' (2013) 74 *Marine Pollution Bulletin* 3.

Birnie, P. W., 'Are Twentieth-Century Marine Conservation Conventions Adaptable to Twenty First Century Goals and Principles? Part II' (1997) 12 *International Journal of Marine and Coastal Law* 488.

Birnie, P. W., 'Marine Mammals: Exploiting the Ambiguities of Article 65 of the Convention on the Law of the Sea and Related Provisions: Practice under the International Convention for the Regulation of Whaling', in D. Freestone, R. Barnes, and D. Ong (eds), *The Law of the Sea: Progress and Prospects* (Oxford University Press, Oxford, 2006) 261.

Birnie, P., Boyle, A. E., and Redgwell, C., *International Law and the Environment* (3rd edn: Oxford University Press, Oxford, 2009).

Bodansky, D., 'Customary (and Not So Customary) International Environmental Law' (1995) 3 *Indiana Journal of Global Legal Studies* 105.

Bodansky D., and Diringer, E., *The Evolution of Multilateral Regimes: Implications for Climate Change* (Pew Center on Global Climate Change, Washington DC, 2010).

Boehlert, G. W., and Gill, A. B., 'Environmental and Ecological Effects of Ocean Renewable Energy Development: A Current Synthesis' (2010) 23 *Oceanography* 68.

Boone, L. 'Reducing Air Pollution from Marine Vessels to Mitigate Arctic Warming: Is It Time to Target Black Carbon?' (2012) 1 *Carbon and Climate Law Review* 13.

Börzel, T., 'Organizing Babylon – On the Different Concepts of Policy Networks' (1998) 76 *Public Administration* 253.

Bowman, M., 'Normalizing the International Convention for the Regulation of Whaling' (2008) 29 *Michigan Journal of International Law* 293.

Bowman, M., Davies, P., and Redgwell, C. (eds), *Lyster's International Wildlife Law* (2nd edn: Cambridge University Press, Cambridge, 2010).

Boyle, A. E., 'Climate Change and International Law – A Post-Kyoto Perspective' (2012) 42 *Environmental Policy and Law* 333.

Boyle, A. E., 'The Environmental Jurisprudence of the ITLOS' (2007) 22 *International Journal of Marine and Coastal Law* 369.

Boyle, A. E., 'Further Development of the Law of the Sea Convention: Mechanisms for Change' (2005) 54 *International and Comparative Law Quarterly* 563.

Boyle, A. E., 'Human Rights and the Environment: Where Next?' (2012) 23 *European Journal of International Law* 613.

Boyle, A. E., 'Land-based Sources of Marine Pollution: Current Legal Regime' (1992) 16 *Marine Policy* 20.

Boyle, A. E., 'Law of the Sea Perspectives on Climate Change' (2012) 27 *International Journal of Marine and Coastal Law* 831.

Boyle, A. E., 'Marine Pollution under the Law of the Sea Convention' (1985) 79 *American Journal of International Law* 357.

Boyle, A. E., 'Problems of Compulsory Jurisdiction and the Settlement of Disputes Relating to Straddling Fish Stocks' (1999) 14 *International Journal of Marine and Coastal Law* 1.

Boyle, A. E., 'Reflections on Treaties and Soft Law' (1999) 48 *International and Comparative Law Quarterly* 901.

Boyle, A. E., 'Relationship between International Environmental Law and Other Branches of International Law', in D. Bodansky, J. Brunnée and E. Hey (eds), *Oxford Handbook of International Environmental Law* (Oxford University Press, Oxford, 2007) 125.

Boyle, A. E., 'Soft Law in International Law-Making', in M. D. Evans (ed), *International Law* (4th edn: Oxford University Press, Oxford, 2014) 118.

Boyle, C. L., 'Sea Pollution' (1954) 2 *Oryx (The International Journal of Conservation)* 212.

Braithwaite, J., and Drahos, P., *Global Business Regulation* (Cambridge University Press, Cambridge, 2000).

Brown, A., 'Some Current Issues facing the Convention on the Conservation of Antarctic Marine Living Resources', in G. Triggs and A. Riddell (eds), *Antarctica: Legal and Environmental Challenges for the Future* (British Institute of International and Comparative Law, London, 2007) 85.

Brown, C., 'International Environmental Law in the Regulation of Offshore Installations and Seabed Activities: The Case for a South Pacific Regional Protocol' (1998) 17 *Australian Mining and Petroleum Law Journal* 109.

Brundtland, G. H., Khalid, M., Agnelli, S., Al-Athel, S. A., et al, *Our Common Future* (Cambridge University Press, Cambridge, 1987).

Brunnée, J., 'CoPing with Consent: Lawmaking under Multilateral Environmental Agreements' (2002) 15 *Leiden Journal of International Law* 1.

Brunnée, J., 'The Stockholm Declaration and the Structure and Processes of International Environmental Law', in M. H. Nordquist, Norton Moore, J., and Mahmoudi, S. (eds), *The Stockholm Declaration and Law of the Marine Environment* (Martinus Nijhoff, The Hague, 2003) 67.

Brunnée, J., 'Commons Areas, Common Heritage and Common Concern', in D. Bodansky, J. Brunnée and E. Hey (eds), *The Oxford Handbook of International Environmental Law* (Oxford University Press, Oxford, 2009) 550.

Burke, W. T., 'US Fishery Management and the New Law of the Sea' (1982) 76 *American Journal of International Law* 24.

Burrows, P., Rowley, C., and Owen, D., 'The Economics of Accidental Oil Pollution by Tankers in Coastal Waters' (1974) 3 *Journal of Public Economics* 258.

Caddell, R., 'International Law and the Protection of Migratory Wildlife: An Appraisal of Twenty-Five Years of the Bonn Convention' (2005) 16 *Colorado Journal of International Environmental Law and Politics* 113.

Caddell, R., 'Shipping and the Conservation of Marine Biodiversity: Legal Responses to Vessel-Strikes of Marine Mammals', in R. Caddell and R. Thomas (eds), *Shipping, Law and the Marine Environment in the 21st Century* (Lawtext Publishing Limited, Witney, 2013) 89.

Cançado Trindade, A. A., 'Precaution', in J. E. Viñuales (ed), *The Rio Declaration on Environment and Development: A Commentary* (Oxford University Press, Oxford, 2015) 403.

Carlane, C. P., 'Saving the Whales in the New Millennium: International Institutions, Recent Developments and the Future of International Whaling Policies' (2005) 24 *Virginia Environmental Law Journal* 1.

Carson, R., *Silent Spring* (Houghton Mifflin, Boston, 1962).

Charney, J., 'Universal International Law' (1993) 87 *American Journal of International Law* 529.

Chirhop, A., 'Ships in Distress, Environmental Threats to Coastal States, and Places of Refuge: New Directions for an Ancien Regime?' (2002) 33 *Ocean Development and International Law* 207.

Chircop, A., 'Assistance at Sea and Places of Refuge for Ships: Reconciling Competing Norms', in H. Ringbom (ed), *Jurisdiction over Ships* (Brill, The Hague, 2015) 140.

Churchill, R. R., 'The Barents Sea Loophole Agreement: A "Coastal State" Solution to a Straddling Stock Problem' (1999) 14 *International Journal of Marine and Coastal Law* 467.

Churchill, R. R., 'Fisheries and Their Impact on the Marine Environment: UNCLOS and Beyond', in M.C. Ribeiro (ed), *30 Years After the Signature of the United Nations Convention on the Law of the Sea: The Protection of the Environment and the Future of the Law of the Sea* (Coimbra Editora, Coimbra, 2014) 23.

Churchill, R. R., 'High Seas Marine Protected Areas: Implications for Shipping', in R. Caddell and R. Thomas (eds), *Shipping, Law and the Marine Environment in the 21st Century* (Lawtext Publishing Limited, Witney, 2013) 53.

Churchill, R. R., 'Port State Jurisdiction Relating to the Safety of Shipping and Pollution from Ships – What Degree of Extraterritoriality?' (2016) 31 *International Journal of Marine and Coastal Law* 442.

Churchill, R. R., 'Sustaining Small Cetaceans: A Preliminary Evaluation of the Ascobans and Accobams Agreements', in A. E. Boyle and D. Freestone (eds), *International Law and Sustainable Development* (Oxford University Press, Oxford, 1999) 225.

Churchill, R. R., 'The Persisting Problem of Non-Compliance with the Law of the Sea Convention: Disorder in the Oceans' (2012) 27 *International Journal of Marine and Coastal Law* 813.

Churchill, R. R., and Lowe, A. V., *The Law of the Sea* (3rd edn: Manchester University Press, Manchester, 1997).

Churchill R. R., and Ulfstein, G., 'Autonomous Institutional Arrangements in Multilateral Environmental Agreements: A Little-Noticed Phenomenon in International Law' (2000) 94 *American Journal of International Law* 623.

Cooley, S. R., and Mathis, J. T., 'Addressing Ocean Acidification as part of Sustainable Ocean Development', in A. Chircop, S. Coffen-Smout, and M. McConnell (eds), *Ocean Yearbook* 27 (Brill, The Hague, 2013) 29.

Corres, A. J., and Pallis, A. A., 'Flag State Performance: An Empirical Analysis' (2008) 7 *WMU Journal of Maritime Affairs* 241.

Craik, N., *The International Law of Environmental Impact Assessment* (Cambridge University Press, Cambridge, 2011).

Crawford, J. (ed), *The International Law Commission's Articles on State Responsibility: Introduction, Text and Commentaries* (Cambridge University Press, Cambridge, 2002).

Crayford, J. V., 'Forthcoming Changes to the International Convention for the Prevention of Pollution from Ships (MARPOL 73/78)', in M. H. Nordquist and J. N. Moore (eds), *Current Maritime Issues and the International Maritime Organization* (Martinus Nijhoff Publishers, The Hague, 1999) 133.

Currie, D. E. J., and Wowk, K., 'Climate Change and CO2 in the Oceans and Global Oceans Governance' (2009) 4 *Climate and Carbon Law Review* 387.

D'Amato, A., and Chopra, S. K., 'Whales: Their Emerging Right to Life' (1991) 85 *American Journal of International Law* 21.

de Bruyn, P., Murua, H., and Aranda, M., 'The Precautionary Approach to Fisheries Management: How this Is Taken into Account by Tuna Regional Fisheries Management Organizations' (2013) 38 *Marine Policy* 397.

de la Fayette, L., 'Access to Ports in International Law' (1996) 11 *International Journal of Marine and Coastal Law* 1.

de la Fayette, L., 'The London Convention 1972: Preparing for the Future' (1998) 13 *International Journal of Marine and Coastal Law* 515.

de la Fayette, L., 'New Developments in the Disposal of Offshore Installations' (1999) 14 *International Journal of Marine and Coastal Law* 523.

de la Fayette, L., 'The Marine Environment Protection Committee: The Conjunction of the Law of the Sea and International Environmental Law' (2001) 16 *International Journal of Marine and Coastal Law* 155.

de Lucia, V., 'Competing Narratives and Complex Genealogies: The Ecosystem Approach in International Environmental Law' (2015) 27 *Journal of Environmental Law* 91.

de Mestrel, A., 'The Prevention of Pollution of the Marine Environment Arising from Offshore Mining and Drilling' (1979) 20 *Harvard International Law Journal* 469.

Dear, I. B. C., and Kemp, P. (eds), *The Oxford Companion to Ships and the Sea* (2nd edn: Oxford University Press, Oxford, 2005).

Derraik, J. G. B., 'The Pollution of the Marine Environment by Plastic Debris: A Review' (2002) 44 *Marine Pollution Bulletin* 842.

DeSombre, E. R., *Flagging Standards* (The MIT Press, Cambridge, MA, 2006).

Dietz, T., Ostrom, E., and Stern, P. C., 'The Struggle to Govern the Commons' (2003) 302 *Science* 1907.

Diz, D., *Fisheries Management in Areas beyond National Jurisdiction: The Impact of Ecosystem Based Law-Making* (Martinus Nijhoff Publishers, The Hague, 2013).

Donner, P., 'Offering Refuge Is Better than Refusing' (2008) 7 *WMU Journal of Maritime Affairs* 281.

Dotinga, H. M., and Oude Elferink, A. G., 'Acoustic Pollution in the Oceans: The Search for Legal Standards' (2000) 31 *Ocean Development and International Law* 151.

Druel, E., and Gjerde, K. M., 'Sustaining Marine Life Beyond Boundaries: Options for an Implementing Agreement for Marine Biodiversity beyond National Jurisdiction under the United Nations Convention on the Law of the Sea' (2014) 49 *Marine Policy* 90.

Duda A. M., and Sherman, K., 'A New Imperative for Improving Management of Large Marine Ecosystems' (2002) 45 *Ocean & Coastal Management* 797.

Dunn, D. C., et al, 'The Convention on Biological Diversity's Ecologically or Biologically Significant Areas: Origins, Development and Current Status' (2014) 49 *Marine Policy* 137.

Dupuy, P.-M., 'Soft Law and the International Law of the Environment' (1991) 12 *Michigan Journal of International Law* 420.

Dworkin, R., *Taking Rights Seriously* (Harvard University Press, Cambridge, MA, 1977).

Ebbesson, J., 'Public Participation, in J. E. Viñuales (ed), *The Rio Declaration on Environment and Development: A Commentary* (Oxford University Press, Oxford, 2015) 287.

Edeson, W., 'Towards the Long-Term Sustainable Use: Some Recent Developments in the Legal Regime of Fisheries', in A. E. Boyle and D. Freestone (eds), *International Law and Sustainable Development* (Oxford University Press, Oxford, 1999) 165.

Eriksen, H. H., and Perrez, F. X., 'The Minimata Convention: A Comprehensive Response to a Global Problem' (2014) 23 *Review of European, Comparative and International Environmental Law* 195.

Fabra, A., and Gascon, Y., 'The Convention on the Conservation of Antarctic Marine Living Resources (CCAMLR) and the Ecosystem Approach' (2008) 23 *International Journal of Marine and Coastal Law* 657.

Firestone J., and Lilley, J., 'An Endangered Species: Aboriginal Whaling and the Right to Self-Determination and Cultural Heritage in a National and International Context' (2004) 34 *Environmental Law Review* 10763.

Fitzmaurice, M., 'Enhanced Marine Environmental Protection: A Case Study of the Baltic Sea', in J. Barrett and R. Barnes (eds), *Law of the Sea: UNCLOS as a Living Treaty* (BIICL, London, 2016) 293.

Fitzmaurice, M., 'The International Convention for the Prevention of Pollution from Ships (MARPOL), in D. Attard, M. Fitzmaurice, N. A. Martínez Gutiérrez and R. Hamza (eds), *The IMLI Manual on International Maritime Law – Vol. III* (Oxford University Press, Oxford, 2016) 77.

Fitzmaurice, M., 'The Practical Workings of Treaties', in M. D. Evans (ed), *International Law* (4th edn: Oxford University Press, Oxford, 2014) 166–200.

Fitzmaurice, M., *Whaling and International Law* (Cambridge University Press, Cambridge, 2015).

Fleischer, C. A., 'Significance of the Convention: Second Committee Issues', in B. H Oxman and A. W. Koers (eds), *The 1982 Convention on the Law of the Sea* (Law of the Sea Institute, Berkeley, 1984) 53.

Foley, M., et al, 'Improving Ocean Management through the Use of Ecological Principles and Integrated Ecosystem Assessments' (2013) 63 *BioScience* 619.

Foster, C., *Science and the Precautionary Principle* (Cambridge University Press, Cambridge, 2011).

Frank, V., 'Consequences of the Prestige Sinking for European and International Law' (2005) 20 *International Journal of Marine and Coastal Law* 1.

Franckx, E., 'Regional Marine Environment Protection Regimes in the Context of UNCLOS' (1998) 13 *International Journal of Marine and Coastal Law* 307.

Franckx, E., 'The Protection of Biodiversity and Fisheries Management: Issues Raised by the Relationship between CITES and LOSC', in D. Freestone, R. Barnes, and D. Ong (eds), *The Law of the Sea: Progress and Prospects* (Oxford University Press, Oxford, 2006) 210.

Freestone, D. 'International Fisheries Law since Rio: The Continued Rise of the Precautionary Principle', in A. Boyle and D. Freestone (eds), *International Law and Sustainable Development* (Oxford University Press, Oxford, 199) 135.

Freestone, D., and Oude Elferink, A. G., 'Flexibility and Innovation in the Law of the Sea', in A. G. Oude Elferink (ed) *Stability and Change in the Law of the Sea: The Role of the LOS Convention* (Martinus Nijhoff Publishers, The Hague, 2005) 169.

Freestone, D., 'Principles Applicable to Modern Oceans Governance' (2008) 23 *International Journal of Marine and Coastal Law* 385.

Freestone, D., 'Climate Change and the Oceans' (2009) 4 *Climate and Carbon Law Review* 383.

Freestone D., Johnson, D., Ardron, J., Killerlain Morrison, K., et al, 'Can Existing Institutions Protect Biodiversity in Areas Beyond National Jurisdiction? Experiences from Two On-Going Processes' (2014) 49 *Marine Policy* 167.

Freestone D., and Bulger, F., 'The Sargasso Sea Commission: An Innovative Approach to the Conservation of Areas beyond National Jurisdiction' (2016) 30 *Ocean Yearbook* 80.

French, D., 'Common Concern, Common Heritage and other Global(-ising) Concepts: Rhetorical Devices, Legal Principles or a Fundamental Challenge?', in M. J. Bowman, P. Davies, and E. Goodwin (eds), *Research Handbook on Biodiversity and Law* (Edward Elgar, Cheltenham, 2015) 334.

Galland, G., Harrould-Kolieb, E., and Herr, D., 'The Ocean and Climate Policy' (2012) 12 *Climate Policy* 764.

Gao, Z., *Environmental Regulation of Oil and Gas* (Kluwer Law International, The Hague, 1998).

Gao, Z., 'Environmental Regulation of Oil and Gas in the Twentieth Century and Beyond: Introduction and Overview', in Z. Gao (ed), *Environmental Regulation of Oil and Gas* (Kluwer International, The Hague, 1998) 3.

Gavouneli, M., *Pollution from Offshore Installations* (Springer, Dordrecht, 1995).

Gehan, S., 'United States v Royal Caribbean Cruises Ltd: Use of Federal "False Statements Act" to Extend Jurisdiction over Polluting Incidents into Territorial Seas of Foreign States' (2001) 7 *Ocean and Coastal Law Journal* 167.

Gillespie, A., 'Aboriginal Subsistence Whaling: A Critique of the Inter-Relationship between International Law and the International Whaling Commission' (2001) 12 *Colorado Journal of International Law and Policy* 77.

Gillespie, A., 'Forum Shopping in International Environmental Law: The IWC, CITES and the Management of Cetaceans' (2002) 33 *Ocean Development and International Law* 17.

Gillespie, A., 'Iceland's Reservation at the International Whaling Commission' (2003) 14 *European Journal of International Law* 977.

Gillespie, A., 'The Precautionary Principle in the Twenty-First Century: A Case Study of Noise Pollution in the Ocean' (2007) 22 *International Journal of Marine and Coastal Law* 61.

Gillespie, A., 'The Search for a New Compliance Mechanism within the IWC' (2003) 34 *Ocean Development and International Law* 349.

Gjerde, K., and Freestone, D., 'Particularly Sensitive Sea Areas – An Important Environmental Concept at a Turning-Point' (1994) 9 *International Journal of Marine and Coastal Law* 431.

Glowka L., Burhenne-Guilmin, F., Synge, H., McNeely, J. A., et al, *A Guide to the Convention on Biological Diversity* (International Union for the Conservation of Nature, Gland and Cambridge, 1994).

Goeteyn G., and F. Maes, 'Compliance Mechanisms in Multilateral Environmental Agreements: An Effective Way to Improve Compliance? (2011) 10 *Chinese Journal of International Law* 791.

Gold, E., 'Learning from Disaster: Lessons in Regulatory Enforcement in the Maritime Sector' (1999) 8 *Review of European, Comparative and International Environmental Law* 16.

Gollasch S., David, M., Voigt, M., Dragsund, E., et al, 'Critical Review of the IMO International on the Management of Ships' Ballast Water and Sediments' (2007) 6 *Harmful Algae* 585.

Goodwin, E. J., *International Environmental Law and the Conservation of Coral Reefs* (Routledge, Abingdon, Oxon, 2011).

Guilfoyle, D., *Shipping Interdiction and the Law of the Sea* (Cambridge University Press, Cambridge, 2009).

Guggisberg, S., *The Use of CITES for Commercially-Exploited Fish Species* (Springer, Dordrecht, 2016)

Haas, P., 'Do Regimes Matter? Epistemic Communities and Mediterranean Pollution Control' (1989) 43 *International Organization* 377.

Hafner, G., 'Pros and Cons Ensuing from Fragmentation of International Law' (2004) 25 *Michigan Journal of International Law* 849.

Halpern, B. S., et al, 'A Global Map of Human Impact on Marine Ecosystems' (2008) 319 *Science* 948.

Hardin, G., 'The Tragedy of the Commons' (1968) 162 *Science* 1243.

Harris, P., Alo, B., Bera, A., Bradshaw, M., et al, 'Chapter 21: Offshore Hydrocarbon Industries', in L. Inniss, A. Simcock, A. Y. Ajawin, A. C. Alcala et al (eds), *The First Global Integrated Marine Assessment* (United Nations, New York, 2016).

Harrison, J., 'Actors and Institutions for the Protection of the Marine Environment', in R. Rayfuse (ed), *Research Handbook on International Marine Environmental Law* (Edward Elgar, Cheltenham, 2015) 57.

Harrison, J., *Making the Law of the Sea* (Cambridge University Press, Cambridge, 2011).

Harrison, J., 'Recent Developments and Continuing Challenges in the Regulation of Greenhouse Gas Emissions from International Shipping' (2013) *Ocean Yearbook* 27, 359.

Harrison, J., 'Reflections on the Role of International Courts and Tribunals in the Settlement of Environmental Disputes and the Development of International Environmental Law' (2013) 25 *Journal of Environmental Law* 501.

Harrison, J., 'Safeguards against Excessive Enforcement Measures in the Exclusive Economic Zone', in H. Ringbom (ed), *Jurisdiction over Ships* (Brill, The Hague, 2015) 217.

Harrison, J., 'Pollution from or through the Marine Environment', in D. Attard, M. Fitzmaurice, N. Martinez, and R. Hamza (eds), *The IMLI Manual of International Maritime Law Volume III* (Oxford University, Oxford, Press, 2016) 169.

Harrison, J., 'Resources of the International Seabed Area', in E. Morgera and K. Kulovesi (eds), *Research Handbook on International Law and Natural Resources* (Edward Elgar, Cheltenham, 2016) 390.

Harrop, S. R., and Pritchard, D. J., 'A Hard Instrument Goes Soft: The Implications of the Convention on Biological Diversity's Current Trajectory' (2011) 21 *Global Environmental Change* 474.

Harrould-Kolieb, E. R., and Herr, D., 'Ocean Acidification and Climate Change: Synergies and Challenges of Addressing both under the UNFCCC' (2012) 12 *Climate Policy* 378.

Hassan, D., *Protecting the Marine Environment from Land-based Sources of Pollution* (Ashgate, Farnham, 2006).

Hazin, F., Marschoff, E., Padovani Ferreira, B., Rice, J., et al, 'Chapter 11 Capture Fisheries', in L. Inniss, A. Simcock, A. Y. Ajawin, A. C. Alcala et al (eds), *The First Global Integrated Marine Assessment* (United Nations, New York, 2016) .

Heffernan, J. P., 'Dealing with Mediterranean Bluefin Tuna: A Study in International Environmental Management' (2014) 50 *Marine Policy* 81.

Henriksen, T., Hønneland, G., and Sydnes, A., *Law and Politics in Ocean Governance: The UN Fish Stocks Agreement and Regional Fisheries Management Regimes* (Martinus Nijhoff Publishers, The Hague, 2006).

Henriksen, T., 'Conservation of Marine Biodiversity and the International Maritime Organization', in C. Voigt (ed), *The Rule of Law for Nature* (Cambridge University Press, Cambridge, 2013) 331.

Hewison, G. J., 'The Legally Binding Nature of the Moratorium on Large-Scale High Seas Driftnet Fishing' (1994) 25 *Journal of Maritime Law and Commerce* 557.

Hey, E., *An Advanced Introduction to International Environmental Law* (Edward Elgar, Cheltenham, 2016)

Hey, E., 'Common But Differentiated Responsibilities', in *Max Planck Encyclopedia of Public International Law*, On-line Edition (Oxford University Press, Oxford, 2011).

Hey, E., 'The Interplay between Multilateral Environmental and Fisheries Law: A Struggle to Sustainably Regulate Economic Activity' (2011) 54 *Japanese Yearbook of International Law* 190.

Hey, E., *The Regime for the Exploitation of Transboundary Marine Fisheries Resources* (Martinus Nijhoff Publishers, The Hague, 1989).

Holder, J., *Environmental Assessment* (Oxford University Press, Oxford, 2004).

Hoon Hong, G., and Joo Lee, Y., 'Transitional Measures to Combine Two Global Ocean Dumping Treaties' (2015) 55 *Marine Policy* 47.

Horrocks, C., 'Thoughts on the Respective Roles of Flag States and Port States' in M. H. Nordquist and J. N. Moore (eds), *Current Maritime Issues and the International Maritime Organization* (Martinus Nijhoff Publishers, The Hague, 1999) 191.

Hosch, G., Ferraro, G., and Faillier, P., 'The 1995 FAO Code of Conduct for Responsible Fisheries: Adopting, Implementing or Scoring Results?' (2011) 35 *Marine Policy* 189.

Hovik S., and Hanssen, G. S., 'The Impact of Network Management and Complexity on Multi-Level Coordination' (2015) 93 *Public Administration* 506.

Hulm, P., 'The Regional Seas Program: What Fate for UNEP's Crown Jewels?' (1983) 12 *Ambio* 2.

IJlstra, T., 'Enforcement of MARPOL: Deficient or Impossible?' (1989) 20 *Marine Pollution Bulletin* 596.

Jackson, J. B. C., 'Ecological Extinction and Evolution in the Brave New Ocean' (2008) 105 *Proceedings of the National Academy of Sciences* 11458.

Jaeckel, A., 'An Environmental Management Strategy for the International Seabed Authority? The Legal Basis' (2015) 30 *International Journal of Marine and Coastal Law* 93.

Jacobs, R. E., 'Treading Deep Waters: Substantive Law Issues in Tuvalu's Threat to Sue the United States in the International Court of Justice' (2005) 14 *Pacific Rim Law and Policy Journal* 103.

Jameson, C. M., *Silent Spring Revisited* (Bloomsbury, London, 2012).

Johnson, D., 'Can Competent Authorities Cooperate for the Common Good: Towards a Collective Arrangement for the North-East Atlantic', in P. A. Beckman and A. N. Vylegzhanin (eds), *Environmental Security in the Arctic Ocean* (Springer, Dordrecht, 2013) 333.

Johnson D., and Ferreira, M. A., 'Current Legal Developments: ISA Areas of Particular Environmental Interest in the Clarion-Clipperton Fracture Zone' (2015) 30 *International Journal of Marine and Coastal Law* 559.

Johnston, D. M., *International Law of Fisheries* (Yale University Press, New Haven, 1965).

Johnston D. M., 'The Environmental Law of the Sea: Historical Development', in D. M. Johnston (ed), *The Environmental Law of the Sea* (IUCN, Gland, 1981) 17.

Jones, P. J. S., *Governing Marine Protected Areas* (Earthscan/Routledge, Abingdon, 2014).

Karim, M. S., 'Implementation of the MARPOL Convention in Developing Countries' (2010) 79 *Nordic Journal of International Law* 303.

Keast R., Brown, K., and Mandell, M., 'Getting the Right Mix: Unpacking Integration Meanings and Strategies' (2007) 10 *International Public Management Journal* 9.

Keselj, T., 'Port State Jurisdiction in Respect of Pollution from Ships' (1999) 30 *Ocean Development and International Law* 127.

Kim, R. E., 'Is a New Multilateral Environmental Agreement on Ocean Acidification Necessary?' (2012) 21 *Review of European Community and International Environmental Law* 243.

Kimball, L. A., 'An International Regime for Managing Land-Based Activities that Degrade Marine and Coastal Environments' (1995) 29 *Ocean and Coastal Management* 187.

Kingsbury, B., 'International Courts: Uneven Judicialization in Global Order', in J. Crawford and M. Koskenniemi (eds), *The Cambridge Companion to International Law* (Cambridge University Press, Cambrdige, 2012) 203.

Kirgis, F. L., 'Specialized Law-Making', in C. C. Joyner (ed), *The United Nations and International Law* (Cambridge University Press, Cambridge, 1997) 65.

Kirk, E., 'Noncompliance and the Development of Regimes Addressing Marine Pollution from Land-based Activities' (2008) 39 *Ocean Development and International Law* 235.

Kiss, A., 'The Destiny of the Principles of the Stockholm Declaration', in M. H. Nordquist, J. Norton Moore, and M. Mahmoudi (eds), *The Stockholm Declaration and Law of the Marine Environment* (Martinus Nijhoff, The Hague, 2003) 53.

Koester, V., 'The Five Global Biodiversity-Related Conventions' (2001) 31 *Environmental Policy and Law* 151.

Kopela, S., 'Climate Change, Regime Interaction, and the Principle of Common but Differentiated Responsibility: The Experience of the International Maritime Organization' (2014) 24 *Yearbook of International Environmental Law* 70.

Kopela, S., 'Port-State Jurisdiction, Extraterritoriality, and the Protection of Global Commons' (2016) 47 *Ocean Development and International Law* 89.

Koskeniemmi, M., and Leino, P., 'Fragmentation of International Law? Post-modern Anxieties' (2002) 15 *Leiden Journal of International Law* 553.

Knapp, S., and Franses, P. H., 'Does Ratification Matter and Do Major Conventions Improve Safety and Decrease Pollution In Shipping?' (2009) 33 *Marine Policy* 826.

Knudsen, O. F. and Hassler, B., 'IMO Legislation and Its Implementation: Accident Risk, Vessel Deficiencies and National Administrative Practices' (2011) 35 *Marine Policy* 201.

Kong, L., 'Environmental Impact Assessment under the United Nations Convention on the Law of the Sea' (2011) 10 *Chicago Journal of International Law* 651.

Kurlansky, M., *Cod* (Vintage, London, 1999).

Kwiatkowska, B., 'The High Seas Fisheries Regime: At a Point of No Return?' (1993) 9 *International Journal of Marine and Coastal Law* 327.

Lallas, P. L., 'The Stockholm Convention on Persistent Organic Pollutants' (2001) 95 *American Journal of International Law* 692.

Lang, W., 'Diplomacy and International Environmental Law-Making: Some Observations' (1992) 3 *Yearbook of International Environmental Law* 108.

Langlet, D., 'Exporting C02 for Sub-Seabed Storage: The Non-Effective Amendment to the London Dumping Protocol and its Implications' (2015) 30 *International Journal of Marine and Coastal Law* 395.

Larkin, P. A., 'An Epitaph for the Concept of Maximum Sustainable Yield' (1977) 106 *Transactions of the American Fisheries Society* 1.

Lauterpacht, H., *The Development of International Law by the International Court* (Stevens & Sons, London, 1958).

Lazarus, R., 'Super Wicked Problems and Climate Change: Restraining the Present to Liberate the Future' (2009) 94 *Cornell L.R.* 1153.

Levin, L. A., Mengerink, K., Gjerde, K. M., Rowden, A. A., et al, 'Defining "serious harm" to the marine environment in the context of deep-seabed mining' (2016) 74 *Marine Policy* 245.

Leary, D., and Esteban, M., 'Climate Change and Renewable Energy from the Ocean and Tides: Calming the Sea of Regulatory Uncertainty' (1009) 24 *International Journal of Marine and Coastal Law* 617.

Liss, P. S., and Johnson, M. T., *Ocean-Atmosphere Interactions of Gases and Particles* (Springer, Berlin, 2014).

Little, L., and Orellana, M. A., 'Can CITES Play a Role in Solving the Problems of IUU Fishing? The Trouble with Patagonian Toothfish' (2004) 16 *Colorado Journal of International Environmental Law and Policy* 21.

Lodge, M. W., 'Protecting the Marine Environment of the Deep Seabed', in R. Rayfuse (ed), *Research Handbook on International Marine Environmental Law* (Edward Elgar, Cheltenham, 2015) 151.

Lodge, M. W., and Nandan, S. N., 'Some Suggestions towards Better Implementation of the United Nations Agreement on Straddling Fish Stocks and Highly Migratory Fish Stocks of 1995' (2005) 20 *International Journal of Marine and Coastal Law* 345.

Lodge, M. W., 'Some Legal and Policy Considerations Relating to the Establishment of a Representative Network of Protected Areas in the Clarion-Clipperton Zone' (2011) 26 *International Journal of Marine and Coastal Law* 463.

Lodge, M. W., Johnson, D., Le Gurun, G., Wengler, M., Weaver, P., and Gunn, V., 'Seabed Mining: International Seabed Authority Enviornmental Management Plan for the Clarion-Clipperton Zone – A Partnership Approach' (2014) 49 *Marine Policy* 66.

Long, R., and Rodriguez Chaves, M., 'Anatomy of a New International Instrument for Marine Biological Diversity beyond National Jurisdiction: First Impressions of the Preparatory Process' (2016) 6 *Environmental Liability* 213.

Louka, E., *International Environmental Law: Fairness, Effectiveness and World Order* (Cambridge University Press, Cambridge, 2006).

Lowe, V., 'Sustainable Development and Unsustainable Arguments', in A. E. Boyle and D. Freestone (eds), *International Law and Sustainable Development* (Oxford University Press, Oxford, 1999) 19.

Lowe, V., *International Law* (Oxford University Press, Oxford, 2007).

Lugten, G., 'Current Legal Developments: Food and Agriculture Organization' (2008) 23 *International Journal of Marine and Coastal Law* 761.

Lyons, Y., 'Transboundary Pollution from Offshore Oil and Gas Activities in the Seas of Southeast Asia', in R. Warner and S. Marsden (eds), *Transboundary Environmental Governance: Inland, Coastal and Marine Perspectives* (Ashgate, Farnham, 2012) 167.

Mansfield, B., 'Compulsory Dispute Settlement after the Southern Bluefin Tuna Award', in A. G. Oude Elferink and D. R. Rothwell (eds), *Oceans Management in the 21st Century* (Martinus Nijhoff, The Hague, 2004) 255.

Maruma Mrema, E., 'Regional Seas Programme: The Role played by UNEP in its Development and Governance', in D. J. Attard, M. Fitzmaurice, N. A. Martínez Gutiérrez, and R. Hamza (eds), *The IMLI Manual on International Maritime Law, Volume III* (Oxford University Press, Oxford, 2016) 345.

Marten, B., 'The Enforcement of Shipping Standards under UNCLOS' (2011) 10 *WMU Journal of Maritime Affairs* 45.

Marten, B., 'Port State Jurisdiction over Vessel Information: Territoriality, Extra-Territoriality and the Future of Shipping Regulation' (2016) 31 *International Journal of Marine and Coastal Law* 470.

Martínez Gutiérrez, N. A., *Limitation of Liability in International Maritime Conventions* (Routledge, Abingdon, Oxon, 2011).

Mathis, J. T., Santos, J., Mosetti, R., Mavume, A., et al, 'Chapter 5: Sea-Air Interactions', in L. Inniss, A. Simcock, A. Y. Ajawin, A. C. Alcala et al (eds), *The First Global Integrated Marine Assessment* (United Nations, New York, 2016).

McDorman, T. L. 'Implementing Existing Tools: Turning Words into Actions – Decision-making Processes of Regional Fisheries Management Organizations (2005) 20 *International Journal of Marine and Coastal Law* 428.

McDorman, T. L., 'Regional Port State Control Agreements: Some Issues of International Law' (2000) 5 *Ocean and Coastal Law Journal* 207.

McLachlan, C., 'The Principle of Systemic Integration and Article 31(3)(c) of the Vienna Convention' (2005) 54 *International and Comparative Law Quarterly* 77.

Meinke-Brandmaier, B., 'Multi-Regime Regulation – How the South Pacific Region Influences Global Marine Environmental Policy Making: A Study of Radioactive Waste Dumping', (2005) 19 *Ocean Yearbook Online* 162.

Mensah, T. A., 'The International Tribunal for the Law of the Sea and the Protection and Preservation of the Marine Environment' (1999) 8 *Review of European, Comparative and International Environmental Law* 1.

Mensah, T. A., 'The International Legal Regime for the Protection and Preservation of the Marine Environment from Land-Based Sources of Pollution', in A. E. Boyle and D. Freestone (eds), *International Law and Sustainable Development* (Oxford University Press, Oxford, 1999) 297.

Metz, B., Davidson, O., de Coninck, H., Loos, M., et al, IPCC *Special Report on Carbon Dioxide Capture and Storage* (Cambridge University Press, Cambridge, 2005).

Miles, E. L., 'The Approaches of UNCLOS III & Agenda 21 – A Synthesis', in M. Kusuma-Atmajada, T. A. Mensah, and B. H. Oxman (eds), *Sustainable Development and Preservation of the Oceans: The Challenges of UNCLOS and Agenda 21* (Law of the Sea Institute, Berkeley, 1997) 16.

Mitchell, R. B., 'Compliance Theory', in D. Bodansky, J. Brunnée and E. Hey (eds), *Oxford Handbook of International Environmental Law* (Oxford University Press, Oxford, 2007) 893.

Molenaar, E. J., 'The 1996 Protocol to the 1972 London Convention' (1997) 12 *International Journal of Marine and Coastal Law* 396.

Molenaar, E. J., 'Addressing Regulatory Gaps in High Seas Fisheries' (2005) 20 *International Journal of Marine and Coastal Law* 533.

Molenaar, E. J., *Coastal State Jurisdiction over Vessel-Source Pollution* (Kluwer Law International, The Hague, 1998).

Molenaar, E. J., 'Ecosystem-Based Fisheries Management, Commercial Fisheries, Marine Mammals and the 2001 Reykjavik Declaration in the Context of International Law' (2001) 17 *International Journal of Marine and Coastal Law* 561.

Molenaar, E. J., 'International Regulation of Central Arctic Ocean Fisheries', in M. Nordquist, J. Norton Moore, and R. Long (eds), *Challenges of the Changing Arctic. Continental Shelf, Navigation, and Fisheries* (Brill, Leiden, 2016) 429.

Molenaar, E. J., 'Port State Jurisdiction: Towards Mandatory and Comprehensive Use', in D. Freestone, R. Barnes, and D. Ong (eds), *The Law of the Sea: Progress and Prospects* (Oxford University Press, Oxford, 2006) 192.

Molenaar, E. J., 'Options for Regional Regulation of Merchant Shipping Outside the IMO, with Particular Reference to the Arctic Region' (2014) 45 *Ocean Development and International Law* 272.

Molenaar, E. J., 'Port and Coastal States', in D. R. Rothwell, A. Oude Elferink, K. Scott, and T. Stephens (eds), *Oxford Handbook of the Law of the Sea* (Oxford University Press, Oxford, 2015) 280.

Monbiot, G., *Feral: Rewilding the Land, Sea and Human Life* (Penguin, London, 2014).

Morgera, E., 'Competence or Confidence? The Appropriate Forum to Address Multi-Purpose High Seas Protected Areas' (2007) 16 *Review of European, Comparative and International Environmental Law* 1.

Morgera, E., 'Ecosystem and Precautionary Approaches', in J. Razzaque and E. Morgera (eds), *Encyclopedia of Environmental Law: Biodiversity and Nature Protection* (Edward Elgar, Cheltenham, 2017) forthcoming.

Morgera E., and Tsoumani, E., 'Yesterday, Today and Tomorrow: Looking Afresh at the Convention on Biological Diversity' (2010) 21 *Yearbook of International Environmental Law* 3.

Morishita, J., 'What Is the Ecosystem Approach to Fisheries Management?' (2008) 32 *Marine Policy* 19.

Morrison, A., *Places of Refuge for Ships in Distress: Problems and Methods of Resolution* (Martinus Nijhoff Publishers, The Hague, 2008).

Myers, G. S., 'Usage of Anadromous, Catadromous and Allied Terms for Migratory Fishes' (1949) 1949 *Copeia* 89.

Nollkaemper, A., 'The Distinction between Non-Legal and Legal Norms in International Affairs: An Analysis with Reference to International Policy for the Protection of the North Sea from Hazardous Substances' (1998) 13 *International Journal of Marine and Coastal Law* 355.

Nordquist M. H., Rosenne, S., and Nandan, S. N. (eds), *United Nations Convention on the Law of the Sea 1982: A Commentary - Vol. IV* (Martinus Nijhoff, The Hague, 1991).

Nordquist, M. H., Rosenne, S., and Nandan, S. N. (eds), *United Nations Convention on the Law of the Sea 1982: A Commentary - Vol. II* (Martinus Nijhoff, The Hague 1993).

Noyes, J. E., 'The Territorial Sea and Contiguous Zone', in D. R. Rothwell et al (eds), *The Oxford Handbook on the Law of the Sea* (Oxford University Press, Oxford, 2015) 91.

Nukamp, H., and Nollkaemper, A., 'The Protection of Small Cetaceans in the Face of Uncertainty: An Analysis of the ASCOBANS Agreement' (1997) 9 *Georgetown International Environmental Law Review* 281.

Ong, D., 'The 1982 UN Convention on the Law of the Sea and Marine Environmental Protection', in M. Fitzmaurice, D. M. Ong, and P. Merkouris (eds), *Research Handbook on International Environmental Law* (Edward Elgar, Cheltenham, 2010) 567.

Oral, N., 'Integrated Coastal Zone Management and Marine Spatial Planning for Hydrocarbon Activities in the Black Sea' (2008) 23 *International Journal of Marine and Coastal Law* 453.

Oral, N., 'Forty Years of the UNEP Regional Seas Programme: From Past to Future', in R. Rayfuse (ed), *Research Handbook on International Marine Environmental Law* (Edward Elgar, Abingdon, Oxon, 2015) 339.

Ørebech, P., 'The "Lost Mackerel" of the North East Atlantic – The Flawed System of Trilateral and Bilateral Decision-Making' (2013) 28 *International Journal of Marine and Coastal Law* 343.

Orrego Vicuña, F., *The Exclusive Economic Zone: Regime and Legal Nature under International Law* (Cambridge University Press, Cambridge, 1989).

Oude Elferink A. G., 'Environmental Impact Assessment in Areas beyond National Jurisdiction' (2012) 27 *International Journal of Marine and Coastal Law* 449.

Oxman, B., 'The Duty to Respect Generally Accepted International Standards' (1991) 24 *New York University Journal of International Law and Politics* 109.

Pallemaerts, M., 'The North Sea and Baltic Sea Land-Based Sources Regimes: Reducing Toxics or Rehashing Rhetoric?' (1998) 13 *International Journal of Marine and Coastal Law* 421.

Palma-Robles, M. A., 'Fisheries Enforcement and other Concepts', in R. Warner and S. Kaye (eds), *Routledge Handbook of Maritime Regulation and Enforcement* (Routledge, Abingdon, Oxon, 2015) 139.

Papanicolopulu, I., 'On the Interactions between Law and Science: Considerations on the Ongoing Process of Regulating Underwater Acoustic Pollution' (2011) 1 *Aegean Review of the Law of the Sea and Maritime Law* 247.

Parmentier, R., 'Greenpeace and the Dumping of Waste at Sea: A Case of Non-State Actors' Intervention in International Affairs' (1999) 4 *International Negotiation* 433.

Peet, G., 'The Role of (Environmental) Non-Governmental Organizations at the Marine Environment Protection Committee of the International Maritime Organization and the at the London Dumping Convention' (1994) 22 *Ocean and Coastal Management* 3.

Pereira, R., 'Pollution from Seabed Activities', in D. Attard M. Fitzmaurice, N. Martínez Gutiérrez, and R. Hamza (eds), *The IMLI Manual of International Maritime Law: Vol. III* (Oxford University, Oxford, Press, 2016) 95.

Pozdnakova, A., *Criminal Jurisdiction over Perpetrators in Ship-Source Pollution Cases* (Martinus Nijhoff Publishers, The Hague, 2012).

Proelss, A., and Houghton, K., 'Protecting Marine Species', in R. Rayfuse (ed), *Research Handbook on International Marine Environmental Law* (Edward Elgar, Cheltenham, 2015) 229.

Pyhala, M., Brusendorff, A. C., and Pauloumäki, H., 'The Precautionary Principle', in M. Fitzmaurice et al (eds), *Research Handbook on International Environmental Law* (Edward Elgar, Cheltenham, 2010) 203.

Rached, D. H., 'The Intergovernmental Panel on Climate Change: Holding Science and Policy-Making to Account' (2014) 24 *Yearbook of International Environmental Law* 3.

Rajamani, L., 'The 2015 Paris Agreement: Interplay between Hard, Soft and Non-Obligation' (2016) 28 *Journal of Environmental Law* 337.

Rares, S., 'An International Convention on Offshore Hydrocarbon Leaks?' (2012) 26 *Australian and New Zealand Maritime Law Journal* 10.

Raustiala, K., 'Institutional Proliferation and the International Legal Order' in J. L. Dunoff and M. A. Pollack (eds), *Interdisciplinary Perspectives on International Law and International Relations* (Cambridge University Press, Cambridge, 2013) 293.

Ray, C., 'Ecology, Law and the "Marine Revolution"' (1970) 3 *Biological Conservation* 7.

Rayfuse, R., *Non-Flag State Enforcement in High Seas Fisheries* (Martinus Nijhoff, The Hague, 2004).

Rayfuse, R., 'Biological Resources', in D. Bodansky, J. Brunnée and E. Hey (eds), *Oxford Handbook on International Environmental Law* (Oxford University Press, Oxford, 2007) 362.

Rayfuse, R., 'Climate Change and the law of the sea', in R. Rayfuse and S. V. Scott (eds), *International law in the era of climate change* (Edward Elgar, Cheltenham, 2012) 147.

Rayfuse, R., 'Regional Fisheries Management Organizations', in D. Rothwell, A. Oude Elferink, K. Scott and T. Stephens. (eds), *Oxford Handbook on the Law of the Sea* (Oxford University Press, Oxford, 2015) 439.

Rayfuse, R., 'The Role of Port States', in R. Warner and S. Kaye (eds), *Routledge Handbook of Maritime Regulation and Enforcement* (Routledge, Abingdon, 2015) 71.

Rayfuse, R., and Warner, R., 'Securing a Sustainable Future for the Oceans beyond National Jurisdiction: The Legal Basis for an Integrated Cross-Sectoral Regime for High Seas Governance for the 21st Century' (2008) 23 *International Journal of Marine and Coastal Law* 399.

Redgwell, C., 'Protection of Ecosystems under International Law: Lessons from Antarctica', in A. E. Boyle and D. Freestone (eds), *International Law and Sustainable Development* (OUP 1999) 205.

Redgwell, C., 'Mind the Gap in the GAIRS: The Role of Other Instruments in LOSC Regime Implementation in the Offshore Energy Sector' (2014) 29 *International Journal of Marine and Coastal Law* 600.

Rickie, K. L., Orr, J. C., Schneider, K., and Caldeira, K., 'Risks to Coral Reefs from Ocean Carbonate Chemistry Changes in Recent Earth System Model Projections' (2013) 8 *Environmental Research Letters* 034003.

Ringbom, H., 'Preventing Pollution from Ships – Reflections on the "Adequacy" of Existing Rules' (1999) 8 *Review of European, Comparative and International Environmental Law* 21.

Ringbom, H., 'Vessel-Source Pollution', in R. Rayfuse (ed), *Research Handbook on International Marine Environmental Law* (Edward Elgar, Cheltenham, 2016) 105.

Roach, J. A., 'Alternatives for Achieving Flag State Implementation and Quality Shipping', in M. H. Nordquist and J. Norton Moore (eds), *Current Maritime Issues and the International Maritime Organization* (Martinus Nijhoff Publishers, The Hague, 1999) 151.

Roach, J. A., 'International Standards for Offshore Drilling', in M. H. Nordquist, J. Norton Moore, A. Chirhop, and R. Long (eds), *The Regulation of Continental Shelf Development* (Martinus Nijhoff Publishers, The Hague, 2013) 105.

Roberts, C., *Ocean of Life: The Fate of Man and the Sea* (Penguin, New York, 2012).

Roberts, J., *Marine Environmental Protection and Biodiversity Conservation: The Application and Future Development of the IMO's Particularly Sensitive Sea Area Concept* (Dordrecht, Springer, 2006).

Roberts, J., Chircop, A., and Prior, S., 'Area-Based Management on the High Seas: Possible Applications of the IMO's Particularly Sensitive Sea Area Concept' (2010) 25 *International Journal of Marine and Coastal Law* 483.

Rochette, J., Chircop, A., and Prior, S., 'The Regional Approach to the Conservation and Sustainable Use of Marine Biodiversity in Areas Beyond National Jurisdiction' (2014) 49 *Marine Policy* 109.

Rochette J., Billé, R., Molenaar, E. J., Drankier, P., et al, 'Regional Oceans Governance Mechanisms: A Review' (2015) 60 *Marine Policy* 9.

Rodriguez, E., and Piniella, F., 'The New Inspection Regime of the Paris Mou on Port State Control: Improvement of the System' (2012) IX *Journal of Maritime Research* 9.

Romano, C., 'International Dispute Settlement', in D. Bodansky, J. Brunnée, and E. Hey (eds), *The Oxford Handbook of International Environmental Law* (Oxford University Press, Oxford, 2007) 1036.

Romano, C., 'The Shadow Zones of International Adjudication', in C. Romano, Y. Shany, and K. J. Alter (eds), *Oxford Handbook of International Adjudication* (Oxford University Press, Oxford, 2014) 90.

Rona, P. A., 'The Changing Vision of Marine Minerals' (2008) 33 *Ore Geology Review* 618.

Rothwell, D. R., 'The Contributions of ITLOS to Oceans Governance through Marine Environmental Dispute Resolution', in T. M. Ndiaye and R. Wolfrum (eds), *Law of the Sea, Environmental Law and the Settlement of Disputes: Liber Amicorum Judge Thomas A. Mensah* (Martinus Nijhoff, The Hague, 2007) 1007.

Sage-Fuller, B., *The Precautionary Principle in Marine Environmental Law* (Routledge, Abingdon, Oxon, 2013).

Salpin, C., 'Marine Genetic Resources of Areas beyond National Jurisdiction: Soul Searching and the Art of Balance', in E. Morgera and K. Kulovesi (eds), *Research Handbook on International Law and Natural Resources* (Edward Elgar, Cheltenham, 2016) 411.

Sampson, H., and Bloor, M., 'When Jack Gets out of the Box: The Problems of Regulating a Global Industry' (2007) 41 *Sociology* 551.

Sands, P., 'Climate Change and the Rule of Law: Adjudicating the Future in International Law' (2016) 28 *Journal of Environmental Law* 19.

Sands, P., 'International Law in the Field of Sustainable Development' (1994) 65 *British Yearbook of International Law* 324.

Schermers, H. G., and Blokker, N. M., *International Institutional Law* (Brill, The Hague, 2011).

Schiferli, R. W. J., 'Regional Concepts of Port State Control in Europe' (1994) 11 *Ocean Yearbook* 202.

Schiffman, H. S., *Marine Conservation Agreements: The Law and Policy of Reservations and Vetoes* (Martinus Nijhoff, Leiden, 2008).

Scott, K., 'International Regulation of Undersea Noise' (2004) 53 *International and Comparative Law Quarterly* 287.

Scott, K. N., and Vanderzwaag, D. L., 'Polar Oceans and the Law of the Sea', in D. Rothwell, A. Oude Elferink, K. Scott, and T. Stephens (eds), *Oxford Handbook on the Law of the Sea* (Oxford University Press, Oxford, 2015) 724.

Scovazzi, T., 'The Mediterranean Marine Mammals Sanctuary' (2001) 16 *International Journal of Marine and Coastal Law* 132.

Serdy, A., 'Implementing Article 28 of the UN Fish Stocks Agreement: The First Review of a Conservation Measure in the South Pacific Regional Fisheries Management Organization' (2016) 47 *Ocean Development and International Law* 1.

Shaw, R., 'Places of Refuge: International Law in the Making?' (2003) 9 *CMI Yearbook* 329.

Shelton, D., 'Common Concern of Humanity' (2009) 39 *Environmental Policy and Law* 83.

Shi, Y., 'Greenhouse Gas Emissions from International Shipping: The Response from China's Shipping Industry to the Regulatory Initiatives of the International Maritime Organization' (2014) 29 *International Journal of Marine and Coastal Law* 77.

Simcock A., and Wang J., 'Chapter 24: Solid Waste Disposal', in L. Inniss, A. Simcock, A. Y. Ajawin, A. C. Alcala et al (eds), *The First Global Integrated Marine Assessment* (United Nations, New York, 2016) .

Smith, B. D., *State Responsibility and the Marine Environment* (Clarendon Press, Oxford, 1988).

Spadi, F., 'Navigation in Marine Protected Areas: National and International Law' (2000) 31 *Ocean Development and International Law* 285.

Stephens, T., 'Warming Waters and Souring Seas', in D. R. Rothwell, A. G. Oude, Elferink, K. N. Scott, and T. Stephens (eds), *Oxford Handbook on the Law of the Sea* (Oxford University Press, Oxford, 2015) 777.

Stevenson, J., and Oxman, B., 'The Future of the United Nations Convention on the Law of the Sea' (1994) 88 *American Journal of International Law* 488.

Stokke, O. S., 'Beyond Dumping? The Effectiveness of the London Convention' (1998/99) *Yearbook of International Co-operation on Environment and Development* 39.

Stokke, O. S., 'Conclusions', in O. L. Stokke (ed), *Governing High Seas Fisheries: The Interplay of Global and Regional Regimes* (Oxford University Press, 2001) 329.

Susskind L. E., and Zakri, H. A., *Environmental Diplomacy* (2nd edn: Oxford University Press, Oxford, 2015)

Swaine, E. T., 'Reserving' (2006) 31 *Yale Journal of International Law* 307.

Swan, J., 'Port State Measures – From Residual Port State Jurisdiction to Global Standards' (2016) 31 *International Journal of Marine and Coastal Law* 395.

Takei, Y., *Filling Regulatory Gaps in High Seas Fisheries* (Brill, The Hague, 2013).

Tanaka, Y., 'Four Models of Interaction between Global and Regional Legal Frameworks on Environmental Protection against Marine Pollution: The Case of the Marine Arctic' (2016) 30 *Ocean Yearbook* 345.

Tanaka, Y., *The International Law of the Sea* (Cambridge University Press, Cambridge, 2012).

Tanaka, Y., 'Principles of International Marine Environmental Law', in R. Rayfuse (ed), *Research Handbook on International Marine Environmental Law* (Edward Elgar, 2016) 31.

Tanaka, Y., 'Protection of Community Interests in International Law: The Case of the Law of the Sea' (2011) 15 *Max Planck Yearbook of United Nations Law* 329.

Tanaka, Y., 'Regulation of Land-based Marine Pollution in International Law: A Comparative Analysis between Global and Global and Regional Legal Frameworks' (2006) 66 *ZaöRV* 535.

Tanaka, Y., 'Zonal and Integrated Management Approaches to Ocean Government: Reflections on a Dual Approach in International Law of the Sea' (2004) 19 *International Journal of Marine and Coastal Law* 483.

Tarassenko, S., and Tani, I., 'The Functions and Role of the United Nations Secretariat in Ocean Affairs and the Law of the Sea' (2012) 27 *International Journal of Marine and Coastal Law* 683.

Telesetsky, A., 'After Whaling in the Antarctic: Amending Article VIII to Fix a Broken Treaty Regime' (2015) 30 *International Journal of Marine and Coastal Law* 700.

Timangenis, G. J., *International Control of Marine Pollution* (Oceana Publications, New York, 1980)

Tladi, D., 'The Proposed Implementation Agreement: Options for Coherence and Consistency in the Establishment of Protected Areas beyond National Jurisdiction' (2015) 30 *International Journal of Marine and Coastal Law* 654.

Treves, T., 'The General Assembly and the Meeting of States Parties in the Implementation of the LOS Convention', in A. G. Oude Elferink (ed), *Stability and Change in the Law of the Sea: The Role of the LOS Convention* (Martinus Nijhoff, The Hague, 2005) 55.

Treves, T., 'Regional Approaches to the Protection of the Marine Environment', in M. H. Nordquist, J. Norton Moore and S. Mahmoudi (eds), *The Stockholm Declaration and Law of the Marine Environment* (Martinus Nijhoff, The Hague, 2003) 143.

Trouwborst, A., 'The Precautionary Principle and the Ecosystem Approach in International Law: Differences, Similarities and Linkages' (2009) 18 *Review of European, Comparative and International Environmental Law* 26.

Tsamenyi, M., 'Ocean Energy and the Law of the Sea: The Need for a Protocol' (1998) 29 *Ocean Development and International Law* 3.

Ulfstein, G., 'The Marine Environment and International Environmental Governance', in M. H. Nordquist, J. N. Moore, and S. Mahmoudi (eds), *The Stockholm Declaration and the Law of the Marine Environment* (Kluwer International, The Hague, 2003) 101.

Valenzuela, M., 'IMO: Public International Law and Regulation', in D. M. Johnson and N. G. Letalik (eds), *The Law of the Sea and Ocean Industry: New Opportunities and Restraints* (Law of the Sea Institute, Berkeley, 1984) 141.

van Bueren E. M. et al, 'Dealing with Wicked Problems in Networks: Analyzing an Environmental Debate from a Network Perspective' (2003) 13 *Journal of Public Adminsitration Research and Theory* 193.

Van Dyke, J. M., 'Applying the Precautionary Principle to Ocean Shipments of Radioactive Materials' (1996) 27 *Ocean Development and International Law* 379.

Van Dyke, J. M., 'The Legal Regime governing Sea Transport of Ultrahazardous Radioactive Materials' (2002) 33 *Ocean Development and International Law* 77.

Van Hooydonk, E., 'The Obligation to Offer a Place of Refuge to a Ship in Distress' (2003) 9 *CMI Yearbook* 403.

van Reenen, W., 'Rules of Reference in the New Convention on the Law of the Sea' (1981) 12 *Netherlands Yearbook of International Law* 3.

VanderZwaag D. L., and Daniel, A., 'International Law and Ocean Dumping: Steering a Precautionary Course Aboard the 1996 London Protocol, but Still an Unfinished Voyage', in A. Chircop, T. McDorman, and S. Rolston (eds), *The Future of Ocean Regime Building* (Brill, 2009) 515.

VanderZwaag, D. L., 'The Precautionary Approach and the International Control of Toxic Chemicals: Beacon of Hop, Sea of Confusion and Dilution' (2013) 33 *Houston Journal of International Law* 605.

VanderZwaag, D. L., and Powers, A., 'The Protection of the Marine Environment from Land-Based Activities: Gauging the Tides of Global and Regional Governance' (2008) 23 *International Journal of Marine and Coastal Law* 423.

Verlaan, P., 'Geo-Engineering, the Law of the Sea and Climate Change' (2009) 4 *Carbon and Climate Law Review* 446.

Vidas D., Fauchald, O. K., Jensen, Ø., Tvedt, M. W., 'International Law for the Anthropocene? Shifting Perspectives in the Regulation of the Oceans, Environment and Genetic Resources' (2015) 9 *Anthropocene* 1.

Vierros M., Cresswell, I. D., Bridgewater, P., and Smith,. A. D. M., 'Ecosystem Approach and Ocean Management', in S. Aricò (ed), *Ocean Sustainability in the 21st Century* (Cambridge University Press, Cambridge, 2015) 127.

Vincent, A. C. J., Sadovy de Mitcheson, Y., Fowler, S., Lieberman, S., 'The Role of CITES in the Conservation of Marine Fishes Subject to International Trade' (2014) 15 *Fish and Fisheries* 563.

Vinogradov, S., 'The Impact of the Deepwater Horizon: The Evolving International Legal Regime for Offshore Accidental Pollution Prevention, Preparedness and Response' (2013) 44 *Ocean Development and International Law* 335.

Viñuales, J. E., 'The Rio Declaration on Environment and Development: A Preliminary Study', in J. E. Viñuales (ed), *The Rio Declaration on Environment and Development: A Commentary* (Oxford: Oxford University Press, 2015) 1.

Voigt, C. A., 'The Principle of Sustainable Development', in C. Voigt (ed), *Rule of Law for Nature: New Dimensions and Ideas in Environmental Law* (Cambridge University Press, Cambridge, 2013) 146.

Vorbach, J. E., 'The Vital Role of Non-Flag State Actors in the Pursuit of Safer Shipping' (2001) 32 *Ocean Development and International Law* 27.

Vukas, B., 'Provisions of the Draft Convention on the Law of the Sea Relating to the Protection and Preservation of the Marine Environment and the UNEP's Involvement in Their Implementation', in B. Vukas, *The Law of the Sea: Selected Writings* (Martinus Nijhoff, The Hague, 2004) 229.

Webster, D. G., 'The Irony and the Exclusivity of Atlantic Bluefin Tuna Management' (2011) 35 *Marine Policy* 249.

Wedding, L. M., Friedlander, A. M., Kittinger, J. N., Watling, L., Gaines, S. D., Bennett, M., Hardy, S. M., and Smith, C. R., 'From Principles to Practice: A Spatial Approach to Systematic Conservation Planning in the Deep Sea' (2013) 280 *Proceedings of the Royal Society* 1684.

Weil, P., 'Towards Relative Normativity in International Law?' (1983) 77 *American Journal of International Law* 413.

Williams, C., and Davis, B., 'Land-Based Activities: What Remains to Be Done' (1995) 29 *Ocean and Coastal Management* 207.

Witbooi, E., 'Illegal, Unreported and Unregulated Fishing on the High Seas: The Port State Measures Agreement in Context' (2014) 29 *International Journal of Marine and Coastal Law* 290.

Wold, C., 'Natural Resources Management and Conservation: Trade in Endangered Species' (2002) 13 *Yearbook of International Environmental Law* 389.

Yankov, A., 'The Significance of the 1982 Convention on the Law of the Sea for the Protection of the Marine Environment and the Promotion of Marine Science and Technology – Third Committee Issues', in B. H Oxman and A. W. Koers (eds), *The 1982 Convention on the Law of the Sea* (Law of the Sea Institute, Berkeley, 1984) 71.

Young, M. A., Climate Change Law and Regime Interaction' (2011) 2 *Carbon and Climate Law Review* 147.

Young, M. A., *Saving Fish, Trading Fish* (Cambridge University Press, Cambridge, 2013).

索 引 *

译后记

我一直心心念念想做一本海洋法译著，直到2019年，在武汉大学中国边界与海洋研究院的新书推介里误打误撞看到这本书——《以法律拯救海洋》。这本书是海洋法经典著作之一，也是作者詹姆斯·哈里森（James Harrison）教授能够成为爱丁堡大学最年轻的教授的扛鼎之作。

《道德经》中讲到"一生二，二生三，三生万物"，揭示了万物从少到多，从简单到复杂的一个过程，这正如海洋孕育生命的过程。面对如今海洋遭受污染的残酷现状，我们希冀以法律作为拯救海洋、守护生命的载体，为全人类的福祉提供法律保障。

在翻译这本书的过程中，无论是在夜不能寐、灯下查资料久久不能平静的深夜，还是在惴惴不安醒来睡眼惺忪直奔书桌的清晨，我总带着满脑子困惑，人类使用现代科技对海洋的开发和利用伴随着潜在的危害，这是智慧还是愚蠢？是两害相权取其轻，还是游走于法律法规空白的边缘地带，先下手为强？如何平衡合理利用海洋与合理养护之间的关系，是一个非常严峻的问题。

翻译这本书的过程，也是我孕育和哺乳二胎的过程。时值雌性荷尔蒙爆棚的特殊时期，手中的译著虽然是在法律的理性框架之中，我的行文却不自觉多出几分悲悯和柔情。原著作者詹姆斯·哈里森教授是国际法领域的新秀翘楚，在海洋环境法方面造诣颇深。我在2024年春季有幸受他邀请，赴爱丁堡大学进行合作科研。樱花时节，我们经常面对面坐在Old College咖啡厅，逐字逐句商讨确认这本书的细节，可谓是精诚合作。

我在武汉大学念本科的时候，主修英国语言文学，辅修法学。当时英文系领我入门学翻译的是才女兼美女戴丹妮老师，痴迷莎翁文学。她曾跟我们说，杨宪益先生翻译红楼梦的时候，曾跟英国籍的妻子戴乃迭多次探讨文法词意。据说他翻译何为"花谢花飞飞满天，红消香断有谁怜"颇为艰难。并非遣词造句困难，只因黛玉的玻璃心不太容易被独立的英国女性"get"到，容易词不达意。最终共同翻译成"As blossoms fade and fly aross the sky, who pities the faded red, the scent that has been?"字里行间的神韵有种无语凝噎的悲凉。法学著作翻译有别于文学著作，字面上的共识容易协调，难度在于观点分歧的处理，这需要极大的耐心和信任，以及跨文化交际的沟通技巧。例如詹姆斯·哈里森教授跟我提到英国历史上，"亚瑟拔出石中剑称王"的典故，以体现法律实践的重要性，而我跟他讲述了"先入咸阳为王"的故事，有异曲同工之妙。最终，在我与詹姆斯·哈里森教授双方达成一致的前提下，书中法律观点分歧部分，对原文做了删减。由于该著作写于BBNJ谈判之前，引用的很多文件当年是以议定书的形式出现的，如今被新的议定书代替了，没有旧版本的官方译本。对于很多我国未加入的区域公约、双边条约，并没有官方中文译本作参考，翻译不妥当之处请各位同行指正、批评，不胜感激。

译著成形，要感谢上海交通大学凯原法学院王维康博士生一直以来的协助，他2017年在武汉大学攻读硕士学位的时候，是我带的第一届海洋法英文模拟法庭的最佳辩手，随后他就跟海洋法结缘并一路有所成就。他曾在疫情全球肆虐的时候，远赴爱丁堡大学法学院攻读硕士学位。他曾在大雨滂沱的深冬，穿过爱丁堡空无一人的街道，帮我联系詹姆斯·哈里森教授对该书的授权。回国后一次旅行，洪水让他在四川乐山大佛半山腰围困了三天三夜，好不容易连上Wi-Fi就第一时间跟我传文献资料。同时要感谢爱丁堡大学宋可博士，他是詹姆斯·哈里森教授的高足，酷爱徒步、攀岩，现在就职于联合国粮农组织。他曾在四月飘雪的爱丁堡，在有猫头鹰伫立的窗台前，为我进行线上指导。感谢武汉大学中国边界与海洋研究院蒋小翼教授经常为我指点迷津，答疑解惑。感谢社科文献出版社编辑常玉迪老师，由于疫情，常老师跟我一直是线上交流，他在回家的高铁上，还不忘跟我探讨修改译稿，同时附上窗外的美景。他名字比较中性，语言很贴心，尊重女性，工作细心负责。我跟他是素未谋面的网友，也是科研合作的挚友，而直到书稿的"三审三校"之后，据同行提醒，常老师是一位帅气的绅士，我却至今依然偏执地以他是位同龄女性而待之。感谢在翻译过程中帮助过我的其他老师、同人和伙伴们，在此一并致谢。

2019年岁末，社科文献出版社高明秀编辑跟我在京城匆匆见面，对书的编辑出版事宜很快达成了共识，谁知转眼一别便是三年。这期间，我们都经历了二胎的挑战，也经历了疫情的考验，在译著完成的整个过程中，"girls help girls"让我很安心。希望将来我们的女儿辈，能够通过这本书，看到我与高老师的精诚合作，体会到"girl's power"，拥有女性力量。

为了更好地求同存异，我曾跟詹姆斯·哈里森教授谈到中国古典哲学经典《易经·系辞上》。"一阴一阳之谓道，继之者善也，成之者性也。"《易经》中的阴阳是中国传统文化的一个核心内容，代表了自然界万事万物所包含的对立统一关系。这个世界上无论任何事物的发展都是遵循阴阳变化规律，不按照这个规律进行，必然会有灾害。《易经》所说的"物极必反"也是这个道理。我认为海洋的开发利用亦是如此，而以法律拯救海洋，也是以人类智慧的法律理性方式，规约海洋的开发、利用以及环境治理，希望促成一种大自然的平衡，与中国传统文化中的《易经》相通，也与现在中国倡导的海洋命运共同体和人类命运共同体一脉相承，詹姆斯·哈里森教授深以为然。

最后，向国际法领域的各位同行致敬，向我敬爱的导师武汉大学法学院余敏友教授致敬，向我亲爱的父母致敬。向我的家公和丈夫对我的关心与包容、支持与鼓励表示最诚挚的谢意。该译著献给我最爱的儿子David和女儿Summer，愿我们人类和海洋都能被这个世界温柔以待。

吴蔚

2024年3月30日

于英国爱丁堡大学旧学院

图书在版编目（CIP）数据

以法律拯救海洋：海洋环境保护的国际法律框架 /
（英）詹姆斯·哈里森（James Harrison）著；吴蔚，王
维康译 . -- 北京：社会科学文献出版社，2024.7
（武汉大学边界与海洋问题研究译丛）
书名原文：Saving the Oceans Through Law：The
International Legal Framework for the Protection
of the Marine Environment
ISBN 978-7-5228-3281-4

Ⅰ.①以…　Ⅱ.①詹…②吴…③王…　Ⅲ.①海洋环
境－环境保护法－国际公法－研究　Ⅳ.① D912.604

中国国家版本馆 CIP 数据核字（2024）第 036993 号

武汉大学边界与海洋问题研究译丛
以法律拯救海洋：海洋环境保护的国际法律框架

著　者 / 〔英〕詹姆斯·哈里森（James Harrison）
译　者 / 吴　蔚　王维康

出 版 人 / 冀祥德
组稿编辑 / 高明秀
责任编辑 / 常玉迪　宋浩敏
责任印制 / 王京美

出　版 / 社会科学文献出版社·区域国别学分社（010）59367078
　　　　　地址：北京市北三环中路甲 29 号院华龙大厦　邮编：100029
　　　　　网址：www.ssap.com.cn
发　行 / 社会科学文献出版社（010）59367028
印　装 / 三河市龙林印务有限公司

规　格 / 开本：787mm×1092mm　1/16
　　　　　印张：24　字数：403 千字
版　次 / 2024 年 7 月第 1 版　2024 年 7 月第 1 次印刷
书　号 / ISBN 978-7-5228-3281-4
著作权合同
登 记 号 / 图字 01-2021-2253 号
定　价 / 168.00 元

读者服务电话：4008918866